Abi Profi

Mathe

Analytische Geometrie und Lineare Algebra

Erarbeitet von
Dr. Wolfgang Tews
Hans-Peter Trautmann

unter Mitarbeit
der Verlagsredaktion

Cornelsen

Redaktion: Dr. Jürgen Wolff
Layout: Katrin Nehm
Herstellung: Wolf-Dieter Stark

Technische Zeichnungen: Universitätsdruckerei H. Stürtz AG, Würzburg
Satz: Universitätsdruckerei H. Stürtz AG, Würzburg

1. Auflage   Druck 5 4 3 2   Jahr 06 05 04 03

© 2002 Cornelsen Verlag, Berlin

Das Werk und seine Teile sind urheberrechtlich geschützt.
Jede Verwertung in anderen als den gesetzlich zugelassenen Fällen
bedarf deshalb der vorherigen schriftlichen Einwilligung des Verlages.

Druck: CS-Druck CornelsenStürtz, Berlin

ISBN 3-464-57902-6

Bestellnummer 579026

Inhaltsverzeichnis

Hinweise zur Arbeit mit diesem Buch 4

1   Lineare Gleichungssysteme **7**
1.1 Gauß-Verfahren 7
1.2 Lösbarkeit linearer Gleichungssysteme 9
1.3 Matrizen und Determinanten 12
1.4 Aufgaben mit Lösungen 16
1.5 Multiple-Choice-Test 22

2   Vektoren **24**
2.1 Vektoren im $\mathbb{R}^3$ 24
2.2 Lineare Abhängigkeit und lineare Unabhängigkeit 26
2.3 Teilverhältnisse 32
2.4 Vektorräume 34
2.5 Basis und Dimension 35
2.6 Multiple-Choice-Test 39

3   Geraden und Ebenen **43**
3.1 Geraden im $\mathbb{R}^2$ und $\mathbb{R}^3$ 43
3.2 Ebenen 50
3.3 Schnittprobleme 53
3.4 Multiple-Choice-Test 65

4   Skalarprodukt **68**
4.1 Definition und Eigenschaften des Skalarprodukts 68
4.2 Anwendungen des Skalarprodukts in der Geometrie 75
4.3 Normalen- und Koordinatengleichungen 79
4.4 Abstandsprobleme 89
4.5 Schnittwinkel 104
4.6 Multiple-Choice-Test 108

5   Vektorprodukt **114**
5.1 Definition und Anwendung des Vektorprodukts 114
5.2 Multiple-Choice-Test 129

6   Kreise und Kugeln **132**
6.1 Definitionen und Gleichungen 132
6.2 Schnittprobleme 137
6.3 Tangenten und Tangentialebenen 141
6.4 Multiple-Choice-Test 147

7 Affine Abbildungen **151**

7.1 Eigenschaften affiner Abbildungen und Abbildungspraxis 151

7.2 Multiple-Choice-Test 165

8 Komplexaufgaben mit Lösungen **171**

Anhang 221

Lösungen zu den Multiple-Choice-Tests 252

Stichwortverzeichnis 253

Verweise 256

Hinweise zur Arbeit mit diesem Buch

Abitur-Training und Klausuraufgaben

Ein Sportler wird ohne Training kaum einen Wettbewerb gewinnen können. Er wird sich kontinuierlich auf die Höhepunkte des Jahres vorbereiten müssen. Für Sie sind Klausuren vergleichbar mit Landesmeisterschaften und das Abitur ist die Olympiade. Der Abi-Profi soll Ihnen beim Training für alle wichtigen Prüfungen helfen. Das Buch bietet zu fast allen Themen der Linearen Algebra und Analytischen Geometrie die wichtigsten theoretischen Grundlagen. Begleitend zur Theorie werden Aufgaben, gestaffelt nach Schwierigkeitsgrad, vorgestellt und Schritt für Schritt vorgerechnet. Auf eine Trennung in Grund- und Leistungskurse wurde verzichtet, da die Theorie dieses Teilgebietes der Mathematik für beide Kursarten weitestgehend identisch ist. Oft entscheidet nur die Komplexität der Fragestellung über die Zuteilung einer Aufgabe zum jeweiligen Kurs und nicht das theoretische Vorwissen.

Falls Sie ein Lösungsverfahren noch nicht richtig verstanden haben oder etwas vergessen haben, was im Mathematikunterricht bereits vor längerer Zeit behandelt wurde, ist eine Erklärung jedes einzelnen Schritts sicher für Sie hilfreich.

In einem gesonderten Kapitel werden komplexe Aufgaben angeboten. Diese Aufgaben enthalten sachübergreifende Inhalte. Sie sind vergleichbar mit umfangreicheren Klausuraufgaben und dienen einer speziellen Vorbereitung auf Klausuren, insbesondere die Abiturklausur. Damit Sie Ihren Kenntnisstand auch auf eine andere Weise überprüfen können, befindet sich am Ende jedes Kapitels ein Multiple-Choice-Test. Die Lösungen finden Sie auf Seite 252.

Weitere Übungsklausuren mit Lösungen finden Sie im Internet unter www.learnetix.de/abi.

Zunächst noch einige Tipps für die Vorbereitung auf das Abitur:

Stellen Sie für sich einen Trainingsplan auf – er sollte Zeiten und Inhalte enthalten.
Sorgen Sie für kontinuierliches Üben – in der Regel sollte Sie kein Hintergrundgeräusch ablenken.
Sorgen Sie für Ordnung im Kopf und auf Ihrem Schreibtisch – ein Griff und Sie haben gefunden, was Sie benötigen.
Schaffen Sie sich Merkhilfen – wichtige Regeln werden notiert (z. B. auf Karteikarten).
Sorgen Sie für Abwechslung – Phasen voller Konzentration sollten durch Relaxen abgelöst werden.
Schaffen Sie sich Erfolgserlebnisse – lösen Sie Aufgaben zuerst mit und später ohne Hilfen.

Thema: Lineare Algebra und Analytische Geometrie

Das vorliegende Buch enthält Theorie und Praxis der wichtigsten Grundlagen der Linearen Algebra und Analytischen Geometrie. Wesentliche Inhalte von Abiturklausuren bilden
– die Lösung von linearen Gleichungssystemen,
– die Untersuchung von Lage- und Schnittproblemen,
– die Betrachtung affiner Abbildungen.

Im Buch werden die entsprechenden Verfahren und Lösungsstrategien vorgestellt und an Beispielen demonstriert. Oft ist die Lösung der genannten Probleme nur ein Teil einer umfassenden Aufgabe bzw. das Problem selbst muss aus einem größeren Sachzusammenhang extrahiert werden. Der Abi-Profi enthält viele für die Abiturprüfung typische Fragestellungen und eine ausführliche Beschreibung der Vorgehensweise bei ihrer Lösung. So können Sie sich für viele mögliche Aufgabenstellungen Strategien aneignen.

Jedes Grundproblem wird in einem Extrakapitel behandelt. Zu den typischen Fragestellungen finden Sie zuerst noch einmal wichtige Informationen. Anschließend können die Informationen an Aufgaben, deren Schwierigkeitsgrad sich steigert, geübt bzw. vertieft werden. Jedes Kapitel schließt mit einem Multiple-Choice-Test.

Falls Ihnen ein bestimmter Begriff oder ein bestimmtes Verfahren entfallen ist, dann schlagen Sie im **Anhang** nach. Hier finden Sie alles Wichtige noch einmal zusammenfassend erklärt. Damit können Sie den Anhang auch als gezielte Prüfungsvorbereitung für mündliche Prüfungen benutzen.

Der Abi-Profi Lineare Algebra und Analytische Geometrie: Wie gehen Sie mit dem Buch um?

Zu jedem der im Abi-Profi behandelten Themen finden Sie Sachinformationen. Die Präsentation der dazugehörigen Aufgaben erfolgt derart, dass die meisten Seiten in zwei Spalten aufgeteilt sind. In der linken Spalte finden Sie die Lösung zu einer Aufgabe, so, wie Sie sie auch in einer Klausur bearbeiten sollten. In der rechten Spalte werden notwendige theoretische Erläuterungen und viele Erklärungen und Kommentare zum Vorgehen gegeben. Falls Ihnen Zusammenhänge noch nicht so klar sind, können Sie hier noch mal nachlesen. Diese Spalte ist jeweils mit einem **K** – für Kommentar – gekennzeichnet.
Das Kapitel 8 enthält sachübergreifende Klausuraufgaben, die sie selbstständig bearbeiten sollten. Zur Kontrolle sind die Lösungen ausführlich kommentiert angegeben.

Ab Seite 221 finden Sie noch einmal eine Auflistung wichtiger Begriffe mit Erklärungen als Anhang – in alphabetischer Reihenfolge zum Nachschlagen. Zusätzlich befindet sich zum Abschluss auf Seite 256 ein knapper Verweis auf Seiten, die Aufgaben zu grundlegenden Verfahren enthalten.

1 Lineare Gleichungssysteme

In der analytischen Geometrie erfasst man in der Regel geometrische Objekte durch Gleichungen. René Descartes (1596 bis 1650) ordnete zum Beispiel jedem Punkt der Ebene zwei Zahlen, die Koordinaten, zu. Er konnte damit geometrische Figuren wie zum Beispiel Geraden und Kreise als Lösungsmenge von Gleichungen algebraisch darstellen und Schnittpunkte über die Lösung von Gleichungssystemen berechnen.

Auch die Bestimmung der Koordinaten eines Vektors bezüglich einer vorgegebenen Basis sowie die Untersuchung einer vorgegebenen Menge von Vektoren auf lineare Abhängigkeit führen auf lineare Gleichungssysteme und deren Lösung.

Um ein System von zwei Gleichungen und zwei Variablen zu lösen, kann man natürlich nach wie vor das Einsetzungsverfahren, das Gleichsetzungsverfahren, das Additionsverfahren oder auch die grafische Lösung mit entsprechenden Taschenrechnerprogrammen nutzen.

In diesem Kapitel werden systematische Verfahren zur Berechnung aller Lösungen eines beliebigen Systems linearer Gleichungen behandelt.

1.1 Gauß-Verfahren

Aufbauend auf dem Additions- bzw. Subtraktionsverfahren schuf Carl Friedrich Gauß (1777 bis 1855) ein Lösungsverfahren für lineare Gleichungssysteme, den so genannten **Gauß'schen Algorithmus**.

Bei diesem Lösungsverfahren wird das lineare Gleichungssystem (LGS) so umgeformt, dass man die Lösungen sofort ablesen oder durch weitere einfache Umformungsschritte bestimmen kann. Man bringt dazu das LGS in eine **Dreiecksform** (bzw. **Trapezform**). Von einer Dreiecksform spricht man, wenn unterhalb der „Diagonalen" alle Koeffizienten null sind.

Zur Herstellung der „Dreiecksform" sind äquivalente Umformungsschritte notwendig. Man sichert dabei ab, dass sich die Lösungsmenge des LGS nicht ändert. Folgende Umformungsregeln sind dabei zu beachten:

a) Man vertauscht zwei Gleichungen, um das LGS neu zu ordnen.
b) Man kann eine Gleichung mit einer von Null verschiedenen Zahl multiplizieren.
c) Man darf eine Gleichung zu einer anderen Gleichung addieren. Dabei ersetzt man eine Gleichung durch die Summe aus dieser und einer anderen Gleichung.

Ein System mit *m* **linearen Gleichungen und** *n* Variablen hat die folgende Form:

$$a_{11} x_1 + a_{12} x_2 + \ldots + a_{1n} x_n = b_1$$
$$a_{21} x_1 + a_{22} x_2 + \ldots + a_{2n} x_n = b_2$$
$$\vdots$$
$$a_{m1} x_1 + a_{m2} x_2 + \ldots + a_{mn} x_n = b_m$$

Dabei sind a_{ij} und b_i reelle Zahlen (mit $i = 1, \ldots, m$ und $j = 1, \ldots, n$). Die Zahlen a_{ij} heißen **Koeffizienten** des Gleichungssystems, die Zahlen b_i bilden die **rechte Seite** des LGS.

Man unterscheidet
- **homogene Gleichungssysteme** (alle b_i sind gleich null: $b_1 = b_2 = \ldots = b_m = 0$) und
- **inhomogene Gleichungssysteme** (nicht alle b_i sind gleich null).

Bei der Lösung eines linearen Gleichungssystems wird die Menge L (Lösungsmenge) aller geordneten n-Tupel $(x_1 \,|\, x_2 \,|\, x_3 \,|\, \ldots \,|\, x_n)$ von reellen Zahlen x_i ($i = 1, 2, \ldots, n$) gesucht, die alle Gleichungen des Systems zu wahren Aussagen machen, wenn die Zahlen dieser n-Tupel in die Gleichungen eingesetzt werden.

Inhomogene lineare Gleichungssysteme mit m Gleichungen und n Variablen besitzen
- genau eine Lösung oder
- unendlich viele Lösungen oder
- keine Lösung.

In allen drei Fällen kann man das Gauß-Verfahren verwenden. Führt dieser Algorithmus zur Dreiecksform, also auf die Form

$$
\begin{aligned}
c_{11}x_1 + c_{12}x_2 + \ldots + c_{1n}x_n &= d_1 \\
c_{22}x_2 + \ldots + c_{2n}x_n &= d_2 \\
\vdots \quad\quad & \\
c_{nn}x_n &= d_n
\end{aligned}
$$

mit $c_{ii} \neq 0$ ($i = 1, 2, \ldots, n$), so ist das lineare Gleichungssystem eindeutig lösbar.

Führt der Algorithmus zur Trapezform, also zu einem System der Form

$$
\begin{aligned}
c_{11}x_1 + c_{12}x_2 + \ldots + c_{1m}x_k + \ldots + c_{1n}x_n &= d_1 \\
+ c_{22}x_2 + \ldots + c_{2m}x_k + \ldots + c_{2n}x_n &= d_2 \\
\vdots \quad\quad & \\
c_{mm}x_k + \ldots + c_{mn}x_n &= d_m
\end{aligned}
$$

mit $c_{ii} \neq 0$ ($i = 1, 2, \ldots, m$), so besitzt das LGS unendlich viele Lösungen.

Führt der Algorithmus zu einem Widerspruch, also beispielsweise zu

$$
\begin{aligned}
c_{11}x_1 + c_{12}x_2 + \ldots + c_{1n}x_n &= d_1 \\
c_{22}x_2 + \ldots + c_{2n}x_n &= d_2 \\
\vdots \quad\quad & \\
0 \cdot x_n &= d_n \quad \text{mit} \quad d_n \neq 0,
\end{aligned}
$$

so besitzt das LGS keine Lösung.

Ein erstes Beispiel zum Gauß-Verfahren findet man auf Seite 10 und weitere im Abschnitt 1.4.

Wichtiger Hinweis: Beim Lösen linearer Gleichungssysteme können sich durch die Vielzahl der Rechenoperationen schnell Fehler einschleichen. In jedem Fall ist also eine **Probe** unbedingt erforderlich. Dabei setzt man die Lösung in jede Gleichung des **Ausgangssystems** ein und prüft, ob sich jeweils eine wahre Aussage ergibt.

1.2 Lösbarkeit linearer Gleichungssysteme

Ein **lineares inhomogenes Gleichungssystem** hat entweder
- genau eine Lösung oder
- unendlich viele Lösungen oder
- keine Lösung.

Ein lineares Gleichungssystem mit genau einer Lösung heißt **eindeutig lösbar**.
Vereinfacht man das System mit m Gleichungen und n Variablen auf 2 Gleichungen mit 2 Variablen, so kann man ausgehen von der folgenden Systemform:

(I) $\quad a_{11}x_1 + a_{12}x_2 = b_1$
(II) $\quad a_{21}x_1 + a_{22}x_2 = b_2$

Die Lösungsmenge einer Gleichung mit 2 Lösungsvariablen x_1 und x_2 ist eine Menge geordneter Paare $(x_1|x_2)$ von Elementen des Variablengrundbereichs. In der Regel ist der Variablengrundbereich die Menge der reellen Zahlen $\mathbb{R}$, es gilt also: $x_1 \in \mathbb{R}$ und $x_2 \in \mathbb{R}$.

Bei einem Gleichungssystem mit 2 Gleichungen und 2 Variablen sucht man alle geordneten Paare $(x_1|x_2)$, die **sowohl die erste als auch die zweite Gleichung** erfüllen, das heißt ihre Lösungsmenge L ist der **Durchschnitt** aus den Lösungsmengen L_1 und L_2 der Gleichungen (I) und (II).

Dabei können folgende Fälle auftreten:

a) Ist $D = a_{11} \cdot a_{22} - a_{21} \cdot a_{12} \neq 0$ (siehe Abschnitt 1.3 Matrizen und Determinanten, Seite 12) so gilt: $L = L_1 \cap L_2 = \{(x_1|x_2)\}$. Das Gleichungssystem ist eindeutig lösbar, es hat **genau ein Lösungspaar** $(x_1|x_2)$.

b) Sind die beiden Gleichungen **linear abhängig**, d. h. die eine Gleichung ist ein Vielfaches der anderen Gleichung, so ist jedes Lösungspaar $(x_1|x_2)$ der einen auch eine Lösung der anderen Gleichung. Es gilt: $L = L_1 \cap L_2 = L_1 = L_2$. Das LGS hat also **unendlich viele Lösungen**.

c) Enthalten dagegen die beiden Gleichungen einen **Widerspruch**, weil ihre linken Seiten untereinander ein anderes reelles Vielfaches sind als ihre rechten Seiten, so ist das Gleichungssystem **nicht lösbar**; es gilt: $L_1 \cap L_2 = \emptyset$.

Die Lösungsmengen L_1 und L_2 kann man grafisch in einem kartesischen $x_1 x_2$-Koordinatensystem veranschaulichen; jede der beiden Lösungsmengen ergibt dabei eine Gerade. Die folgenden Bilder zeigen Beispiele für die drei Fälle a), b) und c).

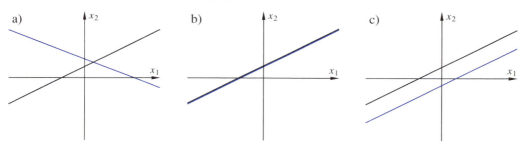

1 Lineare Gleichungssysteme

Für das Lösen von Systemen mit zwei linearen Gleichungen stehen einige Verfahren zur Verfügung, die dann auch für Systeme mit **mehr als zwei Gleichungen** benutzt werden können. Bekannt sind das Einsetzungs-, das Gleichsetzungs- und das Additions bzw. Subtraktionsverfahren und insbesondere das Gauß-Verfahren.

Für lineare Gleichungssysteme mit 3 Gleichungen und 3 Variablen, also Systeme der Form

(I) $\quad a_{11}x_1 + a_{12}x_2 + a_{13}x_3 = b_1$
(II) $\quad a_{21}x_1 + a_{22}x_2 + a_{23}x_3 = b_2$
(III) $\quad a_{31}x_1 + a_{32}x_2 + a_{33}x_3 = b_3$

soll die Lösbarkeit an folgendem Beispiel diskutiert werden:

(I) $\quad x_1 + x_2 + x_3 = 1$
(II) $\quad 2x_1 - x_2 + 4x_3 = 5$
(III) $\quad x_1 + 4x_2 + ax_3 = b \quad (a, b \in \mathbb{R})$.

Es ist also zu untersuchen, für welche Werte von a und b dieses LGS
a) genau eine Lösung,
b) unendlich viele Lösungen,
c) keine Lösung besitzt.

Um die Lösbarkeit einschätzen zu können, bringt man das Gleichungssystem mithilfe des **Gauß-Verfahrens** auf Dreiecksform:

(I) $\quad x_1 + x_2 + x_3 = 1 \qquad | \cdot (-2) \quad | \cdot (-1)$
(II) $\quad 2x_1 - x_2 + 4x_3 = 5 \qquad | \cdot 1$
(III) $\quad x_1 + 4x_2 + ax_3 = b \qquad\qquad\qquad | \cdot 1$

(I) $\quad x_1 + x_2 + x_3 = 1$
(II) $\quad -3x_2 + 2x_3 = 3 \qquad | \cdot 1$
(III) $\quad 3x_2 + (a-1)x_3 = b-1 \quad | \cdot 1$

(I) $\quad x_1 + x_2 + x_3 = 1$
(II) $\quad -3x_2 + 2x_3 = 3$
(III) $\quad (a+1)x_3 = b+2$

Diskussion der Lösbarkeit:
a) Das LGS hat genau eine Lösung, wenn $a + 1 \neq 0$.
b) Das LGS hat unendlich viele Lösungen, wenn $a + 1 = 0$ und $b + 2 = 0$.
c) Das LGS hat keine Lösung, wenn $a + 1 = 0$ und $b + 2 \neq 0$.

Anhand eines zweiten Beispiels soll nochmals das Problem der Lösbarkeit verdeutlicht werden.

(I) $\quad x_1 + 3x_2 + 2x_3 = 2 \quad | \cdot (-2)$
(II) $\quad 2x_1 + ax_2 + bx_3 = 5 \quad | \cdot 1$

Das System besteht aus 2 Gleichungen mit 3 Variablen.
Das Gauß-Verfahren ergibt ein LGS in Trapezform:

(I) $\quad x_1 + 3x_2 + 2x_3 = 2$
(II) $\quad (a-6)x_2 + (b-4)x_3 = 1$

Diskussion der Lösbarkeit:

a) Für $a - 6 \neq 0$ **oder** $b - 4 \neq 0$ (wobei das nichtausschließende „Oder" gemeint ist) ist das System lösbar, aber nicht eindeutig lösbar, denn die Gleichung (II) hat in diesem Fall unendlich viele Lösungen. Deshalb gilt:

Für $a - 6 \neq 0$ **oder** $b - 4 \neq 0$ besitzt das LGS unendlich viele Lösungen.

b) Im entgegengesetzten Fall, also für $a - 6 = 0$ **und** $b - 4 = 0$, besitzt das LGS keine Lösung, denn die Gleichung $0 \cdot x_2 + 0 \cdot x_3 = 1$ hat keine Lösung.

Abschließend soll die Lösbarkeit **linearer homogener Gleichungssysteme** untersucht werden. Dabei sind alle „rechten Seiten" gleich null:

$$a_{11} x_1 + a_{12} x_2 + \ldots + a_{1n} x_n = 0$$
$$a_{21} x_1 + a_{22} x_2 + \ldots + a_{2n} x_n = 0$$
$$\vdots$$
$$a_{m1} x_1 + a_{m2} x_2 + \ldots + a_{mn} x_n = 0$$

Man sieht unmittelbar, dass das $x_1 = 0, x_2 = 0, \ldots, x_n = 0$ jedes homogene LGS erfüllt. Diese nur aus Nullen bestehende Lösung nennt man „trivial". Jedes homogene LGS besitzt also **mindestens** die **triviale Lösung** $\underbrace{(0\,|\,0\,|\,\ldots\,|\,0)}_{n\text{-Tupel}}$.

Das folgende Beispiel besitzt außer der trivialen Lösung $(0|0|0|0)$ noch weitere Lösungen.

(I) $\quad -x_1 + 3x_2 - 7x_3 - x_4 = 0$
(II) $\quad x_1 + x_2 + 3x_3 \quad\quad = 0$

Aus (II) folgt: $\quad\quad x_1 = -x_2 - 3x_3$;
es ergibt sich für (I): $x_4 = 4x_2 - 4x_3$.

Setzt man $x_2 = r$ und $x_3 = s$ (mit $r, s \in \mathbb{R}$),
so ist $\quad x_1 = -r - 3s$
und $\quad x_4 = 4r - 4s$.

Wir haben damit folgendes Ergebnis erhalten:
Alle Lösungen lauten $(-r - 3s\,|\,r\,|\,s\,|\,4r - 4s)$ mit $r, s \in \mathbb{R}$.
Die triviale Lösung $(0|0|0|0)$ ist für $r = s = 0$ enthalten.

Schlussfolgerung für homogene lineare Gleichungssysteme: Statt der drei Fälle, die für inhomogene lineare Gleichungssysteme existieren, hat ein homogenes lineares System
a) entweder genau eine Lösung, nämlich die triviale Lösung oder
b) unendlich viele Lösungen.

1.3 Matrizen und Determinanten

Die Begriffe „Matrix" und „Determinante einer Matrix"

Man versteht unter einer Matrix ein System von $m \cdot n$ Objekten, die in einem rechteckigen Schema von m (waagerechten) **Zeilen** und n (senkrechten) **Spalten** angeordnet sind.

Die $m \cdot n$ Objekte nennt man die **Elemente** der Matrix, es sind in der Regel Zahlen, zuweilen aber auch andere mathematische Objekte wie zum Beispiel Vektoren oder Funktionsterme.

Die Stellung eines Elements im Schema wird durch einen Doppelindex ausgedrückt, z. B. a_{ik}.

Dabei gibt der erste Index i die Zeile, der zweite Index k die Spalte an, in der das Element steht.

Das Element a_{ik} steht also im Kreuzungspunkt der i-ten Zeile und der k-ten Spalte.

Die Elemente, für die $i = k$ gilt, bilden die **Hauptdiagonale** der Matrix.

Eine Matrix mit m Zeilen und n Spalten heißt **Matrix vom Typ (m, n)** oder kurz eine **(m, n)-Matrix**, man schreibt sie in der Form $A = (a_{ik})$.

$$A = (a_{ik}) = \begin{pmatrix} a_{11} & a_{12} \ldots a_{1n} \\ a_{21} & a_{22} \ldots a_{2n} \\ \vdots & \vdots \quad\quad \vdots \\ a_{m1} & a_{m2} \ldots a_{mn} \end{pmatrix}$$

Eine Matrix vom Typ (n, n) heißt **n-reihige quadratische Matrix** oder **quadratische Matrix der Ordnung n**.

Jeder n-reihigen **quadratischen** Matrix $A = (a_{ij})$ mit reellen Elementen a_{ik} wird in eindeutiger Weise eine reelle Zahl D – die so genannte **Determinante** der Matrix A – zugeordnet.[1] Man schreibt:

$$D = \det A = \det \begin{pmatrix} a_{11} & a_{12} \ldots a_{1n} \\ a_{21} & a_{22} \ldots a_{2n} \\ \vdots & \vdots \quad\quad \vdots \\ a_{m1} & a_{m2} \ldots a_{mn} \end{pmatrix} = \begin{vmatrix} a_{11} & a_{12} \ldots a_{1n} \\ a_{21} & a_{22} \ldots a_{2n} \\ \vdots & \vdots \quad\quad \vdots \\ a_{m1} & a_{m2} \ldots a_{mn} \end{vmatrix}$$

Für die **Berechnung einer Determinante 2. Ordnung** gilt:

$$\det \begin{pmatrix} a_{11} & a_{12} \\ a_{21} & a_{22} \end{pmatrix} = \begin{vmatrix} a_{11} & a_{12} \\ a_{21} & a_{22} \end{vmatrix} = a_{11} a_{22} - a_{21} a_{12}.$$

(Produkt der Hauptdiagonalenelemente minus Produkt der Nebendiagonalenelemente)

Für die **Berechnung einer Determinante 3. Ordnung** gilt die **Regel von Sarrus**[2]:

$$\det A = \det \begin{pmatrix} a_{11} & a_{12} & a_{13} \\ a_{21} & a_{22} & a_{23} \\ a_{31} & a_{32} & a_{33} \end{pmatrix} = \begin{vmatrix} a_{11} & a_{12} & a_{13} \\ a_{21} & a_{22} & a_{23} \\ a_{31} & a_{32} & a_{33} \end{vmatrix}$$

$$= a_{11} a_{22} a_{33} + a_{12} a_{23} a_{31} + a_{13} a_{21} a_{32} - a_{31} a_{22} a_{13} - a_{32} a_{23} a_{11} - a_{21} a_{12} a_{33}.$$

---

[1] Sind die Elemente a_{ij} der Matrix A komplexe Zahlen, dann ist auch $\det A \in \mathbb{Z}$.

[2] Pierre Frederic Sarrus (1798–1861), französischer Mathematiker.

Beispiele:

1) $\det\begin{pmatrix} 4 & -3 \\ -2 & 3 \end{pmatrix} = 4 \cdot 3 - (-2) \cdot (-3) = 12 - 6 = 6$

2) $\det\begin{pmatrix} 2 & 1 & 4 \\ 3 & 2 & -1 \\ 4 & 5 & 1 \end{pmatrix} = 2 \cdot 2 \cdot 1 + 3 \cdot 5 \cdot 4 + 1 \cdot (-1) \cdot 4 - 4 \cdot 2 \cdot 4 - 5 \cdot (-1) \cdot 2 - 3 \cdot 1 \cdot 1$

$$= 4 + 60 - 4 - 32 + 10 - 3 = 35$$

Eigenschaften von Determinanten

1) Eine Determinante hat den Wert null genau dann, wenn
a) eine Zeile oder Spalte aus lauter Nullen besteht oder
b) zwei Zeilen oder Spalten gleich bzw. einander proportional sind.

Beispiele:

a) $\det\begin{pmatrix} 3 & 0 & 5 \\ 1 & 0 & 2 \\ -4 & 0 & 6 \end{pmatrix} = 0$

b) $\det\begin{pmatrix} 6 & 8 & 10 \\ 3 & 4 & 2 \\ -3 & -4 & -5 \end{pmatrix} = (-2) \cdot \det\begin{pmatrix} -3 & -4 & -5 \\ 3 & 4 & 2 \\ -3 & -4 & -5 \end{pmatrix} = (-2) \cdot 0 = 0$

2) Das obige Beispiel b) verdeutlicht die folgende Eigenschaft: Ein allen Elementen einer Zeile oder Spalte **gemeinsamer Faktor** kann als Faktor vor die Determinante gezogen werden.

Beispiel:

$$\det\begin{pmatrix} 3 & 9 & 12 \\ -4 & 2 & -8 \\ 0 & 3 & -1 \end{pmatrix} = 3 \cdot \det\begin{pmatrix} 1 & 3 & 4 \\ -4 & 2 & -8 \\ 0 & 3 & -1 \end{pmatrix}$$

3) Eine Determinante ändert ihren Wert nicht, wenn man in ihr die Zeilen mit den Spalten vertauscht, das heißt, wenn man sie **transponiert**.

Beispiel:

$$\det\begin{pmatrix} 6 & 4 & 1 \\ 1 & -3 & 4 \\ 8 & 5 & 2 \end{pmatrix} = \det\begin{pmatrix} 6 & 1 & 8 \\ 4 & -3 & 5 \\ 1 & 4 & 2 \end{pmatrix}$$

Die Lösung linearer Gleichungssysteme mithilfe von Determinanten

Die für uns wichtigste Anwendung von Determinanten bildet ein spezielles Verfahren zum Lösen von linearen Gleichungssystemen, die so genannte **Cramer'sche Regel**[1].

Wir formulieren zunächst die Cramer'sche Regel für ein **lineares Gleichungssystem mit 2 Gleichungen und 2 Variablen** x_1 und x_2:

(I) $a_1 x_1 + b_1 x_2 = c_1$
(II) $a_2 x_1 + b_2 x_2 = c_2$

Die Cramer'sche Regel besagt in diesem Fall: Das $(2,2)$-LGS besitzt genau dann, wenn

$$\det A = \det \begin{pmatrix} a_1 & b_1 \\ a_2 & b_2 \end{pmatrix} \neq 0 \text{ ist, die eindeutige Lösung } (x_1 | x_2) \text{ mit}$$

$$x_1 = \frac{\det \begin{pmatrix} c_1 & b_1 \\ c_2 & b_2 \end{pmatrix}}{\det A}; \qquad x_2 = \frac{\det \begin{pmatrix} a_1 & c_1 \\ a_2 & c_2 \end{pmatrix}}{\det A}.$$

Beispiel:

(I) $\quad 4 x_1 + 5 x_2 = 7$
(II) $-2 x_1 - 4 x_2 = -8$

$$\det A = \det \begin{pmatrix} 4 & 5 \\ -2 & -4 \end{pmatrix} = -16 + 10 = -6 \neq 0$$

$$x_1 = \frac{\det \begin{pmatrix} 7 & 5 \\ -8 & -4 \end{pmatrix}}{-6} = \frac{-28 + 40}{-6} = -2; \qquad x_2 = \frac{\det \begin{pmatrix} 4 & 7 \\ -2 & -8 \end{pmatrix}}{-6} = \frac{-32 + 14}{-6} = 3$$

Das LGS hat also die Lösung $(-2|3)$.

Ist $\det A = 0$, dann hat das LGS entweder keine oder unendlich viele Lösungen. Die Cramer'sche Regel hilft in solchen Fällen nicht weiter.

Beispiele:

a) (I) $\quad 2 x_1 + 3 x_2 = 5$
   (II) $\quad 6 x_1 + 9 x_2 = 15$

b) (I) $\quad 2 x_1 + 3 x_2 = 5$
   (II) $\quad 6 x_1 + 9 x_2 = 5$

In beiden Fällen ist $\det A = \det \begin{pmatrix} 2 & 3 \\ 6 & 9 \end{pmatrix} = 18 - 18 = 0$.

Die Cramer'sche Regel ist also nicht weiter anwendbar. Auf anderem Wege ergibt sich:

Das Beispiel a) besitzt unendlich viele Lösungen, nämlich alle Paare $\left(r \,\middle|\, \dfrac{5 - 2r}{3} \right)$ mit $r \in \mathbb{R}$,

wogegen das LGS von Beispiel b) einen Widerspruch darstellt und folglich keine Lösung hat.

---

[1] Gabriel Cramer (1704–1752), schweizerischer Mathematiker.

Für ein **lineares Gleichungssystem mit 3 Gleichungen und 3 Variablen** x_1, x_2 und x_3

(I) $\quad a_1 x_1 + b_1 x_2 + c_1 x_3 = d_1$
(II) $\quad a_2 x_1 + b_2 x_2 + c_2 x_3 = d_2$
(III) $\quad a_3 x_1 + b_3 x_2 + c_3 x_3 = d_3$

lautet die Cramer'sche Regel entsprechend:

Ist $\det A = \det \begin{pmatrix} a_1 & b_1 & c_1 \\ a_2 & b_2 & c_2 \\ a_3 & b_3 & c_3 \end{pmatrix} \neq 0$, dann ist das geordnete Zahlentripel $(x_1 | x_2 | x_3)$ mit

$$x_1 = \frac{\det \begin{pmatrix} d_1 & b_1 & c_1 \\ d_2 & b_2 & c_2 \\ d_3 & b_3 & c_3 \end{pmatrix}}{\det A}, \quad x_2 = \frac{\det \begin{pmatrix} a_1 & d_1 & c_1 \\ a_2 & d_2 & c_2 \\ a_3 & d_3 & c_3 \end{pmatrix}}{\det A}, \quad x_3 = \frac{\det \begin{pmatrix} a_1 & b_1 & d_1 \\ a_2 & b_2 & d_2 \\ a_3 & b_3 & d_3 \end{pmatrix}}{\det A}$$

die einzige Lösung des (3,3)-LGS.

Beispiel:

(I) $\quad\quad 2x_1 - 4x_2 + 5x_3 = 2$
(II) $\quad -4x_1 + 3x_2 - 2x_3 = 6$
(III) $\quad -2x_1 - x_2 + 5x_3 = 4$

$$\det A = \det \begin{pmatrix} 2 & -4 & 5 \\ -4 & 3 & -2 \\ -2 & -1 & 5 \end{pmatrix} = \begin{vmatrix} 2 & -4 & 5 \\ -4 & 3 & -2 \\ -2 & -1 & 5 \end{vmatrix} = -20 \neq 0$$

$$x_1 = \frac{\det \begin{pmatrix} 2 & -4 & 5 \\ 6 & 3 & -2 \\ 4 & -1 & 5 \end{pmatrix}}{-20} = \frac{88}{-20} = -4{,}4$$

$$x_2 = \frac{\det \begin{pmatrix} 2 & 2 & 5 \\ -4 & 6 & -2 \\ -2 & 4 & 5 \end{pmatrix}}{-20} = \frac{104}{-20} = -5{,}2$$

$$x_3 = \frac{\det \begin{pmatrix} 2 & -4 & 2 \\ -4 & 3 & 6 \\ -2 & -1 & 4 \end{pmatrix}}{-20} = \frac{40}{-20} = -2$$

(Hinweis: x_3 kann natürlich auch durch Einsetzen der Werte von x_1 und x_2 in eine der drei Gleichungen ermittelt werden.)

Das LGS hat also die Lösung $(-4{,}4 | -5{,}2 | -2)$. Wir bestätigen dies durch die **Probe**:

(I) $\quad\quad 2 \cdot (-4{,}4) - 4 \cdot (-5{,}2) + 5 \cdot (-2) = 2 \quad (w)$
(II) $\quad -4 \cdot (-4{,}4) + 3 \cdot (-5{,}2) - 2 \cdot (-2) = 6 \quad (w)$ $\quad$ (w bedeutet: $w$ahre Aussage)
(III) $\quad -2 \cdot (-4{,}4) - \quad (-5{,}2) + 5 \cdot (-2) = 4 \quad (w)$

16   1 Lineare Gleichungssysteme

1.4   Aufgaben mit Lösungen

Lösen Sie das lineare Gleichungssystem und führen Sie eine Probe durch.

a) (I) $x_1 + x_2 + x_3 = 7$
    (II) $x_2 + x_3 = 3$
    (III) $x_3 = 1$

b) (I) $x_1 - 3x_2 - x_3 = 4$
    (II) $2x_2 \quad\; = 6$
    (III) $4x_1 - \;\; x_2 \quad\; = 5$

c) (I) $x_1 + 2x_2 - 4x_3 = -6$
    (II) $2x_1 + \;\; x_2 + 3x_3 = 5$
    (III) $-3x_1 + \;\; x_2 + 6x_3 = -2$

d) (I) $-2x_1 + 2x_2 + 7x_3 = 0$
    (II) $x_1 - \;\; x_2 - 3x_3 = 1$
    (III) $3x_1 + 2x_2 + 2x_3 = 5$

a)   K

(I) $x_1 + x_2 + x_3 = 7$
(II) $x_2 + x_3 = 3$
(III) $x_3 = 1$

aus (III): $x_3 = 1$
aus (II): $x_2 = 2$
aus (I): $x_1 = 4$

Ergebnis: Das LGS hat genau eine Lösung;
die Lösungsmenge ist $L = \{(4|2|1)\}$.
Probe:
$4 + 2 + 1 = 7 \, (w); 2 + 1 = 3 \, (w); 1 = 1 \, (w)$

Das LGS besitzt bereits die Dreiecksform. Die Lösung des LGS erfolgt deshalb sofort von „unten" nach „oben".

b)   K

(I) $x_1 - 3x_2 - x_3 = 4$
(II) $2x_2 \quad\; = 6$
(III) $4x_1 - \;\; x_2 \quad\; = 5$

aus (II): $x_2 = 3$
aus (III): $x_1 = 2$
aus (I): $x_3 = -11$

Ergebnis: Das LGS hat genau eine Lösung;
die Lösungsmenge ist $L = \{(2|3|-11)\}$.
Probe:
$2 - 9 + 11 = 4 \, (w); 6 = 6 \, (w); 8 - 3 = 5 \, (w)$

Bei diesem System beginnt man mit der zweiten Gleichung.
Auch dieses System besitzt bereits die Dreiecksform:
(I) $-x_3 + \;\; x_1 - 3x_2 = 4$
(III) $4x_1 - \;\; x_2 = 5$
(II) $2x_2 = 6$

c)

(I) $\quad x_1 + 2x_2 - 4x_3 = -6 \mid \cdot(-2) \mid \cdot 3$
(II) $\quad 2x_1 + x_2 + 3x_3 = 5 \mid \cdot 1$
(III) $\quad -3x_1 + x_2 + 6x_3 = -2 \qquad \mid \cdot 1$

(I) $\quad x_1 + 2x_2 - 4x_3 = -6$
(II) $\quad -3x_2 + 11x_3 = 17 \quad \mid \cdot 7$
(III) $\quad 7x_2 - 6x_3 = -20 \mid \cdot 3$

(I) $\quad x_1 + 2x_2 - 4x_3 = -6$
(II) $\quad -3x_2 + 11x_3 = 17$
(III) $\quad 59x_3 = 59$

aus (III): $\; x_3 = 1$
aus (II): $\; x_2 = -2$
aus (I): $\quad x_1 = 2$

Ergebnis: Das LGS hat genau eine Lösung;
die Lösungsmenge ist $L\{(2|-2|1)\}$.
Probe: $2 - 4 - 4 = -6\,(w)$; $4 - 2 + 3 = 5\,(w)$;
$-6 - 2 + 6 = -2\,(w)$

Man addiert geeignete Vielfache der ersten zur zweiten und der ersten zur dritten Gleichung, um das x_1-Glied in der zweiten und dritten Gleichung zu eliminieren.

Entsprechendes geschieht beim Eliminieren des x_2-Gliedes aus der Gleichung (III).

d)

(I) $\quad -2x_1 + 2x_2 + 7x_3 = 0$
(II) $\quad x_1 - x_2 - 3x_3 = 1$
(III) $\quad 3x_1 + 2x_2 + 2x_3 = 5$

Man sollte zunächst die Gleichungen (I) und (II) vertauschen; es ergeben sich also „neue" Gleichungen (I) und (II):

Das Vertauschen dient der Vereinfachung der Rechnung nach dem Gauß-Verfahren.

(I) $\quad x_1 - x_2 - 3x_3 = 1 \quad \mid \cdot 2 \mid \cdot(-3)$
(II) $\quad -2x_1 + 2x_2 + 7x_3 = 0 \quad \mid \cdot 1$
(III) $\quad 3x_1 + 2x_2 + 2x_3 = 5 \qquad \mid \cdot 1$

Es werden wieder geeignete Vielfache der ersten zu den folgenden Gleichungen addiert.

(I) $\quad x_1 - x_2 - 3x_3 = 1$
(II) $\quad x_3 = 2$
(III) $\quad 5x_2 + 11x_3 = 2$

aus (II): $\; x_3 = 2$
aus (III): $\; x_2 = -4$
aus (I): $\quad x_1 = 3$

Ergebnis: Das LGS hat genau eine Lösung;
die Lösungsmenge ist $L = \{(3|-4|2)\}$.
Probe: $-6 - 8 + 14 = 0\,(w)$; $3 + 4 - 6 = 1\,(w)$;
$9 - 8 + 4 = 5\,(w)$

1 Lineare Gleichungssysteme

Stellen Sie den Vektor $\begin{pmatrix} 7 \\ 5 \\ 3 \end{pmatrix}$ als **Linearkombination**

der linear unabhängigen Vektoren $\begin{pmatrix} 0 \\ 1 \\ -1 \end{pmatrix}$, $\begin{pmatrix} 1 \\ 2 \\ 3 \end{pmatrix}$ und $\begin{pmatrix} -1 \\ 0 \\ 4 \end{pmatrix}$ dar.

Ansatz: $\begin{pmatrix} 7 \\ 5 \\ 3 \end{pmatrix} = r \begin{pmatrix} 0 \\ 1 \\ -1 \end{pmatrix} + s \begin{pmatrix} 1 \\ 2 \\ 3 \end{pmatrix} + t \begin{pmatrix} -1 \\ 0 \\ 4 \end{pmatrix}$

Daraus ergibt sich daraus das folgende LGS:

$$
\begin{array}{lrl}
\text{(I)} & s - t & = 7 \\
\text{(II)} & r + 2s & = 5 \\
\text{(III)} & -r + 3s + 4t & = 3
\end{array}
$$

$$
\begin{array}{lrll}
\text{(I)} & r + 2s & = 5 & | \cdot 1 \\
\text{(II)} & s - t & = 7 & \\
\text{(III)} & -r + 3s + 4t & = 3 & | \cdot 1
\end{array}
$$

$$
\begin{array}{lrll}
\text{(I)} & r + 2s & = 5 & \\
\text{(II)} & s - t & = 7 & | \cdot (-5) \\
\text{(III)} & 5s + 4t & = 8 & | \cdot 1
\end{array}
$$

$$
\begin{array}{lrl}
\text{(I)} & r + 2s & = 5 \\
\text{(II)} & s - t & = 7 \\
\text{(III)} & 9t & = -27
\end{array}
$$

aus (III): $t = -3$
aus (II): $s = 4$
aus (I): $r = -3$

Die Lösung $(-3|4|-3)$ ist eindeutig.

Ergebnis: Der Vektor $\begin{pmatrix} 7 \\ 5 \\ 3 \end{pmatrix}$ lässt sich in der Linearkombination

$$\begin{pmatrix} 7 \\ 5 \\ 3 \end{pmatrix} = -3 \begin{pmatrix} 0 \\ 1 \\ -1 \end{pmatrix} + 4 \begin{pmatrix} 1 \\ 2 \\ 3 \end{pmatrix} - 3 \begin{pmatrix} -1 \\ 0 \\ 4 \end{pmatrix}$$

darstellen.

Der Ansatz der Linearkombination ergibt sich als Summe von Vielfachen der gegebenen Vektoren mit reellen Faktoren r, s und t.

Man bestimmt r, s und t mit dem Gauß-Verfahren.

1.4 Aufgaben mit Lösungen

Lösen Sie das LGS mit der **Cramer'schen Regel**, also mithilfe von **Determinanten**.

(I) $\quad x_1 + \ x_2 - \ x_3 = -1$

(II) $\quad x_1 + 4x_2 + 2x_3 = \ \ 2$

(III) $-x_1 + 4x_2 + 4x_3 = \ \ 2$

K

Cramer'sche Regel: Ist $D = \det A \neq 0$,

dann gilt $x_1 = \dfrac{D_{x_1}}{D}$; $x_2 = \dfrac{D_{x_2}}{D}$; $x_3 = \dfrac{D_{x_3}}{D}$.

$$D = \begin{vmatrix} 1 & 1 & -1 \\ 1 & 4 & 2 \\ -1 & 4 & 4 \end{vmatrix} = -6$$

$$D_{x_1} = \begin{vmatrix} -1 & 1 & -1 \\ 2 & 4 & 2 \\ 2 & 4 & 4 \end{vmatrix} = -12$$

$$x_1 = \frac{D_{x_1}}{D} = \frac{-12}{-6} = 2$$

$$D_{x_2} = \begin{vmatrix} 1 & -1 & -1 \\ 1 & 2 & 2 \\ -1 & 2 & 4 \end{vmatrix} = 6$$

$$x_2 = \frac{D_{x_2}}{D} = \frac{6}{-6} = -1$$

$$D_{x_3} = \begin{vmatrix} 1 & 1 & -1 \\ 1 & 4 & 2 \\ -1 & 4 & 2 \end{vmatrix} = -12$$

$$x_3 = \frac{D_{x_3}}{D} = \frac{-12}{-6} = 2$$

Ergebnis: Das LGS hat genau eine Lösung; die Lösungsmenge ist $L = \{(2|-1|2)\}$.

Wir berechnen zuerst die bei der Cramer'-schen Regel in den Nennern auftretende Determinante D der Koeffizientenmatrix A.

Ist $D \neq 0$, dann ist das LGS eindeutig lösbar.

Die dritte Variable x_3 kann auch durch Einsetzen von $x_1 = 2$ und $x_2 = -1$ in eine der drei Gleichungen ermittelt werden, z. B.:

(I) $\quad 2 - 1 - x_3 = -1$; $-x_3 = -2$; $x_3 = 2$

Häufig ergibt sich die Aufgabenstellung, den Funktionsterm einer ganzrationalen Funktion aus gegebenen Funktionswerten bzw. Werten der Ableitungen an bestimmten Stellen zu ermitteln. Man spricht dann von „Steckbriefaufgaben" oder von der „Rekonstruktion von Funktionen".

Solche in der Mathematik auch als Interpolationsaufgaben bezeichneten Problemstellungen führen auf die Lösung linearer Gleichungssysteme. Es folgen zwei derartige Aufgaben.

1 Lineare Gleichungssysteme

Bestimmen Sie eine ganzrationale Funktion f dritten Grades der Form $f(x) = ax^3 + bx^2 + cx + d$ mit $f(-1) = 0; f(0) = 1; f(1) = 4; f(2) = 15$.

K

Da $f(0) = 1$ gilt $d = 1$. Es ergibt sich das folgende Gleichungssystem:

(I) $-a + b - c + 1 = 0$
(II) $a + b + c + 1 = 4$
(III) $8a + 4b + 2c + 1 = 15$

(I) $-a + b - c = -1$ $| \cdot 1 \ | \cdot 8$
(II) $a + b + c = 3$ $| \cdot 1$
(III) $8a + 4b + 2c = 14$ $| \cdot 1$

(I) $-a + b - c = -1$
(II) $2b = 2$
(III) $12b - 6c = 6$

aus (III): $b = 1$
aus (II): $c = 1$
aus (I): $a = 1$

Ergebnis: Der Term der ganzrationalen Funktion dritten Grades lautet:
$f(x) = x^3 + x^2 + x + 1$.

Es sind die Koeffizienten a, b, c und d zu ermitteln. Dazu nutzt man die gegebenen vier Bedingungen.

Man addiert wieder geeignete Vielfache der ersten zu den folgenden Gleichungen.

Gesucht ist eine ganzrationale Funktion f dritten Grades der Form $f(x) = ax^3 + bx^2 + cx + d$, für die gilt: $f(2) = -21$, $f'(3) = 13$, $f''(4) = 36$, $f'''(6) = 60$.

K

(I) $f(x) = ax^3 + bx^2 + cx + d$
(II) $f'(x) = 3ax^2 + 2bx + c$
(III) $f''(x) = 6ax + 2b$
(IV) $f'''(x) = 6a$

aus (IV): $60 = 6a; a = 10$
aus (III): $36 = 60 \cdot 4 + 2b; b = -102$
aus (II): $13 = 30 \cdot 9 - 204 \cdot 3 + c; c = 355$
aus (I): $-21 = 10 \cdot 8 - 102 \cdot 4 + 355 \cdot 2 + d;$
$d = -403$

Ergebnis: Der Term der ganzrationalen Funktion dritten Grades lautet
$f(x) = 10x^3 - 102x^2 + 355x - 403$.

Die gegebenen vier Bedingungen werden zur Umsetzung in ein LGS genutzt.

Lösen Sie das lineare Gleichungssystem.

(I) $2x_1 - 3x_2 + 4x_3 = 1$
(II) $3x_1 + x_2 - 5x_3 = 7$
(III) $7x_1 - 5x_2 + 3x_3 = 9$

K

(I) $2x_1 - 3x_2 + 4x_3 = 1$ $| \cdot 3$ $| \cdot 7$
(II) $3x_1 + x_2 - 5x_3 = 7$ $| \cdot (-2)$
(III) $7x_1 - 5x_2 + 3x_3 = 9$ $| \cdot (-2)$

(I) $2x_1 - 3x_2 + 4x_3 = 1$
(II) $-11x_2 + 22x_3 = -11$ $| \cdot 1$
(III) $-11x_2 + 22x_3 = -11$ $| \cdot (-1)$

(I) $2x_1 - 3x_2 + 4x_3 = 1$
(II) $-11x_2 + 22x_3 = -11$
(III) $0 = 0$

Ergebnis: Das Gleichungssystem hat unendlich viele Lösungen; für x_3 kann man einen beliebigen Wert t wählen. Es ergibt sich:
$x_3 = t$; $x_2 = 2t + 1$; $x_1 = t + 2$ mit $t \in \mathbb{R}$, also die Lösungsmenge $L = \{(t + 2 \mid 2t + 1 \mid t)\}$.

Das Gauß-Verfahren führt zu einem Sonderfall. Das LGS hat unendlich viele Lösungen.

Löse das lineare Gleichungssystem bestehend aus 3 Gleichungen mit 2 Variablen.

(I) $x_1 + x_2 = 2$
(II) $2x_1 - 5x_2 = 4$
(III) $-6x_1 + 8x_2 = 3$

K

(I) $x_1 + x_2 = 2$ $| \cdot (-2)$ $| \cdot 6$
(II) $2x_1 - 5x_2 = 4$ $| \cdot 1$
(III) $-6x_1 + 8x_2 = 3$ $| \cdot 1$

(I) $x_1 + x_2 = 2$
(II) $-7x_2 = 0$ $| \cdot 2$
(III) $14x_2 = 15$ $| \cdot 1$

(I) $x_1 + x_2 = 2$
(II) $-7x_2 = 0$
(III) $0 = 15$ falsche Aussage

Ergebnis: Das lineare Gleichungssystem hat **keine** Lösung.

Das Gauß-Verfahren führt auch hier zu einem Sonderfall. Das LGS hat keine Lösung.

22   1 Lineare Gleichungssysteme

1.5   Multiple-Choice-Test

(Lösungen auf Seite 252)

1. **Welches der Zahlentripel ist Lösung des linearen Gleichungssystems (LGS)?**

   (I) $4x_1 + 3x_2 + 4x_3 = 32$
   (II) $9x_1 - 3x_2 - 3x_3 = 6$
   (III) $3x_1 + 4x_2 + 2x_3 = -2$

   A) $(2|8|-12)$
   B) $(2|-8|12)$
   C) $(-2|-8|12)$

2. **Wie viele Lösungen hat das LGS?**

   (I) $x_1 - 3x_2 = 0$
   (II) $4x_1 - 12x_2 = 2$
   (III) $x_1 = x_2 + 3$

   A) genau eine Lösung
   B) keine Lösung
   C) unendlich viele Lösungen

3. **Für welchen Wert des Parameters a hat das LGS genau eine Lösung?**

   (I) $x_1 + a x_2 = 5$
   (II) $2x_1 + 3x_2 = 4$

   A) $a \neq \dfrac{3}{2}$

   B) $a = \dfrac{3}{2}$

   C) $a \neq -\dfrac{3}{2}$

4. **Ein Rechenkünstler soll drei Zahlen ermitteln. Er erhält als Hinweis die drei Summen aus jeweils zwei dieser drei Zahlen. Die Summen lauten 9, 20 und 21. Wie lauten die drei gesuchten Zahlen?**

   A) 2, 7 und 13
   B) 3, 6 und 17
   C) 4, 5 und 16

5. **Vom Graphen einer ganzrationalen Funktion 3. Grades sind folgende Punkte gegeben:**

   $A(0|1); B(1|0); C(-1|-4); D(2|-1)$
   Wie lautet der Funktionsterm?

   A) $f(x) = x^3 + 3x^2 - x + 1$
   B) $f(x) = x^3 + x + 1$
   C) $f(x) = x^3 - 3x^2 - x + 1$
   D) $f(x) = x^3 - 3x^2 + x + 1$

1.5 Multiple-Choice-Test   23

6. **Welches der Zahlentripel ist Lösung des linearen Gleichungssystems (LGS)?**

   (I) $2x_1 + 2x_2 + x_3 = 2$
   (II) $x_1 + 0{,}5x_2 + x_3 = 1$
   (III) $1{,}5x_1 - 3x_2 + x_3 = 3$

   A) $\left(-1\dfrac{9}{17}\Big|\dfrac{6}{17}\Big|\dfrac{6}{17}\right)$

   B) $\left(1\dfrac{9}{17}\Big|\dfrac{6}{17}\Big|-\dfrac{6}{17}\right)$

   C) $\left(1\dfrac{9}{17}\Big|-\dfrac{6}{17}\Big|-\dfrac{6}{17}\right)$

7. **Wie lautet die Lösungsmenge des LGS?**

   (I) $x_1 + x_2 - x_3 = 2$
   (II) $3x_1 - 4 \quad = 6x_3 - 4x_2$

   A) Menge der Tripel $(-2a + 4|3a - 2|a)$ mit $a \in \mathbb{R}$
   B) Menge der Tripel $(-2a - 4|3a + 2|a)$ mit $a \in \mathbb{R}$

8. **Welchen Wert hat die Determinante** $\det\begin{pmatrix} 1 & -1 & 1 \\ -1 & 1 & -1 \\ 1 & -1 & 1 \end{pmatrix}$?

   A) den Wert 1
   B) den Wert 0
   C) den Wert -1?

9. **Für welche Werte der Parameter a und b hat das folgende LGS keine Lösung?**

   (I) $x_1 + x_2 + x_3 = 0$
   (II) $2x_2 + x_3 = 1$
   (III) $ax_2 + 3x_2 = b$

   A) für $a \neq 6; b \neq 3$
   B) für $a \neq 6; b = 3$
   C) für $a = 6; b \neq 3$

10. **Der Graph einer ganzrationalen Funktion dritten Grades hat im Koordinatenursprung einen Wendepunkt. Der Anstieg der Wendetangente ist $m = -0{,}9$. Gegeben ist außerdem der Punkt $P(3 \mid 0)$. Wie lautet der Funktionsterm?**

   A) $f(x) = -\dfrac{1}{10}x^3 - \dfrac{9}{10}x$

   B) $f(x) = \dfrac{1}{10}x^3 - \dfrac{9}{10}x$

   C) $f(x) = \dfrac{1}{10}x^3 + \dfrac{9}{10}x$?

2 Vektoren

2.1 Vektoren im $\mathbb{R}^3$

Unter einem **Vektor** versteht man ein **Element eines Vektorraumes** (s. Abschnitt 2.4). Vektoren werden durch Kleinbuchstaben mit einem Pfeil bezeichnet: $\vec{a}, \vec{b}, \ldots$

Ein Beispiel für einen Vektorraum ist der **dreidimensionale euklidische Raum** $\mathbb{R}^3$. Denn in diesem „Anschauungsraum" kann ein Vektor geometrisch als **Verschiebung** (oder **Translation**) in folgender Weise aufgefasst werden:

Wird bei einer Verschiebung dem Raumpunkt P der Raumpunkt Q zugeordnet, so sind **Richtung**, **Richtungssinn** und **Betrag** der Verschiebung eindeutig durch den Pfeil von P nach Q beschrieben, also durch eine „mit Durchlaufsinn versehene gerichtete Strecke" mit dem Anfangspunkt P und dem Endpunkt Q.
Alle Pfeile, die in Richtung, Richtungssinn und Länge (also Betrag) mit dem Pfeil von P nach Q übereinstimmen, bewirken dieselbe Verschiebung und sind deshalb so genannte **Repräsentanten** ein und desselben Vektors $\vec{a}$, den man deshalb auch mit $\overrightarrow{PQ}$ bezeichnet.

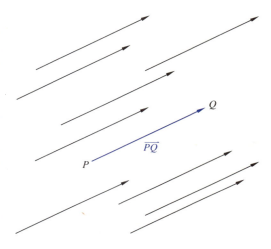

Ist im dreidimensionalen euklidischen Raum $\mathbb{R}^3$ ein kartesisches Koordinatensystem mit Achsen für x, y und z und dem Ursprung O gegeben, so kann man unter allen Repräsentanten eines Vektors $\vec{a}$ denjenigen Pfeil auswählen, der den Anfangspunkt $O(0|0|0)$ hat. Besitzt dieser Pfeil den Endpunkt $A(x|y|z)$, so ist der Vektor $\vec{a}$ eindeutig durch das Koordinatentripel $(x|y|z)$ des Endpunktes gegeben; man schreibt für den Vektor das Tripel allerdings in Spaltenform, also

$$\vec{a} = \begin{pmatrix} x \\ y \\ z \end{pmatrix}$$

und nennt $\vec{a}$ den **Ortsvektor** des Punktes $A(x|y|z)$. Man spricht auch von der **Koordinatenschreibweise**, manchmal auch einfach von einem **Spaltenvektor**.

Der **Betrag** des Vektors $\vec{a}$, also die Länge aller Pfeile, die $\vec{a}$ repräsentieren, kann nun sofort mithilfe des Satzes von Pythagoras berechnet werden, es gilt:

$|\vec{a}| = \sqrt{x^2 + y^2 + z^2}$.

Beispiel: $A(1|-2|3) \Rightarrow |\vec{a}| = \sqrt{14}$

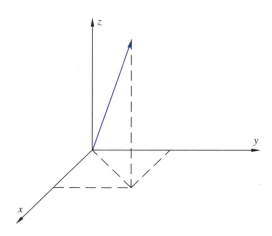

Entgegengesetzte Vektoren $\vec{a}$ und $-\vec{a}$ unterscheiden sich nur im Richtungssinn. Ihre Repräsentanten sind alle gleich lang und parallel. Infolgedessen sind also ihre Beträge gleich: $|\vec{a}| = |-\vec{a}|$. Dies ergibt sich auch rechnerisch aus der obigen Gleichung für den Betrag, wenn man bedenkt,

dass der zu $\begin{pmatrix} x \\ y \\ z \end{pmatrix}$ entgegengesetzte Vektor die Form $\begin{pmatrix} -x \\ -y \\ -z \end{pmatrix}$ hat.

Der **identischen Verschiebung**, bei der jeder Raumpunkt auf sich selbst abgebildet wird, entspricht ein Vektor mit dem Betrag null, der so genannte **Nullvektor**. Obwohl diesem Vektor weder Richtung noch Richtungssinn zuzuschreiben sind, versieht man auch ihn mit einem Pfeil und schreibt: $\vec{0}$.

Für Vektoren im $\mathbb{R}^3$ sind die **Rechenoperationen Addition und Subtraktion** erklärt sowie die **Multiplikation mit reellen Zahlen**. Dabei ist der Nullvektor das **neutrale Element** der Vektoraddition. Es gilt also:
1) $0 \cdot \vec{a} = \vec{0}$ für alle $\vec{a} \in \mathbb{R}^3$;
2) $r \cdot \vec{0} = \vec{0}$ für alle $r \in \mathbb{R}$;
3) Aus $r \cdot \vec{a} = \vec{0}$ folgt $r = 0$ oder $\vec{a} = \vec{0}$.

Für die Addition und die Subtraktion gilt:
$$\vec{a}_1 + \vec{a}_2 = \begin{pmatrix} x_1 \\ y_1 \\ z_1 \end{pmatrix} + \begin{pmatrix} x_2 \\ y_2 \\ z_2 \end{pmatrix} = \begin{pmatrix} x_1 + x_2 \\ y_1 + y_2 \\ z_1 + z_2 \end{pmatrix},$$

$$\vec{a}_1 - \vec{a}_2 = \begin{pmatrix} x_1 \\ y_1 \\ z_1 \end{pmatrix} - \begin{pmatrix} x_2 \\ y_2 \\ z_2 \end{pmatrix} = \begin{pmatrix} x_1 - x_2 \\ y_1 - y_2 \\ z_1 - z_2 \end{pmatrix}.$$

Für die Multiplikation eines Vektors $\vec{a}$ mit einer reellen Zahl r gilt:
$$r \cdot \vec{a} = r \cdot \begin{pmatrix} x \\ y \\ z \end{pmatrix} = \begin{pmatrix} rx \\ ry \\ rz \end{pmatrix} \qquad \text{(für alle } r \in \mathbb{R}\text{)}.$$

Beispiele: $\begin{pmatrix} 2 \\ 3 \\ -7 \end{pmatrix} + \begin{pmatrix} 5 \\ 0 \\ 7 \end{pmatrix} = \begin{pmatrix} 7 \\ 3 \\ 0 \end{pmatrix}$; $\begin{pmatrix} 2 \\ 3 \\ -7 \end{pmatrix} - \begin{pmatrix} 5 \\ 0 \\ 7 \end{pmatrix} = \begin{pmatrix} -3 \\ 3 \\ -14 \end{pmatrix}$; $(-2) \begin{pmatrix} 2 \\ 3 \\ -7 \end{pmatrix} = \begin{pmatrix} -4 \\ -6 \\ 14 \end{pmatrix}$

Für Verschiebungen und Vektoren in der **zweidimensionalen euklidischen Ebene** $\mathbb{R}^2$ gelten die entsprechenden Beziehungen, d. h., die Formeln für die Ebene ergeben sich einfach durch Weglassen der dritten Koordinate. Ein Vektor in der Ebene wird also beschrieben durch ein spaltenweise geordnetes Zahlenpaar $\vec{a} = \begin{pmatrix} x \\ y \end{pmatrix}$.

Andererseits ist die Verallgemeinerung auf höhere Dimensionen naheliegend: $\vec{a} = \begin{pmatrix} x_1 \\ x_2 \\ \vdots \\ x_n \end{pmatrix}$.

2.2 Lineare Abhängigkeit und lineare Unabhängigkeit

Zunächst sollen einige Begriffe zusammen- und in Beziehung gestellt werden.

Eine Summe der Form $r_1\vec{a}_1 + r_2\vec{a}_2 + \cdots + r_n\vec{a}_n$ (mit $r_i \in \mathbb{R}$) heißt **Linearkombination** der Vektoren $\vec{a}_1, \vec{a}_2, \ldots, \vec{a}_n$. Offenbar ist die Linearkombination von Vektoren wieder ein Vektor. Häufig ergibt sich die Problemstellung, einen gegebenen Vektor $\vec{b}$ als Linearkombination anderer gegebener Vektoren darzustellen: $\vec{b} = r_1\vec{a}_1 + r_2\vec{a}_2 + \cdots + r_n\vec{a}_n$.

Vektoren, deren Pfeile parallel verlaufen, heißen **kollinear**. Hier liegt das einfachste Beispiel einer Linearkombination vor, denn bei zwei kollinearen Vektoren ist der eine einfach ein Vielfaches des anderen: $\vec{b} = r \cdot \vec{a}$.

Sind zwei Vektoren $\vec{a}_1$ und $\vec{a}_2$ nicht kollinear, so spannen sie eine Ebene E im Raum auf. Alle Vektoren dieser Ebene können als Linearkombination von $\vec{a}_1$ und $\vec{a}_2$ dargestellt werden. Liegt beispielsweise $\vec{a}_3$ in E, so kann man reelle Zahlen r_1 und r_2 finden, die nicht beide null sind, so dass gilt: $\vec{a}_3 = r_1\vec{a}_1 + r_2\vec{a}_2$. Drei oder mehr Vektoren, zu denen es Repräsentanten gibt, die in einer Ebene liegen, heißen **komplanar**.

Gilt für die Vektoren $\vec{a}_1$, $\vec{a}_2$ und $\vec{a}_3$ die Beziehung $\vec{a}_3 = r_1\vec{a}_1 + r_2\vec{a}_2$, ist also $\vec{a}_3$ Linearkombination der anderen beiden Vektoren, so folgt:

$$r_1\vec{a}_1 + r_2\vec{a}_2 - \vec{a}_3 = \vec{0}.$$

Es gibt also eine Linearkombination $r_1\vec{a}_1 + r_2\vec{a}_2 + r_3\vec{a}_3$, die den Nullvektor ergibt, obwohl nicht alle drei Zahlen r_i null sind. Mit $r_3 = -1$ ist $\vec{a}_3$ in obiger Weise durch $\vec{a}_1$ und $\vec{a}_2$ linear kombinierbar. Ist $r_1 \neq 0$, so kann auch $\vec{a}_1$ durch $\vec{a}_2$ und $\vec{a}_3$ dargestellt werden:

$$\vec{a}_1 = -\frac{r_2}{r_1}\vec{a}_2 - \frac{r_3}{r_1}\vec{a}_3.$$

Ist $r_2 \neq 0$, so kann schließlich auch $\vec{a}_2$ durch $\vec{a}_1$ und $\vec{a}_3$ dargestellt werden:

$$\vec{a}_2 = -\frac{r_1}{r_2}\vec{a}_1 - \frac{r_3}{r_2}\vec{a}_3.$$

In dem Fall, dass eine Linearkombination von Vektoren den Nullvektor ergibt, obwohl nicht alle Koeffizienten r_i null sind, heißen die Vektoren **linear abhängig**. Jeder Vektor einer solchen Linearkombination, der tatsächlich ins Gewicht fällt, weil sein Koeffizent $r_i \neq 0$ ist, kann stets als Linearkombination der anderen Vektoren dargestellt werden. Damit ist er aber auch in dem Vektorsystem „überflüssig", gerade weil er ersetzt werden kann.

Liegt nun ein Vektorsystem $\vec{a}_1, \vec{a}_2, \ldots, \vec{a}_n$ vor, bei dem aus

$$r_1\vec{a}_1 + r_2\vec{a}_2 + \cdots + r_n\vec{a}_n = \vec{0} \text{ folgt } r_1 = r_2 = \ldots = r_n = 0,$$

dann kann kein Vektor dieses Systems durch eine Linearkombination der anderen ersetzt werden. In einem solchen Fall sagt man, dass die Vektoren $\vec{a}_1, \vec{a}_2, \ldots, \vec{a}_n$ **linear unabhängig** sind.

Es gelten folgenden Beziehungen:
– Zwei Vektoren sind linear abhängig genau dann, wenn sie kollinear sind.
– Drei Vektoren sind linear abhängig genau dann, wenn sie komplanar sind.

Weiterhin gilt:
– Enthält ein Vektorsystem den Nullvektor, so ist es linear abhängig.
– Ein System von mehr als drei Vektoren des dreidimensionalen Raumes ist linear abhängig.

Stellen Sie $\vec{a} = \begin{pmatrix} 5 \\ -6 \\ 2 \end{pmatrix}$ als Linearkombination von $\vec{i} = \begin{pmatrix} 1 \\ 0 \\ 0 \end{pmatrix}, \vec{j} = \begin{pmatrix} 0 \\ 1 \\ 0 \end{pmatrix}$ und $\vec{k} = \begin{pmatrix} 0 \\ 0 \\ 1 \end{pmatrix}$ dar.

Darstellung als Linearkombination

Es gilt: $\begin{pmatrix} 5 \\ -6 \\ 2 \end{pmatrix} = 5 \begin{pmatrix} 1 \\ 0 \\ 0 \end{pmatrix} - 6 \begin{pmatrix} 0 \\ 1 \\ 0 \end{pmatrix} + 2 \begin{pmatrix} 0 \\ 0 \\ 1 \end{pmatrix} = 5\vec{i} - 6\vec{j} + 2\vec{k}.$

Die Vektoren $\vec{i}, \vec{j}$ und $\vec{k}$ selbst sind linear unabhängig, da sich keiner dieser drei Vektoren als Linearkombination der anderen beiden darstellen lässt. Offensichtlich kann aber jeder dreidimensionale Vektor $\vec{a}$ in obiger Weise als Linearkombination dieser drei Vektoren $\vec{i}, \vec{j}$ und $\vec{k}$ dargestellt werden. Man sagt: $\vec{i}, \vec{j}$ und $\vec{k}$ bilden eine Basis im $\mathbb{R}^3$; $\vec{i}, \vec{j}$ und $\vec{k}$ sind **Basisvektoren**.

Untersuchen Sie, ob die Vektoren $\begin{pmatrix} 3 \\ -1 \\ 2 \end{pmatrix}, \begin{pmatrix} -1 \\ 2 \\ 3 \end{pmatrix}$ und $\begin{pmatrix} 2 \\ 1 \\ 5 \end{pmatrix}$ linear abhängig sind.

Untersuchung auf lineare Abhängigkeit

Wir wenden die Definition der linearen Unabhängigkeit auf die gegebenen drei Vektoren an. Diese sind genau dann linear unabhängig, wenn aus der Vektorgleichung

$$r_1 \begin{pmatrix} 3 \\ -1 \\ 2 \end{pmatrix} + r_2 \begin{pmatrix} -1 \\ 2 \\ 3 \end{pmatrix} + r_3 \begin{pmatrix} 2 \\ 1 \\ 5 \end{pmatrix} = \vec{0} \text{ für deren Koeffizienten folgt: } r_1 = r_2 = r_3 = 0.$$

Die Vektorgleichung kann als lineares Gleichungssystem (LGS) geschrieben werden. Da auf der rechten Seite der Nullvektor steht, ergibt sich ein homogenes LGS (vgl. Seiten 8 und 11). Hat dieses homogene LGS nur die triviale Lösung $(0|0|0)$, dann sind die gegebenen Vektoren linear unabhängig. Hat das LGS nichttriviale Lösungen, d. h., gibt es Lösungstripel $(r_1|r_2|r_3)$, bei denen nicht alle $r_i = 0$ sind, dann sind die gegebenen Vektoren linear abhängig. Das LGS, das wir mit dem Gauß-Verfahren bearbeiten wollen, lautet:

(I) $\quad 3r_1 - \quad r_2 + \quad 2r_3 = 0 \quad | \cdot 1 \quad | \cdot 2$
(II) $\quad -r_1 + \quad 2r_2 + \quad r_3 = 0 \quad | \cdot 3$
(III) $\quad 2r_1 + \quad 3r_2 + \quad 5r_3 = 0 \quad\quad\quad | \cdot (-3)$

(I) $\quad 3r_1 - \quad r_2 + \quad 2r_3 = 0$
(II) $\quad\quad\quad\quad 5r_2 + \quad 5r_3 = 0 \quad | : 5$
(III) $\quad\quad -11r_2 - 11r_3 = 0 \quad | : 11$

(I) $\quad 3r_1 - \quad r_2 + \quad 2r_3 = 0$
(II) $\quad\quad\quad\quad r_2 + \quad r_3 = 0$
(III) $\quad\quad\quad\quad\quad\quad 0 = 0$

Das LGS hat nichttriviale Lösungen: Wählt man z. B. $r_3 = 1$, so ist $r_2 = -1$ und $r_1 = -1$.

Schlussfolgerung: Die drei Vektoren $\begin{pmatrix} 3 \\ -1 \\ 2 \end{pmatrix}$, $\begin{pmatrix} -1 \\ 2 \\ 3 \end{pmatrix}$ und $\begin{pmatrix} 2 \\ 1 \\ 5 \end{pmatrix}$ sind linear abhängig, denn es gilt:

$$(-1) \cdot \begin{pmatrix} 3 \\ -1 \\ 2 \end{pmatrix} + (-1) \cdot \begin{pmatrix} -1 \\ 2 \\ 3 \end{pmatrix} + 1 \cdot \begin{pmatrix} 2 \\ 1 \\ 5 \end{pmatrix} = \begin{pmatrix} -3+1+2 \\ 1-2+1 \\ -2-3+5 \end{pmatrix} = \begin{pmatrix} 0 \\ 0 \\ 0 \end{pmatrix} = \vec{0}.$$

Auf Seite 14 wurde festgestellt, dass ein Gleichungssystem mit quadratischer Koeffizientenmatrix A eindeutig lösbar ist, wenn die zugehörige Determinante $\det A \neq 0$ ist. Andernfalls kann es keine oder unendlich viele Lösungen haben. Da ein homogens LGS stets lösbar ist, gibt es nur zwei Fälle:

a) $\det A \neq 0$: Das homogene LGS hat nur die triviale Lösung;

b) $\det A = 0$: Das homogene LGS hat neben der trivialen noch unendlich viele Lösungen.

Damit gilt folgende

Regel[1]: Drei dreidimensionale Vektoren sind genau dann linear abhängig, wenn die aus den Vektoren gebildete Determinante den Wert null hat.

Drei dreidimensionale Vektoren sind genau dann linear unabhängig, wenn die aus den Vektoren gebildete Determinante verschieden von null ist.

Damit kann man die drei Vektoren $\begin{pmatrix} 3 \\ -1 \\ 2 \end{pmatrix}$, $\begin{pmatrix} -1 \\ 2 \\ 3 \end{pmatrix}$ und $\begin{pmatrix} 2 \\ 1 \\ 5 \end{pmatrix}$ auf lineare Abhängigkeit auch folgendermaßen überprüfen:

Man bildet die Determinante: $\det \begin{pmatrix} 3 & -1 & 2 \\ -1 & 2 & 1 \\ 2 & 3 & 5 \end{pmatrix} = 30 - 2 - 6 - (8 + 9 + 5) = 0.$

Die drei Vektoren sind also in der Tat linear abhängig und damit komplanar.

Untersuchen Sie auf 2 Arten, ob die Vektoren $\begin{pmatrix} 1 \\ -1 \\ 2 \end{pmatrix}$, $\begin{pmatrix} 3 \\ 0 \\ 1 \end{pmatrix}$, $\begin{pmatrix} 2 \\ 2 \\ -1 \end{pmatrix}$ linear unabhängig sind.

a) Untersuchung des zugehörigen homogenen LGS

Wir stellen das zugehörige homogene LGS auf und erzeugen daraus ein äquivalentes LGS in Dreiecksform mithilfe des Gauß-Verfahrens:

(I) $r_1 + 3r_2 + 2r_3 = 0$	(I) $r_1 + 3r_2 + 2r_3 = 0$
(II) $-r_1 \qquad + 2r_3 = 0$	(II) $3r_2 + 4r_3 = 0$
(III) $2r_1 + r_2 - r_3 = 0$	(III) $r_3 = 0$

Das System hat nur die triviale Lösung $r_3 = 0$, $r_2 = 0$, $r_1 = 0$.

---

[1] Für zwei zweidimensionale Vektoren gelten die entsprechenden Aussagen.

b) Berechnung der zugehörigen Determinante

Die Überprüfung auf lineare Unabhängigkeit mit Determinanten führt zu folgender Rechnung:

$$\det \begin{pmatrix} 1 & 3 & 2 \\ -1 & 0 & 2 \\ 2 & 1 & -1 \end{pmatrix} = 0 + 12 - 2 - 0 - 3 - 2 = 5 \neq 0.$$

Beide Verfahren führen zu dem folgenden Ergebnis: Die Vektoren $\begin{pmatrix} 1 \\ -1 \\ 2 \end{pmatrix}$, $\begin{pmatrix} 3 \\ 0 \\ 1 \end{pmatrix}$ und $\begin{pmatrix} 2 \\ 2 \\ -1 \end{pmatrix}$ sind linear unabhängig.

Sie liegen folglich auch nicht in einer Ebene, sind also nicht komplanar.

Überprüfen Sie die Vektoren auf lineare Abhängigkeit bzw. Unabhängigkeit.

a) $\begin{pmatrix} 1 \\ 4 \end{pmatrix}$, $\begin{pmatrix} 5 \\ 3 \end{pmatrix}$ 　　　　b) $\begin{pmatrix} -3 \\ 4 \end{pmatrix}$, $\begin{pmatrix} 4{,}5 \\ -6 \end{pmatrix}$ 　　　　c) $\begin{pmatrix} 2 \\ 3 \\ 5 \end{pmatrix}$, $\begin{pmatrix} 1 \\ 5 \\ 2 \end{pmatrix}$, $\begin{pmatrix} -1 \\ 3 \\ 0 \end{pmatrix}$

Ziehen Sie aus Ihrem Ergebnis auch Schlussfolgerungen bezüglich **Kollinearität** bzw. **Komplanarität**.

a)

$$\det \begin{pmatrix} 1 & 5 \\ 4 & 3 \end{pmatrix} = 3 - 20 = -17 \neq 0$$

Die zwei Vektoren sind linear unabhängig.

Keiner der beiden Vektoren kann also als Vielfaches des anderen Vektors dargestellt werden. Die beiden Vektoren sind also nicht kollinear.

b)

$$\det \begin{pmatrix} -3 & 4{,}5 \\ 4 & -6 \end{pmatrix} = 18 - 18 = 0$$

Die Vektoren sind linear abhängig.

Jeder der beiden Vektoren kann damit als Vielfaches des anderen Vektors dargestellt werden. Die beiden Vektoren sind also kollinear.

c)

$$\det \begin{pmatrix} 2 & 1 & -1 \\ 3 & 5 & 3 \\ 5 & 2 & 0 \end{pmatrix} = 22 \neq 0$$

Die drei Vektoren sind linear unabhängig.

Sie liegen damit nicht in einer Ebene, sind also nicht komplanar.

Sind folgende Vektoren komplanar, das heißt: liegen sie in einer Ebene?

$$\vec{a} = \begin{pmatrix} 3 \\ 2 \\ 4 \end{pmatrix}, \quad \vec{b} = \begin{pmatrix} 5 \\ 1 \\ 7 \end{pmatrix}, \quad \vec{c} = \begin{pmatrix} 6 \\ 4 \\ 8 \end{pmatrix}, \quad \vec{d} = \begin{pmatrix} -15 \\ -3 \\ -21 \end{pmatrix}$$

Untersuchung mithilfe von Determinanten

Die vier Vektoren $\vec{a}, \vec{b}, \vec{c}$ und $\vec{d}$ liegen in einer Ebene, weil die zugehörigen Determinanten (immer aus drei Vektoren gebildet) den Wert 0 besitzen:

$$D_1 = \begin{vmatrix} 3 & 5 & 6 \\ 2 & 1 & 4 \\ 4 & 7 & 8 \end{vmatrix} = 0 \qquad D_2 = \begin{vmatrix} 3 & 6 & -15 \\ 2 & 4 & -3 \\ 4 & 8 & -21 \end{vmatrix} = 0 \qquad D_3 = \begin{vmatrix} 5 & 6 & -15 \\ 1 & 4 & -3 \\ 7 & 8 & -21 \end{vmatrix} = 0.$$

Zeigen Sie, dass $\begin{pmatrix} 2 \\ 0 \\ 0 \end{pmatrix}, \begin{pmatrix} 2 \\ 3 \\ 0 \end{pmatrix}, \begin{pmatrix} 2 \\ 3 \\ 7 \end{pmatrix}$ nicht komplanar sind, und stellen Sie den Vektor $\begin{pmatrix} 21 \\ 21 \\ 21 \end{pmatrix}$ als Linearkombination dieser Vektoren dar.

Untersuchung mithilfe der zugehörigen Determinante

Wir bilden die Determinante: $\det \begin{pmatrix} 2 & 2 & 2 \\ 0 & 3 & 3 \\ 0 & 0 & 7 \end{pmatrix} = 42 \neq 0.$

Die aus den Vektoren gebildete Determinante ist ungleich null, folglich sind die drei Vektoren linear unabhängig, also nicht komplanar. Dasselbe Ergebnis ergibt sich folgendermaßen:

Untersuchung des zugehörigen homogenen LGS

$$\left. \begin{array}{ll} \text{(I)} & 2r_1 + 2r_2 + 2r_3 = 0 \\ \text{(II)} & \phantom{2r_1 + {}} 3r_2 + 3r_3 = 0 \\ \text{(III)} & \phantom{2r_1 + 2r_2 + {}} 7r_3 = 0 \end{array} \right\} \Rightarrow r_1 = r_2 = r_3 = 0, \text{ also lineare Unabhängigkeit.}$$

Linearkombination

Ansatz für die Linearkombination: $r \begin{pmatrix} 2 \\ 0 \\ 0 \end{pmatrix} + s \begin{pmatrix} 2 \\ 3 \\ 0 \end{pmatrix} + t \begin{pmatrix} 2 \\ 3 \\ 7 \end{pmatrix} = \begin{pmatrix} 21 \\ 21 \\ 21 \end{pmatrix}$

$$\left. \begin{array}{ll} \text{(I)} & 2r + 2s + 2t = 21 \\ \text{(II)} & \phantom{2r + {}} 3s + 3t = 21 \\ \text{(III)} & \phantom{2r + 2s + {}} 7t = 21 \end{array} \right\} \Rightarrow t = 3; s = 4; r = 3{,}5$$

Ergebnis: $3{,}5 \begin{pmatrix} 2 \\ 0 \\ 0 \end{pmatrix} + 4 \begin{pmatrix} 2 \\ 3 \\ 0 \end{pmatrix} + 3 \begin{pmatrix} 2 \\ 3 \\ 7 \end{pmatrix} = \begin{pmatrix} 21 \\ 21 \\ 21 \end{pmatrix}$

2.2 Lineare Abhängigkeit und lineare Unabhängigkeit

Für welche Werte des Parameters t sind folgende Vektoren linear abhängig?
$$\begin{pmatrix} t \\ 0 \\ 2 \end{pmatrix}, \begin{pmatrix} 0 \\ t \\ 3 \end{pmatrix}, \begin{pmatrix} 3t \\ 1 \\ 0 \end{pmatrix}$$

Ermittlung des Parameters t

Lineare Abhängigkeit liegt genau dann vor, wenn die aus den drei Vektoren gebildete Determinante null ist.

$$\det \begin{pmatrix} t & 0 & 3t \\ 0 & t & 1 \\ 2 & 3 & 0 \end{pmatrix} = -6t^2 - 3t = 0 \quad \Leftrightarrow \quad t^2 + \frac{t}{2} = 0 \quad \Leftrightarrow \quad t = 0 \text{ oder } t = -\frac{1}{2}$$

Die drei Vektoren sind also linear abhängig, wenn für den Parameter t einer der Werte 0 oder $-\dfrac{1}{2}$ eingesetzt wird.

Dasselbe Ergebnis erhält man, wenn man die Definition für lineare Abhängigkeit anwendet, also das zugehörige homogene LGS dahingehend untersucht, für welche Werte von t es nichttriviale Lösungen hat.

Untersuchen Sie folgende Vektoren auf Kollinearität.

a) $\begin{pmatrix} 4 \\ 2 \\ 6 \end{pmatrix}, \begin{pmatrix} -2 \\ -1 \\ -3 \end{pmatrix}$ b) $\begin{pmatrix} 4 \\ -1 \\ 8 \end{pmatrix}, \begin{pmatrix} 2 \\ -3 \\ 1 \end{pmatrix}$

a)

$$\begin{pmatrix} 4 \\ 2 \\ 6 \end{pmatrix} = r \begin{pmatrix} -2 \\ -1 \\ -3 \end{pmatrix}; \quad \begin{array}{ll} \text{(I)} & 4 = -2r \\ \text{(II)} & 2 = -r \\ \text{(III)} & 6 = -3r \end{array} \Bigg\} \Rightarrow r = -2$$

Die Vektoren sind linear abhängig, also kollinear.

b)

$$\begin{pmatrix} 4 \\ -1 \\ 8 \end{pmatrix} = r \begin{pmatrix} 2 \\ -3 \\ 1 \end{pmatrix}; \quad \begin{array}{ll} \text{(I)} & 4 = 2r \Rightarrow r = 2 \\ \text{(II)} & -1 = -3r \Rightarrow r = \frac{1}{3} \\ \text{(III)} & 8 = r \Rightarrow r = 8 \end{array} \Bigg\} \text{ Widerspruch!}$$

Die Vektoren sind linear unabhängig, also nicht kollinear.

Bemerkungen:

Im $\mathbb{R}^2$ sind je drei Vektoren linear abhängig, denn man kann jeden Vektor als Linearkombination von zwei gegebenen linear unabhängigen Vektoren darstellen.

Im $\mathbb{R}^3$ sind je vier Vektoren linear abhängig, denn man kann jeden Vektor als Linearkombination von drei gegebenen linear unabhängigen Vektoren darstellen.

2.3 Teilverhältnisse

Ist C ein Punkt der Geraden $g(AB)$ mit
$\overrightarrow{AC} = \lambda_C \cdot \overrightarrow{CB}$,

dann heißt λ_C das **Teilverhältnis** des Punktetripels $(A|C|B)$. Man schreibt: $\lambda_C = TV(ACB)$.
Der Teilpunkt C soll zunächst nicht mit den Punkten A oder B zusammenfallen. Liegt C zwischen A und B, so spricht man von **innerer Teilung** der Strecke $\overline{AB}$. In diesem Fall gilt:

$\lambda_C = TV(ACB) > 0$.

Umgekehrt folgt: Ist $\lambda_C > 0$, dann ist C ein **innerer Teilpunkt** der Strecke $\overline{AB}$.
Liegt C auf $g(AB)$, aber außerhalb der Strecke $\overline{AB}$, so spricht man von **äußerer Teilung** der Strecke $\overline{AB}$, und es gilt:

$\lambda_C = TV(ACB) < 0$.

Umgekehrt folgt: Ist $\lambda_C < 0$ ($\lambda_C \neq -1$), dann ist C ein **äußerer Teilpunkt** der Strecke $\overline{AB}$. Man definiert zusätzlich: $\lambda_C = 0$, wenn $C = A$ ist und $\lambda_C = \infty$, wenn C mit B zusammenfällt.
Durch die Angabe des Teilverhältnisses ist λ_C eines Punktes C in Bezug auf zwei Geradenpunkte A und B ist die Lage von C eindeutig bestimmt.

Die Strecke $\overline{AB}$ ist in 8 gleich große Abschnitte geteilt. In welchem Teilverhältnis teilt der innere Teilpunkt C die Strecke $\overline{AB}$?

Ermittlung des Teilverhältnisses

Es gilt: $\lambda_C = TV(ACB) = \dfrac{5}{3}$.
C teilt die Strecke $\overline{AB}$ im Verhältnis $5 : 3$.

K Man kann den Vektor $\overrightarrow{AC}$ als Vielfaches von $\overrightarrow{CB}$ oder als Vielfaches von $\overrightarrow{AB}$ darstellen.

Welcher Punkt C teilt die Strecke $\overline{EF}$ mit den Endpunkten $E(2|3|9)$ und $F(12|8|24)$ im Verhältnis $2:3$?

Ermittlung des Teilpunktes

$\lambda_C = \dfrac{2}{3}; \overrightarrow{EC} = \dfrac{2}{2+3} \overrightarrow{EF} = \dfrac{2}{5}\left(\overrightarrow{OF} - \overrightarrow{OE}\right) = \dfrac{2}{5}\begin{pmatrix}10\\5\\15\end{pmatrix} = \begin{pmatrix}4\\2\\6\end{pmatrix}$

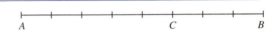

$\overrightarrow{OC} - \overrightarrow{OE} = \begin{pmatrix}4\\2\\6\end{pmatrix} \Rightarrow \overrightarrow{OC} = \begin{pmatrix}4\\2\\6\end{pmatrix} + \overrightarrow{OE} = \begin{pmatrix}4\\2\\6\end{pmatrix} + \begin{pmatrix}2\\3\\9\end{pmatrix} = \begin{pmatrix}6\\5\\15\end{pmatrix}$

Der Punkt C hat die Koordinaten $(6|5|15)$.

Bestimmen Sie den Punkt C mit $\lambda_C = TV(ACB) = 0{,}2$; $A(2|-1|0)$; $B(3|8|-5)$.

Ermittlung des Teilpunktes

$$\lambda_C = 0{,}2 = \frac{1}{5}; \overrightarrow{AC} = \frac{1}{1+5}\overrightarrow{AB} = \frac{1}{6}\begin{pmatrix} 1 \\ 9 \\ -5 \end{pmatrix} = \begin{pmatrix} \frac{1}{6} \\ \frac{3}{2} \\ -\frac{5}{6} \end{pmatrix}$$

$$\overrightarrow{OC} = \begin{pmatrix} \frac{1}{6} \\ \frac{3}{2} \\ -\frac{5}{6} \end{pmatrix} + \overrightarrow{OA} = \begin{pmatrix} \frac{1}{6} \\ \frac{3}{2} \\ -\frac{5}{6} \end{pmatrix} + \begin{pmatrix} 2 \\ -1 \\ 0 \end{pmatrix} = \begin{pmatrix} \frac{13}{6} \\ \frac{1}{2} \\ -\frac{5}{6} \end{pmatrix}$$

Der Punkt C hat die Koordinaten $\left(\frac{13}{6}\left|\frac{1}{2}\right|-\frac{5}{6}\right)$.

Bei der Bestimmung von Teilverhältnissen in ebenen oder räumlichen Gebilden benutzt man meist eine Summe von Vektoren, deren Ergebnis der Nullvektor $\vec{0}$ ist. Man spricht von einem **geschlossenen Vektorzug**. Wir demonstrieren dies anhand der folgenden Beweisaufgabe.

Beweisen Sie den **Satz**:
Die Seitenhalbierenden eines Dreiecks schneiden sich in einem Punkt S, dem **Schwerpunkt** des Dreiecks. Dieser Schwerpunkt S teilt die Seitenhalbierenden im Verhältnis $2:1$.

Beweisaufgabe

Der nebenstehenden Figur entnimmt man:
$\vec{a} + \vec{b} + \vec{c} = \vec{0}$ und $\overrightarrow{AS} + \overrightarrow{SB} - \vec{c} = \vec{0}$.

Der Vektor $\vec{c} + \frac{1}{2}\vec{a}$ ist ein Vielfaches des Vektors $\overrightarrow{AS}$, es gibt also ein $r \in \mathbb{R}$, so dass gilt:
$\overrightarrow{AS} = r\left(\vec{c} + \frac{1}{2}\vec{a}\right)$.

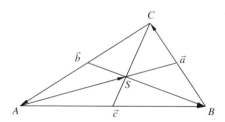

Ebenso erhält man:
$\overrightarrow{SB} = s\left(\frac{1}{2}\vec{b} + \vec{c}\right)$.

Setzt man dies in die Gleichung $\overrightarrow{AS} + \overrightarrow{SB} - \vec{c} = \vec{0}$ ein, so folgt:
$r\left(\vec{c} + \frac{1}{2}\vec{a}\right) + s\left(\frac{1}{2}\vec{b} + \vec{c}\right) - \vec{c} = \vec{0}$.

Mit $\vec{b} = -\vec{a} - \vec{c}$ folgt aus der letzten Gleichung
$r\left(\vec{c} + \frac{1}{2}\vec{a}\right) + s\left(-\frac{1}{2}\vec{a} + \frac{1}{2}\vec{c}\right) - \vec{c} = \left(\frac{r}{2} - \frac{s}{2}\right)\vec{a} + \left(r + \frac{s}{2} - 1\right)\vec{c} = \vec{0}$.

$\vec{a}$ und $\vec{b}$ sind linear unabhängig, folglich gilt $\frac{r}{2} - \frac{s}{2} = 0$ und $r + \frac{s}{2} - 1 = 0$.
Dieses Gleichungssystem ist genau dann eine wahre Aussage, wenn gilt: $r = s = \frac{2}{3}$.
Wir haben gezeigt: Die Seitenhalbierende s_b teilt die Seitenhalbierende s_c im Verhältnis $2:1$.
(Für die anderen Fälle verläuft der Beweis analog.)

2.4 Vektorräume

Ein Vektorraum ist eine nichtleere Menge V, für deren Elemente $\vec{a}, \vec{b} \in V$ eine Addition (Zeichen $+$) und eine Multiplikation mit reellen Zahlen (Zeichen $\cdot$) so erklärt wird, dass folgende **Axiome** erfüllt sind:

1) Für alle $\vec{a}, \vec{b} \in V$ gilt: $\vec{a} + \vec{b} = \vec{b} + \vec{a}$ (Kommutativgesetz).

2) Für alle $\vec{a}, \vec{b}, \vec{c} \in V$ gilt: $(\vec{a} + \vec{b}) + \vec{c} = \vec{a} + (\vec{b} + \vec{c})$ (Assoziativgesetz).

3) Es existiert ein Element $\vec{0} \in V$, so dass für alle $\vec{a} \in V$ gilt: $\vec{a} + \vec{0} = \vec{a}$.
   $\vec{0}$ heißt **neutrales** Element bezüglich der Addition.

4) Zu jedem Element $\vec{a} \in V$ gibt es ein Element $-\vec{a} \in V$, so dass $\vec{a} + (-\vec{a}) = \vec{0}$ gilt.
   $-\vec{a}$ heißt **inverses** Element der Addition.

5) Für alle $r, s \in \mathbb{R}$ und für alle $\vec{a} \in V$ gilt: $(r \cdot s) \cdot \vec{a} = r \cdot (s \cdot \vec{a})$

6) Für alle $r \in \mathbb{R}$ und für alle $\vec{a}, \vec{b} \in V$ gilt: $r \cdot (\vec{a} + \vec{b}) = r \cdot \vec{a} + r \cdot \vec{b}$ (1. Distributivgesetz)

7) Für alle $r, s \in \mathbb{R}$ und für alle $\vec{a} \in V$ gilt: $(r + s) \cdot \vec{a} = r \cdot \vec{a} + s \cdot \vec{a}$ (2. Distributivgesetz)

8) Für alle $a \in V$ gilt: $1 \cdot \vec{a} = \vec{a}$

Die Elemente von V heißen **Vektoren**.
Man nennt $\vec{0}$ auch den **Nullvektor** und $-\vec{a}$ auch den **Gegenvektor** von $\vec{a}$.
Man nennt $\vec{a} + \vec{b}$ auch die **Summe** der Vektoren $\vec{a}$ und $\vec{b}$ und spricht von der Addition der Vektoren $\vec{a}$ und $\vec{b}$.
Für die Summe $\vec{a} + (-\vec{b})$ schreibt man auch $\vec{a} - \vec{b}$ und spricht dann von der **Differenz** der Vektoren $\vec{a}$ und $\vec{b}$.
Man nennt $r \cdot \vec{a}$ die **Vervielfachung** des Vektors $\vec{a}$ mit der reellen Zahl r. Das Zeichen $\cdot$ kann auch weggelassen werden; man schreibt also kurz $r\vec{a}$, beispielsweise $2\vec{a}$.

Beispiele für Vektorräume

1) Vektorraum $\mathbb{R}$ der reellen Zahlen. Hier gelten die Kommutativgesetze und die Assoziativgesetze bezüglich der Addition und der Multiplikation, weiterhin das Distributivgesetz der Multiplikation bezüglich der Addition.
Es existiert die Null als neutrales Element. Es existiert die entgegengesetzte Zahl zu jeder reellen Zahl als inverses Element dieser Zahl. Es gilt: $1 \cdot a = a$ mit $a \in \mathbb{R}$.

2) Vektorraum der Verschiebungen der Ebene. Die Elemente (Vektoren) sind die in Spaltenform geschriebenen geordneten Zahlenpaare $\begin{pmatrix} x \\ y \end{pmatrix}$. Diesen Vektorraum bezeichnet man mit V_2.

3) Vektorraum der Verschiebungen des Raumes. Die Elemente (Vektoren) sind die in Spaltenform geschriebenen geordneten Zahlentripel $\begin{pmatrix} x \\ y \\ z \end{pmatrix}$. Diesen Vektorraum bezeichnet man mit V_3.

2.5 Basis und Dimension

Kann man jeden Vektor eines Vektorraumes V als Linearkombination der Vektoren $\vec{a}_1, \vec{a}_2, \ldots, \vec{a}_n$ aus V darstellen, so nennt man $(\vec{a}_1, \vec{a}_2, \ldots, \vec{a}_n)$ ein **Erzeugendensystem** von V.

Ein aus **linear unabhängigen** Vektoren $\vec{a}_1, \vec{a}_2, \ldots, \vec{a}_n$ bestehendes Erzeugendensystem eines Vektorraumes V heißt eine **Basis** von V.

Es liegt also dann eine Basis eines Vektorraumes V vor, wenn sich mit den genannten Vektoren $\vec{a}_1, \vec{a}_2, \ldots, \vec{a}_n$ jeder andere Vektor aus dem Vektorraum linear kombinieren lässt.

Die Anzahl der in der Basis vorkommenden Vektoren (Basisvektoren) nennt man **Dimension** des zugehörigen Vektorraumes. Besteht der Vektorraum nur aus dem Nullvektor $\vec{0}$, so wird ihm die Dimension 0 zugeordnet.

Es gilt: Sind $\vec{a}_1, \vec{a}_2$ zwei linear unabhängige Vektoren des Vektorraumes V_2, so lässt sich jeder weitere Vektor $\vec{x}$ aus V_2 eindeutig als Linearkombination von $\vec{a}_1$ und $\vec{a}_2$ darstellen. Eine Basis des V_2 besteht also aus zwei Basisvektoren.

Ebenso gilt: Sind $\vec{a}_1, \vec{a}_2$ und $\vec{a}_3$ linear unabhängige Vektoren des Vektorraumes V_3, so lässt sich jeder weitere Vektor $\vec{x}$ des Vektorraumes V_3 eindeutig als Linearkombination von $\vec{a}_1, \vec{a}_2$ und $\vec{a}_3$ darstellen. Eine Basis des V_3 besteht also aus drei Basisvektoren.

Bilden die beiden Vektoren eine Basis des zweidimensionalen Vektorraumes V_2?

a) $\begin{pmatrix} 3 \\ 4 \end{pmatrix}, \begin{pmatrix} 2 \\ -1 \end{pmatrix}$
b) $\begin{pmatrix} 1 \\ -3 \end{pmatrix}, \begin{pmatrix} -2 \\ 6 \end{pmatrix}$

a)

Wir nehmen an, dass die beiden Vektoren keine Basis im V_2 bilden. Dann wären sie linear abhängig und es muss eine reelle Zahl r geben, so dass gilt: $\begin{pmatrix} 3 \\ 4 \end{pmatrix} = r \cdot \begin{pmatrix} 2 \\ -1 \end{pmatrix}$. Daraus folgt:

$$\left.\begin{array}{ll} \text{(I)} & 3 = 2r \Rightarrow r = \dfrac{3}{2} \\[2mm] \text{(II)} & 4 = -r \Rightarrow r = -4 \end{array}\right\} \text{Widerspruch}$$

Die gegebenen Vektoren sind also linear unabhängig, sie sind nicht kollinear. Sie bilden damit eine Basis des V_2.

b)

Wir nehmen wie bei a) an, dass die beiden Vektoren kollinear sind: gilt: $\begin{pmatrix} 1 \\ -3 \end{pmatrix} = r \cdot \begin{pmatrix} -2 \\ 6 \end{pmatrix}$.

Diese Gleichung ist offensichtlich erfüllt für $r = -\dfrac{1}{2}$. Die gegebenen Vektoren sind also in der Tat kollinear, also linear abhängig; sie bilden keine Basis des V_2.

Man kann die Frage jeweils auch mithilfe der zugehörigen Determinante beantworten:

a) $\det \begin{pmatrix} 3 & 2 \\ 4 & -1 \end{pmatrix} = 3 \cdot (-1) - 4 \cdot 2 = -11 \neq 0$,
b) $\det \begin{pmatrix} 1 & -2 \\ -3 & 6 \end{pmatrix} = 1 \cdot 6 - (-3) \cdot (-2) = 0$.

2 Vektoren

Zeigen Sie, dass die drei Vektoren eine Basis des dreidimensionalen Vektorraumes V_3 bilden.

$$\begin{pmatrix} 1 \\ 1 \\ 0 \end{pmatrix}, \begin{pmatrix} 4 \\ 6 \\ 4 \end{pmatrix}, \begin{pmatrix} 2 \\ 3 \\ 4 \end{pmatrix}$$

Anwendung der Definition der linearen Unabhängigkeit

Die drei Vektoren sind linear unabhängig und bilden damit eine Basis des V_3, wenn gilt:

$$r_1 \begin{pmatrix} 1 \\ 1 \\ 0 \end{pmatrix} + r_2 \begin{pmatrix} 4 \\ 6 \\ 4 \end{pmatrix} + r_3 \begin{pmatrix} 2 \\ 3 \\ 4 \end{pmatrix} = \vec{0} \quad \Rightarrow \quad r_1 = r_2 = r_3 = 0.$$

Schreibt man die obige Vektorgleichung ausführlich, so ergibt sich das folgende homogene LGS:

$$\begin{aligned} r_1 + 4r_2 + 2r_3 &= 0 \\ r_1 + 6r_2 + 3r_3 &= 0 \\ 4r_2 + 4r_3 &= 0 \end{aligned}$$

Die weitere Bearbeitung der Aufgabenstellung ist nun auf zwei Wegen möglich.

a) Prüfung auf lineare Unabhängigkeit mithilfe des Gauß-Verfahrens

Die Bearbeitung mit dem Gauß-Verfahren ergibt:

$$\begin{aligned} r_1 + 4r_2 + 2r_3 &= 0 \\ r_1 + 6r_2 + 3r_3 &= 0 \\ 4r_2 + 4r_3 &= 0 \end{aligned} \quad \Leftrightarrow \quad \begin{aligned} r_1 + 4r_2 + 2r_3 &= 0 \\ 2r_2 + r_3 &= 0 \\ 4r_2 + 4r_3 &= 0 \end{aligned} \quad \Leftrightarrow \quad \begin{aligned} r_1 + 4r_2 + 2r_3 &= 0 \\ 2r_2 + r_3 &= 0 \\ 2r_3 &= 0 \end{aligned}$$

Das homogene LGS besitzt also nur die triviale Lösung $(0|0|0)$, also gilt: $r_1 = r_2 = r_3 = 0$.

b) Prüfung auf lineare Unabhängigkeit durch Berechnung der zugehörigen Determinante

Es gilt $\det \begin{pmatrix} 1 & 4 & 2 \\ 1 & 6 & 3 \\ 0 & 4 & 4 \end{pmatrix} = 24 + 8 - 12 - 16 = 4 \neq 0$; nach der Cramer'schen Regel hat das zugehörige homogene LGS nur die triviale Lösung $(0|0|0)$, also gilt: $r_1 = r_2 = r_3 = 0$.

Schlussfolgerung

Beide Wege ergeben:
Aus der Vektorgleichung $\quad r_1 \begin{pmatrix} 1 \\ 1 \\ 0 \end{pmatrix} + r_2 \begin{pmatrix} 4 \\ 6 \\ 4 \end{pmatrix} + r_3 \begin{pmatrix} 2 \\ 3 \\ 4 \end{pmatrix} = \vec{0} \quad$ folgt $\quad r_1 = r_2 = r_3 = 0$;

die drei Vektoren sind damit linear unabhängig und bilden folglich eine Basis des V_3.

2.5 Basis und Dimension

Für welche Werte des Parameters t bilden die drei Vektoren eine Basis des V_3?

$$\begin{pmatrix} -1 \\ 2 \\ t \end{pmatrix}, \begin{pmatrix} -1 \\ t \\ 2 \end{pmatrix}, \begin{pmatrix} t \\ -1 \\ 2 \end{pmatrix}$$

Anwendung der Definition der linearen Unabhängigkeit

Die drei Vektoren sind linear unabhängig und bilden damit eine Basis des V_3, wenn gilt:

$$r_1 \begin{pmatrix} -1 \\ 2 \\ t \end{pmatrix} + r_2 \begin{pmatrix} -1 \\ t \\ 2 \end{pmatrix} + r_3 \begin{pmatrix} t \\ -1 \\ 2 \end{pmatrix} = \vec{0} \quad \Rightarrow \quad r_1 = r_2 = r_3 = 0.$$

Schreibt man die obige Vektorgleichung ausführlich, so ergibt sich das folgende homogene LGS:

$$\begin{aligned} -r_1 - r_2 + t\,r_3 &= 0 \\ 2\,r_1 + t\,r_2 - r_3 &= 0 \\ t\,r_1 + 2\,r_2 + 2\,r_3 &= 0 \end{aligned}$$

Die weitere Bearbeitung der Aufgabenstellung ist wieder auf zwei Wegen möglich.

a) Anwendung des Gauß-Verfahrens

Die Bearbeitung mit dem Gauß-Verfahren ergibt:

$$\begin{aligned} -r_1 - r_2 + t\,r_3 &= 0 \\ 2\,r_1 + t\,r_2 - r_3 &= 0 \\ t\,r_1 + 2\,r_2 + 2\,r_3 &= 0 \end{aligned} \quad \Leftrightarrow \quad \begin{aligned} r_1 - r_2 + t\,r_3 &= 0 \\ (t-2)\,r_2 + (2t-1)\,r_3 &= 0 \\ (2-t)\,r_2 + (t^2+2)\,r_3 &= 0 \end{aligned}$$

$$\Leftrightarrow \quad \begin{aligned} r_1 - r_2 + t\,r_3 &= 0 \\ (t-2)\,r_2 + (2t-1)\,r_3 &= 0 \\ (t^2+2t+1)\,r_3 &= 0 \end{aligned}$$

Die letzte Gleichung, also die Gleichung $(t^2+2t+1)\,r_3 = 0$, besitzt Lösungen $r_3 \neq 0$, wenn $t^2+2t+1 = (t+1)^2 = 0$ ist. Dies ist nur der Fall für $t = -1$. Für $t \neq -1$ ist also $r_3 = 0$.

Die vorletzte Gleichung erhält in diesem Fall die Form $(t-2)\,r_2 = 0$ und besitzt Lösungen $r_2 \neq 0$, wenn $t-2 = 0$ ist. Dies ist nur der Fall für $t = 2$. Für $t \neq 2$ ist also $r_2 = 0$.

Für $t \neq -1$ und $t \neq 2$ ist also $r_2 = r_3 = 0$ und aus der ersten Gleichung, also der Gleichung $r_1 - r_2 + t\,r_3 = 0$, folgt ohne weitere Bedingungen $r_1 = 0$.

Das homogene LGS hat also für $t \neq -1$ und $t \neq 2$ nur die triviale Lösung $(0|0|0)$, für $t \neq -1$ und $t \neq 2$ gilt also: $r_1 = r_2 = r_3 = 0$.

b) Berechnung der zugehörigen Determinante

Es gilt $\det \begin{pmatrix} -1 & -1 & t \\ 2 & t & -1 \\ t & 2 & 2 \end{pmatrix} = -2t + t + 4t - t^3 - 2 + 4 = -t^3 + 3t + 2.$

Nach der Cramer'schen Regel hat das zugehörige homogene LGS nur dann nichttriviale Lösungen, wenn $-t^3 + 3t + 2 = 0$ ist. Wir suchen alle Lösungen dieser kubischen Gleichung.

Die kubische Gleichung $-t^3 + 3t + 2 = 0$ ist offensichtlich erfüllt für $t = -1$. Durch Polynomdivision spalten wir deshalb den Linearfaktor $t + 1$ ab: $(-t^3 + 3t + 2) : (t + 1) = -t^2 + t + 2$.
Die quadratische Gleichung $-t^2 + t + 2 = 0$ hat die Lösungen $t = 2$ und (nochmal) $t = -1$.
Die Determinante ist also nur dann verschieden von null, wenn gilt $t \neq -1$ und $t \neq 2$, und nur dann hat das homogene LGS ausschließlich die triviale Lösung $(0|0|0)$.
Also gilt: Für $t \neq -1$ und $t \neq 2$ ist $r_1 = r_2 = r_3 = 0$.

Schlussfolgerung

Beide Wege ergeben:

Für $t \neq -1$ und $t \neq 2$ folgt aus der Vektorgleichung $\quad r_1 \begin{pmatrix} -1 \\ 2 \\ t \end{pmatrix} + r_2 \begin{pmatrix} -1 \\ t \\ 2 \end{pmatrix} + r_3 \begin{pmatrix} t \\ -1 \\ 2 \end{pmatrix} = \vec{0}$

für die Koeffizienten: $r_1 = r_2 = r_3 = 0$. Die drei Vektoren sind damit für $t \neq -1$ und $t \neq 2$ linear unabhängig und bilden nur dann eine Basis des V_3.

Zeigen Sie, dass sich der Vektor $\vec{a} = \begin{pmatrix} 3 \\ 7 \\ -5 \end{pmatrix}$ als Linearkombination der Vektoren

$\vec{a}_1 = \begin{pmatrix} 1 \\ 2 \\ -1 \end{pmatrix}, \vec{a}_2 = \begin{pmatrix} 1 \\ 0 \\ -1 \end{pmatrix}, \vec{a}_3 = \begin{pmatrix} -2 \\ 1 \\ 0 \end{pmatrix}$ darstellen lässt.

Prüfung auf lineare Unabhängigkeit

Wir berechnen die zu den Vektoren $\vec{a}_1, \vec{a}_2$ und $\vec{a}_3$ gehörende Determinante.[1] Es gilt:

$\det \begin{pmatrix} 1 & 1 & -2 \\ 2 & 0 & 1 \\ -1 & -1 & 0 \end{pmatrix} = -1 + 4 + 1 = 4 \neq 0$; die Vektoren $\vec{a}_1, \vec{a}_2, \vec{a}_3$ bilden also eine Basis des V_3.

Ermittlung der Koeffizienten der Linearkombination

$r_1 \vec{a}_1 + r_2 \vec{a}_2 + r_3 \vec{a}_3 = \begin{pmatrix} 3 \\ 7 \\ -5 \end{pmatrix} \Leftrightarrow r_1 \begin{pmatrix} 1 \\ 2 \\ -1 \end{pmatrix} + r_2 \begin{pmatrix} 1 \\ 0 \\ -1 \end{pmatrix} + r_3 \begin{pmatrix} -2 \\ 1 \\ 0 \end{pmatrix} = \begin{pmatrix} 3 \\ 7 \\ -5 \end{pmatrix} \Leftrightarrow$

$\begin{array}{ll} \text{(I)} & r_1 + r_2 - 2r_3 = 3 \\ \text{(II)} & 2r_1 \quad\;\; + r_3 = 7 \\ \text{(III)} & -r_1 - r_2 \quad\;\; = -5 \end{array} \Bigg\} \Rightarrow \begin{array}{l} r_1 = 3 \\ r_2 = 2 \\ r_3 = 1 \end{array} \Bigg\} \Rightarrow 3 \begin{pmatrix} 1 \\ 2 \\ -1 \end{pmatrix} + 2 \begin{pmatrix} 1 \\ 0 \\ -1 \end{pmatrix} + \begin{pmatrix} -2 \\ 1 \\ 0 \end{pmatrix} = \begin{pmatrix} 3 \\ 7 \\ -5 \end{pmatrix}$

Die Linearkombination ist eindeutig bestimmt, d. h., der Vektor $\vec{a}$ lässt sich nur auf diese eine Weise durch die Vektoren $\vec{a}_1, \vec{a}_2, \vec{a}_3$ darstellen.

---

[1] Natürlich kann zur Prüfung auf lineare Unabhängigkeit auch das Gauß-Verfahren angewendet werden.

2.6 Multiple-Choice-Test

(Lösungen auf Seite 252)

1. Gegeben sind die Basisvektoren $\vec{i} = \begin{pmatrix} 1 \\ 0 \\ 0 \end{pmatrix}$, $\vec{j} = \begin{pmatrix} 0 \\ 1 \\ 0 \end{pmatrix}$, $\vec{k} = \begin{pmatrix} 0 \\ 0 \\ 1 \end{pmatrix}$ und

ein Vektor $\vec{a} = \begin{pmatrix} -3 \\ 2 \\ 1 \end{pmatrix}$.

Welche Gleichung stellt den Vektor $\vec{a}$ als Linearkombination der Vektoren $\vec{i}, \vec{j}, \vec{k}$ dar?

A) $\vec{a} = 3\vec{i} - 2\vec{j} + \vec{k}$
B) $\vec{a} = -3\vec{i} - 2\vec{j} + \vec{k}$
C) $\vec{a} = -3\vec{i} + 2\vec{j} - \vec{k}$
D) $\vec{a} = 3\vec{i} + 2\vec{j} + \vec{k}$
E) $\vec{a} = -3\vec{i} + 2\vec{j} + \vec{k}$

2. Untersuchen Sie die folgenden Vektoren auf lineare Unabhängigkeit:

$$\vec{a} = \begin{pmatrix} 2 \\ 0 \\ 1 \end{pmatrix}, \quad \vec{b} = \begin{pmatrix} -1 \\ 0 \\ 0 \end{pmatrix}, \quad \vec{c} = \begin{pmatrix} 2 \\ -1 \\ 3 \end{pmatrix}.$$

A) Die angegebenen Vektoren sind linear abhängig.
B) Die angegebenen Vektoren sind linear unabhängig.

3. Untersuchen Sie die folgenden Vektoren auf lineare Unabhängigkeit:

$$\vec{a} = \begin{pmatrix} 3 \\ 0 \\ 1 \end{pmatrix}, \quad \vec{b} = \begin{pmatrix} 4 \\ 1 \\ 3 \end{pmatrix}, \quad \vec{c} = \begin{pmatrix} 2 \\ -1 \\ -1 \end{pmatrix}.$$

A) Die angegebenen Vektoren sind linear abhängig.
B) Die angegebenen Vektoren sind linear unabhängig.

4. Untersuchen Sie die Vektoren $\vec{a}, \vec{b}, \vec{c}$ auf lineare Unabhängigkeit:

$\vec{a} = 3\vec{i} - \vec{j} + 2\vec{k}, \quad \vec{b} = 2\vec{i} + \vec{k}, \quad \vec{c} = 5\vec{i} - 3\vec{j} + 4\vec{k}$

mit $\vec{i} = \begin{pmatrix} 1 \\ 0 \\ 0 \end{pmatrix}$, $\vec{j} = \begin{pmatrix} 0 \\ 1 \\ 0 \end{pmatrix}$, $\vec{k} = \begin{pmatrix} 0 \\ 0 \\ 1 \end{pmatrix}$

A) Die angegebenen Vektoren sind linear abhängig.
B) Die angegebenen Vektoren sind linear unabhängig.

2 Vektoren

5. **Untersuchen Sie die folgenden Vektoren auf Kollinearität:**

$$\vec{a} = \begin{pmatrix} 1 \\ -2 \\ 3 \end{pmatrix}, \ \vec{b} = \begin{pmatrix} -5 \\ 10 \\ -15 \end{pmatrix}.$$

A) Die angegebenen Vektoren sind kollinear.
B) Die angegebenen Vektoren sind nicht kollinear.

6. **Untersuchen Sie die folgenden Vektoren auf Kollinearität:**

$$\vec{a} = \begin{pmatrix} 3 \\ 5 \end{pmatrix}, \ \vec{b} = \begin{pmatrix} -9 \\ 15 \end{pmatrix}.$$

A) Die angegebenen Vektoren sind kollinear.
B) Die angegebenen Vektoren sind nicht kollinear.

7. **Untersuchen Sie die folgenden Vektoren auf Komplanarität:**

$$\vec{a} = \begin{pmatrix} 2 \\ 2 \\ 0 \end{pmatrix}, \ \vec{b} = \begin{pmatrix} 2 \\ 1 \\ 1 \end{pmatrix}, \ \vec{c} = \begin{pmatrix} 0 \\ 0 \\ 1 \end{pmatrix}.$$

A) Die angegebenen Vektoren sind komplanar.
B) Die angegebenen Vektoren sind nicht komplanar.

8. **Untersuchen Sie die folgenden Vektoren auf Komplanarität:**

$$\vec{a} = \begin{pmatrix} 1 \\ -1 \\ 1 \end{pmatrix}, \ \vec{b} = \begin{pmatrix} 1 \\ 0 \\ 1 \end{pmatrix}, \ \vec{c} = \begin{pmatrix} 1 \\ 1 \\ 1 \end{pmatrix}.$$

A) Die angegebenen Vektoren sind komplanar.
B) Die angegebenen Vektoren sind nicht komplanar.

9. **Für welchen Wert von a sind die angegebenen Vektoren linear abhängig?**

$$\vec{a} = \begin{pmatrix} 3 \\ -1 \\ 2 \end{pmatrix}, \ \vec{b} = \begin{pmatrix} -1 \\ 1 \\ 1 \end{pmatrix}, \ \vec{c} = \begin{pmatrix} -9 \\ 5 \\ a \end{pmatrix}$$

A) $a = 1$
B) $a = -1$
C) $a = 3$
D) $a = -3$
E) $a = 0$
F) $a = -2$

2.6 Multiple-Choice-Test · 41

10. Gegeben sind die Punkte $P(1|1)$ und $Q(9|4)$.

Bestimmen Sie die Koordinaten des Teilpunktes T, der die gerichtete Strecke $\overrightarrow{PQ}$ im Verhältnis $\lambda = -3$ teilt.

A) $T(5|2,5)$

B) $T(10|5)$

C) $T(13|5,5)$

D) $T(-13|5,5)$

E) $T(8|3)$

11. Gegeben sind die Punkte $P(1|1)$ und $Q(9|4)$.

In welchem Verhältnis teilt $T(-5|1,25)$ die gerichtete Strecke $\overrightarrow{PQ}$?

A) $\lambda = -3$

B) $\lambda = -7$

C) $\lambda = -\dfrac{7}{3}$

D) $\lambda = -\dfrac{3}{7}$

12. Sind $\vec{p}, \vec{q}, \vec{r}$ die Ortsvektoren der Eckpunkte eines Dreiecks P, Q, R, dann ist $\vec{s} = \frac{1}{3}(\vec{p} + \vec{q} + \vec{r})$ der Ortsvektor seines Schwerpunktes.

Welche Koordinaten hat der Schwerpunkt S des Dreiecks P, Q, R mit $P(6|-2|10)$, $Q(10|-5|9)$ und $R(5|1|-7)$?

A) $S(7|-2|4)$

B) $S(-21|6|-12)$

C) $S(-7|2|-4)$

D) $S(21|-6|12)$

13. Prüfen Sie, ob die folgenden Vektoren eine Basis von $\mathbb{R}^3$ bilden.

$$\vec{a} = \begin{pmatrix} 5 \\ -1 \\ 2 \end{pmatrix}, \ \vec{b} = \begin{pmatrix} 2 \\ -2 \\ 1 \end{pmatrix}, \ \vec{c} = \begin{pmatrix} -1 \\ 2 \\ 3 \end{pmatrix}$$

A) Die angegebenen Vektoren bilden eine Basis von $\mathbb{R}^3$.

B) Die angegebenen Vektoren bilden keine Basis von $\mathbb{R}^3$.

14. Der Vektor $\vec{a} = 5\vec{i} + 7\vec{j} + 13\vec{k}$ soll als Summe dreier Vektoren $\vec{x}, \vec{y}, \vec{z}$ dargestellt werden, die der Reihe nach den Vektoren

$$\vec{a}_1 = \vec{i} + 4\vec{j} + 3\vec{k},$$
$$\vec{a}_2 = \vec{i} + 2\vec{j},$$
$$\vec{a}_3 = \vec{i} + \vec{j} + \vec{k}$$

parallel sind.

Welche der angegebenen Vektorgleichungen stellt die Vektoren $\vec{x}, \vec{y}, \vec{z}$ dar?

A) $\vec{x} = 2\vec{i} + 8\vec{j} + 6\vec{k}$
$\vec{y} = 4\vec{i} + 8\vec{j}$
$\vec{z} = 7\vec{i} + 7\vec{j} + 7\vec{k}$

B) $\vec{x} = -2\vec{i} - 8\vec{j} - 6\vec{k}$
$\vec{y} = -4\vec{i} - 8\vec{j}$
$\vec{z} = 7\vec{i} + 7\vec{j} + 7\vec{k}$

C) $\vec{x} = 2\vec{i} + 8\vec{j} + 6\vec{k}$
$\vec{y} = -4\vec{i} - 8\vec{j}$
$\vec{z} = -7\vec{i} + 7\vec{j} - 7\vec{k}$

D) $\vec{x} = 2\vec{i} + 8\vec{j} + 6\vec{k}$
$\vec{y} = -4\vec{i} - 8\vec{j}$
$\vec{z} = 7\vec{i} + 7\vec{j} + 7\vec{k}$

E) $\vec{x} = 2\vec{i} + 8\vec{j} - 6\vec{k}$
$\vec{y} = -4\vec{i} - 8\vec{j}$
$\vec{z} = -7\vec{i} + 7\vec{j} + 7\vec{k}$

3 Geraden und Ebenen

In der analytischen Geometrie werden geometrische Probleme mit algebraischen Verfahren untersucht. Da geometrische Objekte durch Punktmengen im kartesischen Koordinatensystem der Ebene $\mathbb{R}^2$, oder des dreidimensionalen Raums $\mathbb{R}^3$, darstellbar sind, kann jedem Punkt eines geometrischen Objekts im $\mathbb{R}^2$ bzw. $\mathbb{R}^3$ eineindeutig ein Ortsvektor des zwei- bzw. dreidimensionalen Vektorraums V_2 bzw. V_3 zugeordnet werden. Aus diesem Grund sind Kenntnisse der Methoden der Vektorrechnung eine wesentliche Voraussetzung für das Verständnis dieses Kapitels.

3.1 Geraden im R^2 und R^3

Durch einen gegebenen Punkt A (Aufpunkt) und einen Vektor $\vec{u}$ (Richtungsvektor) ist eine Gerade g festgelegt. Alle Punkte X der Geraden erhält man durch die **Gleichung der Geraden in Parameterform** (auch **Punkt-Richtungs-Gleichung** genannt)

$g\colon \vec{x} = \vec{a} + r \cdot \vec{u}, r \in \mathbb{R}.$

Dabei sind $\vec{a}$ und $\vec{x}$ die Ortsvektoren der Punkte A und X der Geraden. Da der Richtungsvektor $\vec{u}$ die Differenz $\vec{b} - \vec{a}$ zweier Ortsvektoren der Punkte A und B ist, lässt sich die Gerade g auch in der **Zwei-Punkte-Form** darstellen:

$g\colon \vec{x} = \vec{a} + r \cdot (\vec{b} - \vec{a}), \quad r \in \mathbb{R}.$

Aus $g\colon \vec{x} = \vec{a} + r \cdot \vec{u}, \quad r \in \mathbb{R}$, folgt die **Koordinatenschreibweise** der

Geradengleichung im $\mathbb{R}^2$:

$$\begin{pmatrix} x \\ y \end{pmatrix} = \begin{pmatrix} a_1 \\ a_2 \end{pmatrix} + r \cdot \begin{pmatrix} u_1 \\ u_2 \end{pmatrix},$$

Geradengleichung im $\mathbb{R}^3$:

$$\begin{pmatrix} x \\ y \\ z \end{pmatrix} = \begin{pmatrix} a_1 \\ a_2 \\ a_3 \end{pmatrix} + r \cdot \begin{pmatrix} u_1 \\ u_2 \\ u_3 \end{pmatrix}.$$

Geraden im R^2

Mit $m = \dfrac{u_2}{u_1}$ (mit $u_1 \neq 0$) als Steigung folgt die parameterfreie Darstellung von g in der Ebene als **Punkt-Richtungs-Form**:

$y = m \cdot (x - a_1) + a_2.$

Schreibt man die Geradengleichung in der Form

$A x + B y + C = 0,$

so spricht man von der **Koordinatenform** einer Geraden in der Ebene. Liegt ein kartesisches Koordinatensystem vor, dann ist der Vektor $\begin{pmatrix} A \\ B \end{pmatrix}$ ein Normalenvektor der Geraden, also orthogonal zu g.

44   3 Geraden und Ebenen

Geben Sie für die Gerade g, die durch den Punkt $A(2|1)$ geht und den Richtungsvektor

$$\vec{u} = \begin{pmatrix} 2 \\ 3 \end{pmatrix}$$

hat, eine Geradengleichung in
a) Parameterform (Punkt-Richtungs-Gleichung),
b) Zwei-Punkte-Form sowie eine parameterfreie Form,
c) Punkt-Richtungs-Form,
d) Koordinatenform an.

a) Parameterform (Punkt-Richtungs-Gleichung) ⬛K

$$g\colon \vec{x} = \begin{pmatrix} 2 \\ 1 \end{pmatrix} + r \cdot \begin{pmatrix} 2 \\ 3 \end{pmatrix}, \quad r \in \mathbb{R}.$$

Die Punkt-Richtungs-Gleichung von g folgt durch Einsetzen der Komponenten des Ortsvektors von A und des Richtungsvektors $\vec{u}$.

b) Zweipunkteform ⬛K

$$g\colon \vec{x} = \begin{pmatrix} 2 \\ 1 \end{pmatrix} + r \cdot \left(\begin{pmatrix} 4 \\ 4 \end{pmatrix} - \begin{pmatrix} 2 \\ 1 \end{pmatrix} \right), \quad r \in \mathbb{R}$$

Um die Zwei-Punkte-Form aufzustellen, wird ein zweiter Punkt von g, z. B. durch Wahl von $r = 1$, aus der Parameterform bestimmt.

c) Punkt-Richtungs-Form ⬛K

$$y = \tfrac{3}{2} \cdot (x - 2) + 1$$

Aus der Koordinatenschreibweise der Parameterform folgt:

$$\begin{pmatrix} x \\ y \end{pmatrix} = \begin{pmatrix} 2 + 2r \\ 1 + 3r \end{pmatrix}$$

bzw.

$$x = 2 + 2r \qquad\qquad\text{(I)}$$
$$y = 1 + 3r \qquad\qquad\text{(II)}$$

Die Punkt-Richtungsform folgt nach Elimination von r aus dem LGS.

d) Koordinatenform ⬛K

$$3x - 2y - 4 = 0$$

Wird die Punkt-Richtungsform mit 2 multipliziert, sowie geeignet umgestellt, so erhält man die Koordinatenform.

Bestimmen Sie für die Gerade g, die gegeben ist durch ihre Koordinatenform $8x - 4y - 12 = 0$,
a) die Steigung,
b) einen Richtungsvektor,
c) eine Punkt-Richtungs-Gleichung.

a) Steigung

Stellt man die Koordinatenform geeignet um, so folgt $m = 2$.

Aus der Koordinatenform $8x - 4y - 12 = 0$ folgt nach Umstellung $y = 2x - 3$ und damit $m = 2$.

b) Richtungsvektor

Ein Richtungsvektor ist z. B. $\vec{u} = \begin{pmatrix} 1 \\ 2 \end{pmatrix}$.

Wählt man in $y = 2x - 3$ z. B. für $x = -1$, so folgt mit $y = -5$ als Aufpunkt $A(-1|-5)$ und für $x = 0$ und $y = -3$ ein weiterer Punkt $B(0|-3)$. Die Differenz der Ortsvektoren $\overrightarrow{AB}$ ergibt einen Richtungsvektor:

$$\vec{u} = \left(\begin{pmatrix} 0 \\ -3 \end{pmatrix} - \begin{pmatrix} -1 \\ -5 \end{pmatrix} \right) = \begin{pmatrix} 1 \\ 2 \end{pmatrix}.$$

c)

$g: \vec{x} = \begin{pmatrix} -1 \\ -5 \end{pmatrix} + r \cdot \begin{pmatrix} 1 \\ 2 \end{pmatrix}, \quad r \in \mathbb{R}.$

Aus b) folgt eine Punkt-Richtungs-Gleichung von g durch Einsetzen der Komponenten von Orts- und Richtungsvektor.

Geraden im R^3

Die Form der Geradengleichungen im $\mathbb{R}^3$ unterscheiden sich von denen im $\mathbb{R}^2$ nur durch die Einführung der dritten Koordinate.

Eine Normalenform wie bei einer Geraden im $\mathbb{R}^2$ gibt es für eine Gerade im $\mathbb{R}^3$ nicht, denn ein Normalenvektor einer Geraden im $\mathbb{R}^3$ kann um die Gerade beliebig gedreht werden, ohne dass er seine Eigenschaft bezüglich der Geraden verliert. Es gibt unendlich viele nicht kollineare Normalenvektoren zu einer Geraden, die alle zueinander komplanar sind. Umgekehrt gibt es zu einem Normalenvektor unendlich viele orthogonale Geraden. Eine Gerade im $\mathbb{R}^3$ lässt sich also durch Angabe eines Normalenvektors und eines Aufpunkts nicht eindeutig charakterisieren.

Man kann eine Gerade im $\mathbb{R}^3$ jedoch als Schnittgerade zweier Ebenen darstellen.

46   3 Geraden und Ebenen

Eine Gerade g sei gegeben durch

$$g: \begin{Bmatrix} x = 2r + 1 \\ y = 2 - 6r \\ z = 2 - 4r \end{Bmatrix}, \quad r \in \mathbb{R}.$$

a) Geben Sie eine Punkt-Richtungs-Gleichung von g an.
b) Untersuchen Sie, ob die Punkte $A(2|-1|0)$ bzw. $B(0|4|-2)$ auf g liegen.
c) Wie müssen a und b gewählt werden, damit der Punkt $P(0|a|b)$ auf g liegt?
d) Ändern Sie die Koordinaten des Richtungsvektors von g derart ab, dass die Gerade parallel zur y-Achse verläuft.

a) Punkt-Richtungs-Gleichung K

$$g: \vec{x} = \begin{pmatrix} 1 \\ 2 \\ 2 \end{pmatrix} + r \cdot \begin{pmatrix} 2 \\ -6 \\ -4 \end{pmatrix}, \quad r \in \mathbb{R}.$$

Aus der gegebenen Darstellung von g folgt durch Umschreiben

$$g: \begin{Bmatrix} x = 1 + 2r \\ y = 2 - 6r \\ z = 2 - 4r \end{Bmatrix}, \quad r \in \mathbb{R}$$

und damit als eine Punkt-Richtungs-Gleichung:

$$\vec{x} = \begin{pmatrix} 1 \\ 2 \\ 2 \end{pmatrix} + r \cdot \begin{pmatrix} 2 \\ -6 \\ -4 \end{pmatrix}$$

Zuerst werden die reinen Zahlen und dann die Produkte mit dem Parameter geschrieben. Der Aufpunkt lässt sich sofort ablesen: $A(1|2|2)$. Ein Richtungsvektor ergibt sich aus den Koeffizienten der Produkte mit dem Parameter zu

$$\begin{pmatrix} 2 \\ -6 \\ -4 \end{pmatrix}.$$

Es wäre auch möglich, folgenden Richtungsvektor zu wählen:

$$\begin{pmatrix} -0{,}5 \\ 1{,}5 \\ 1 \end{pmatrix}.$$

3.1 Geraden im $\mathbb{R}^2$ und $\mathbb{R}^3$ 47

Es ist zweckmäßig, die dem Betrag nach kleinsten ganzen Zahlen als Komponenten eines Richtungsvektors zu wählen, damit folgt schließlich:

$$\vec{x} = \begin{pmatrix} 1 \\ 2 \\ 2 \end{pmatrix} + r \cdot \begin{pmatrix} 1 \\ -3 \\ -2 \end{pmatrix}.$$

b)

Untersuchung von A: Das zugeordnete Gleichungssystem:

$$2 = 1 + r$$
$$-1 = 2 - 3r$$
$$0 = 2 - 2r$$

hat die Lösung $r = 1$, also: $A \in g$.

Der Ansatz der Vektorgleichung

$$\begin{pmatrix} 2 \\ -1 \\ 0 \end{pmatrix} = \begin{pmatrix} 1 \\ 2 \\ 2 \end{pmatrix} + r \cdot \begin{pmatrix} 1 \\ -3 \\ -2 \end{pmatrix}$$

führt auf ein lineares Gleichungssystem:

$$2 = 1 + r$$
$$-1 = 2 - 3r$$
$$0 = 2 - 2r$$

Alle drei Gleichungen haben die gleiche Lösung: $r = 1$. Daher gilt: $A \in g$.

Untersuchung von B: Das zugeordnete Gleichungssystem:

$$0 = 1 + r$$
$$4 = 2 - 3r$$
$$-2 = 2 - 2r$$

hat keine eindeutige Lösung, also: $B \notin g$.

Für den Punkt B folgt nach analogem Ansatz das Gleichungssystem:

$$0 = 1 + r \qquad\qquad\qquad \text{(I)}$$
$$4 = 2 - 3r \qquad\qquad\qquad \text{(II)}$$
$$-2 = 2 - 2r \qquad\qquad\qquad \text{(III)}$$

Die Gleichung (I) hat die Lösung $r = -1$. Dieser Wert löst nicht die Gleichungen (II) und (III), folglich gilt $B \notin g$.

c)

Aus dem Ansatz

$$0 = 1 + r$$
$$a = 2 - 3r$$
$$b = 2 - 2r$$

folgt mit $r = -1$ für $a = 5$ und $b = 4$.

Aus dem Ansatz

$$\begin{pmatrix} 0 \\ a \\ b \end{pmatrix} = \begin{pmatrix} 1 \\ 2 \\ 2 \end{pmatrix} + r \cdot \begin{pmatrix} 1 \\ -3 \\ -2 \end{pmatrix}$$

folgt das Gleichungssystem:

48   3 Geraden und Ebenen

$$0 = 1 + r \qquad\qquad\text{(I)}$$
$$a = 2 - 3\,r \qquad\qquad\text{(II)}$$
$$b = 2 - 2\,r \qquad\qquad\text{(III)}$$

Aus der Gleichung (1) folgt $r = -1$ und damit für $a = 5$ und $b = 4$.

d)

Man wählt $x = 0$ und $z = 0$ und erhält mit

$$\vec{x} = \begin{pmatrix} 1 \\ 2 \\ 2 \end{pmatrix} + r \cdot \begin{pmatrix} 0 \\ -3 \\ 0 \end{pmatrix}$$

eine Gerade, die parallel zur y-Achse verläuft.

K

Die Gleichungen der drei Koordinatenachsen im $\mathbb{R}^3$ lauten in Parameterform:

$$x\text{-Achse:}\quad \vec{x} = r \cdot \begin{pmatrix} 1 \\ 0 \\ 0 \end{pmatrix}, \quad r \in \mathbb{R}$$

$$y\text{-Achse:}\quad \vec{x} = r \cdot \begin{pmatrix} 0 \\ 1 \\ 0 \end{pmatrix}, \quad r \in \mathbb{R}$$

$$z\text{-Achse:}\quad \vec{x} = r \cdot \begin{pmatrix} 0 \\ 0 \\ 1 \end{pmatrix}, \quad r \in \mathbb{R}$$

Für die Koordinatenform sind zwei Gleichungen notwendig:
x-Achse: x beliebig aus $\mathbb{R}$ und

$$y = 0$$
$$z = 0$$

y-Achse: y beliebig aus $\mathbb{R}$ und

$$x = 0$$
$$z = 0$$

z-Achse: z beliebig aus $\mathbb{R}$ und

$$x = 0$$
$$y = 0$$

Aus diesen Ansätzen folgt für die gesuchte Geradengleichung parallel zur y-Achse die Gleichung:

$$\vec{x} = \begin{pmatrix} 1 \\ 2 \\ 2 \end{pmatrix} + r \cdot \begin{pmatrix} 0 \\ -3 \\ 0 \end{pmatrix}$$

3.1 Geraden im $\mathbb{R}^2$ und $\mathbb{R}^3$ 49

Untersuchen Sie, ob die Punkte

a) $P_t(1+t|t|2+t)$ und

b) $Q_t(1-t|t^2|2-t)$

für $t \in \mathbb{R}$ auf einer Geraden liegen.

a)

Wählt man z. B. $t = 1$, so folgt $P_1(2|1|3)$ und für $t = 2$ folgt $P_2(3|2|4)$. Damit erhält man:

$$g:\vec{x} = \begin{pmatrix} 2 \\ 1 \\ 3 \end{pmatrix} + r \cdot \begin{pmatrix} 1 \\ 1 \\ 1 \end{pmatrix}, \quad r \in \mathbb{R}.$$

Untersucht man das zugehörige Gleichungssystem, so folgt, dass die Punkte $P_t(1+t|t|2+t)$ für alle $t \in \mathbb{R}$ auf einer Geraden liegen.

Für $t = 1$ folgt $P_1(2|1|3)$ und für $t = 2$ folgt $P_2(3|2|4)$. Setzt man $P_t(1+t|t|2+t)$ ein, so lautet das zugehörige Gleichungssystem:

$$1 + t = 2 + r \qquad (I)$$
$$t = 1 + r \qquad (II)$$
$$2 + t = 3 + r \qquad (III)$$

Setzt man den aus (II) folgenden Term in die beiden anderen Gleichungen ein, so erhält man wahre Aussagen; damit folgt, dass die Punkte $P_t(1+t|t|2+t)$ für alle $t \in \mathbb{R}$ auf einer Geraden liegen.

b)

Wählt man z. B. $t = 1$, so folgt $Q_1(0|1|1)$ und für $t = 2$ folgt $Q_2(-1|4|0)$. Damit erhält man:

$$g:x = \begin{pmatrix} 0 \\ 1 \\ 1 \end{pmatrix} + r \cdot \begin{pmatrix} -1 \\ 3 \\ -1 \end{pmatrix}; \quad r \in \mathbb{R}.$$

Untersucht man das zugehörige Gleichungssystem, so folgt, dass die Punkte $Q_t(1-t|t^2|2-t)$ nicht für alle $t \in \mathbb{R}$ auf einer Geraden liegen.

Es reicht nachzuweisen, dass ein weiterer Punkt nicht auf der Geraden durch zwei beliebig gewählte Punkte liegt.

Für $t = 1$ folgt $Q_1(0|1|1)$ und für $t = 2$ folgt $Q_2(-1|4|0)$. Setzt man $t = 0$, so erhält man $Q_0(1|0|2)$. Das zugehörige Gleichungssystem lautet dann:

$$1 - t = -r \qquad (I)$$
$$t^2 = 1 + 3r \qquad (II)$$
$$2 + t = 1 - r \qquad (III)$$

Aus Gleichung (I) folgt $t = 1 + r$, setzt man diesen Term in die beiden anderen Gleichungen ein, so erhält man falsche Aussagen; damit folgt, dass die Punkte $Q_t(1-t|t^2|2-t)$ nicht auf einer Geraden liegen.

3.2 Ebenen

Durch einen gegebenen Punkt A (Aufpunkt) und zwei nicht kollineare Vektoren $\vec{u}$ und $\vec{v}$ (Richtungsvektoren) ist eine Ebene E festgelegt. Alle Punkte $\vec{x}$ der Ebene erhält man durch die Gleichung der Ebene E in der Form der Parametergleichung (gelegentlich auch Punktrichtungsgleichung genannt):

E: $\vec{x} = \vec{a} + r \cdot \vec{u} + s \cdot \vec{v}$; $\quad r, s \in \mathbb{R}$.

Dabei sind $\vec{a}$ und $\vec{x}$ die Ortsvektoren der Punkte A und X der Ebene. Da die Richtungsvektoren $\vec{u}$ bzw. $\vec{v}$ die Differenz jeweils zweier Ortsvektoren $\vec{b} - \vec{a}$ der Punkte A und B bzw. $\vec{c} - \vec{a}$ der Punkte A und C ist, lässt sich die Ebene E auch in der Dreipunktegleichung darstellen:

E : $\vec{x} = \vec{a} + r \cdot (\vec{b} - \vec{a}) + s \cdot (\vec{c} - \vec{a})$; $\quad r \in \mathbb{R}$.

Eine Ebene E in $\mathbb{R}^3$ lässt sich stets durch eine lineare Gleichung der Form

$a x + b y + c z = d$

darstellen. Diese Form der Ebenengleichung nennt man Koordinatengleichung. Ist das Koordinatensystem kartesisch, dann ist der Vektor mit den Komponenten a, b und c orthogonal zu E, d. h. ein Normalenvektor.

Die Richtungsvektoren von E bzw. deren Koordinatengleichung sollten eine möglichst einfache Gestalt haben. Ergibt sich ein Vektor oder eine Koordinatengleichung mit Bruchzahlen, so findet man immer ein geeignetes Vielfaches, so dass die Brüche eliminiert werden können.

Gegeben sei die Ebene E: $\vec{x} = \begin{pmatrix} 1 \\ 1 \\ 1 \end{pmatrix} + r \cdot \begin{pmatrix} 3 \\ 1 \\ 1 \end{pmatrix} + s \cdot \begin{pmatrix} 2 \\ 3 \\ 2 \end{pmatrix}$; $\quad r, s \in \mathbb{R}$.

Bestimmen Sie eine Koordinatengleichung von E.

Aus dem der Vektorgleichung zugeordneten Gleichungssystem werden die Variablen r und s eliminiert. Man erhält schließlich die Koordinatengleichung:

$x + 4y - 7z = -2$.

Das zugeordnete Gleichungssystem lautet:

$$x = 1 + 3r + 2s \qquad \text{(I)}$$
$$y = 1 + r + 3s \qquad \text{(II)}$$
$$z = 1 + r + 2s \qquad \text{(III)}$$

Aus (II) $-$ (III) folgt $y - z = s$ und aus (I) $- 3 \cdot$ (II) folgt $x - 3y = -2 - 7s$ und damit $x + 4y - 7z = -2$.

Gegeben sei die Ebene E durch die Koordinatengleichung $2x - y - 4z = -3$.

a) Bestimmen Sie eine Parametergleichung von E.

b) Untersuchen Sie, ob die Punkte $P(3|3|1,5)$ und $Q(1|-1|0)$ auf der Ebene E liegen.

c) Die Punkte $A(1|1|1)$, $B(5|1|3)$ und $C(3|5|1)$ liegen auf E und bilden ein Dreieck. Untersuchen Sie, ob der Punkt P aus b) innerhalb des Dreiecks liegt.

a)

Man setzt z. B. $x = r$ und $z = s$. Setzt man dies in die Koordinatengleichung von E ein und stellt nach y um, so folgt $y = 3 + 2r - 4s$. Damit folgt schließlich:

$$\vec{x} = \begin{pmatrix} 0 \\ 3 \\ 0 \end{pmatrix} + r \cdot \begin{pmatrix} 1 \\ 2 \\ 0 \end{pmatrix} + s \cdot \begin{pmatrix} 0 \\ -4 \\ 1 \end{pmatrix}$$

Mit $x = r$ und $z = s$ folgt

$$2r - y - 4s = -3$$

bzw.

$$y = 3 + 2r - 4s$$

und damit

$$x = 0 + 1 \cdot r + 0 \cdot s$$
$$y = 3 + 2 \cdot r - 4 \cdot s$$
$$z = 0 + 0 \cdot r + 1 \cdot s$$

Die gesuchte Parametergleichung lässt sich dann ablesen:

$$\vec{x} = \begin{pmatrix} 0 \\ 3 \\ 0 \end{pmatrix} + r \cdot \begin{pmatrix} 1 \\ 2 \\ 0 \end{pmatrix} + s \cdot \begin{pmatrix} 0 \\ -4 \\ 1 \end{pmatrix}$$

b)

Man setzt z. B. die Koordinaten von $P(3|3|1,5)$ in die Koordinatengleichung ein:

$$2 \cdot 3 - 3 - 4 \cdot 1,5 = -3$$
$$6 - 3 - 6 = -3$$

Man erhält eine wahre Aussage, folglich ist $P \in E$.

Prüfung von Q:

$$2 \cdot 1 - (-1) - 4 \cdot 0 = -3$$
$$3 = -3$$

Man erhält eine falsche Aussage, folglich ist $Q \notin E$.

Eine zweite Möglichkeit der Prüfung wäre die, das zugeordnete LGS zu untersuchen:

$$3 = 0 + r + 0$$
$$3 = 3 + 2r - 4s$$
$$1,5 = 0 + 0r + s$$

Es folgt als eindeutige Lösung $r = 3$ und $s = 1,5$ und damit folgt $P \in E$.

Untersuchung für Q:

Das zugeordnete LGS lautet:

$$1 = 0 + r + 0$$
$$-1 = 3 + 2r - 4s$$
$$0 = 0 + 0r + s$$

und hat keine eindeutige Lösung, folglich ist $Q \notin E$.

c)

Man bildet die Dreipunktegleichung von E durch A, B und C:

$$\vec{x} = \begin{pmatrix} 1 \\ 1 \\ 1 \end{pmatrix} + r \cdot \begin{pmatrix} 4 \\ 0 \\ 2 \end{pmatrix} + s \cdot \begin{pmatrix} 2 \\ 4 \\ 0 \end{pmatrix}$$

Aus dem Ansatz

$$\begin{pmatrix} 3 \\ 3 \\ 1,5 \end{pmatrix} = \begin{pmatrix} 1 \\ 1 \\ 1 \end{pmatrix} + r \cdot \begin{pmatrix} 4 \\ 0 \\ 2 \end{pmatrix} + s \cdot \begin{pmatrix} 2 \\ 4 \\ 0 \end{pmatrix}$$

folgt $r = 0{,}25$ und $s = 0{,}5$.
Damit liegt P innerhalb des Dreiecks ABC (s. Abb.).

Das zugeordnete LGS lautet:

$$3 = 1 + 4r + 2s \quad \text{(I)}$$
$$3 = 1 + 0r + 4s \quad \text{(II)}$$
$$1{,}5 = 1 + 2r + 0s \quad \text{(III)}$$

Aus (II) folgt $s = 0{,}5$ und aus (III) folgt $r = 0{,}25$. Beide Werte erfüllen Gleichung (I).

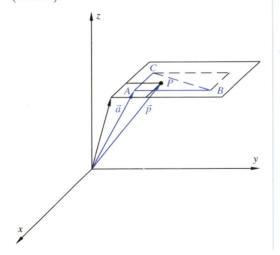

3.3 Schnittprobleme

Geraden im R^2

Zwischen zwei Geraden g und h in der Ebene sind drei Lagebeziehungen möglich:

Wenn gilt	dann haben g und h	und das zugehörige Gleichungssystem hat
g schneidet h	genau einen Punkt, den Schnittpunkt S, gemeinsam	genau eine Lösung
$g \cap h = \emptyset$	keinen Punkt gemeinsam	keine Lösung
$g = h$	unendlich viele (alle) Punkte gemeinsam	unendlich viele Lösungen

Das nebenstehende Schema zeigt einen Algorithmus zur Untersuchung der Lagebeziehungen von zwei Geraden in der Ebene.

Untersuchung der Lagebeziehung „Gerade – Gerade" im $\mathbb{R}^2$

$g\colon \vec{x} = \vec{a} + r \cdot \vec{u}; \ h\colon \vec{x} = \vec{b} + s \cdot \vec{v}; \ r, s \in \mathbb{R}$

(I) Ansatz $\vec{a} + r \cdot \vec{u} = \vec{b} + s \cdot \vec{v}$
(II) Zugehöriges Gleichungssystem aufstellen
(III) Bestimmung der Anzahl der Lösungen
(IV) Auswertung: Das Gleichungssystem hat
genau eine Lösung $\Rightarrow$ $\qquad$ g und h schneiden sich
keine Lösung $\Rightarrow$ $\qquad$ $g \parallel h$ und $g \neq h$
unendlich viele Lösungen $\Rightarrow g = h$

Eine Gerade g mit der Gleichung $y = mx + b$ hat folgende Parameterdarstellung (s. Abb.):

$$g\colon \vec{x} = \begin{pmatrix} x \\ y \end{pmatrix} = \begin{pmatrix} 0 \\ b \end{pmatrix} + r \begin{pmatrix} 1 \\ m \end{pmatrix}; \ r, b, m \in \mathbb{R}.$$

Die Geradengleichung der Form

$$\frac{x}{d} + \frac{y}{e} = 1$$

heißt Achsenabschnittsform. Aus dieser Form der Geradengleichung erhält man die Achsenschnittpunkte $S_1(d|0)$ und $S_2(0|e)$ der Geraden mit der x- und y-Achse.

54   3 Geraden und Ebenen

Gegeben sind die Geraden g, h, k und l durch

$g: y = 3x - 2;$ $\qquad\qquad h: P(-2|6), Q(4|3);$

$k: \vec{x} = \begin{pmatrix} 2 \\ -3 \end{pmatrix} + r \cdot \begin{pmatrix} 2 \\ -1 \end{pmatrix}, \quad r \in \mathbb{R}; \qquad l: \vec{x} = \begin{pmatrix} 8 \\ 1 \end{pmatrix} + r \cdot \begin{pmatrix} -8 \\ 4 \end{pmatrix}, \quad r \in \mathbb{R}.$

Weisen Sie durch Untersuchung des zugehörigen Gleichungssystems nach, dass gilt:

a) g schneidet h,

b) $h \| k$ und $h \neq k$,

c) $h = l$.

a) 〔K〕

Die Geraden g und h können folgendermaßen in Parameterdarstellung beschrieben werden:

$g: \vec{x} = \begin{pmatrix} 0 \\ -2 \end{pmatrix} + r \cdot \begin{pmatrix} 1 \\ 3 \end{pmatrix},$

$h: \vec{x} = \begin{pmatrix} -2 \\ 6 \end{pmatrix} + s \cdot \begin{pmatrix} 6 \\ -3 \end{pmatrix}.$

Ansatz:

$\begin{pmatrix} 0 \\ -2 \end{pmatrix} + r \cdot \begin{pmatrix} 1 \\ 3 \end{pmatrix} = \begin{pmatrix} -2 \\ 6 \end{pmatrix} + s \cdot \begin{pmatrix} 6 \\ -3 \end{pmatrix}$

Das zugehörige Gleichungssystem lautet:

$\begin{aligned} 0 + r &= -2 + 6s & \text{(I)} \\ -2 + 3r &= 6 - 3s & \text{(II)} \end{aligned}$

Lösung: $r = 2$, $s = \frac{2}{3}$

Damit folgt

$\vec{s} = \begin{pmatrix} 0 \\ -2 \end{pmatrix} + 2 \cdot \begin{pmatrix} 1 \\ 3 \end{pmatrix} = \begin{pmatrix} 2 \\ 4 \end{pmatrix}$

$S(2|4)$ ist Schnittpunkt von g und h.

Angenommen, ein Schnittpunkt S von g und h existiert, so muss dessen Ortsvektor $\vec{s}$ beide Gleichungen erfüllen.

Gleichsetzen liefert das zugehörige Gleichungssystem für die Parameter r und s. Einsetzen von (I) in (II) liefert die Lösung.

Der Ortsvektor des Schnittpunkts folgt durch Einsetzen von z. B. $r = 2$ in die Gleichung der Geraden g.

b) 〔K〕

h und k in Parameterdarstellung:

$h: \vec{x} = \begin{pmatrix} -2 \\ 6 \end{pmatrix} + s \cdot \begin{pmatrix} 6 \\ -3 \end{pmatrix}$

$k: \vec{x} = \begin{pmatrix} 2 \\ -3 \end{pmatrix} + t \cdot \begin{pmatrix} 2 \\ -1 \end{pmatrix}$

Wegen

$\begin{pmatrix} 6 \\ -3 \end{pmatrix} = 3 \cdot \begin{pmatrix} 2 \\ -1 \end{pmatrix}$

sind h und k parallel.

Ansatz:

$$\begin{pmatrix} -2 \\ 6 \end{pmatrix} + s \cdot \begin{pmatrix} 6 \\ -3 \end{pmatrix} = \begin{pmatrix} 2 \\ -3 \end{pmatrix} + t \cdot \begin{pmatrix} 2 \\ -1 \end{pmatrix}$$

Das zugehörige Gleichungssystem lautet:

$$-2 + 6s = 2 + 2t \qquad \text{(I)}$$
$$6 - 3s = -3 - t \qquad \text{(II)}$$

Rechnet man (I) $- 2 \cdot$ (II), so folgt mit $-14 = 8$ ein Widerspruch. h und k haben keinen Punkt gemeinsam.

Der Punkt $(-2|6)$ ist Aufpunkt von h. Da

$$\begin{pmatrix} -2 \\ 6 \end{pmatrix} = \begin{pmatrix} 2 \\ -3 \end{pmatrix} + t \cdot \begin{pmatrix} 2 \\ -31 \end{pmatrix}$$

für kein $t \in \mathbb{R}$ lösbar ist, gilt $h \| k$ und $h \neq k$.

c)

h und l in Parameterdarstellung:

$$h: \vec{x} = \begin{pmatrix} -2 \\ 6 \end{pmatrix} + s \cdot \begin{pmatrix} 6 \\ -3 \end{pmatrix}$$

$$l: \vec{x} = \begin{pmatrix} 8 \\ 1 \end{pmatrix} + r \cdot \begin{pmatrix} -8 \\ 4 \end{pmatrix}$$

Das zugehörige Gleichungssystem lautet:

$$-2 + 6s = 8 - 8r \qquad \text{(I)}$$
$$6 - 3s = 1 + 4r \qquad \text{(II)}$$

Formt man um, so folgt

$$8r + 6s = 10 \qquad \text{(I)}$$
$$-4r - 3s = -5 \qquad \text{(II)}$$

Multipliziert man (II) mit -2, so erhält man (I); das Gleichungssystem ist für jedes $r, s \in \mathbb{R}$ lösbar, daher gilt $h = l$.

Wegen

$$\begin{pmatrix} -8 \\ 4 \end{pmatrix} = \left(-\tfrac{4}{3}\right) \cdot \begin{pmatrix} 6 \\ -3 \end{pmatrix}$$

sind h und k parallel.

Der Punkt $(-2|6)$ ist Aufpunkt von h und liegt auch auf l, denn sein Ortsvektor erfüllt für $r = \tfrac{5}{4}$ die Geradengleichung von l.

Geraden im R^3

Zwischen zwei Geraden g und h im Raum $\mathbb{R}^3$ sind vier Lagebeziehungen möglich:

	Die Richtungsvektoren von g und h sind	
g und h haben	kollinear	nicht kollinear
mindestens einen Punkt gemeinsam	$g = h$	g schneidet h
keinen Punkt gemeinsam	$g \| h$ und $g \neq h$	g und h sind windschief

3 Geraden und Ebenen

Welcher der vier Fälle vorliegt, kann durch Beantwortung der Fragen des folgenden Schemas entschieden werden.

Lagebeziehung zweier Geraden $g\colon \vec{x} = \vec{a} + r \cdot \vec{u}$ und $h\colon \vec{x} = \vec{b} + s \cdot \vec{v}$ im Raum

Verlaufen die Geraden parallel? Sind ihre Richtungsvektoren $\vec{u}$ und $\vec{v}$ also kollinear?
Gibt es also eine Zahl $t \in \mathbb{R}$, so dass $\vec{u} = t \cdot \vec{v}$?

JA		NEIN	
Sind die Geraden identisch? Gibt es also eine Zahl $r \in \mathbb{R}$, sodass $\vec{a} + r \cdot \vec{u} = \vec{b}$?		Haben die Geraden eine Punkt gemeinsam? Gibt es also zwei Zahlen $r, s \in \mathbb{R}$, sodass $\vec{a} + r \cdot \vec{u} = \vec{b} + s \cdot \vec{v}$?	

JA	NEIN	JA	Nein
Die Geraden sind identisch.	Die Geraden sind parallel und nicht identisch.	Die Geraden schneiden sich in genau einem Punkt.	Die Geraden sind windschief.

Lageuntersuchungen zweier Geraden im $\mathbb{R}^3$ können mit der Betrachtung der Kollinearität ihrer Richtungsvektoren beginnen oder bei der Ermittlung gemeinsamer Punkte ansetzen.

Das nebenstehende Schema zeigt einen Algorithmus zur Untersuchung der Lagebeziehungen von zwei Geraden im Raum.

Untersuchung der Lagebeziehung „Gerade – Gerade" im $\mathbb{R}^3$

$g\colon \vec{x} = \vec{a} + r \cdot \vec{u};\ h\colon \vec{x} = \vec{b} + s \cdot \vec{v};\ r, s \in \mathbb{R}$

(I)   Ansatz $\vec{a} + r \cdot \vec{u} = \vec{b} + s \cdot \vec{v}$
(II)   Zugehöriges Gleichungssystem aufstellen
(III) Bestimmung der Anzahl der Lösungen
(IV) Auswertung: Das Gleichungssystem hat

genau eine Lösung $\Rightarrow$ g und h schneiden sich

keine Lösung $\Rightarrow$ $g \| h$ und $g \neq h$ oder g, h windschief

unendlich viele Lösungen $\Rightarrow$ $g = h$

Gegeben sind die Gerade g und die durch Formvariable a, b und c bestimmte Gerade h:

$$g\colon \vec{x} = \begin{pmatrix} 1 \\ 1 \\ 2 \end{pmatrix} + r \cdot \begin{pmatrix} 1 \\ -1 \\ 1 \end{pmatrix},\ r \in \mathbb{R};\qquad h\colon \vec{x} = \begin{pmatrix} 4 \\ -2 \\ a \end{pmatrix} + s \cdot \begin{pmatrix} c \\ 1 \\ b \end{pmatrix},\ s \in \mathbb{R}.$$

a) Sei $a = -1$ und $c = -1$. Der Wert für b ist so zu bestimmen, dass die Geraden g und h unter $x = 2$ zum Schnitt kommen.

b) Sei $a = -1$ und $c = -1$. Der Wert für b ist so zu bestimmen, dass g und h parallel verlaufen.

c) Sei $b = 0$ und $c = 1$. Der Wert für a ist so zu bestimmen, dass die Geraden g und h windschief verlaufen.

3.3 Schnittprobleme   57

a)

Ansatz:

$$\begin{pmatrix} 2 \\ y \\ z \end{pmatrix} = \begin{pmatrix} 1 \\ 1 \\ 2 \end{pmatrix} + r \cdot \begin{pmatrix} 1 \\ -1 \\ 1 \end{pmatrix}$$

Man liest ab $2 = 1 + r$ und erhält $r = 1$.
Ebenso folgt aus

$$\begin{pmatrix} 2 \\ y \\ z \end{pmatrix} = \begin{pmatrix} 4 \\ -2 \\ -1 \end{pmatrix} + s \cdot \begin{pmatrix} -1 \\ 1 \\ b \end{pmatrix}$$

$2 = 4 - s$ bzw. $s = 2$. Damit folgt aus dem zugehörigen Gleichungssystem $2 + r = -1 + sb$ und mit $r = 1$ und $s = 2$ folgt $b = 2$.

K Durch Gleichsetzen der x-Komponenten der Vektorgleichungen erhält man jeweils $r = 1$ und $s = 2$.

Einsetzen der Werte für r und s ergibt $b = 2$. Die Geraden g und h kommen für diesen Wert bei $S(2|0|3)$ zum Schnitt.

b)

Es reicht, die Richtungsvektoren bzw. das zugehörige Gleichungssystem zu untersuchen:

$$1 = -k$$
$$-1 = k$$
$$1 = bk$$

Es folgt: $b = -1$.

K g und h sind genau dann parallel, wenn ihre Richtungsvektoren kollinear sind.

c)

Ansatz:

$$g: \vec{x} = \begin{pmatrix} 1 \\ 1 \\ 2 \end{pmatrix} + r \cdot \begin{pmatrix} 1 \\ -1 \\ 1 \end{pmatrix}$$

$$h: \vec{x} = \begin{pmatrix} 4 \\ -2 \\ a \end{pmatrix} + s \cdot \begin{pmatrix} 1 \\ 1 \\ 0 \end{pmatrix}$$

Das zugehörige Gleichungssystem lautet:

$1 + r = 4 + s$	(I)
$1 - r = -2 + s$	(II)
$2 + r = a$	(III)

Aus (I) und (II) folgt $s = 0$ und $r = 3$ und damit für a: $a \in \mathbb{R} \setminus \{5\}$.

Geraden und Ebenen

K Zunächst ist zu prüfen, ob Kollinearität der Richtungsvektoren vorliegt. Dies ist offensichtlich nicht der Fall. Nun wird das zugehörige Gleichungssystem untersucht.

Aus (I) und (II) erhält man $s = 0$ und $r = 3$. Setzt man $r = 3$ in (III) ein, so folgt $a = 5$. Für diesen Wert würden g und h sich schneiden, wird dieser Wert ausgeschlossen, verlaufen die Geraden für jeden anderen Wert aus $\mathbb{R}$ windschief.

3 Geraden und Ebenen

Zwischen einer Geraden g und einer Ebene E sind drei Lagebeziehungen möglich:

Wenn gilt	dann haben g und E	und das zugehörige Gleichungssystem hat
g schneidet E	genau einen Punkt, den Schnittpunkt S (auch Durchstoßpunkt genannt), gemeinsam	genau eine Lösung
$g \cap E = \emptyset$	keinen Punkt gemeinsam	keine Lösung
g liegt in E	unendlich viele Punkte gemeinsam	unendlich viele Lösungen

Das nebenstehende Schema zeigt einen Algorithmus zur Untersuchung der Lagebeziehungen einer Geraden und einer Ebene im Raum.

Untersuchung der Lagebeziehung „Gerade – Ebene"

$g: \vec{x} = \vec{a} + r \cdot \vec{u}; \quad h: \vec{x} = \vec{b} + s \cdot \vec{v} + t \cdot \vec{w}; \quad r, s, t \in \mathbb{R}$

(I)   Ansatz $\vec{a} + r \cdot \vec{u} = \vec{b} + s \cdot \vec{v} + t \cdot \vec{w}$

(II) Zugehöriges Gleichungssystem aufstellen

(III) Bestimmung der Anzahl der Lösungen

(IV) Auswertung: Das Gleichungssystem hat

genau eine Lösung $\Rightarrow$ $\qquad$ g schneidet E

keine Lösung $\Rightarrow$ $\qquad$ $g \| E$ und g liegt nicht in E

unendlich viele Lösungen $\Rightarrow$ g liegt in E

Gegeben sind die Gerade g und die Ebene E durch

$$g: \vec{x} = \begin{pmatrix} -4 \\ 10 \\ 9 \end{pmatrix} + r \cdot \begin{pmatrix} -3 \\ 6 \\ 7 \end{pmatrix}, \quad r \in \mathbb{R};$$

$$E: \vec{x} = \begin{pmatrix} 3 \\ 3 \\ 4 \end{pmatrix} + s \cdot \begin{pmatrix} 4 \\ -1 \\ 2 \end{pmatrix} + t \cdot \begin{pmatrix} -4 \\ 3 \\ 2 \end{pmatrix}, \quad s, t \in \mathbb{R}.$$

Bestimmen Sie den Schnittpunkt S von Gerade und Ebene.

Ansatz:

$$\begin{pmatrix} -4 \\ 10 \\ 9 \end{pmatrix} + r \cdot \begin{pmatrix} -3 \\ 6 \\ 7 \end{pmatrix} = \begin{pmatrix} 3 \\ 3 \\ 4 \end{pmatrix} + s \cdot \begin{pmatrix} 4 \\ -1 \\ 2 \end{pmatrix} + t \cdot \begin{pmatrix} -4 \\ 3 \\ 2 \end{pmatrix}$$

Zugehöriges Gleichungssystem

$$\begin{aligned} -3r - 4s + 4t &= 7 \quad &\text{(I)} \\ 6r + s - 3t &= -7 \quad &\text{(II)} \\ 7r - 2s - 2t &= -5 \quad &\text{(III)} \end{aligned}$$

Schreibt man die Vektorgleichung koordinatenweise auf, erhält man das zugehörige Gleichungssystem.

Lösung: $r = -1; s = -1; t = 0$

Ortsvektor von S:

$$\vec{s} = \begin{pmatrix} -4 \\ 10 \\ 9 \end{pmatrix} + (-1) \cdot \begin{pmatrix} -3 \\ 6 \\ 7 \end{pmatrix} = \begin{pmatrix} -1 \\ 4 \\ 2 \end{pmatrix}$$

Schnittpunkt: $S(-1|4|2)$

Wie man leicht nachrechnet, erhält man aus der Lösung $r = -1; s = -1; t = 0$ durch Einsetzen von z. B. $r = -1$ in die Geradengleichung den Ortsvektor des Schnittpunkts $S(-1|4|2)$.

Gegeben sind die Gerade g und die Ebene E durch

$$g: \vec{x} = \begin{pmatrix} -3 \\ 1 \\ 3 \end{pmatrix} + r \cdot \begin{pmatrix} -1 \\ 0 \\ 1 \end{pmatrix}; \quad E: x - y + 2z = 3.$$

Bestimmen Sie den Schnittpunkt S von Gerade und Ebene.

Ansatz:

$$g: \begin{pmatrix} x \\ y \\ z \end{pmatrix} = \begin{pmatrix} -3 \\ 1 \\ 3 \end{pmatrix} + r \cdot \begin{pmatrix} -1 \\ 0 \\ 1 \end{pmatrix}$$

Komponentenweises Einsetzen in die Ebenengleichung liefert: $(-3 - r) - 1 + 2(3 + r) = 3$ bzw. $r = 1$. Damit folgt als Schnittpunkt $S(-4|1|4)$.

Wenn g und E einen gemeinsamen Punkt haben, so muss es eine Zahl r geben, für die gilt: $x = -3 - r; y = 1 + 0 \cdot r$ und $z = 3 + r$. Setzt man dies in die Ebenengleichung ein, so folgt mit $r = 1$ der Schnittpunkt S.

Anmerkung: Ist die Ebene E in der Normalenform gegeben, so formt man diese zweckmäßigerweise in die Koordinatengleichung um und löst das Schnittproblem wie in der Aufgabe angegeben.

60   3 Geraden und Ebenen

Gegeben sind die Geraden g und h sowie die Ebene E durch

$$g: \vec{x} = \begin{pmatrix} 1 \\ 4 \\ -5 \end{pmatrix} + r \cdot \begin{pmatrix} -4 \\ 8 \\ 6 \end{pmatrix}, \quad h: \vec{x} = \begin{pmatrix} 3 \\ 6 \\ 4 \end{pmatrix} + r \cdot \begin{pmatrix} -4 \\ 8 \\ 6 \end{pmatrix},$$

$$E: \vec{x} = \begin{pmatrix} 4 \\ 1 \\ 1 \end{pmatrix} + s \cdot \begin{pmatrix} 4 \\ -2 \\ -3 \end{pmatrix} + t \cdot \begin{pmatrix} 1 \\ 1 \\ 0 \end{pmatrix}.$$

Zeigen Sie, dass gilt (a) $g \cap E = \emptyset$ und (b) h liegt in E.

a)   K

Ansatz:

$$\begin{pmatrix} 1 \\ 4 \\ -5 \end{pmatrix} + r \cdot \begin{pmatrix} -4 \\ 8 \\ 6 \end{pmatrix} = \begin{pmatrix} 4 \\ 1 \\ 1 \end{pmatrix} + s \cdot \begin{pmatrix} 4 \\ -2 \\ -3 \end{pmatrix} + t \cdot \begin{pmatrix} 1 \\ 1 \\ 0 \end{pmatrix}$$

Das zugehörige Gleichungssystem lautet:

(I)	$-4r - 4s - t = 3$	$\mid \cdot 1$	$\mid \cdot 3$
(II)	$8r + 2s - t = -3$	$\mid \cdot 1$	
(III)	$6r + 3s = 6$	$\mid \cdot 2$	

Schreibt man die Vektorgleichung koordinatenweise auf, so folgt das zugehörige Gleichungssystem.

(I)	$-4r - 4s - t = 3$
(II)	$-6s - 3t = 3$
(III)	$-6s - 3t = 21$

Die Gleichungen (II) und (III) bilden einen Widerspruch. Das LGS ist nicht lösbar. Die Gerade g und die Ebene E haben also keinen Punkt gemeinsam.

Die Vereinfachung des Gleichungssystems führt auf einen Widerspruch, damit folgt $g \cap E = \emptyset$.

b)   K

Ansatz:

$$\begin{pmatrix} 3 \\ 6 \\ 4 \end{pmatrix} + r \cdot \begin{pmatrix} -4 \\ 8 \\ 6 \end{pmatrix} = \begin{pmatrix} 4 \\ 1 \\ 1 \end{pmatrix} + s \cdot \begin{pmatrix} 4 \\ -2 \\ -3 \end{pmatrix} + t \cdot \begin{pmatrix} 1 \\ 1 \\ 0 \end{pmatrix}$$

Das zugehörige Gleichungssystem lautet:

(I)	$-4r - 4s - t = 1$	$\mid \cdot 2$	$\mid \cdot 3$
(II)	$8r + 2s - t = -5$	$\mid \cdot 1$	
(III)	$6r + 3s = -3$	$\mid \cdot 2$	

(I) $-4r - 4s - t = 1$

(II) $-6s - 3t = -3$

(III) $-6s - 3t = -3$

Man erkennt unmittelbar, dass das LSG un-endlich viele Lösungen hat. Die Gerade h liegt in der Ebene E.

Wählt man nun $t = 3$, so folgt $s = -1$ und $r = 0$ und weiter

$$\begin{pmatrix} 4 \\ 1 \\ 1 \end{pmatrix} + (-1) \cdot \begin{pmatrix} 4 \\ -2 \\ -3 \end{pmatrix} + 3 \cdot \begin{pmatrix} 1 \\ 1 \\ 0 \end{pmatrix} = \begin{pmatrix} 3 \\ 6 \\ 4 \end{pmatrix}.$$

Bei dieser Parameterwahl ergibt sich aus der Ebenengleichung also gerade der Aufpunkt von h.

Die Gleichungen (II) und (III) des umgeform-ten LGS sind identisch. Das LGS hat also un-endlich viele Lösungen. Das bedeutet, dass h in E liegt.

Der Aufpunkt der Geraden h liegt natürlich auch in der Ebene E.

Ebenen

Zwischen zwei Ebenen $E_1 : \vec{x} = \vec{a} + r_1 \vec{u}_1 + s_1 \vec{v}_1$ und $E_2 : \vec{x} = \vec{b} + r_2 \vec{u}_2 + s_2 \vec{v}_2$ sind drei Lagebeziehungen möglich (s. nebenstehende Tabelle).

Die Vektoren $\vec{u}_1, \vec{v}_1, \vec{u}_2$ und $\vec{u}_1, \vec{v}_1, \vec{v}_2$ sind		
komplanar		nicht komplanar
Die Vektoren $\vec{b} - \vec{a}_1, \vec{u}_1, \vec{v}_1$ sind		
komplanar	nicht komplanar	
$E_1 \| E_2$ $E_1 = E_2$	$E_1 \| E_2$ $E_1 \neq E_2$	$E_1 \nparallel E_2$ $E_1 \cap E_2 = g$

Das nebenstehende Schema zeigt einen Algorithmus zur Untersuchung der Lagebe-ziehungen von Ebenen im Raum.

Untersuchung der Lagebeziehung „Ebene – Ebene"

$E_1 : \vec{x} = \vec{a} + r_1 \vec{u}_1 + s_1 \vec{v}_1; \quad E_2 : \vec{x} = \vec{b} + r_2 \vec{u}_2 + s_2 \vec{v}_2$

(I)   Ansatz $\vec{a} + r_1 \vec{u}_1 + s_1 \vec{v}_1 = \vec{b} + r_2 \vec{u}_2 + s_2 \vec{v}_2$

(II)   Zugehöriges Gleichungssystem aufstellen

(III) Bestimmung der Anzahl der Lösungen

(IV) Auswertung: Das Gleichungssystem

hat keine Lösung $\Rightarrow$ $E_1 \| E_2$ und $E_1 \neq E_2$

ist allgemeingültig $\Rightarrow$ $E_1 \| E_2$ und $E_1 = E_2$

hat unendlich viele Lösungen $\Rightarrow E_1 \cap E_2 = g$

3 Geraden und Ebenen

Gegeben sind die Ebenen E_1 und E_2 (mit $r_1, r_2, s_1, s_2 \in \mathbb{R}$) durch

$$E_1: \vec{x} = \begin{pmatrix} 2 \\ 3 \\ 6 \end{pmatrix} + r_1 \cdot \begin{pmatrix} 1 \\ 1 \\ 3 \end{pmatrix} + s_1 \cdot \begin{pmatrix} 2 \\ 0 \\ 1 \end{pmatrix}, \quad E_2: \vec{x} = \begin{pmatrix} 3 \\ -2 \\ -5 \end{pmatrix} + r_2 \cdot \begin{pmatrix} 1 \\ -2 \\ -4 \end{pmatrix} + s_2 \cdot \begin{pmatrix} 1 \\ -3 \\ -10 \end{pmatrix}.$$

Bestimmen Sie die Schnittgerade von E_1 und E_2.

K

Ansatz:

$$\begin{pmatrix} 2 \\ 3 \\ 6 \end{pmatrix} + r_1 \cdot \begin{pmatrix} 1 \\ 1 \\ 3 \end{pmatrix} + s_1 \cdot \begin{pmatrix} 2 \\ 0 \\ 1 \end{pmatrix} = \begin{pmatrix} 3 \\ -2 \\ -5 \end{pmatrix} + r_2 \cdot \begin{pmatrix} 1 \\ -2 \\ -4 \end{pmatrix} + s_2 \cdot \begin{pmatrix} 1 \\ -3 \\ -10 \end{pmatrix}$$

Zugehöriges Gleichungssystem

$$\begin{array}{ll} 2 + r_1 + 2s_1 = 3 + r_2 + s_2 & \text{(I)} \\ 3 + r_1 = -2 - 2r_2 - 3s_2 & \text{(II)} \\ 6 + 3r_1 + s_1 = -5 - 4r_2 - 10s_2 & \text{(III)} \end{array}$$

Aus dem Ansatz für die Vektorgleichung erhält man das zugehörige Gleichungssystem.

Man erhält:

$$\begin{array}{ll} r_1 + 2s_1 - r_2 - s_2 = 1 & \text{(I)} \\ r_1 + 0 + 2r_2 + 3s_2 = -5 & \text{(II)} \\ 3r_1 + s_1 + 4r_2 + 10s_2 = -11 & \text{(III)} \end{array}$$

Aus $(-3) \cdot \text{(II)} + \text{(III)}$ folgt

$$\begin{array}{ll} r_1 + 2s_1 - r_2 - s_2 = 1 & \text{(I)} \\ r_1 + 0 + 2r_2 + 3s_2 = -5 & \text{(II)} \\ 0 + s_1 - 2r_2 + s_2 = 4 & \text{(III)} \end{array}$$

Aus $(-1) \cdot \text{(I)} + \text{(II)}$ folgt

$$\begin{array}{ll} r_1 + 2s_1 - r_2 - s_2 = 1 & \text{(I)} \\ 0 - 2s_1 + 3r_2 + 4s_2 = -6 & \text{(II)} \\ 0 + s_1 - 2r_2 + s_2 = 4 & \text{(III)} \end{array}$$

Aus $\text{(II)} + 2 \cdot \text{(III)}$ folgt

$$\begin{array}{ll} r_1 + 2s_1 - r_2 - s_2 = 1 & \text{(I)} \\ 0 - 2s_1 + 3r_2 + 4s_2 = -6 & \text{(II)} \\ 0 + 0 - r_2 + 6s_2 = 2 & \text{(III)} \end{array}$$

3.3 Schnittprobleme

Aus (III) folgt $r_2 = -2 + 6s_2$. Setzt man dies in die Gleichung für E_2 ein, so folgt die Gleichung für die Schnittgerade:

$$g: \vec{x} = \begin{pmatrix} 1 \\ 2 \\ 3 \end{pmatrix} + s_2 \cdot \begin{pmatrix} 7 \\ -15 \\ -34 \end{pmatrix}$$

Die schrittweise Umformung ergibt eine Gleichung mit den Variablen r_2 und s_2. Diese Gleichung wird z. B. nach r_2 aufgelöst und der daraus folgende Term in die Ebenengleichung E_2 eingesetzt. Es entsteht eine Geradengleichung mit der Variablen $s_2 \in \mathbb{R}$.

Gegeben sind Ebenen E_1 und E_2 durch

$$E_1: \vec{x} = \begin{pmatrix} 0 \\ 0 \\ 3 \end{pmatrix} + r \cdot \begin{pmatrix} -3 \\ -2 \\ 1 \end{pmatrix} + s \cdot \begin{pmatrix} -3 \\ 0 \\ 1 \end{pmatrix}, \quad r, s \in \mathbb{R}; \quad E_2: 4x + 3y + 6z = 36.$$

Bestimmen Sie die Schnittgerade von E_1 und E_2.

Ansatz:

$$\begin{pmatrix} x \\ y \\ z \end{pmatrix} = \begin{pmatrix} 0 \\ 0 \\ 3 \end{pmatrix} + r \cdot \begin{pmatrix} -3 \\ -2 \\ 1 \end{pmatrix} + s \cdot \begin{pmatrix} -3 \\ 0 \\ 1 \end{pmatrix}$$

Einsetzen der Komponenten der Vektorgleichung in die Koordinatengleichung liefert:

$$4(-3r - 3s) + 3(-2r) + 6(3 + r + s) = 36$$
$$-12r - 12s - 6r + 18 + 6r + 6s = 36$$
$$s = -2r - 3$$

Einsetzen von s in E_2 liefert:

$$\vec{x} = \begin{pmatrix} 0 \\ 0 \\ 3 \end{pmatrix} + r \cdot \begin{pmatrix} -3 \\ -2 \\ 1 \end{pmatrix} + (-2r - 3) \cdot \begin{pmatrix} -3 \\ 0 \\ 1 \end{pmatrix}$$

Damit folgt als gesuchte Schnittgerade:

$$g: \vec{x} = \begin{pmatrix} 9 \\ 0 \\ 0 \end{pmatrix} + r \cdot \begin{pmatrix} 3 \\ -2 \\ -1 \end{pmatrix}.$$

Aus dem Ansatz für die Vektorgleichung lassen sich die Komponenten ablesen, die in die Koordinantengleichung eingesetzt werden.

Das Ergebnis für s wird in die Ebenengleichung von E_2 eingesetzt und ergibt die Gleichung der Schnittgeraden von E_1 und E_2.

64 3 Geraden und Ebenen

Gegeben sind die Ebenen E_1 und E_2 (mit $r_1, r_2, s_1, s_2 \in \mathbb{R}$) durch

$$E_1: \vec{x} = \begin{pmatrix} 3 \\ 0 \\ 0 \end{pmatrix} + r_1 \cdot \begin{pmatrix} 1 \\ 1 \\ 1 \end{pmatrix} + s_1 \cdot \begin{pmatrix} -1 \\ 1 \\ 0 \end{pmatrix}, \qquad E_2: \vec{x} = \begin{pmatrix} -1 \\ 2 \\ c \end{pmatrix} + r_2 \cdot \begin{pmatrix} 1 \\ 3 \\ 2 \end{pmatrix} + s_2 \cdot \begin{pmatrix} 5 \\ 1 \\ 3 \end{pmatrix}.$$

Bestimmen Sie den Wert der Formvariablen c so, dass gilt:
a) $E_1 \parallel E_2$ und $E_1 = E_2$,
b) $E_1 \parallel E_2$ und $E_1 \neq E_2$.

a, b) **K**

Ansatz:

$$\begin{pmatrix} 3 \\ 0 \\ 0 \end{pmatrix} + r_1 \cdot \begin{pmatrix} 1 \\ 1 \\ 1 \end{pmatrix} + s_1 \cdot \begin{pmatrix} -1 \\ 1 \\ 0 \end{pmatrix} = \begin{pmatrix} -1 \\ 2 \\ c \end{pmatrix} + r_2 \cdot \begin{pmatrix} 1 \\ 3 \\ 2 \end{pmatrix} + s_2 \cdot \begin{pmatrix} 5 \\ 1 \\ 3 \end{pmatrix}$$

Zugehöriges Gleichungssystem

$$r_1 - s_1 - r_2 - 5s_2 = -4 \qquad \text{(I)}$$
$$r_1 + s_1 - 3r_2 - s_2 = 2 \qquad \text{(II)}$$
$$r_1 + 0 - 2r_2 - 3s_2 = c \qquad \text{(III)}$$

Aus der Ansatz für die Vektorgleichung erhält man das zugehörige Gleichungssystem.

Aus $(-1) \cdot \text{(II)} + \text{(III)}$ folgt

$$r_1 - s_1 - r_2 - 5s_2 = -4 \qquad \text{(I)}$$
$$r_1 + s_1 - 3r_2 - s_2 = 2 \qquad \text{(II)}$$
$$0 - s_1 + r_2 - 2s_2 = c - 2 \qquad \text{(III)}$$

Die schrittweise Umformung ergibt eine Gleichung zur Bestimmung der Variablen c.

Aus $(-1) \cdot \text{(I)} + \text{(II)}$ folgt

$$r_1 - s_1 - r_2 - 5s_2 = -4 \qquad \text{(I)}$$
$$0 + 2s_1 - 2r_2 + 4s_2 = 6 \qquad \text{(II)}$$
$$0 - s_1 + r_2 - 2s_2 = c - 2 \qquad \text{(III)}$$

Aus $\text{(II)} + 2 \cdot \text{(III)}$ folgt

$$r_1 - s_1 - r_2 - 5s_2 = -4 \qquad \text{(I)}$$
$$0 + 2s_1 - 2r_2 + 4s_2 = 6 \qquad \text{(II)}$$
$$0 + 0 + 0 + 0 = 2 + 2c \qquad \text{(III)}$$

Auswertung:
a) $c = -1 \Rightarrow E_1 \parallel E_2$ und $E_1 = E_2$
b) $c \neq -1 \Rightarrow E_1 \parallel E_2$ und $E_1 \neq E_2$

a) Ist $c = -1$, so lautet die Gleichung (III) $0 = 0$. Für r_2 und s_2 können beliebige Werte eingesetzt werden, damit gilt $E_1 \parallel E_2$ und $E_1 = E_2$.
b) Für $c \neq -1$ führt die Gleichung (III) auf einen Widerspruch, daher gilt $E_1 \parallel E_2$ und $E_1 \neq E_2$.

3.4 Multiple-Choice-Test

(Lösungen auf Seite 252)

1. Gegeben sind die Gerade g durch die Parameterdarstellung $\vec{x} = \begin{pmatrix} 3 \\ -5 \end{pmatrix} + r \cdot \begin{pmatrix} -1 \\ 5 \end{pmatrix}$ und die Gerade h durch die Punkte $A(7 \mid -25)$ und $B(-3 \mid 25)$. Wie liegen Geraden g und h zueinander?

A) g schneidet h
B) $g \parallel h$ und $g \neq h$
C) $g = h$

2. Gegeben sind die Geraden g: $3x + 3y = 1$ und h: $x + ay = b$. Für welche Kombination der Werte für a und b haben die Geraden g und h den Schnittpunkt $S(-\frac{1}{3} \mid \frac{2}{3})$?

A) $a = 1$ und $b = 2$
B) $a = 2$ und $b = 1$
C) $a = 1$ und $b = \frac{1}{3}$
D) $a = 1$ und $b = 1$

3. Welche gegenseitige Lage haben die Gerade g durch $A(1 \mid 0 \mid 1)$ und $B(2 \mid 1 \mid -1)$ und die Gerade h durch $C(1 \mid 0 \mid 0)$ und $D(-1 \mid -2 \mid 3)$?

A) g schneidet h
B) $g \parallel h$ und $g \neq h$
C) $g = h$
D) g und h windschief

4. Gegeben sind die Gerade g durch die Parameterdarstellung $\vec{x} = \begin{pmatrix} 1 \\ 2 \\ 3 \end{pmatrix} + r \cdot \begin{pmatrix} -1 \\ -1 \\ 2 \end{pmatrix}$ und die Gerade h durch die Punkte $A(0 \mid 1 \mid 1)$ und $B(1 \mid 3 \mid 4)$. Wie liegen Geraden g und h zueinander?

A) g schneidet h
B) $g \parallel h$ und $g \neq h$
C) $g = h$
D) g und h windschief

5. Gegeben sind die Geraden g: $\vec{x} = \begin{pmatrix} 0 \\ 8 \\ 0 \end{pmatrix} + r \cdot \begin{pmatrix} -2 \\ -2 \\ 3 \end{pmatrix}$ und h: $\vec{x} = \begin{pmatrix} -6 \\ 6 \\ a \end{pmatrix} + s \cdot \begin{pmatrix} 2 \\ -2 \\ 3 \end{pmatrix}$. Welchen Wert muss die Formvariable a annehmen, damit sich g und h in $S(-4 \mid 4 \mid 6)$ schneiden?

A) $a = 0$
B) $a = -6$
C) $a = -3$
D) $a = 3$
E) Es gibt keinen Wert für a, sodass gilt $g \cap h = S(-4 \mid 4 \mid 6)$.

66 3 Geraden und Ebenen

6. Bestimmen Sie den Schnittpunkt S der Geraden g durch $A(4|2|0)$ und $B(5|0|3)$ mit der Ebene E durch $P(1|0|1)$, $Q(0|4|-4)$ und $R(4|0|3)$.

A) $S(9|-8|15)$
B) $S(-9|8|15)$
C) $S(9|-8|-15)$
D) $S(-9|8|-15)$
E) $S(9|8|15)$
F) $S(-9|-8|-15)$

7. Welche gegenseitige Lage besitzen die Gerade g und die Ebene E, die gegeben sind durch

$$g: \vec{x} = \begin{pmatrix} 1 \\ 4 \\ 8 \end{pmatrix} + r \cdot \begin{pmatrix} 3 \\ 2 \\ 1 \end{pmatrix} \quad \text{und} \quad E: \vec{x} = \begin{pmatrix} 1 \\ -2 \\ 4 \end{pmatrix} + s \cdot \begin{pmatrix} 7 \\ 4 \\ -1 \end{pmatrix} + t \cdot \begin{pmatrix} 5 \\ 3 \\ 0 \end{pmatrix} ?$$

A) g und E schneiden sich
B) g und E parallel und g liegt nicht in E
C) g und E parallel und g liegt in E

8. Welchen Wert muss die Variable a annehmen, sodass für die Ebene E, gegeben durch die Punkte $A(2|2|2)$, $B(3|3|2)$ und $C(3|4|3)$ sowie die Gerade g, gegeben durch

$$g: \vec{x} = \begin{pmatrix} a \\ 2 \\ -1 \end{pmatrix} + r \cdot \begin{pmatrix} 1 \\ 2 \\ 1 \end{pmatrix}$$

gilt: g liegt in E.

A) $a = 1$
B) $a = -1$
C) $a = 0$
D) $a = 5$
E) $a = -5$

9. Gegeben sei die Ebene E durch die Punkte $P(2|2|2)$, $Q(4|6|8)$ und $R(6|0|3)$. Welcher der angegebenen Punkte liegt auf E?

A) $(-88|24|95)$
B) $(88|-24|95)$
C) $(88|24|-95)$
D) $(88|24|95)$
E) $(-88|-24|-95)$

3.4 Multiple-Choice-Test

10. Welche Parameterdarstellung einer Ebene hat die Eigenschaft, dass sie durch den Punkt $P(2\,|\,4\,|-1)$ und die x-Achse verläuft?

A) $\vec{x} = \begin{pmatrix} -3 \\ 16 \\ -4 \end{pmatrix} + r \cdot \begin{pmatrix} -10 \\ 24 \\ -6 \end{pmatrix} + s \cdot \begin{pmatrix} 5 \\ -20 \\ -5 \end{pmatrix}$
   D) $\vec{x} = \begin{pmatrix} 2 \\ 4 \\ -1 \end{pmatrix} + r \cdot \begin{pmatrix} 0 \\ 1 \\ 0 \end{pmatrix} + s \cdot \begin{pmatrix} 1 \\ 4 \\ -1 \end{pmatrix}$

B) $\vec{x} = \begin{pmatrix} -3 \\ -16 \\ 4 \end{pmatrix} + r \cdot \begin{pmatrix} 10 \\ 24 \\ -6 \end{pmatrix} + s \cdot \begin{pmatrix} 5 \\ 20 \\ -5 \end{pmatrix}$
   E) $\vec{x} = \begin{pmatrix} 2 \\ 4 \\ -1 \end{pmatrix} + r \cdot \begin{pmatrix} 0 \\ 0 \\ 1 \end{pmatrix} + s \cdot \begin{pmatrix} 2 \\ 4 \\ -1 \end{pmatrix}$

C) $\vec{x} = \begin{pmatrix} 3 \\ 16 \\ -4 \end{pmatrix} + r \cdot \begin{pmatrix} 10 \\ -24 \\ -6 \end{pmatrix} + s \cdot \begin{pmatrix} 5 \\ 20 \\ -5 \end{pmatrix}$

11. Bestimmen Sie die Schnittgerade der Ebenen E_1 durch $A(-2\,|\,3\,|\,4)$, $B(0\,|\,4\,|\,3)$, $C(-3\,|\,6\,|\,8)$ und E_2 durch $P(3\,|\,3\,|\,4)$, $Q(7\,|\,0\,|\,2)$, $R(7\,|\,2\,|\,6)$.

A) $\vec{x} = \begin{pmatrix} -1 \\ 2 \\ 0 \end{pmatrix} + r \cdot \begin{pmatrix} -1 \\ -2 \\ 3 \end{pmatrix}$
   C) $\vec{x} = \begin{pmatrix} -1 \\ -2 \\ 0 \end{pmatrix} + r \cdot \begin{pmatrix} 1 \\ 2 \\ 3 \end{pmatrix}$

B) $\vec{x} = \begin{pmatrix} 1 \\ 2 \\ 0 \end{pmatrix} + r \cdot \begin{pmatrix} -1 \\ 2 \\ 3 \end{pmatrix}$
   D) $\vec{x} = \begin{pmatrix} 1 \\ 2 \\ 0 \end{pmatrix} + r \cdot \begin{pmatrix} 1 \\ -2 \\ 3 \end{pmatrix}$

12. Für welche Werte von a, b und c gilt für die Ebenen $E: \vec{x} = \begin{pmatrix} a \\ 3 \\ 1 \end{pmatrix} + r \cdot \begin{pmatrix} 1 \\ 2 \\ 0 \end{pmatrix} + s \cdot \begin{pmatrix} -1 \\ 0 \\ -1 \end{pmatrix}$ und $F: \vec{x} = \begin{pmatrix} 7 \\ 5 \\ 8 \end{pmatrix} + u \cdot \begin{pmatrix} b \\ 2 \\ 2 \end{pmatrix} + v \cdot \begin{pmatrix} c \\ 2 \\ 1 \end{pmatrix}$ die Beziehung $E = F$?

A) $a = -1; b = 3; c = 2$
B) $a = 1; b = -3; c = 2$
C) $a = -1; b = -3; c = -2$
D) $a = 1; b = -3; c = -2$
E) $a = -1; b = 3; c = -2$
F) $a = 1; b = 3; c = 2$

4 Skalarprodukt

4.1 Definition und Eigenschaften des Skalarprodukts

Sind $\vec{a}$ und $\vec{b}$ zwei beliebige Vektoren und γ der Winkel zwischen diesen Vektoren mit $0° \leq \gamma \leq 180°$, dann heißt die reelle Zahl

$$\vec{a} \bullet \vec{b} = |\vec{a}||\vec{b}| \cos \gamma$$

das **Skalarprodukt** der Vektoren $\vec{a}$ und $\vec{b}$. Schließen die Vektoren $\vec{a}$ und $\vec{b}$ den Winkel γ (mit $0° < \gamma < 90°$) ein, so ist

$$|\vec{b}_{\vec{a}}| = |\vec{b}| \cos \gamma$$

die **Länge des Projektionsvektors** $\vec{b}_{\vec{a}}$ von Vektor $\vec{b}$ in die Richtung von $\vec{a}$ (s. Abb.).

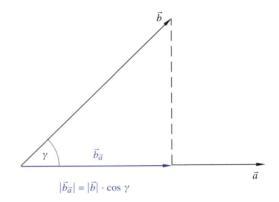

$|\vec{b}_{\vec{a}}| = |\vec{b}| \cdot \cos \gamma$

Eigenschaften des Skalarprodukts

Für drei Vektoren $\vec{a}, \vec{b}, \vec{c}$, dem Nullvektor $\vec{0}$ und $r, s \in \mathbb{R}$ gilt:

- Aus $\vec{a} \bullet \vec{b} = 0$ folgt entweder $\vec{a} = \vec{0}$ oder $\vec{b} = \vec{0}$ oder $\vec{a} \perp \vec{b}$.
- $\vec{a} \bullet \vec{b} = \vec{b} \bullet \vec{a}$
- $(r\vec{a}) \bullet \vec{b} = r(\vec{a} \bullet \vec{b})$
- $(\vec{a} + \vec{b}) \bullet \vec{c} = \vec{a} \bullet \vec{c} + \vec{b} \bullet \vec{c}$
- Mit $\vec{a} \neq \vec{0}$ folgt $\vec{a}^2 = \vec{a} \bullet \vec{a} = |\vec{a}|^2$, also $|\vec{a}| = \sqrt{\vec{a} \bullet \vec{a}}$
- Sind $\vec{e}_1 = \begin{pmatrix} 1 \\ 0 \\ 0 \end{pmatrix}, \vec{e}_2 = \begin{pmatrix} 0 \\ 1 \\ 0 \end{pmatrix}, \vec{e}_3 = \begin{pmatrix} 0 \\ 0 \\ 1 \end{pmatrix}$ mit $|\vec{e}_1| = |\vec{e}_2| = |\vec{e}_3| = 1$ Einheitsvektoren eines kartesischen Koordinatensystems, so gilt:

$$\vec{e}_i \bullet \vec{e}_k = \begin{cases} 1 & \text{für } i = k \\ 0 & \text{für } i \neq k \end{cases}$$

(Hinweis: Die Basisvektoren eines kartesischen Koordinatensystems sind Einheitsvektoren und paarweise zueinander orthogonal. Sie werden oft auch als orthonormale Basis bezeichnet.)

4.1 Definition und Eigenschaften des Skalarprodukts

– **Koordinatenform des Skalarprodukts** in der Ebene bzw. im Raum:

$$\vec{a} \bullet \vec{b} = \begin{pmatrix} a_1 \\ a_2 \end{pmatrix} \bullet \begin{pmatrix} b_1 \\ b_2 \end{pmatrix} = a_1 b_1 + a_2 b_2$$

bzw.

$$\vec{a} \bullet \vec{b} = \begin{pmatrix} a_1 \\ a_2 \\ a_3 \end{pmatrix} \bullet \begin{pmatrix} b_1 \\ b_2 \\ b_3 \end{pmatrix} = a_1 b_1 + a_2 b_2 + a_3 b_3$$

Damit gilt für den **Betrag** eines Vektors in der Ebene bzw. im Raum:

$$|\vec{a}| = \sqrt{a_1^2 + a_2^2} = \sqrt{\vec{a} \bullet \vec{a}} \quad \text{bzw.} \quad |\vec{a}| = \sqrt{a_1^2 + a_2^2 + a_3^2} = \sqrt{\vec{a} \bullet \vec{a}}.$$

Anstelle von $\vec{a} \bullet \vec{a}$ schreibt man auch kurz $\vec{a}^{\,2}$.

– Zu jedem Vektor $\vec{a} \neq \vec{0}$ gibt es einen Einheitsvektor $\vec{e}_a$ mit $\vec{e}_a \uparrow\uparrow \vec{a}$ und $\vec{e}_a = \dfrac{\vec{a}}{|\vec{a}|}$ bzw. $\vec{a} = |\vec{a}| \cdot \vec{e}_a$.

Gegeben ist der Vektor $\vec{a} = \begin{pmatrix} -3 \\ 2 \\ 1 \end{pmatrix}$.

a) Geben Sie für den Vektor $\vec{b} = \begin{pmatrix} b_1 \\ b_2 \\ b_3 \end{pmatrix} \neq \vec{0}$ eine allgemeine Darstellung an, sodass $\vec{a} \bullet \vec{b} = 0$.

b) Bestimmen Sie c_1 und d_2 so, dass $\vec{c} = \begin{pmatrix} c_1 \\ 0 \\ 3 \end{pmatrix}$ die Gleichung $\vec{a} \bullet \vec{c} = 0$ und $\vec{d} = \begin{pmatrix} -2 \\ d_2 \\ 0 \end{pmatrix}$ die Gleichung $\vec{a} \bullet \vec{d} = 0$ erfüllt.

a)

Aus dem Ansatz $\vec{a} \bullet \vec{b} = 0$ folgt

$$\begin{pmatrix} -3 \\ 2 \\ 1 \end{pmatrix} \bullet \begin{pmatrix} b_1 \\ b_2 \\ b_3 \end{pmatrix} = -3b_1 + 2b_2 + b_3 = 0.$$

Aus $b_2 = r$ und $b_3 = s$ mit $r, s \in \mathbb{R}$ folgt

$$\vec{b} = \begin{pmatrix} \frac{2}{3}r + \frac{1}{3}s \\ r \\ s \end{pmatrix}.$$

Es gilt

$$\vec{a} \bullet \vec{b} = \begin{pmatrix} a_1 \\ a_2 \\ a_3 \end{pmatrix} \bullet \begin{pmatrix} b_1 \\ b_2 \\ b_3 \end{pmatrix} = a_1 b_1 + a_2 b_2 + a_3 b_3.$$

70   4 Skalarprodukt

b)

K

$$\begin{pmatrix} -3 \\ 2 \\ 1 \end{pmatrix} \bullet \begin{pmatrix} c_1 \\ 0 \\ 3 \end{pmatrix} = -3c_1 + 3 = 0.$$

Es folgt $c_1 = 1$, also $\vec{c} = \begin{pmatrix} 1 \\ 0 \\ 3 \end{pmatrix}$ und

$$\begin{pmatrix} -3 \\ 2 \\ 1 \end{pmatrix} \bullet \begin{pmatrix} -2 \\ d_2 \\ 0 \end{pmatrix} = 6 + 2d_2 = 0.$$

Es folgt $d_2 = -3$, also $\vec{d} = \begin{pmatrix} -2 \\ -3 \\ 0 \end{pmatrix}$.

Es gilt

$$\vec{a} \bullet \vec{c} = \begin{pmatrix} a_1 \\ a_2 \\ a_3 \end{pmatrix} \bullet \begin{pmatrix} c_1 \\ c_2 \\ c_3 \end{pmatrix} = a_1 c_1 + a_2 c_2 + a_3 c_3$$

und

$$\vec{a} \bullet \vec{b} = \begin{pmatrix} a_1 \\ a_2 \\ a_3 \end{pmatrix} \bullet \begin{pmatrix} d_1 \\ d_2 \\ d_3 \end{pmatrix} = a_1 d_1 + a_2 d_2 + a_3 d_3.$$

Gegeben sei das Dreieck ABC durch $A(5|4|-2)$, $B(-3|2|4)$ und $C(2|0|-3)$.
a) Berechnen Sie die Längenmaßzahlen der Seiten des Dreiecks ABC.
b) Berechnen Sie die Größen der Innenwinkel des Dreiecks ABC.

a) Seitenlängen

K

Beträge der Differenzen der Ortsvektoren:

$$|\overrightarrow{AB}| = \left| \begin{pmatrix} -3 \\ 2 \\ 4 \end{pmatrix} - \begin{pmatrix} 5 \\ 4 \\ -2 \end{pmatrix} \right| = \left| \begin{pmatrix} -8 \\ -2 \\ 6 \end{pmatrix} \right|$$
$$= \sqrt{64 + 4 + 36} = \sqrt{104} \approx 10{,}2$$

$$|\overrightarrow{BC}| = \left| \begin{pmatrix} 2 \\ 0 \\ -3 \end{pmatrix} - \begin{pmatrix} -3 \\ 2 \\ 4 \end{pmatrix} \right| = \left| \begin{pmatrix} 5 \\ -2 \\ -7 \end{pmatrix} \right|$$
$$= \sqrt{25 + 4 + 49} = \sqrt{78} \approx 8{,}83$$

$$|\overrightarrow{AC}| = \left| \begin{pmatrix} 2 \\ 0 \\ -3 \end{pmatrix} - \begin{pmatrix} 5 \\ 4 \\ -2 \end{pmatrix} \right| = \left| \begin{pmatrix} -3 \\ -4 \\ -1 \end{pmatrix} \right|$$
$$= \sqrt{9 + 16 + 1} = \sqrt{26} \approx 5{,}1$$

Die Vektoren der Seiten ergeben sich als Differenzen der Ortsvektoren der Eckpunkte des Dreiecks. Die Beträge der Seitenvektoren, also die Maßzahlen der Seitenlängen, erhält man mithilfe des Skalarproduktes, denn es gilt für jeden Vektor $\vec{a}$:

$$\vec{a} \bullet \vec{a} = \begin{pmatrix} a_1 \\ a_2 \\ a_3 \end{pmatrix} \bullet \begin{pmatrix} a_1 \\ a_2 \\ a_3 \end{pmatrix}$$
$$= a_1^2 + a_2^2 + a_3^2$$
$$= |\vec{a}|^2,$$

Für den Betrag eines Vektors $\vec{a}$ – also seine Längenmaßzahl – gilt demnach.

$$|\vec{a}| = \sqrt{a_1^2 + a_2^2 + a_3^2} = \sqrt{\vec{a} \bullet \vec{a}}.$$

4.1 Definition und Eigenschaften des Skalarprodukts

b) Innenwinkel

Wir berechnen zunächst die Kosinuswerte der Innenwinkel mithilfe des Skalarproduktes und der Beträge der Seitenvektoren und daraus jeweils die Größen der Innenwinkel:

$$\cos\alpha = \frac{\begin{pmatrix} -8 \\ -2 \\ 6 \end{pmatrix} \bullet \begin{pmatrix} -3 \\ -4 \\ -1 \end{pmatrix}}{\left|\begin{pmatrix} -8 \\ -2 \\ 6 \end{pmatrix}\right| \cdot \left|\begin{pmatrix} -3 \\ -4 \\ -1 \end{pmatrix}\right|}$$

$$= \frac{24 + 8 - 6}{\sqrt{104} \cdot \sqrt{26}} = \frac{26}{\sqrt{2704}} = 0{,}5$$

Damit folgt $\gamma = |\sphericalangle CAB| = 60°$.

$$\cos\beta = \frac{\begin{pmatrix} 8 \\ 2 \\ -6 \end{pmatrix} \bullet \begin{pmatrix} 5 \\ -2 \\ -7 \end{pmatrix}}{\left|\begin{pmatrix} 8 \\ 2 \\ -6 \end{pmatrix}\right| \cdot \left|\begin{pmatrix} 5 \\ -2 \\ -7 \end{pmatrix}\right|}$$

$$= \frac{40 - 4 + 42}{\sqrt{104} \cdot \sqrt{78}} = \frac{78}{\sqrt{8112}} = 0{,}866$$

Damit folgt $\beta = |\sphericalangle ABC| = 30°$.

$$\cos(\sphericalangle BCA) = \frac{\begin{pmatrix} 3 \\ 4 \\ 1 \end{pmatrix} \bullet \begin{pmatrix} -5 \\ 2 \\ 7 \end{pmatrix}}{\left|\begin{pmatrix} 3 \\ 4 \\ 1 \end{pmatrix}\right| \cdot \left|\begin{pmatrix} -5 \\ 2 \\ 7 \end{pmatrix}\right|}$$

$$= \frac{-15 + 8 + 7}{\sqrt{26} \cdot \sqrt{78}} = 0$$

Damit folgt $\gamma = |\sphericalangle BCA| = 90°$.

K

Für $\vec{a}, \vec{b} \neq \vec{0}$ und γ als Winkel zwischen $\vec{a}, \vec{b}$ gilt nach der Definition des Skalarprodukts (Seite 68):

$$\cos\gamma = \frac{\vec{a} \bullet \vec{b}}{|\vec{a}| \cdot |\vec{b}|}.$$

Damit ist der Quotient aus dem Betrag des Skalarproduktes der Vektoren zweier Dreiecksseiten und dem Produkt der Beträge dieser Vektoren gleich dem Kosinus des von diesen Seiten eingeschlossenen Innenwinkels eines Dreiecks.

Die Beträge der Vektoren der drei Dreiecksseiten wurden in Aufgabe a) berechnet.

Aus dem Winkelsummensatz folgt ebenfalls $\gamma = \sphericalangle BCA = 90°$.

72 4 Skalarprodukt

Gegeben sind die Vektoren $\vec{a} = \begin{pmatrix} 1 \\ 1 \\ 1 \end{pmatrix}$, $\vec{b} = \begin{pmatrix} -1 \\ 1 \\ 0 \end{pmatrix}$ und $\vec{c} = \begin{pmatrix} 1 \\ -2 \\ 1 \end{pmatrix}$.

a) Zeigen Sie: $\vec{b} \perp \vec{a}$ und $\vec{c} \perp \vec{a}$.

b) Beweisen Sie, dass jede Linearkombination der Vektoren $\vec{b}$ und $\vec{c}$ orthogonal ist zu $\vec{a}$.

c) Zeigen Sie, dass sich ein zu $\vec{a}$ orthogonaler Vektor als Linearkombination der Vektoren $\vec{b}$ und $\vec{c}$ darstellen lässt.

d) Bestimmen Sie $r, s \in \mathbb{R}$ in $\vec{x} = r\vec{b} + s\vec{c}$ so, dass gilt $\vec{x} \perp \vec{b}$.

a)   **K**

Es gelten die Gleichungen

$$\vec{a} \bullet \vec{b} = \begin{pmatrix} 1 \\ 1 \\ 1 \end{pmatrix} \bullet \begin{pmatrix} -1 \\ 1 \\ 0 \end{pmatrix} = -1 + 1 = 0$$

bzw.

$$\vec{a} \bullet \vec{c} = \begin{pmatrix} 1 \\ 1 \\ 1 \end{pmatrix} \bullet \begin{pmatrix} 1 \\ -2 \\ 1 \end{pmatrix} = 1 - 2 + 1 = 0.$$

Bedingung für Orthogonalität ist $\vec{a} \bullet \vec{b} = 0$ bzw. $\vec{a} \bullet \vec{c} = 0$.

b)   **K**

Es gilt:

$$\vec{a} \bullet (r\vec{b} + s\vec{c}) = \vec{a} \bullet (r\vec{b}) + \vec{a} \bullet (s\vec{c})$$
$$= r(\underbrace{\vec{a} \bullet \vec{b}}_{=0}) + s(\underbrace{\vec{a} \bullet \vec{c}}_{=0})$$
$$= 0.$$

Eine Linearkombination der Form $r\vec{b} + s\vec{c}$ soll orthogonal zum Vektor $\vec{a}$ sein, also muss gelten $\vec{a} \bullet (r\vec{b} + s\vec{c}) = 0$.

Auf Grund der Eigenschaften des Skalarprodukts folgt z. B.
$$\vec{a} \bullet (r\vec{b}) = (r\vec{b}) \bullet \vec{a} = r(\vec{b} \bullet \vec{a}) = r(\vec{a} \bullet \vec{b}).$$

c)   **K**

Aus

$$\vec{x} \bullet \vec{a} = \begin{pmatrix} x_1 \\ x_2 \\ x_3 \end{pmatrix} \bullet \begin{pmatrix} 1 \\ 1 \\ 1 \end{pmatrix} = 0$$

folgt $x_1 + x_2 + x_3 = 0$ bzw. $x_3 = -x_1 - x_2$, also:

$$\vec{x} = \begin{pmatrix} x_1 + 0 \\ 0 + x_2 \\ -x_1 - x_2 \end{pmatrix} = x_1 \begin{pmatrix} 1 \\ 0 \\ -1 \end{pmatrix} + x_2 \begin{pmatrix} 0 \\ 1 \\ -1 \end{pmatrix}.$$

Für

$$\vec{x} \bullet \vec{a} = \begin{pmatrix} x_1 \\ x_2 \\ x_3 \end{pmatrix} \bullet \begin{pmatrix} 1 \\ 1 \\ 1 \end{pmatrix} = 0$$

gilt $x_1 + x_2 + x_3 = 0$ falls $\vec{x} \perp \vec{a}$.

Zur Bestimmung der Linearkombination setzt man an

$$\begin{pmatrix} 1 \\ 0 \\ -1 \end{pmatrix} = p \begin{pmatrix} -1 \\ 1 \\ 0 \end{pmatrix} + q \begin{pmatrix} 1 \\ -2 \\ 1 \end{pmatrix}$$

und

$$\begin{pmatrix} 0 \\ 1 \\ -1 \end{pmatrix} = r \begin{pmatrix} -1 \\ 1 \\ 0 \end{pmatrix} + s \begin{pmatrix} 1 \\ -2 \\ 1 \end{pmatrix}$$

und erhält $p = -2$ und $q = -1$ sowie $r = -1$ und $s = -1$.
Damit folgt schließlich:

$$\vec{x} = x_1 \left(-2\vec{b} - \vec{c} \right) + x_2 \left(-\vec{b} - \vec{c} \right)$$
$$= (-2x_1 - x_2)\,\vec{b} + (-x_1 - x_2)\,\vec{c}.$$

d)

Man erhält

$$\vec{b} \bullet (r\vec{b} + s\vec{c}) = 0$$

bzw.

$$r(\vec{b} \bullet \vec{b}) + s(\vec{b} \bullet \vec{c}) = 0.$$

Damit folgt

$$r(1 + 1 + 0) + s \begin{pmatrix} -1 \\ 1 \\ 0 \end{pmatrix} \bullet \begin{pmatrix} 1 \\ -2 \\ 1 \end{pmatrix} = 0$$

und weiter

$$2r + s(-1 - 2) = 0$$
$$2r - 3s = 0$$
$$r = \frac{3}{2}s$$

Wählt man z. B. $s = 2$, so folgt $r = 3$.

Die Bedingung $\vec{x} \perp \vec{b}$ führt auf $\vec{b} \bullet \vec{x} = 0$.

74   4 Skalarprodukt

Sind zwei Vektoren des $\mathbb{R}^2$ mit den Eigenschaften

$\vec{e}_1 \perp \vec{e}_2$ sowie $|\vec{e}_1| = 1$ und $|\vec{e}_2| = 1$

gegeben, so sagt man: Die Vektoren $\vec{e}_1$ und $\vec{e}_2$ bilden eine **orthonormale Basis** des $\mathbb{R}^2$.

Die Vektoren $\vec{e}_1$ und $\vec{e}_2$ sind also orthogonale Einheitsvektoren, mit denen jeder andere Vektor der Ebene durch Linearkombination dargestellt werden kann.

Gegeben seien zwei Vektoren $\vec{e}_1$ und $\vec{e}_2$ des $\mathbb{R}^2$, die eine orthonormale Basis des $\mathbb{R}^2$ bilden, für die also gilt: $\vec{e}_1 \perp \vec{e}_2$ sowie $|\vec{e}_1| = 1$ und $|\vec{e}_2| = 1$.

Zeigen Sie, dass die Vektoren $|\vec{e}_3| = \dfrac{1}{\sqrt{2}}\,\vec{e}_1 + \dfrac{1}{\sqrt{2}}\,\vec{e}_2$ und $|\vec{e}_4| = \dfrac{1}{\sqrt{2}}\,\vec{e}_1 - \dfrac{1}{\sqrt{2}}\,\vec{e}_2$ ebenfalls eine orthonormale Basis bilden.

K

Man bildet

$$\vec{e}_3 \bullet \vec{e}_4 = \left(\frac{1}{\sqrt{2}}\,\vec{e}_1 + \frac{1}{\sqrt{2}}\,\vec{e}_2 \right) \bullet \left(\frac{1}{\sqrt{2}}\,\vec{e}_1 - \frac{1}{\sqrt{2}}\,\vec{e}_2 \right)$$

$$= \frac{1}{2}\,(\vec{e}_1 \bullet \vec{e}_1 - \vec{e}_2 \bullet \vec{e}_2)$$

$$= \frac{1}{2}\,(1 - 1) = 0,$$

damit sind $\vec{e}_3$, $\vec{e}_4$ orthogonal.

Nun bildet man:

$$|\vec{e}_3|^2 = \vec{e}_3 \bullet \vec{e}_3$$

$$= \left(\frac{1}{\sqrt{2}}\,\vec{e}_1 + \frac{1}{\sqrt{2}}\,\vec{e}_2 \right) \bullet \left(\frac{1}{\sqrt{2}}\,\vec{e}_1 + \frac{1}{\sqrt{2}}\,\vec{e}_2 \right)$$

$$= \frac{1}{2}\,(\vec{e}_1 \bullet \vec{e}_1 + 2\,\vec{e}_1 \bullet \vec{e}_2 + \vec{e}_2 \bullet \vec{e}_2)$$

$$= \frac{1}{2} \cdot 1 + 0 + \frac{1}{2} \cdot 1$$

$$= 1$$

Damit gilt auch: $|\vec{e}_3| = \sqrt{1} = 1$.

$$|\vec{e}_4|^2 = \left(\frac{1}{\sqrt{2}}\,\vec{e}_1 - \frac{1}{\sqrt{2}}\,\vec{e}_2 \right) \bullet \left(\frac{1}{\sqrt{2}}\,\vec{e}_1 - \frac{1}{\sqrt{2}}\,\vec{e}_2 \right)$$

$$= \frac{1}{2}(\vec{e}_1 \bullet \vec{e}_1 - 2\,\vec{e}_1 \bullet \vec{e}_2 + \vec{e}_2 \bullet \vec{e}_2)$$

$$= \frac{1}{2} \cdot 1 - 0 + \frac{1}{2} \cdot 1$$

$$= 1$$

Es ist nachzuweisen $\vec{e}_3 \bullet \vec{e}_4 = 0$ sowie $|\vec{e}_3| = 1$ und $|\vec{e}_4| = 1$.

Das Skalarprodukt eines Einheitsvektors mit sich selbst ist gleich 1.

Das Quadrat des Betrages eines Vektors berechnet man, indem man das Skalarprodukt des Vektors mit sich selbst bildet.

Das Skalarprodukt eines Einheitsvektors mit sich selbst ist gleich 1, das Skalarprodukt orthogonaler Vektoren ist gleich 0.

Analog weist man $|\vec{e}_4| = 1$ nach.

4.2 Anwendungen des Skalarprodukts in der Geometrie

Flächeninhalt eines Parallelogramms

Für den Flächeninhalt des durch die Vektoren $\vec{a}, \vec{b}$ aufgespannten Parallelogramms gilt (s. Abb.)

$$A = \sqrt{\vec{a}^2 \cdot \vec{b}^2 - (\vec{a} \bullet \vec{b})^2}$$

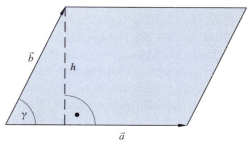

Wie muss $r \in \mathbb{R}$ gewählt werden, damit das Dreieck ABC mit $A(5|1|1)$, $B(1|3|r)$ und $C(1|2|2)$ die Flächenmaßzahl 6 besitzt?

Beschreibung des Dreiecks durch Vektoren

Aus den Ortsvektoren der Eckpunkte erhält man die Vektoren der Seiten $\overline{CB}$ und $\overline{CA}$:

$$\vec{a} = \overrightarrow{CB} = \begin{pmatrix} 0 \\ 1 \\ r-2 \end{pmatrix}, \quad \vec{b} = \overrightarrow{CA} = \begin{pmatrix} 4 \\ -1 \\ -1 \end{pmatrix}.$$

Ermittlung des Parameters r

Die **Flächeninhaltsformel für das Dreieck** lautet $A = \frac{1}{2} \sqrt{\vec{a}^2 \cdot \vec{b}^2 - (\vec{a} \bullet \vec{b})^2}$.
Mit $A = 6$ ergibt sich:

$$\frac{1}{2} \cdot \sqrt{\begin{pmatrix} 0 \\ 1 \\ r-2 \end{pmatrix}^2 \cdot \begin{pmatrix} 4 \\ -1 \\ -1 \end{pmatrix}^2 - \left[\begin{pmatrix} 0 \\ 1 \\ r-2 \end{pmatrix} \bullet \begin{pmatrix} 4 \\ -1 \\ -1 \end{pmatrix}\right]^2} = 6$$

$$\sqrt{(0+1+(r-2)^2)(16+1+1) - [0-1-(r-2)]^2} = 12$$

$$\sqrt{(r^2 - 4r + 5) \cdot 18 - [1-r]^2} = 12$$

$$\sqrt{18r^2 - 72r + 90 - [1 - 2r + r^2]} = 12$$

$$\sqrt{17r^2 - 70r + 89} = 12$$

$$17r^2 - 70r + 89 = 144$$

$$17r^2 - 70r - 55 = 0$$

$$r^2 - \tfrac{70}{17}r - \tfrac{55}{17} = 0$$

Die quadratische Gleichung hat die Lösungen $\tfrac{35}{17} + \tfrac{12}{17}\sqrt{15} \approx 4{,}793$ und $\tfrac{35}{17} - \tfrac{12}{17}\sqrt{15} \approx -0{,}675$.
Nimmt der Parameter r einen dieser Werte an, so hat das Dreieck ABC die Flächenmaßzahl 6.

Satzgruppe des Pythagoras

a) Beweisen Sie den **Höhensatz**: Ist h die Maßzahl der Höhe zur Hypotenuse eines rechtwinkligen Dreiecks und sind p und q die Maßzahlen der Hypotenusenabschnitte, dann gilt: $h^2 = p \cdot q$.
b) Beweisen Sie den **Kathetensatz**: Sind a und b die Maßzahlen der Katheten eines rechtwinkligen Dreiecks, c die Maßzahl der Hypotenuse und sind p und q die Maßzahlen der Hypotenusenabschnitte, dann gilt: $a^2 = p \cdot c$ und $b^2 = q \cdot c$.
c) Beweisen Sie den **Satz des Pythagoras**: Sind a und b die Maßzahlen der Katheten eines rechtwinkligen Dreiecks und c die Maßzahl der Hypotenuse, dann gilt: $a^2 + b^2 = c^2$.

a) Beweis des Höhensatzes

Gemäß nebenstehender Abbildung wählen wir für die Katheten die Vektoren $\vec{a}$ und $\vec{b}$, für die Hypotenuse den Vektor $\vec{c}$, für die Hypotenusenabschnitte die Vektoren $\vec{p}$ und $\vec{q}$ sowie für die Höhe den Vektor $\vec{h}$.
Mit diesen Vereinbarungen folgt:

$h^2 = |\vec{h}|^2 = \vec{h} \bullet \vec{h} = (\vec{b} - \vec{q}) \bullet \vec{h}$.

Wegen $\vec{q} \bullet \vec{h} = 0$, folgt

$h^2 = \vec{b} \bullet \vec{h}$.

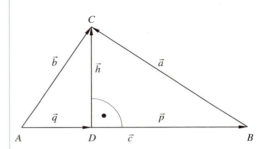

Mit $\vec{h} = \vec{a} + \vec{p}$ und wegen $\vec{b} \bullet \vec{a} = 0$ folgt

$h^2 = \vec{b} \bullet (\vec{a} + \vec{p}) = \vec{b} \bullet \vec{a} + \vec{b} \bullet \vec{p} = \vec{b} \bullet \vec{p}$;

mit $\vec{b} = \vec{q} + \vec{h}$ und wegen $\vec{h} \bullet \vec{p} = 0$ folgt

$h^2 = (\vec{q} + \vec{h}) \bullet \vec{p} = \vec{q} \bullet \vec{p}$

Man wählt
$\vec{a} = \overrightarrow{BC}, \quad \vec{b} = \overrightarrow{AC}, \quad \vec{c} = \overrightarrow{AB}$
und
$\vec{h} = \overrightarrow{DC}, \quad \vec{p} = \overrightarrow{DB}, \quad \vec{q} = \overrightarrow{AD}$.
ABC ist rechtwinklig: $\gamma = |\sphericalangle ACB| = 90°$.
Damit ist $\vec{a} \perp \vec{b}$, also $\vec{a} \bullet \vec{b} = 0$.
Außerdem ist $\vec{h} \perp \vec{c}$, also auch $\vec{h} \perp \vec{p}$;
folglich gilt $\vec{h} \bullet \vec{p} = 0$.

also $h^2 = |\vec{q}| \cdot |\vec{p}| \cdot \cos 0° = p \cdot q$, w.z.b.w.

b) Beweis des Kathetensatzes

Mit denselben Vereinbarungen wie bei der obigen Beweisaufgabe zum Höhensatz folgt:
$b^2 = |\vec{b}|^2 = \vec{b} \bullet \vec{b} = (\vec{c} + \vec{a}) \bullet \vec{b} = \vec{c} \bullet \vec{b} + \vec{a} \bullet \vec{b} = \vec{c} \bullet \vec{b} = \vec{c} \bullet (\vec{q} + \vec{h}) = \vec{c} \bullet \vec{q} + \vec{c} \bullet \vec{h} = \vec{c} \bullet \vec{q}$,
also $b^2 = |\vec{c}| \cdot |\vec{q}| \cdot \cos 0° = c \cdot q$, w.z.b.w.

c) Beweis des Satzes des Pythagoras

Mit denselben Vereinbarungen wie oben folgt:
$c^2 = |\vec{c}|^2 = \vec{c} \bullet \vec{c} = (\vec{b} - \vec{a}) \bullet (\vec{b} - \vec{a}) = \vec{a} \bullet \vec{a} + \vec{b} \bullet \vec{b} - 2\vec{a} \bullet \vec{b} = \vec{a} \bullet \vec{a} + \vec{b} \bullet \vec{b} = |\vec{a}|^2 + |\vec{b}|^2$,
also $c^2 = a^2 + b^2$, w.z.b.w.

4.2 Anwendungen des Skalarprodukts in der Geometrie

Die Höhen in einem Dreieck OAB schneiden sich in einem Punkt H, dem Höhenschnittpunkt. Berechnen Sie die Koordinaten von H für das Dreieck, das gegeben ist durch $O(0|0|0)$, $A(8|6|0)$ und $B(0|6|8)$.

Unter der Voraussetzung, dass sich die Höhen im Dreieck OAB im Höhenschnittpunkt H schneiden, kann der Ortsvektor von H mithilfe der Ortsvektoren $\vec{a}$ und $\vec{b}$ der Punkte A und B bestimmt werden.

Für den Ortsvektor von H kann angesetzt werden:

$\vec{h} = r\vec{a} + s\vec{b}$ mit $r, s \in \mathbb{R}$.

Wegen

$(\vec{h} - \vec{a}) \bullet \vec{b} = 0$

und

$(\vec{h} - \vec{b}) \bullet \vec{a} = 0$

folgt

$\vec{h} \bullet \vec{b} = \vec{a} \bullet \vec{b}$ sowie $\vec{h} \bullet \vec{a} = \vec{a} \bullet \vec{b}$.

Setzt man den Ortsvektor von H ein, so folgt

$(\vec{a} \bullet \vec{b}) r + \vec{b}^2 s = \vec{a} \bullet \vec{b}$, (I)

$\vec{a}^2 r + (\vec{a} \bullet \vec{b}) s = \vec{a} \bullet \vec{b}$. (II)

Die Lösungen dieses LGS sind

$r = \dfrac{(\vec{a} \bullet \vec{b}) \vec{b}^2 - (\vec{a} \bullet \vec{b})^2}{\vec{a}^2 \vec{b}^2 - (\vec{a} \bullet \vec{b})^2}$

und

$s = \dfrac{\vec{a}^2 (\vec{a} \bullet \vec{b}) - (\vec{a} \bullet \vec{b})^2}{\vec{a}^2 \vec{b}^2 - (\vec{a} \bullet \vec{b})^2}$.

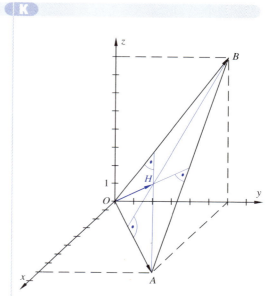

Aus der Abbildung folgt:

$\vec{h} - \vec{a} \perp \vec{b}$ und $\vec{h} - \vec{b} \perp \vec{a}$

Aus (I) folgt: $s = \dfrac{\vec{a} \bullet \vec{b} - (\vec{a} \bullet \vec{b}) r}{\vec{b}^2}$.

Setzt man diesen Wert in (II) ein, so folgt

$\vec{a}^2 r + (\vec{a} \bullet \vec{b}) \dfrac{\vec{a} \bullet \vec{b} - (\vec{a} \bullet \vec{b}) r}{\vec{b}^2} = \vec{a} \bullet \vec{b}$,

$\vec{a}^2 \vec{b}^2 r + (\vec{a} \bullet \vec{b})^2 - (\vec{a} \bullet \vec{b})^2 r = (\vec{a} \bullet \vec{b}) \vec{b}^2$,

$r [\vec{a}^2 \vec{b}^2 - (\vec{a} \bullet \vec{b})^2] = (\vec{a} \bullet \vec{b}) \vec{b}^2 - (\vec{a} \bullet \vec{b})^2$,

$r = \dfrac{(\vec{a} \bullet \vec{b}) \vec{b}^2 - (\vec{a} \bullet \vec{b})^2}{\vec{a}^2 \vec{b}^2 - (\vec{a} \bullet \vec{b})^2}$.

Auf ähnliche Weise lässt sich s ermitteln.

Durch Einsetzen der Ortsvektoren

$$\vec{a} = \begin{pmatrix} 8 \\ 6 \\ 0 \end{pmatrix} \text{ und } \vec{b} = \begin{pmatrix} 0 \\ 6 \\ 8 \end{pmatrix}$$

erhält man

$$|\vec{a}| = 10, \ \vec{a}^2 = 100$$

und

$$|\vec{b}| = 10, \ \vec{b}^2 = 100$$

sowie

$$\vec{a} \bullet \vec{b} = 36.$$

Damit wird

$$r = \frac{36 \cdot 100 - 36^2}{100 \cdot 100 - 36^2} \approx 0{,}265$$

und

$$s = \frac{100 \cdot 36 - 36^2}{100 \cdot 100 - 36^2} \approx 0{,}265.$$

Für den Ortsvektor von H erhält man somit

$$\vec{h} = 0{,}265 \begin{pmatrix} 8 \\ 6 \\ 0 \end{pmatrix} + 0{,}265 \begin{pmatrix} 0 \\ 6 \\ 8 \end{pmatrix} = \begin{pmatrix} 2{,}12 \\ 3{,}18 \\ 2{,}12 \end{pmatrix}$$

Die Koordinaten des Höhenschnittpunkts ergeben sich damit zu $H(2{,}12|3{,}18|2{,}12)$.

4.3 Normalen- und Koordinatengleichungen

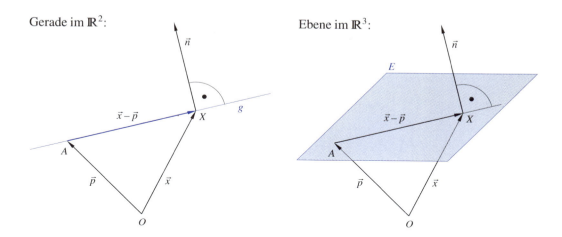

Gerade im $\mathbb{R}^2$:

Ebene im $\mathbb{R}^3$:

Ist eine Gerade g im $\mathbb{R}^2$ bzw. eine Ebene E im $\mathbb{R}^3$ durch einen Punkt P mit dem Ortsvektor $\vec{p}$ und einem auf g bzw. E senkrecht stehenden Vektor $\vec{n}$ – man spricht von einem **Normalenvektor** – festgelegt, so gilt für alle Punkte X von g bzw. E die **Normalengleichung**:

$$(\vec{x} - \vec{p}) \bullet \vec{n} = 0, \quad \text{anders geschrieben:} \quad \vec{x} \bullet \vec{n} = \vec{p} \bullet \vec{n}. \tag{I}$$

Beachte: Der Normalenvektor einer Geraden im $\mathbb{R}^2$ ist bis auf Länge und Orientierung eindeutig bestimmt. Bei einer Geraden im $\mathbb{R}^3$ gilt dies nicht, daher gibt es keine Normalform einer Geraden im $\mathbb{R}^3$.

Multipliziert man in (I) das Skalarprodukt aus, so folgt für eine Gerade im $\mathbb{R}^2$ mit dem Normalenvektor $\vec{n} = \begin{pmatrix} a \\ b \end{pmatrix}$:

$$ax + by = q \tag{II}$$

mit $q = ap_x + bp_y$ und für eine Ebene im $\mathbb{R}^3$ mit dem Normalenvektor $\vec{n} = \begin{pmatrix} a \\ b \\ c \end{pmatrix}$:

$$ax + by + cz = q \tag{III}$$

mit $q = ap_x + bp_y + cp_z$.

Aus den Gleichungen (II) und (III) – sie werden als **Koordinatengleichungen** von g bzw. E bezeichnet – kann der jeweiligen Normalenvektor direkt abgelesen werden.

Beachte: Aus der Koordinatengleichung alleine kann nicht entschieden werden, ob es sich um eine Gerade im $\mathbb{R}^2$ oder eine Ebene im $\mathbb{R}^3$ handelt.

80 4 Skalarprodukt

Wir erläutern dies anhand eines **Beispiels**:

Mit $P(1|4)$ und $\vec{n} = \begin{pmatrix} 2 \\ 1 \end{pmatrix}$ ergibt sich die Normalengleichung

$$\vec{x} \bullet \begin{pmatrix} 2 \\ 1 \end{pmatrix} = \begin{pmatrix} 1 \\ 4 \end{pmatrix} \bullet \begin{pmatrix} 2 \\ 1 \end{pmatrix}$$

und daraus die Koordinatengleichung $2x + y = 6$ als Gleichung einer Geraden im $\mathbb{R}^2$.

Mit $P(1|4|0)$ und $\vec{n} = \begin{pmatrix} 2 \\ 1 \\ 0 \end{pmatrix}$ ergibt sich die Normalengleichung

$$\vec{x} \bullet \begin{pmatrix} 2 \\ 1 \\ 0 \end{pmatrix} = \begin{pmatrix} 1 \\ 4 \\ 0 \end{pmatrix} \bullet \begin{pmatrix} 2 \\ 1 \\ 0 \end{pmatrix}$$

und daraus wieder dieselbe Koordinatengleichung $2x + y = 6$ wie oben, diesmal aber als Ebenengleichung im $\mathbb{R}^3$.

Dividiert man (II) bzw. (III) von Seite durch den jeweiligen Wert von q, so erhält man mit $a, b, c \neq 0$

$$\frac{x}{\frac{q}{a}} + \frac{y}{\frac{q}{b}} = 1 \quad \text{bzw.} \quad \frac{x}{\frac{q}{a}} + \frac{y}{\frac{q}{b}} + \frac{z}{\frac{q}{c}} = 1$$

die **Achsenabschnittsform** einer Geraden im $\mathbb{R}^2$ bzw. einer Ebene im $\mathbb{R}^3$.

Aus diesen Gleichungen lassen sich die Achsenabschnitte einer Geraden im $\mathbb{R}^2$ bzw. einer Ebene im $\mathbb{R}^3$ leicht ablesen:

Die Gerade $g: \frac{x}{\frac{q}{a}} + \frac{y}{\frac{q}{b}} = 1$ besitzt die Achsenabschnitte $x = \frac{q}{a}$ und $y = \frac{q}{a}$,

die Ebene $E: \frac{x}{\frac{q}{a}} + \frac{y}{\frac{q}{b}} + \frac{z}{\frac{q}{c}} = 1$ besitzt die Achsenabschnitte $x = \frac{q}{a}$, $y = \frac{q}{a}$ und $z = \frac{q}{c}$.

Ersetzt man in (I) den Normalenvektor $\vec{n}$ durch den **Normaleneinheitsvektor**

$$\vec{n}_0 = \frac{\vec{n}}{|\vec{n}|},$$

so entsteht die so genannte **Hesse'sche Normalenform**[1] einer Geraden im $\mathbb{R}^2$ bzw. einer Ebene im $\mathbb{R}^3$:

$$\frac{ax + by - q}{\sqrt{a^2 + b^2}} = 0 \quad \text{bzw.} \quad \frac{ax + by + cz - q}{\sqrt{a^2 + b^2 + c^2}} = 0.$$

---

[1] Ludwig Otto Hesse (1811–1874), deutscher Mathematiker

4.3 Normalen- und Koordinatengleichungen

Gegeben sei die Gerade g, die durch die Punkte $A(8|1)$ und $B(-4|-8)$ verläuft.
Bestimmen Sie von g eine Parametergleichung, eine Koordinatengleichung, eine Normalenform,
die Hesse'sche Normalenform sowie die Achsenabschnittsform.

Parametergleichung

Als Aufpunkt wird z. B. $A(8|1)$ gewählt. Der Richtungsvektor von g folgt aus

$$\vec{u} = \overrightarrow{AB} = \begin{pmatrix} -12 \\ -9 \end{pmatrix} = (-3) \cdot \begin{pmatrix} 4 \\ 3 \end{pmatrix}.$$

Damit folgt als Parametergleichung:

$$g: \vec{x} = \begin{pmatrix} 8 \\ 1 \end{pmatrix} + r \begin{pmatrix} 4 \\ 3 \end{pmatrix}.$$

Aus

$$g: \vec{x} = \begin{pmatrix} 8 \\ 1 \end{pmatrix} + s \begin{pmatrix} -12 \\ -9 \end{pmatrix}$$

folgt mit $s = -\frac{1}{3} r$

$$g: \vec{x} = \begin{pmatrix} 8 \\ 1 \end{pmatrix} + r \begin{pmatrix} 4 \\ 3 \end{pmatrix}.$$

Koordinatengleichung

Das zur Parametergleichung zugehörige LGS lautet:

$$x = 8 + 4r \qquad \text{(I)}$$
$$y = 1 + 3r \qquad \text{(II)}$$

Löst man z. B. (I) nach r auf und setzt den entstehenden Term in (II) ein, so folgt als Koordinatengleichung:

$$3x - 4y = 20.$$

Man rechnet:

$$x - 8 = 4r \qquad \text{(I)}$$
$$y - 1 = 3r \qquad \text{(II)}$$

Damit folgt $r = \frac{1}{4} x - 2$ und weiter:
$$y - 1 = \frac{3}{4} x - 6 \quad | \cdot 4,$$
also $4y - 4 = 3x - 24$. Damit folgt dann

$$3x - 4y = 20.$$

Normalenform

Als Normalenvektor liest man ab:

$$\vec{n} = \begin{pmatrix} 3 \\ -4 \end{pmatrix}, \text{ damit folgt als Normalenform:}$$

$$g: \left[\vec{x} - \begin{pmatrix} 8 \\ 1 \end{pmatrix} \right] \bullet \begin{pmatrix} 3 \\ -4 \end{pmatrix} = 0$$

bzw.

$$g: \vec{x} \bullet \begin{pmatrix} 3 \\ -4 \end{pmatrix} = 20.$$

Ein Normalenvektor ergibt sich unmittelbar aus den Koeffizienten der Koordinatengleichung.

$$g: \vec{x} \bullet \begin{pmatrix} 3 \\ -4 \end{pmatrix} = \begin{pmatrix} 8 \\ 1 \end{pmatrix} \bullet \begin{pmatrix} 3 \\ -4 \end{pmatrix} = 20$$

82   4 Skalarprodukt

Hesse'sche Normalenform   K

Der Normaleneinheitsvektor ist

$$\vec{n}_0 = \frac{1}{|\vec{n}|}\,\vec{n} = \frac{1}{5}\begin{pmatrix} 3 \\ -4 \end{pmatrix}.$$

Damit folgt als Hesse'sche Normalenform:

$$g: \frac{3}{5}x - \frac{4}{5}y = 4$$

bzw.

$$g: \left[\vec{x} - \begin{pmatrix} 8 \\ 1 \end{pmatrix}\right] \bullet \frac{1}{5}\begin{pmatrix} 3 \\ -4 \end{pmatrix} = 0.$$

Zur Bestimmung eines Normaleneinheitsvektors berechnet man zunächst:

$$|\vec{n}| = \sqrt{3^2 + (-4)^2} = \sqrt{25} = 5.$$

Achsenabschnittsform   K

Aus $3x - 4y = 20$ folgt:

$$\frac{x}{\frac{20}{3}} - \frac{y}{5} = 1.$$

Aus der Achsenabschnittsform lassen sich die Spurpunkte von g bestimmen: $S_x(6{,}\overline{6}|0)$ und $S_y(0|-5)$.

Gegeben sei die Ebene E, die durch die Punkte $A(4|0|1)$, $B(1|2|3)$ und $C(1|-8|-2)$ verläuft. Bestimmen Sie von E eine Parametergleichung, eine Normalenform, eine Koordinatengleichung, die Hesse'sche Normalenform sowie die Achsenabschnittsform.

Parametergleichung   K

Mit Hilfe der Drei-Punkte-Gleichung einer Ebene folgt z. B.:

$$\vec{x} = \begin{pmatrix} 4 \\ 0 \\ 1 \end{pmatrix} + r\begin{pmatrix} -3 \\ 2 \\ 2 \end{pmatrix} + s\begin{pmatrix} -3 \\ -8 \\ -3 \end{pmatrix}$$

Die allgemeine Form der Drei-Punkte-Gleichung für eine Ebene lautet:

$$\vec{x} = \vec{a} + r\,(\vec{b} - \vec{a}) + s\,(\vec{c} - \vec{a})$$

Normalenform   K

Ein Normalenvektor $\vec{n} = \begin{pmatrix} n_1 \\ n_2 \\ n_3 \end{pmatrix}$ steht senkrecht zu beiden Richtungsvektoren der Ebene.

Aus $\vec{x} = \vec{a} + r\,\vec{u} + s\,\vec{v}$ folgt nach Multiplikation mit dem Normalenvektor $\vec{n}$ wegen $\vec{u} \bullet \vec{n} = 0$ und $\vec{v} \bullet \vec{n} = 0$:

$$\vec{x} \bullet \vec{n} = \vec{a} \bullet \vec{n}$$

Es müssen also folgende Gleichungen gelten:

$$\begin{pmatrix} n_1 \\ n_2 \\ n_3 \end{pmatrix} \bullet \begin{pmatrix} -3 \\ 2 \\ 2 \end{pmatrix} = 0, \quad \begin{pmatrix} n_1 \\ n_2 \\ n_3 \end{pmatrix} \bullet \begin{pmatrix} -3 \\ -8 \\ -3 \end{pmatrix} = 0.$$

Damit folgt:

$$-3n_1 + 2n_2 + 2n_3 = 0 \qquad \text{(I)}$$
$$-3n_1 - 8n_2 - 3n_3 = 0 \qquad \text{(II)}$$

Aus (I) − (II) folgt:

$$-3n_1 + 2n_2 + 2n_3 = 0$$
$$10n_2 + 5n_3 = 0$$

Wählt man z. B. $n_3 = 6$, so folgen $n_2 = -3$ und

$n_1 = 2$, damit erhält man $\vec{n} = \begin{pmatrix} 2 \\ -3 \\ 6 \end{pmatrix}$ und

nach Multiplikation der Parametergleichung mit dem Normalenvektor die Normalenform:

$$\vec{x} \bullet \begin{pmatrix} 2 \\ -3 \\ 6 \end{pmatrix} = 14.$$

Man erhält also ein homogenes LGS mit zwei Gleichungen und drei Variablen, dessen Lösung nicht eindeutig ist. Es ist z. B. n_3 frei wählbar.

$$\vec{x} \bullet \begin{pmatrix} 2 \\ -3 \\ 6 \end{pmatrix}$$

$$= \begin{pmatrix} 4 \\ 0 \\ 1 \end{pmatrix} \bullet \begin{pmatrix} 2 \\ -3 \\ 6 \end{pmatrix} + r \begin{pmatrix} -3 \\ 2 \\ 2 \end{pmatrix} \bullet \begin{pmatrix} 2 \\ -3 \\ 6 \end{pmatrix}$$

$$+ s \begin{pmatrix} -3 \\ -8 \\ -3 \end{pmatrix} \bullet \begin{pmatrix} 2 \\ -3 \\ 6 \end{pmatrix}$$

$$= 14 + r \cdot 0 + s \cdot 0$$

Koordinatengleichung und Hesse-Form　Ⓚ

Die Koordinatengleichung folgt zu

$$2x - 3y + 6z = 14.$$

Teilt man diese Gleichung durch den Betrag des Normalenvektors, so folgt die Hesse'sche Normalenform von E:

$$\frac{2}{7}x - \frac{3}{7}y + \frac{6}{7}z = 2.$$

$$|\vec{n}| = \sqrt{2^2 + (-3)^2 + 6^2} = \sqrt{49} = 7.$$

Achsenabschnittsform　Ⓚ

Als Achsenabschnittsform ergibt sich:

$$\frac{x}{7} - \frac{y}{\frac{14}{3}} + \frac{z}{\frac{7}{3}} = 1.$$

Aus der Achsenabschnittsform lassen sich die Spurpunkte von E ablesen: $S_x(7|0|0)$ und $S_y(0|-\frac{14}{3}|0)$ und $S_z(0|0|\frac{7}{3})$.

84   4 Skalarprodukt

Gegeben ist eine Gerade g durch die Normalengleichung $\vec{x} \bullet \begin{pmatrix} 2 \\ -3 \end{pmatrix} = 9$.

Ermitteln Sie daraus eine Geradengleichung in Koordinatenform und eine in Parameterform.

Koordinatenform **K**

$\begin{pmatrix} x \\ y \end{pmatrix} \bullet \begin{pmatrix} 2 \\ -3 \end{pmatrix} = 9 \;\Rightarrow\; 2x - 3y = 9$

Aus der Normalform der Geradengleichung folgt nach Skalarmultiplikation die Koordinatenform.

Parameterform **K**

Wählt man z. B. $x = 0$, so folgt $y = -3$ und als möglicher Aufpunkt von g der Punkt $A(0 | -3)$.

Wählt man als Richtungsvektor von g einen zum Normalenvektor $\vec{n}$ senkrecht stehenden Vektor $\vec{u}$, also einfach $\vec{u} = \begin{pmatrix} 3 \\ 2 \end{pmatrix}$, so folgt als Parameterdarstellung von g die Gleichung

$g: \vec{x} = \begin{pmatrix} 0 \\ -3 \end{pmatrix} + r \begin{pmatrix} 3 \\ 2 \end{pmatrix}$.

Allgemeines Vorgehen zur Bestimmung eines Vektors der Ebene, der zu einem gegebenen Vektor senkrecht steht:

Vertauschen der Koordinaten eines Vektors und Vorzeichenänderung einer Koordinate. Man erhält:

$\begin{pmatrix} x \\ y \end{pmatrix} \bullet \begin{pmatrix} y \\ -x \end{pmatrix} = xy - yx = 0$.

Gegeben ist die Ebene E durch die Normalengleichung $\left[\vec{x} - \begin{pmatrix} 1 \\ -2 \\ 1 \end{pmatrix} \right] \bullet \begin{pmatrix} 2 \\ -1 \\ 2 \end{pmatrix} = 0$.

Bestimmen Sie eine Koordinaten- und eine Parametergleichung von E.

Koordinatengleichung **K**

Umformung der gegebenen Gleichung ergibt:

$\begin{pmatrix} x \\ y \\ z \end{pmatrix} \bullet \begin{pmatrix} 2 \\ -1 \\ 2 \end{pmatrix} = \begin{pmatrix} 1 \\ -2 \\ 1 \end{pmatrix} \bullet \begin{pmatrix} 2 \\ -1 \\ 2 \end{pmatrix}$.

Durch Ausmultiplizieren erhält man sofort die folgende Koordinatengleichung:

$2x - y + 2z = 6$.

Die Normalenform der Ebenengleichung kann auf 3 Arten geschrieben werden:

$(\vec{x} - \vec{a}) \bullet \vec{n} = 0$ (I)

$\vec{x} \bullet \vec{n} - \vec{a} \bullet \vec{n} = 0$ (II)

$\vec{x} \bullet \vec{n} = \vec{a} \bullet \vec{n}$ (III)

Die 3 Gleichungen sind äquivalent, stellen also ein und dieselbe Ebene dar.

Parametergleichung

Zur Bestimmung der Parametergleichung benötigt man zwei nicht kollineare Richtungsvektoren, die senkrecht auf dem Normalenvektor stehen. Der nebenstehende Kommentar zeigt ein einfaches Verfahren, mit dem wir die folgenden Richtungsvektoren erhalten:

$$\vec{n} = \begin{pmatrix} 2 \\ -1 \\ 2 \end{pmatrix} \Rightarrow \vec{u} = \begin{pmatrix} 1 \\ 2 \\ 0 \end{pmatrix} \text{ und } \vec{v} = \begin{pmatrix} 0 \\ 2 \\ 1 \end{pmatrix}.$$

Die Probe zeigt die Orthogonalität:

$$\begin{pmatrix} 2 \\ -1 \\ 2 \end{pmatrix} \bullet \begin{pmatrix} 1 \\ 2 \\ 0 \end{pmatrix} = 0, \begin{pmatrix} 2 \\ -1 \\ 2 \end{pmatrix} \bullet \begin{pmatrix} 0 \\ 2 \\ 1 \end{pmatrix} = 0.$$

Anstelle von $\vec{v}$ kann natürlich auch der Richtungsvektor $-\vec{v}$ verwendet werden.

Ein Aufpunkt A mit den Koordinaten $A(1\,|\,{-2}\,|\,1)$ kann der gegebenen Normalengleichung unmittelbar entnommen werden. Damit folgt als Parametergleichung:

$$E: \vec{x} = \begin{pmatrix} 1 \\ -2 \\ 1 \end{pmatrix} + r \begin{pmatrix} 1 \\ 2 \\ 0 \end{pmatrix} + s \begin{pmatrix} 0 \\ 2 \\ 1 \end{pmatrix}$$

Für die Richtungsvektoren $\vec{u}, \vec{v}$ sowie einen Normalenvektor $\vec{n}$ der Ebene E muss gelten: $\vec{u} \bullet \vec{n} = 0$ und $\vec{v} \bullet \vec{n} = 0$.

Mit $\vec{n} = \begin{pmatrix} n_1 \\ n_2 \\ n_3 \end{pmatrix}$ und der Wahl von

$$\vec{u} = \begin{pmatrix} -n_2 \\ n_1 \\ 0 \end{pmatrix} \text{ bzw. } \vec{v} = \begin{pmatrix} 0 \\ -n_3 \\ n_2 \end{pmatrix} \text{ gilt immer}$$

$$\vec{u} \bullet \vec{n} = \begin{pmatrix} -n_2 \\ n_1 \\ 0 \end{pmatrix} \bullet \begin{pmatrix} n_1 \\ n_2 \\ n_3 \end{pmatrix} = -n_1 n_2 + n_1 n_2 = 0$$

und

$$\vec{v} \bullet \vec{n} = \begin{pmatrix} 0 \\ -n_3 \\ n_2 \end{pmatrix} \bullet \begin{pmatrix} n_1 \\ n_2 \\ n_3 \end{pmatrix} = -n_2 n_3 + n_2 n_3 = 0.$$

Die Normalengleichung der Ebene ist in der Form $(\vec{x} - \vec{a}) \bullet \vec{n} = 0$ gegeben. Mit $\vec{a}$ ist folglich ein Aufpunkt direkt gegeben. Die Parametergleichung lautet schließlich

$$\vec{x} = \vec{a} + r\vec{u} + s\vec{v}.$$

Bemerkung: Ist zu der Ebene der obigen Aufgabe die Ebenengleichung z. B. in der Form

$$\vec{x} \bullet \begin{pmatrix} 2 \\ -1 \\ 2 \end{pmatrix} = 6$$

gegeben, so erhält man einen Aufpunkt dadurch, dass man zwei Koordinaten von $\vec{x}$ null setzt und die dritte dann leicht bestimmen kann, z. B.: $y = z = 0$; damit ergibt sich:

$$x \cdot 2 + 0 \cdot (-1) + 0 \cdot 2 = 6 \quad \Rightarrow \quad x = 3 \quad \Rightarrow \quad A(3\,|\,0\,|\,0).$$

Damit folgt als Parameterform derselben Ebene

$$E: \vec{x} = \begin{pmatrix} 3 \\ 0 \\ 0 \end{pmatrix} + r \begin{pmatrix} 1 \\ 2 \\ 0 \end{pmatrix} + s \begin{pmatrix} 0 \\ 2 \\ 1 \end{pmatrix}.$$

86   4 Skalarprodukt

Bestimmen Sie jeweils eine Koordinaten- sowie eine Normalengleichung der angegebenen Ebenen.
a) E ist die xy-Ebene.
b) E verläuft parallel zur yz-Ebene sowie durch den Punkt $A(4|0|0)$.
c) E steht senkrecht auf der xy-Ebene, enthält die z-Achse und den Punkt $A(1|1|1)$.

a)   **K**

Die xy-Ebene besteht aus allen Punkten $X(x|y|0)$; es folgt als Koordinatengleichung

$E\colon z = 0$.

Mit $\vec{n} = \begin{pmatrix} 0 \\ 0 \\ 1 \end{pmatrix}$ lautet die Normalengleichung

$E\colon \vec{x} \bullet \begin{pmatrix} 0 \\ 0 \\ 1 \end{pmatrix} = 0$.

Alle Punkte $X(x|y|0)$ erfüllen die Gleichung

$0 \cdot x + 0 \cdot y + z = 0$

Der Vektor $\vec{n} = \begin{pmatrix} 0 \\ 0 \\ 1 \end{pmatrix}$ steht senkrecht auf der xy-Ebene.

b)   **K**

Die Ebene, die parallel zur yz-Ebene liegt und durch den Punkt $A(4|0|0)$ verläuft, besteht aus allen Punkten $X(4|y|z)$, daher folgt als Koordinatengleichung

$E\colon x = 4$.

Mit $\vec{n} = \begin{pmatrix} 1 \\ 0 \\ 0 \end{pmatrix}$ und $A(4|0|0)$ als Aufpunkt folgt als Normalengleichung

$E\colon \left[\vec{x} - \begin{pmatrix} 4 \\ 0 \\ 0 \end{pmatrix} \right] \bullet \begin{pmatrix} 1 \\ 0 \\ 0 \end{pmatrix} = 0$.

Alle Punkte $X(4|y|z)$ erfüllen die Gleichung

$x + 0 \cdot y + 0 \cdot z = 4$.

Der Vektor $\vec{n} = \begin{pmatrix} 1 \\ 0 \\ 0 \end{pmatrix}$ steht senkrecht auf der yz-Ebene.

c)   **K**

Die Ebene E besteht aus allen Punkten $X(x|y|z)$, für die $x = y$ gilt; als Koordinatengleichung folgt:

$E\colon x - y = 0$.

Da E sowohl die z-Achse als auch den Punkt $A(1|1|1)$ enthalten soll, muss für alle Punkte von E gelten: $x = y$.

Zur Ermittlung der Normalenform stellen wir zunächst eine Parameterform von E auf:

$$E: \vec{x} = \begin{pmatrix} 1 \\ 1 \\ 1 \end{pmatrix} + r \begin{pmatrix} 0 \\ 0 \\ 1 \end{pmatrix} + s \begin{pmatrix} 1 \\ 1 \\ 1 \end{pmatrix}.$$

Man wählt $A(1|1|1)$ als Aufpunkt, sowie als Richtungsvektoren von E den Einheitsvektor der z-Achse und den Ortsvektor von A.

Aus dem Ansatz

$$E: \left[\vec{x} - \begin{pmatrix} 1 \\ 1 \\ 1 \end{pmatrix} \right] \cdot \begin{pmatrix} n_1 \\ n_2 \\ n_3 \end{pmatrix} = 0$$

mit

$$\begin{pmatrix} n_1 \\ n_2 \\ n_3 \end{pmatrix} \cdot \begin{pmatrix} 0 \\ 0 \\ 1 \end{pmatrix} = 0 \text{ und } \begin{pmatrix} n_1 \\ n_2 \\ n_3 \end{pmatrix} \cdot \begin{pmatrix} 1 \\ 1 \\ 1 \end{pmatrix} = 0$$

Das Skalarprodukt des Normalenvektors mit beiden Richtungsvektoren ist null.

ergibt sich das Gleichungssystem

$$0 \cdot n_1 + 0 \cdot n_2 + n_3 = 0, \qquad (\text{I})$$
$$n_1 + n_2 + n_3 = 0. \qquad (\text{II})$$

Es folgt $n_3 = 0$ und $n_1 = -n_2$. Wählt man z. B. $n_2 = 1$, so folgt $n_1 = -1$, und damit schließlich als Ebenengleichung

$$E: \left[\vec{x} - \begin{pmatrix} 1 \\ 1 \\ 1 \end{pmatrix} \right] \cdot \begin{pmatrix} -1 \\ 1 \\ 0 \end{pmatrix} = 0.$$

Aus der nebenstehenden Gleichung folgt

$$\vec{x} \cdot \begin{pmatrix} -1 \\ 1 \\ 0 \end{pmatrix} = \begin{pmatrix} 1 \\ 1 \\ 1 \end{pmatrix} \cdot \begin{pmatrix} -1 \\ 1 \\ 0 \end{pmatrix},$$

also $\vec{x} \cdot \begin{pmatrix} -1 \\ 1 \\ 0 \end{pmatrix} = 0$, also $E: -x + y = 0$.

Abstand einer Geraden im $\mathbb{R}^2$ bzw. einer Ebene im $\mathbb{R}^3$ vom Nullpunkt

Ist in der Hesse'schen Normalenform einer Geraden im $\mathbb{R}^2$ bzw. einer Ebenen im $\mathbb{R}^3$

$$\vec{x} \cdot \vec{n}_0 = \vec{p} \cdot \vec{n}_0$$

die Orientierung von $\vec{n}_0$ so gewählt, dass gilt $\vec{p} \cdot \vec{n}_0 \geq 0$, so gibt $\vec{p} \cdot \vec{n}_0$ den Abstand d der Geraden bzw. Ebene vom Nullpunkt an.

Bestimmen Sie den Abstand
a) der Geraden $g: 3x - 4y = 10$ im $\mathbb{R}^2$ und
b) der Ebene $E: 3x - 12y - 4z = -25$ im $\mathbb{R}^3$
vom Koordinatenursprung.

4 Skalarprodukt

a)

Normalenvektor der Geraden: $\vec{n} = \begin{pmatrix} 3 \\ -4 \end{pmatrix}$.

Mit $|\vec{n}| = 5$ folgt: $\vec{n}_0 = \dfrac{1}{5}\begin{pmatrix} 3 \\ -4 \end{pmatrix}$.

Wegen $P(2|-1) \in g$ folgt

$$\vec{p} \bullet \vec{n}_0 = \begin{pmatrix} 2 \\ -1 \end{pmatrix} \bullet \frac{1}{5}\begin{pmatrix} 3 \\ -4 \end{pmatrix} = \frac{6+4}{5} = 2 > 0$$

und die Hesse'sche Normalenform lautet schließlich

$$g: \frac{3}{5}x - \frac{4}{5}y = 2.$$

Der Abstand der Geraden g vom Koordinatenursprung beträgt $d = 2$ LE.

K Aus $g: 3x - 4y = 10$ kann man den Normalenvektor $\vec{n}$ direkt ablesen.

Der Normaleneinheitsvektor hat die richtige Orientierung, daher kann der Abstand der Geraden g vom Koordinatenursprung direkt angegeben werden.

b)

Aus $3x - 12y - 4z = -25$ folgt $\vec{n} = \begin{pmatrix} 3 \\ -12 \\ -4 \end{pmatrix}$

und wegen $|\vec{n}| = \sqrt{9 + 14 + 16} = \sqrt{169} = 13$

erhält man $\vec{n}_0 = \dfrac{1}{13}\begin{pmatrix} 3 \\ -12 \\ -4 \end{pmatrix}$.

Wegen $P(1|2|1) \in E$ folgt $\vec{p} \bullet \vec{n}_0 =$

$$= \begin{pmatrix} 1 \\ 2 \\ 1 \end{pmatrix} \bullet \frac{1}{13}\begin{pmatrix} 3 \\ -12 \\ -4 \end{pmatrix} = \frac{3 - 24 - 4}{13} = -\frac{25}{13} < 0$$

Der Normalenvektor hat die falsche Orientierung, man wählt also

$$\vec{n}_0' = -\vec{n}_0 = -\frac{1}{13}\begin{pmatrix} 3 \\ -12 \\ -4 \end{pmatrix} = \frac{1}{13}\begin{pmatrix} -3 \\ 12 \\ 4 \end{pmatrix}$$

Dann gilt $\vec{p} \bullet \vec{n}_0' =$

$$= \begin{pmatrix} 1 \\ 2 \\ 1 \end{pmatrix} \bullet \frac{1}{13}\begin{pmatrix} -3 \\ 12 \\ 4 \end{pmatrix} = \frac{-3 + 24 + 4}{13} = \frac{25}{13} > 0$$

Der Abstand der Ebene vom Koordinatenursprung beträgt $d = \frac{25}{13}$ LE.

K Der Fall $\vec{p} \bullet \vec{n}_0 < 0$ in der Normalengleichung einer Ebene E kann stets durch Multiplikation mit -1 auf den Fall $\vec{p} \bullet \vec{n}_0 > 0$ zurückgeführt werden. Es ändert sich in diesem Fall lediglich die Gleichung von E, nicht aber die Ebene als Punktmenge selbst. Der Normaleneinheitsvektor $\vec{n}_0$ wird in diesem Fall durch $-\vec{n}_0$ ersetzt.

4.4 Abstandsprobleme   89

4.4 Abstandsprobleme

Ersetzt man in der Koordinatengleichung der Hesse'schen Normalenform

$$\frac{ax+by-q}{\sqrt{a^2+b^2}}=0 \quad \text{bzw.} \quad \frac{ax+by+cz-q}{\sqrt{a^2+b^2+c^2}}=0$$

die Koordinaten des Ortsvektor $\vec{x}$ durch die eines beliebigen Punktes P, so erhält man eine Zahl, deren Betrag der **Abstand** des Punktes P von der Geraden g bzw. von der Ebene E ist.

Ist $d > 0$, so liegt P vom Nullpunkt aus gesehen jenseits der Geraden bzw. der Ebene,

ist $d = 0$, so liegt P auf der Geraden g bzw. der Ebene E,

ist $d < 0$, so liegt P diesseits der Geraden bzw. der Ebene.

Gegeben ist die Gerade g: $\vec{x} = \begin{pmatrix} 3 \\ 0 \end{pmatrix} + r \begin{pmatrix} 3 \\ -4 \end{pmatrix}$. Berechnen Sie die Abstände der Punkte $P(3|4)$ und $Q(-1|2)$ von g. Geben Sie die Lage der Punkte P und Q bezüglich g und $O(0|0)$ an.

Abstand Punkt – Gerade

Zur Berechnung des Abstands eines Punktes P von einer Geraden g wird zunächst die Hesse'sche Normalenform von g als Koordinatengleichung aufgestellt.

Wegen $\begin{pmatrix} 3 \\ -4 \end{pmatrix} \bullet \begin{pmatrix} 4 \\ 3 \end{pmatrix} = 12 - 12 = 0$ ist $\vec{n} = \begin{pmatrix} 4 \\ 3 \end{pmatrix}$ ein Normalenvektor zu $\begin{pmatrix} 3 \\ -4 \end{pmatrix}$.

Mit $|\vec{n}| = 5$ ergibt sich die Hesse'sche Normalenform $\frac{4x+3y-12}{5} = 0$ der Geraden g.

Setzt man die Koordinaten von $P(3|4)$ bzw. $Q(-1|2)$ in die Hesse-Form von g ein, so folgt:

$$\frac{4\cdot 3 + 3\cdot 4 - 12}{5} = \frac{12}{5} \approx 2{,}4 > 0 \quad \text{bzw.} \quad \frac{4\cdot(-1)+3\cdot 2 - 12}{5} = -2 < 0.$$

P liegt vom Nullpunkt aus gesehen „jenseits" von g und hat den Abstand 2,4, Q „diesseits" von g und hat von g den Abstand 2.

Gegeben ist die Ebene E: $3x - 2y + z = 8$. Bestimmen Sie den Abstand des Punktes $P(4|-5|2)$ von E und seine Lage bezüglich E und $(0|0|0)$.

Abstand Punkt – Ebene

Die Hesse'sche Normalenform von E lautet: $\frac{3x-2y+z-8}{\sqrt{14}} = 0$. Berechnet man nun den Abstand, so folgt durch Einsetzen der Punkt-Koordinaten:

$$\frac{3\cdot 4 - 2\cdot(-5)+1\cdot 2 - 8}{\sqrt{14}} = \frac{16}{\sqrt{14}} \approx 4{,}3 > 0.$$

P liegt vom Nullpunkt aus gesehen „jenseits" von E und hat den Abstand 4,3 LE.

Übersicht zu den Abstandsproblemen

Gegeben sei ein Punkt P durch seinen Ortsvektor $\vec{p}$ und eine Gerade g bzw. eine Ebene E durch die Hesse'sche Normalenform $(\vec{x}-\vec{a})\bullet\vec{n}_0=0$. Man beachte, dass die Voraussetzung für die Gültigkeit der Hesse'schen Normalenform das Vorliegen einer eindeutig bestimmten Normalenrichtung ist. Für den Abstand d eines beliebigen Punktes P von einer Geraden g (im $\mathbb{R}^2$) bzw. einer Ebene E (im $\mathbb{R}^3$) gilt dann

$$d = |(\vec{p}-\vec{a})\bullet\vec{n}_0|.$$

Diese **Abstandsformel** erfasst folgende Abstandsprobleme:

1. **Punkt P, Gerade g im $\mathbb{R}^2$**
   $\vec{p}$: Ortsvektor von $P \notin g$
   $\vec{a}$: Ortsvektor von $A \in g$
   $\vec{n}_0$: Normaleneinheitsvektor von g

2. **Zwei Geraden g, h im $\mathbb{R}^2$ mit $g \parallel h$**
   $\vec{p}$: Ortsvektor von $P \in g$ oder $P \in h$
   $\vec{a}$: Ortsvektor von $A \in h$ oder $A \in g$
   $\vec{n}_0$: Normaleneinheitsvektor von g oder h

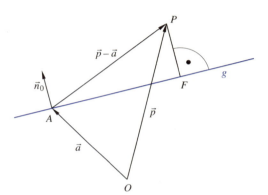

3. **Punkt P, Ebene E im $\mathbb{R}^3$**
   $\vec{p}$: Ortsvektor von $P \notin E$
   $\vec{a}$: Ortsvektor von $A \in E$
   $\vec{n}_0$: Normaleneinheitsvektor von E

4. **Zwei Ebenen E, H im $\mathbb{R}^3$ mit $E \parallel H$**
   $\vec{p}$: Ortsvektor von $P \in E$ oder $P \in H$
   $\vec{a}$: Ortsvektor von $A \in H$ oder $A \in E$
   $\vec{n}_0$: Normaleneinheitsvektor von E oder H

5. **Gerade g, Ebene E im $\mathbb{R}^3$ mit $g \parallel E$**
   $\vec{p}$: Ortsvektor von $P \in g$
   $\vec{a}$: Ortsvektor von $A \in E$
   $\vec{n}_0$: Normaleneinheitsvektor von E

6. **Zwei windschiefe Geraden g, h im $\mathbb{R}^3$**
   $\vec{p}$: Ortsvektor des Aufpunktes von g oder h
   $\vec{a}$: Ortsvektor des Aufpunktes von h oder g
   $\vec{n}_0$: Normaleneinheitsvektor, der zu den Richtungsvektoren von g und h senkrecht steht.

Gelegentlich wird die obige Art der Abstandsbestimmung als **Projektionsverfahren** bezeichnet. Ist die Voraussetzung, also die Existenz einer eindeutig definierten Normalenrichtung, nicht erfüllt, muss ein anderes Verfahren angewendet werden. Dieses im Folgenden beschriebene Verfahren wird als **Lotfußpunktverfahren** bezeichnet.

Abstand Punkt – Ebene

Zur Abstandsberechnung eines Punktes P von einer Ebene E kann das Lotfußpunktverfahren benutzt werden:
1. Bestimmung einer Lotgeraden g mit $g \perp E$ und $P \in g$
2. Bestimmung des Schnittpunkts $F = g \cap E$ (Lotfußpunkt)
3. Berechnung des Abstandes $d = |\overrightarrow{PF}|$

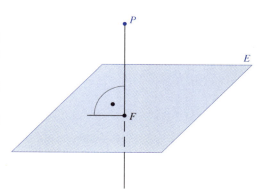

Abstand Punkt – Gerade im $\mathbb{R}^3$

Zur Abstandsberechnung eines Punktes P von einer Geraden g im $\mathbb{R}^3$ kann das Lotfußpunktverfahren benutzt werden:
1. Bestimmung einer Ebene E mit $E \perp g$ und $P \in E$
2. Bestimmung des Schnittpunkts $F = g \cap E$ (Lotfußpunkt)
3. Berechnung des Abstandes $d = |\overrightarrow{PF}|$

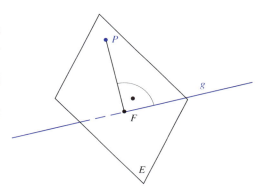

Abstand zweier windschiefer Geraden

Der Abstand zweier windschiefer Geraden g und h ist die kürzeste Verbindungslinie, die zwischen einem Punkt von g und einem Punkt von h existiert. Diese Strecke ist das gemeinsame Lot. Zur Abstandsberechnung zweier windschiefer Geraden g und h kann das Lotfußpunktverfahren benutzt werden:
1. Bestimmung einer Ebene E mit $g \in E$ und $E \perp h$
2. Bestimmung des Schnittpunkts $F_H = h \cap E$
3. Bestimmung einer Geraden k mit $k \perp g, k \perp h$, und $F_H \in k$
4. Bestimmung des Schnittpunkts $F_G = k \cap g$
5. Berechnung des Abstandes $d = |\overrightarrow{F_H F_G}|$

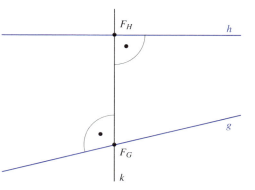

4 Skalarprodukt

Berechnen Sie den Abstand des Punktes $P(-7|6)$ von der Geraden

$$g: \vec{x} = \begin{pmatrix} -2 \\ -4 \end{pmatrix} + r \begin{pmatrix} 9 \\ 12 \end{pmatrix}.$$

K

Man bestimmt einen Normalenvektor zum Richtungsvektor von g zu

$$\vec{n} = \begin{pmatrix} -12 \\ 9 \end{pmatrix}$$

mit

$$|\vec{n}| = \sqrt{(-12)^2 + 9^2} = \sqrt{225} = 15$$

und

$$\vec{n}_0 = \frac{1}{15} \begin{pmatrix} -12 \\ 9 \end{pmatrix}.$$

Mit

$$\vec{p} - \vec{a} = \begin{pmatrix} -7 \\ 6 \end{pmatrix} - \begin{pmatrix} -2 \\ -4 \end{pmatrix} = \begin{pmatrix} -5 \\ 10 \end{pmatrix}$$

folgt

$$d = \left| \begin{pmatrix} -5 \\ 10 \end{pmatrix} \bullet \frac{1}{15} \begin{pmatrix} -12 \\ 9 \end{pmatrix} \right|$$

$$= \frac{1}{15}(60 + 90) = \frac{150}{15} = 10 \text{ LE}.$$

Ein Normalenvektor $\vec{n}$ zu einem gegebenen Vektor $\vec{x} = \begin{pmatrix} a \\ b \end{pmatrix}$ hat die Gestalt

$$\vec{x} = \begin{pmatrix} -b \\ a \end{pmatrix},$$

denn damit gilt:

$$\vec{n} \bullet \vec{x} = \begin{pmatrix} -b \\ a \end{pmatrix} \bullet \begin{pmatrix} a \\ b \end{pmatrix} = -ab + ab = 0.$$

Man benutzt die Formel

$$d = |(\vec{p} - \vec{a}) \bullet \vec{n}_0|$$

mit $\vec{p}$ als Ortsvektor des Punktes P und $\vec{a}$ als Ortsvektor des Aufpunkts von g.

Berechnen Sie den Abstand der Geraden $g: \vec{x} = \begin{pmatrix} -1 \\ 4 \end{pmatrix} + r \begin{pmatrix} 6 \\ -3 \end{pmatrix}$ und $h: 4x + 8y = -20$.

Weisen Sie zunächst die Parallelität der Geraden nach.

K

Nachweis der Parallelität:

$$\vec{n}_h = \begin{pmatrix} 4 \\ 8 \end{pmatrix} \quad \text{und} \quad \vec{u}_g = \begin{pmatrix} 6 \\ -3 \end{pmatrix}.$$

Wegen $\vec{n}_h \bullet \vec{u}_g = 0$ folgt $g \| h$.

Wenn der Normalenvektor von h senkrecht zum Richtungsvektor von g verläuft, so gilt $g \| h$.

4.4 Abstandsprobleme   93

Mit

$$d = |(\vec{p} - \vec{a}) \bullet \vec{n}_0|$$

folgt wegen $|\vec{n}_0| = \sqrt{80}$

$$d = \left| \left[\begin{pmatrix} -1 \\ 4 \end{pmatrix} - \begin{pmatrix} -1 \\ -2 \end{pmatrix} \right] \bullet \frac{1}{\sqrt{80}} \begin{pmatrix} 4 \\ 8 \end{pmatrix} \right|$$

$$= \frac{1}{\sqrt{80}} \begin{pmatrix} 0 \\ 6 \end{pmatrix} \bullet \begin{pmatrix} 4 \\ 8 \end{pmatrix} = \frac{48}{\sqrt{80}} \approx 5,4$$

als Abstand der Geraden g und h: $d \approx 5,4$ LE.

Man benutzt die Formel

$$d = |(\vec{p} - \vec{a}) \bullet \vec{n}_0|$$

mit $\vec{p}$ als Ortsvektor des Aufpunktes von g und $\vec{a}$ als Ortsvektor eines Punktes von h sowie $\vec{n}_0$ als Normaleneinheitsvektor von z. B. h.

Berechnen Sie das Volumen der dreiseitigen Pyramide mit den Eckpunkten
$A(0|-1|2)$, $B(1|2|2)$, $C(2|0|-3)$ und $D(0|0|0)$.
Ermitteln Sie zunächst den Abstand des Punktes D als Spitze der Pyramide von der Ebene E
durch A, B und C.

Man bestimmt zunächst die Hesse'sche Normalenform von E:
Der Normalenvektor von E ist orthogonal zu

$$\overrightarrow{AB} = \begin{pmatrix} 1 \\ 3 \\ 0 \end{pmatrix} \quad \text{und} \quad \overrightarrow{AC} = \begin{pmatrix} 2 \\ 1 \\ -5 \end{pmatrix}.$$

Damit folgt aus $\vec{n} \bullet \overrightarrow{AB} = 0$ und $\vec{n} \bullet \overrightarrow{AC} = 0$ das LGS

$$n_1 + 3n_2 = 0,$$
$$2n_1 + n_2 - 5n_3 = 0.$$

Mit $n_2 = -1$ folgt $n_1 = 3$ sowie $n_3 = 1$, also

$$\vec{n} = \begin{pmatrix} 3 \\ -1 \\ 1 \end{pmatrix}.$$

Parametergleichung von E:

$$E: \vec{x} = \begin{pmatrix} 0 \\ -1 \\ 2 \end{pmatrix} + r \begin{pmatrix} 1 \\ 3 \\ 0 \end{pmatrix} + s \begin{pmatrix} 2 \\ 1 \\ -5 \end{pmatrix}$$

Koordinatengleichung von E:

$$E: 3x - y + z = 3$$

Normalenvektor von E: $\vec{n} = \begin{pmatrix} 3 \\ -1 \\ 1 \end{pmatrix}$

Wegen $|n| = \sqrt{11}$ ist $\vec{n}_0 = \dfrac{1}{\sqrt{11}} \begin{pmatrix} 3 \\ -1 \\ 1 \end{pmatrix}$ ein Normaleneinheitsvektor von E.

Damit lautet die Hesse'sche Normalenform von E:

$$E: \left[\vec{x} - \begin{pmatrix} 0 \\ -1 \\ 2 \end{pmatrix} \right] \cdot \frac{1}{\sqrt{11}} \begin{pmatrix} 3 \\ -1 \\ 1 \end{pmatrix} = 0$$

bzw.

$$\frac{3x - y + z - 3}{\sqrt{11}} = 0$$

Die Spitze der Pyramide $D(0|0|0)$ hat also den Abstand $d = \left| \dfrac{-3}{\sqrt{11}} \right| \approx 0{,}9$ LE von E.

Zur Berechnung des Volumens der Pyramide wird der Flächeninhalt des Dreiecks ABC als Grundfläche benötigt:

$$A = \frac{1}{2} \sqrt{\vec{a}^2 \cdot \vec{b}^2 - (\vec{a} \bullet \vec{b})^2}$$

Mit

$$\vec{a}^2 \cdot \vec{b}^2 = \begin{pmatrix} 1 \\ 3 \\ 0 \end{pmatrix}^2 \cdot \begin{pmatrix} 2 \\ 1 \\ -5 \end{pmatrix}^2 = 10 \cdot 30$$

und

$$(\vec{a} \bullet \vec{b})^2 = \left(\begin{pmatrix} 1 \\ 3 \\ 0 \end{pmatrix} \bullet \begin{pmatrix} 2 \\ 1 \\ -5 \end{pmatrix} \right)^2 = 25$$

folgt:

$$A = \frac{1}{2} \sqrt{10 \cdot 30 - 25} = \frac{1}{2} \sqrt{275}.$$

Mit $d = h = \dfrac{3}{\sqrt{11}}$ und $A = \dfrac{1}{2} \sqrt{275}$ folgt als Volumen der Pyramide:

$$V = \frac{1}{3} \cdot \frac{1}{2} \sqrt{275} \cdot \frac{3}{\sqrt{11}} = 2{,}5 \text{ VE.}$$

Hesse'sche Normalenform von E:

$$E: \left[\vec{x} - \begin{pmatrix} 0 \\ -1 \\ 2 \end{pmatrix} \right] \cdot \frac{1}{\sqrt{11}} \begin{pmatrix} 3 \\ -1 \\ 1 \end{pmatrix} = 0$$

Abstand D von E: $d \approx 0{,}9$ LE.

Spannen die Vektoren $\vec{a}, \vec{b}$ im $\mathbb{R}^3$ ein Parallelogramm auf, so gilt für dessen Flächeninhalt:

$$A = \sqrt{\vec{a}^2 \cdot \vec{b}^2 - (\vec{a} \bullet \vec{b})^2}.$$

Für den Flächeninhalt des Dreiecks ABC gilt dann:

$$A = \frac{1}{2} \sqrt{\vec{a}^2 \cdot \vec{b}^2 - (\vec{a} \bullet \vec{b})^2}.$$

Für das Volumen einer Pyramide gilt:

$$V = \frac{1}{3} A \cdot h.$$

Zeigen Sie: Die Ebenen $E: 2x + y - 3z = 1$ und $H: \left[\vec{x} - \begin{pmatrix} 0 \\ 0 \\ 1 \end{pmatrix} \right] \cdot \begin{pmatrix} -4 \\ -2 \\ 6 \end{pmatrix} = 0$ sind parallel.

Berechnen Sie den Abstand der Ebenen E und H.

Die Ebenen E und H sind dann parallel, wenn ihre Normalenvektoren kollinear sind. Mit

$$\vec{n}_E = \begin{pmatrix} 2 \\ 1 \\ -3 \end{pmatrix} \quad \text{und} \quad \vec{n}_H = \begin{pmatrix} -4 \\ -2 \\ 6 \end{pmatrix}$$

folgt

$$\vec{n}_H = (-2) \cdot \vec{n}_E.$$

Damit gilt $E \parallel H$.

Mit $d = |(\vec{p} - \vec{a}) \bullet \vec{n}_0|$ erhält man für

$$\vec{p} = \begin{pmatrix} 1 \\ 2 \\ 1 \end{pmatrix} \in E \quad \text{und} \quad \vec{a} = \begin{pmatrix} 0 \\ 0 \\ 1 \end{pmatrix} \in H$$

sowie den Normaleneinheitsvektor

$$|\vec{n}_0| = \sqrt{14} \begin{pmatrix} 2 \\ 1 \\ -3 \end{pmatrix}$$

mit der Abstandsformel

$$d(E,H) = \left| \left[\begin{pmatrix} 1 \\ 2 \\ 1 \end{pmatrix} - \begin{pmatrix} 0 \\ 0 \\ -1 \end{pmatrix} \right] \bullet \frac{1}{\sqrt{14}} \begin{pmatrix} 2 \\ 1 \\ -3 \end{pmatrix} \right|$$

$$= \frac{1}{\sqrt{14}} \begin{pmatrix} 1 \\ 2 \\ 0 \end{pmatrix} \bullet \begin{pmatrix} 2 \\ 1 \\ -3 \end{pmatrix} = \frac{4}{\sqrt{14}} \approx 1{,}07$$

als Abstand der gegebenen Ebenen
$d(E,H) \approx 1{,}07$ LE.

Zwei Vektoren $\vec{a}, \vec{b}$ sind kollinear, wenn gilt
$\vec{a} = k \cdot \vec{b}$.

Man benutzt die Formel

$$d = |(\vec{p} - \vec{a}) \bullet \vec{n}_0|$$

mit $\vec{p}$ als Ortsvektor von $P \in E$ und $\vec{a}$ als Ortsvektor von $A \in H$ sowie $\vec{n}_0$ als Normaleneinheitsvektor von z. B. E.

96   4 Skalarprodukt

Gegeben sind die Geradenschar $g_{a,b}$: $\vec{x} = \begin{pmatrix} 1 \\ 2 \\ a \end{pmatrix} + r \begin{pmatrix} 2 \\ b \\ 1 \end{pmatrix}$ und die Ebene E: $3x + y - 4z = 25$.

a) Untersuchen Sie die relative Lage von $g_{a,b}$ und E in in Abhängigkeit von a und b.

b) Berechnen Sie für den Fall $a = 1$ und $b = -2$ den Abstand zwischen g und E.

a) Relative Lage von $g_{a,b}$ und E K

$g_{a,b} \| E$, wenn gilt: $\begin{pmatrix} 2 \\ b \\ 1 \end{pmatrix} \bullet \begin{pmatrix} 3 \\ 1 \\ -4 \end{pmatrix} = 0$.

Daraus folgt das LGS: $6 + b - 4 = 0$

$\qquad\qquad\qquad\qquad b = -2$

Damit folgt $g_{a,b} \| E$ für $b = -2$.

Untersuchung für den Fall $g_{a,b} \in E$:

Der Aufpunkt von g muss die Ebenengleichung erfüllen:

$3 \cdot 1 + 1 \cdot 2 - 4 \cdot a = 25$.

Damit erhält man $a = -5$. Es gilt $g_{a,b} \in E$ für $a = -5$ und $b = -2$. $g_{a,b}$ und E sind echt parallel für $a \neq -5$ und $b = -2$.

Die Gerade g und die Ebene E sind dann parallel, wenn das Skalarprodukt des Richtungsvektors $\vec{u}$ und des Normalenvektors $\vec{n}$ von E gleich null ist:

$\vec{u} \bullet \vec{n} = 0$ (I)

Die Gerade g liegt dann in der Ebene E, wenn (I) erfüllt ist und der Aufpunkt von g in E liegt.

b) Abstandsberechnung   K

Für $\vec{p} = \begin{pmatrix} 1 \\ 2 \\ 1 \end{pmatrix} \in g$, $\vec{a} = \begin{pmatrix} 5 \\ -6 \\ -4 \end{pmatrix} \in E$ und den

Normaleneinheitsvektor $|\vec{n}_0| = \dfrac{1}{\sqrt{26}} \begin{pmatrix} 3 \\ 1 \\ -4 \end{pmatrix}$

erhält man mit der Abstandsformel

$d = |(\vec{p} - \vec{a}) \bullet \vec{n}_0|$

$= \left| \left[\begin{pmatrix} 1 \\ 2 \\ 1 \end{pmatrix} - \begin{pmatrix} 5 \\ -6 \\ -4 \end{pmatrix} \right] \bullet \dfrac{1}{\sqrt{26}} \begin{pmatrix} 3 \\ 1 \\ -4 \end{pmatrix} \right|$

$= \left| \dfrac{1}{\sqrt{26}} \begin{pmatrix} -4 \\ 8 \\ 5 \end{pmatrix} \bullet \begin{pmatrix} 3 \\ 1 \\ -4 \end{pmatrix} \right| = \left| \dfrac{-24}{\sqrt{26}} \right| \approx 4{,}71$

Man benutzt die Formel

$d = |(\vec{p} - \vec{a}) \bullet \vec{n}_0|$

mit $\vec{p}$ als Ortsvektor von $P \in g$ und $\vec{a}$ als Ortsvektor von $A \in E$ sowie $\vec{n}_0$ als Normaleneinheitsvektor von E.

als Abstand von Gerade $g_{1,-2}$ und Ebene E einen Wert von $d \approx 4{,}71$ LE.

4.4 Abstandsprobleme

Gegeben sind die Geraden $g\colon \vec{x} = \begin{pmatrix} 3 \\ 5 \\ -2 \end{pmatrix} + r \begin{pmatrix} -1 \\ -2 \\ 2 \end{pmatrix}$ und $h\colon \vec{x} = \begin{pmatrix} 2 \\ 4 \\ 4 \end{pmatrix} + s \begin{pmatrix} 1 \\ -2 \\ 0 \end{pmatrix}$.

a) Zeigen Sie, dass g und h windschief sind.
b) Bestimmen Sie den Abstand von g und h.

a) Beweis: Die Geraden g und h sind windschief

g und h sind nicht kollinear, wenn die Gleichung

$$\begin{pmatrix} -1 \\ -2 \\ 2 \end{pmatrix} = k \cdot \begin{pmatrix} 1 \\ -2 \\ 0 \end{pmatrix},$$

also das zugehörige LGS

$$\begin{aligned} -1 &= k & \text{(I)} \\ -2 &= -2k & \text{(II)} \\ 2 &= 0, & \text{(III)} \end{aligned}$$

keine Lösung hat; dies aber ist offensichtlich, denn $2 = 0$ ist eine falsche Aussage.

Wir untersuchen nun die Vektoren

$$\begin{pmatrix} -1 \\ -2 \\ 2 \end{pmatrix}, \begin{pmatrix} 1 \\ -2 \\ 0 \end{pmatrix} \text{ und } \begin{pmatrix} 2 \\ 1 \\ -6 \end{pmatrix}$$

auf lineare Unabhängigkeit:

Aus $a \begin{pmatrix} -1 \\ -2 \\ 2 \end{pmatrix} + b \begin{pmatrix} 1 \\ -2 \\ 0 \end{pmatrix} + c \begin{pmatrix} 2 \\ 1 \\ -6 \end{pmatrix} = 0$

ergibt sich das folgende LGS:

$$\begin{array}{lll} \text{(I)} & -a + b + c = 0 & |\cdot(-2) \;\; |\cdot 2 \\ \text{(II)} & -2a - 2b + c = 0 & |\cdot 1 \\ \text{(III)} & 2a \phantom{{}- 2b} - 6c = 0 & |\cdot 1 \end{array}$$

$$\begin{array}{lll} \text{(I)} & -a + b + c = 0 & \\ \text{(II)} & -4b - c = 0 & |\cdot 1 \\ \text{(III)} & 2b - 4c = 0 & \end{array}$$

$$\begin{array}{lll} \text{(I)} & -a + b + c = 0 & \\ \text{(II)} & -4b - c = 0 & \Rightarrow \text{ lin. Unabh.} \\ \text{(III)} & -9c = 0 & \end{array}$$

Sind zwei Geraden $g\colon \vec{x} = \vec{p} + r \cdot \vec{u}$ und $h\colon \vec{x} = \vec{q} + s \cdot \vec{v}$ gegeben, so sind g und h dann windschief, wenn $\vec{u}$ kein Vielfaches von $\vec{v}$ ist und $\vec{u}, \vec{v}, \vec{p} - \vec{q}$ linear unabhängig sind.

Die Vektoren $\vec{u}, \vec{v}, \vec{p} - \vec{q}$ sind dann linear unabhängig, wenn die Gleichung

$$a\vec{u} + b\vec{v} + c(\vec{p} - \vec{q}) = 0$$

nur die triviale Lösung $a = b = c = 0$ hat.

Das LGS hat nur die triviale Lösung

$a = b = c = 0,$

die Vektoren sind also linear unabhängig.

b) Abstandsbestimmung

K

Es wird ein Normaleneinheitsvektor benötigt, der senkrecht auf den Richtungsvektoren von g und h steht.

Ansatz:

$$\begin{pmatrix} x \\ y \\ z \end{pmatrix} \bullet \begin{pmatrix} -1 \\ -2 \\ 2 \end{pmatrix} = 0$$

und

$$\begin{pmatrix} x \\ y \\ z \end{pmatrix} \bullet \begin{pmatrix} 1 \\ -2 \\ 0 \end{pmatrix} = 0$$

Damit folgt

$$-x - 2y + 2z = 0 \qquad \text{(I)}$$
$$x - 2y = 0 \qquad \text{(II)}$$

Wählt man z. B. $y = 1$, so folgt $x = z = 2$ und damit erhält man:

$$\vec{n}_0 = \frac{1}{3} \begin{pmatrix} 2 \\ 1 \\ 2 \end{pmatrix}.$$

Setzt man die gegebenen Vektoren in die Abstandsformel

$$d = |(\vec{p} - \vec{a}) \bullet \vec{n}_0|$$

ein, so folgt

$$d = \left| \left[\begin{pmatrix} 3 \\ 5 \\ -2 \end{pmatrix} - \begin{pmatrix} 2 \\ 4 \\ 4 \end{pmatrix} \right] \bullet \frac{1}{3} \begin{pmatrix} 2 \\ 1 \\ 2 \end{pmatrix} \right|$$

$$= \left| \frac{1}{3} \begin{pmatrix} 1 \\ 1 \\ -6 \end{pmatrix} \bullet \begin{pmatrix} 2 \\ 1 \\ 2 \end{pmatrix} \right| = \left| \frac{1}{3}(2 + 1 - 12) \right| = 3$$

Der gesuchte Abstand zwischen den gegebenen Geraden beträgt $d = 3$ LE.

Bedingung für den gesuchten Normaleneinheitsvektor $\vec{n}_0$:

$$\vec{n}_0 \bullet \vec{u} = 0$$

und

$$\vec{n}_0 \bullet \vec{v} = 0.$$

Man benutzt die Formel

$$d = |(\vec{p} - \vec{a}) \bullet \vec{n}_0|$$

mit $\vec{p}$ als Ortsvektor des Aufpunkts von g und $\vec{a}$ als Ortsvektor des Aufpunkts von h sowie $\vec{n}_0$ als Normaleneinheitsvektor, der zu beiden Richtungsvektoren von g und h senkrecht steht.

Berechnen Sie den Abstand des Punktes $P(-5|5|1)$ von der Ebene $E: 2x - 2y + z = 8$ mit dem Lotfußpunktverfahren.

1. Bestimmung der Lotgeraden K

Wir bestimmen die Lotgeraden g mit $g \perp E$ und $P \in g$:

$$g: \vec{x} = \begin{pmatrix} -5 \\ 5 \\ 1 \end{pmatrix} + r \begin{pmatrix} 2 \\ -2 \\ 1 \end{pmatrix}$$

Als Aufpunkt wird der gegebene Punkt P und als Richtungsvektor der Normalenvektor von E gewählt.

2. Bestimmung des Lotfußpunkts K

Wir bestimmen den Lotfußpunkts $F = E \cap g$:

$$2(-5 + 2r) - 2(5 - 2r) + (1 + r) = 8$$
$$9r = 27$$
$$r = 3$$

Damit folgt $F(1| - 1|4)$.

Setzt man die Koordinaten von g in die Ebenengleichung ein, so kann der Lotfußpunkt $F = E \cap g$ berechnet werden.

3. Abstandsberechnung K

Schließlich wir der Abstand der Punkte P und F berechnet:

$$d = |\overrightarrow{PF}|$$
$$= \sqrt{(1 - (-5))^2 + (-1 - 5)^2 + (4 - 1)^2}$$
$$= \sqrt{36 + 36 + 9} = \sqrt{81}$$
$$= 9$$

Der gesuchte Abstand beträgt 9 LE.

Mit der Abstandsformel

$$d = \sqrt{(x_2 - x_1)^2 + (y_2 - y_1)^2 + (z_2 - z_1)^2}$$

erhält man den gesuchten Abstand.

Berechnen Sie den Abstand des Punktes $P(2|-3|5)$ von der Geraden

$$g\colon \vec{x} = \begin{pmatrix} 1 \\ 2 \\ 3 \end{pmatrix} + r \begin{pmatrix} -2 \\ 1 \\ 5 \end{pmatrix}$$

mit dem Lotfußpunktverfahren.

1. Ebenenbestimmung   K

Ebene E mit $E \perp g$ und $P \in E$:

$$E\colon \left[\vec{x} - \begin{pmatrix} 2 \\ -3 \\ 5 \end{pmatrix} \right] \cdot \begin{pmatrix} -2 \\ 1 \\ 5 \end{pmatrix} = 0$$

Als Normalenvektor von E wird der Richtungsvektor von g benutzt, als Aufpunkt wählen wir den Ortsvektor von P.

2. Bestimmung des Lotfußpunktes   K

Bedingung für den Lotfußpunkts $F = g \cap E$:

$$\left[\begin{pmatrix} 1 \\ 2 \\ 3 \end{pmatrix} + r \begin{pmatrix} -2 \\ 1 \\ 5 \end{pmatrix} - \begin{pmatrix} 2 \\ -3 \\ 5 \end{pmatrix} \right] \cdot \begin{pmatrix} -2 \\ 1 \\ 5 \end{pmatrix} = 0$$

Zur Bestimmung von $F = g \cap E$ wird die Gleichung der Geraden in die Ebenengleichung eingesetzt.

Man erhält:

$$-2(-1-2r) + (5+r) + 5(-2+5r) = 0$$
$$30r - 3 = 0$$
$$r = 0{,}1$$

Damit folgt $F(0{,}8|2{,}1|3{,}5)$.

3. Abstandsberechnung   K

Abstand der Punkte P und F:

$$d = |\overrightarrow{PF}|$$
$$= \sqrt{(2-0{,}8))^2 + (-3-2{,}1)^2 + (5-3{,}5)^2}$$
$$= \sqrt{29{,}7} \approx 5{,}45$$

Für den Abstand zwischen P und g erhält man $5{,}45$ LE.

Mit der Abstandsformel

$$d = \sqrt{(x_2-x_1)^2 + (y_2-y_1)^2 + (z_2-z_1)^2}$$

erhält man den gesuchten Abstand.

4.4 Abstandsprobleme

Gegeben sind die Geraden $g\colon \vec{x} = \begin{pmatrix} 1 \\ -3 \\ 0 \end{pmatrix} + r \begin{pmatrix} 0 \\ -1 \\ 1 \end{pmatrix}$ und $h\colon \vec{x} = \begin{pmatrix} -1 \\ 3 \\ -2 \end{pmatrix} + s \begin{pmatrix} 2 \\ -1 \\ 0 \end{pmatrix}$.

a) Weisen Sie nach, dass g und h windschief sind.

b) Bestimmen Sie den Abstand von g und h mit dem Lotfußpunktverfahren.

a) Nachweis, dass g und h windschief verlaufen K

Untersuchung der Richtungsvektoren von g und h auf Kollinearität:

Aus

$$\begin{pmatrix} 0 \\ -1 \\ 1 \end{pmatrix} = k \begin{pmatrix} 2 \\ -1 \\ 0 \end{pmatrix}$$

folgt

$$\begin{aligned} 0 &= 2k & \text{(I)} \\ -1 &= -k & \text{(II)} \\ 1 &= 0 & \text{(III)} \end{aligned}$$

und damit ein Widerspruch; g und h sind nicht parallel.

Die Schnittbedingung führt auf das zugehörige LGS:

$$\begin{aligned} 2s &= 2 & \text{(I)} \\ -r + s &= 6 & \text{(II)} \\ r &= -2 & \text{(III)} \end{aligned}$$

Aus (I) folgt $s = 1$ und mit $r = -2$ aus (III) ergibt (II) einen Widerspruch; g und g sind also windschief.

Bedingung für Kollinearität zweier Vektoren $\vec{a}$ und $\vec{b}$ ist die Gültigkeit der Vektorgleichung:

$$\vec{a} = k\,\vec{b}.$$

Um einen möglichen Schnittpunkt von g und h zu finden, werden die Geradengleichungen gleich gesetzt:

$$\begin{pmatrix} 1 \\ -3 \\ 0 \end{pmatrix} + r \begin{pmatrix} 0 \\ -1 \\ 1 \end{pmatrix} = \begin{pmatrix} -1 \\ 3 \\ -2 \end{pmatrix} + s \begin{pmatrix} 2 \\ -1 \\ 0 \end{pmatrix}$$

b) Abstandsberechnung K

Bestimmung einer Ebene E mit $g \in E$ und $F_G \in E$: Es wird die Gerade g zur Bildung der Ebenengleichung benutzt:

$$E\colon \vec{x} = \begin{pmatrix} 1 \\ -3 \\ 0 \end{pmatrix} + r \begin{pmatrix} 0 \\ -1 \\ 1 \end{pmatrix} + s\,\vec{v}$$

Zur Aufstellung der Ebenengleichung benötigt man einen Aufpunkt und zwei nicht kollineare Richtungsvektoren.

Die Geradengleichung von g liefert den Aufpunkt und einen Richtungsvektor.

4 Skalarprodukt

Der zweite Richtungsvektor $\vec{v}$ kann z. B. als der Vektor bestimmt werden, der auf beiden Richtungsvektoren der Geraden g und h senkrecht steht:

$$\vec{v} \bullet \begin{pmatrix} 0 \\ -1 \\ 1 \end{pmatrix} = 0 \quad \text{und} \quad \vec{v} \bullet \begin{pmatrix} 2 \\ -1 \\ 0 \end{pmatrix} = 0.$$

Damit folgt

$$-y + z = 0 \qquad \text{(I)}$$
$$2x - y = 0 \qquad \text{(II)}$$

Wählt man z. B. $z = 2$, so folgt $y = 2$ und $x = 1$ und damit erhält man $\vec{v} = \begin{pmatrix} 1 \\ 2 \\ 2 \end{pmatrix}$.

Es folgt:

$$E: \vec{x} = \begin{pmatrix} 1 \\ -3 \\ 0 \end{pmatrix} + r \begin{pmatrix} 0 \\ -1 \\ 1 \end{pmatrix} + s \begin{pmatrix} 1 \\ 2 \\ 2 \end{pmatrix}$$

Bestimmung des Schnittpunktes $F_H = h \cap E$: Gleichsetzen von Ebenen- und Geradengleichung liefert ein LGS (Beachte: Es ist eine Umbenennung der Variable s von h notwendig):

$$1 + 0 \cdot r + s = -1 + 2t \qquad \text{(I)}$$
$$-3 - r + 2s = 3 - t \qquad \text{(II)}$$
$$0 + r + 2s = -2 + 0 \cdot t \qquad \text{(III)}$$

Dieses LGS hat die Lösung $r = -\frac{10}{3}$, $s = \frac{2}{3}$, $t = \frac{4}{3}$. Damit folgt: $F_H(\frac{5}{3} | \frac{5}{3} | -2)$.

Bestimmung einer Geraden k mit $k \perp g$ und $k \perp h$ und $F_G \in k$:

$$k: \vec{x} = \begin{pmatrix} \frac{5}{3} \\ \frac{5}{3} \\ -2 \end{pmatrix} + r \begin{pmatrix} 1 \\ 2 \\ 2 \end{pmatrix}$$

k ist Lotgerade zu g und h.

h und E schneiden sich in einem Punkt, wenn die Vektorgleichung

$$\vec{p} + r\vec{u} = \vec{q} + s\vec{v} + t\vec{w}$$

genau eine Lösung hat.

Zweckmäßigerweise wählt man als Richtungsvektor von k den oben bestimmten Richtungsvektor $\vec{v}$.

Bestimmung des Schnittpunkts $F_G = k \cap g$:

$$\begin{pmatrix} \frac{5}{3} \\ \frac{5}{3} \\ -2 \end{pmatrix} + r \begin{pmatrix} 1 \\ 2 \\ 2 \end{pmatrix} = \begin{pmatrix} 1 \\ -3 \\ 0 \end{pmatrix} + s \begin{pmatrix} 0 \\ -1 \\ 1 \end{pmatrix}$$

Das zugehörige LGS lautet:

$$\frac{5}{3} + r = 1 \tag{I}$$
$$\frac{5}{3} + 2r = -3 - s \tag{II}$$
$$-2 + 2r = s \tag{III}$$

Aus (I) folgt $r = -\frac{2}{3}$ und weiter $s = -\frac{10}{3}$. Damit folgt: $F_G(1 \mid \frac{1}{3} \mid -\frac{10}{3})$.

Abstandsberechnung:

$d = |\overrightarrow{F_G F_H}|$

$$= \sqrt{\left(1 - \frac{5}{3}\right)^2 + \left(\frac{1}{3} - \frac{5}{3}\right)^2 + \left(-\frac{10}{3} + 2\right)^2}$$

$$= \sqrt{4} = 2$$

Der Abstand von g und h beträgt 2 LE.

g und k schneiden sich in einem Punkt, wenn die Vektorgleichung

$$\vec{p} + r\vec{u} = \vec{q} + s\vec{v}$$

genau eine Lösung hat.

Mit der Abstandsformel

$$d = \sqrt{(x_2 - x_1)^2 + (y_2 - y_1)^2 + (z_2 - z_1)^2}$$

erhält man den gesuchten Abstand.

4.5 Schnittwinkel

Winkel zwischen Vektoren

Sind $\vec{a}$ und $\vec{b}$ zwei vom Nullvektor verschiedene Vektoren und γ (mit $0° \leq \gamma \leq 180°$) der Winkel zwischen ihnen, so gilt bezüglich eines kartesischen Koordinatensystems:

$$\cos \gamma = \frac{\vec{a} \bullet \vec{b}}{|\vec{a}| \cdot |\vec{b}|}.$$

Berechnen Sie den Winkel α im Dreieck ABC bei A.
a) $A(1|2)$, $B(6|-3)$, $C(5|3)$
b) $A(2|2|2)$, $B(6|4|2)$, $C(4|8|-3)$

a)

Berechnung der Vektoren: $\quad \vec{a} = \overrightarrow{AB} = \begin{pmatrix} 5 \\ -5 \end{pmatrix}$; $\quad \vec{b} = \overrightarrow{AC} = \begin{pmatrix} 4 \\ 1 \end{pmatrix}$

Berechnung der Beträge der Vektoren: $\quad |\vec{a}| = \sqrt{5^2 + (-5)^2} = \sqrt{50}$; $\quad |\vec{b}| = \sqrt{4^2 + 1^2} = \sqrt{17}$

Mit der Kosinusformel ergibt sich: $\quad \cos \alpha = \dfrac{\vec{a} \bullet \vec{b}}{|\vec{a}| \cdot |\vec{b}|} = \dfrac{20 - 5}{\sqrt{50} \cdot \sqrt{17}} = \dfrac{15}{\sqrt{450}} \approx 0{,}5145.$

Es folgt: $\quad \alpha \approx 59{,}04°.$

Der Winkel α hat eine Größe von $59{,}04°$.

b)

Berechnung der Vektoren: $\quad \vec{a} = \overrightarrow{AB} = \begin{pmatrix} 4 \\ 2 \\ 0 \end{pmatrix}$; $\quad \vec{b} = \overrightarrow{AC} = \begin{pmatrix} 2 \\ 6 \\ -5 \end{pmatrix}$

Berechnung der Beträge der Vektoren: $\quad |\vec{a}| = \sqrt{4^2 + 2^2 + 0^2} = \sqrt{20}$;

$$|\vec{b}| = \sqrt{2^2 + 6^2 + (-5)^2} = \sqrt{65}$$

Mit der Kosinusformel ergibt sich: $\quad \cos \alpha = \dfrac{\vec{a} \bullet \vec{b}}{|\vec{a}| \cdot |\vec{b}|} = \dfrac{8 + 12}{\sqrt{20} \cdot \sqrt{65}} = \dfrac{20}{\sqrt{1300}} \approx 0{,}5547$

Es folgt $\alpha \approx 56{,}31°$.

Der Winkel α hat eine Größe von $56{,}31°$.

4.5 Schnittwinkel

Schnittwinkel zweier Geraden

Schneiden sich zwei Geraden $g\colon \vec{x} = \vec{p} + r\,\vec{u}$ und $h\colon \vec{x} = \vec{q} + s\,\vec{v}$,
dann gilt für ihren Schnittwinkel γ:

$$\cos\gamma = \frac{|\vec{u} \bullet \vec{v}|}{|\vec{u}| \cdot |\vec{v}|}.$$

Berechnen Sie den Schnittwinkel der Geraden

$$g\colon \vec{x} = \begin{pmatrix} 0 \\ 6 \\ -4 \end{pmatrix} + r \begin{pmatrix} -1 \\ 2 \\ -3 \end{pmatrix}$$

und

$$h\colon \vec{x} = \begin{pmatrix} 1 \\ 4 \\ 5 \end{pmatrix} + s \begin{pmatrix} -1 \\ 2 \\ 3 \end{pmatrix}$$

die sich im Punkt $S(2|2|2)$ schneiden.

K

Mit den Richtungsvektoren

$$\begin{pmatrix} -1 \\ 2 \\ -3 \end{pmatrix} \text{ und } \begin{pmatrix} -1 \\ 2 \\ 3 \end{pmatrix}$$

und der Kosinusformel erhält man

$$\cos\gamma = \frac{\left| \begin{pmatrix} -1 \\ 2 \\ -3 \end{pmatrix} \bullet \begin{pmatrix} -1 \\ 2 \\ 3 \end{pmatrix} \right|}{\left| \begin{pmatrix} -1 \\ 2 \\ -3 \end{pmatrix} \right| \cdot \left| \begin{pmatrix} -1 \\ 2 \\ 3 \end{pmatrix} \right|} = \frac{|-4|}{14} \approx 0{,}2857$$

Es folgt $\gamma \approx 73{,}4°$.
Der Schnittwinkel zwischen den Geraden g und h beträgt $73{,}4°$.

Der Betrag im Zähler sichert, dass für den Schnittwinkel γ stets gilt:
$0° \leq \gamma \leq 180°$.

106   4 Skalarprodukt

Schnittwinkel zwischen einer Geraden und einer Ebene

Schneiden sich die Gerade $g\colon \vec{x} = \vec{p} + r\,\vec{u}$ und die Ebene $E\colon (\vec{x} - \vec{a}) \bullet \vec{n} = 0$, dann gilt für ihren Schnittwinkel γ:

$$\sin\gamma = \frac{|\vec{u} \bullet \vec{n}|}{|\vec{u}| \cdot |\vec{n}|}.$$

Berechnen Sie den Schnittwinkel zwischen der Geraden

$$g\colon \vec{x} = \begin{pmatrix} 1 \\ -2 \\ -2 \end{pmatrix} + r \begin{pmatrix} 1 \\ 2 \\ 3 \end{pmatrix}$$

und der Ebene

$$E\colon 2x + 3y - z = -2.$$

K

Der Richtungsvektor $\vec{u} = \begin{pmatrix} 1 \\ 2 \\ 3 \end{pmatrix}$ der Geraden g und der Normalenvektor $\vec{n} = \begin{pmatrix} 2 \\ 3 \\ -1 \end{pmatrix}$ werden in die Sinusformel zur Berechnung des Schnittwinkels γ eingesetzt:

$$\sin\gamma = \frac{\left| \begin{pmatrix} 1 \\ 2 \\ 3 \end{pmatrix} \bullet \begin{pmatrix} 2 \\ 3 \\ -1 \end{pmatrix} \right|}{\left| \begin{pmatrix} 1 \\ 2 \\ 3 \end{pmatrix} \right| \cdot \left| \begin{pmatrix} 2 \\ 3 \\ -1 \end{pmatrix} \right|} = \frac{5}{14} \approx 0{,}3571$$

Es folgt $\gamma \approx 20{,}92°$.
Der Schnittwinkel zwischen der Geraden g und der Ebenen E beträgt $20{,}92°$.

Ist eine Ebene in der Form $ax + by + cz = d$ gegeben, so ist $\vec{n} = \begin{pmatrix} a \\ b \\ c \end{pmatrix}$ ein Normalenvektor von E.

4.5 Schnittwinkel 107

Schnittwinkel zweier Ebenen

Schneiden sich die Ebenen $E_1: (\vec{x} - \vec{a}) \bullet \vec{n}_1 = 0$ und $E_2: (\vec{x} - \vec{b}) \bullet \vec{n}_2 = 0$, dann gilt für ihren Schnittwinkel γ:

$$\cos \gamma = \frac{|\vec{n}_1 \bullet \vec{n}_2|}{|\vec{n}_1| \cdot |\vec{n}_2|}.$$

Bestimmen Sie den Wert von a so, dass die Ebenen

$E_1: x + 2y + z = 1$

und

$E_2: 5x + y + az = -2.$

orthogonal zueinander verlaufen.

Die Normalenvektoren der Ebenen sind:

$$\vec{n}_1 = \begin{pmatrix} 1 \\ 2 \\ 1 \end{pmatrix} \quad \text{und} \quad \vec{n}_2 = \begin{pmatrix} 5 \\ 1 \\ a \end{pmatrix}.$$

Stehen die Ebenen E_1 und E_2 senkrecht aufeinander, so folgt wegen $\gamma = 90°$ der Kosinuswert $\cos 90° = 0$ und damit

$\vec{n}_1 \bullet \vec{n}_2 = 0$

Damit folgt:

$\vec{n}_1 \bullet \vec{n}_2 = 5 + 2 + a = 0$

und damit $a = -7$.
Für $a = -7$ sind die Ebenen E_1 und E_2 orthogonal.

Ist eine Ebene in der Form $ax + by + cz = d$

gegeben, so ist $\vec{n} = \begin{pmatrix} a \\ b \\ c \end{pmatrix}$ ein Normalenvektor von E.

Aus

$$\frac{|\vec{n}_1 \bullet \vec{n}_2|}{|\vec{n}_1| \cdot |\vec{n}_2|} = 0.$$

folgt

$|\vec{n}_1 \bullet \vec{n}_2| = 0$

für

$\vec{n}_1 \bullet \vec{n}_2 = 0$

108 4 Skalarprodukt

4.6 Multiple-Choice-Test

(Lösungen auf Seite 252)

1. Berechnen Sie das Skalarprodukt $\vec{u} \bullet \vec{v}$ folgender Vektoren und ordnen Sie ihre Ergebnisse den richtigen Antworten zu.

a) $\vec{u} = \begin{pmatrix} 3 \\ -4 \\ 6 \end{pmatrix}$; $\vec{v} = \begin{pmatrix} -4 \\ 3 \\ 2 \end{pmatrix}$

d) $\vec{u} = \begin{pmatrix} 1 \\ 2 \end{pmatrix}$; $\vec{v} = \begin{pmatrix} 3 \\ 4 \end{pmatrix}$

b) $\vec{u} = \begin{pmatrix} 4 \\ 2 \\ -2 \end{pmatrix}$; $\vec{v} = \begin{pmatrix} 0 \\ 2 \\ 2 \end{pmatrix}$

e) $\vec{u} = \begin{pmatrix} -5 \\ 5 \end{pmatrix}$; $\vec{v} = \begin{pmatrix} 1 \\ -2 \end{pmatrix}$

c) $\vec{u} = \frac{1}{8} \begin{pmatrix} 4 \\ 1 \\ -5 \end{pmatrix}$; $\vec{v} = \frac{1}{4} \begin{pmatrix} 5 \\ -8 \\ -4 \end{pmatrix}$

A) -15
B) -12
C) 0
D) 1
E) 11

2. Für welchen Wert von a hat das Skalarprodukt $\vec{u} \bullet \vec{v}$ den Wert k? Ordnen Sie ihre Ergebnisse den richtigen Antworten zu.

a) $\vec{u} = \begin{pmatrix} 1 \\ 2 \\ a \end{pmatrix}$; $\vec{v} = \begin{pmatrix} 1 \\ 2 \\ 1 \end{pmatrix}$; $k = 10$

b) $\vec{u} = \begin{pmatrix} 0 \\ a \\ 4 \end{pmatrix}$; $\vec{v} = \begin{pmatrix} 1 \\ 2 \\ -7 \end{pmatrix}$; $k = -32$

c) $\vec{u} = \begin{pmatrix} 2 \\ 5 \\ 1 \end{pmatrix}$; $\vec{v} = \begin{pmatrix} 2a \\ a \\ a \end{pmatrix}$; $k = 20$

A) -2
B) 2
C) 5

4.6 Multiple-Choice-Test   109

3. Für welche Werte von a hat der Vektor $\vec{u}$ die Länge k? Ordnen Sie ihre Ergebnisse den richtigen Antworten zu.

a) $\vec{u} = \begin{pmatrix} a \\ 12 \\ 4 \end{pmatrix}$; $k = 13$

   b) $\vec{u} = \begin{pmatrix} 2 \\ 3 \\ 10 \end{pmatrix} + a \begin{pmatrix} -2 \\ 1 \\ 1 \end{pmatrix}$; $k = \sqrt{137}$

c) $\vec{u} = \overrightarrow{PQ}$ mit $P(1|0|a)$ und $Q(5|3|1)$; $k = \sqrt{50}$

d) $\vec{u} = \overrightarrow{PQ}$ mit $P(2|a)$ und $Q(4|1)$; $k = \sqrt{8}$

A) $a_1 = -1, a_2 = 3$
B) $a_1 = -3, a_2 = 5$
C) $a_1 = -4, a_2 = 1$
D) $a_1 = -3, a_2 = 3$

4. Berechnen Sie jeweils für das Dreieck ABC die Länge der Seiten und die Größe der Innenwinkel. Ordnen Sie ihre Ergebnisse den richtigen Antworten zu.

a) $A(1|2|3)$, $B(-4|3|1)$, $C(3|-2|4)$

b) $A(5|3|-3)$, $B(3|2|1)$, $C(2|-2|1)$

c) $A(5|1|0)$, $B(3|4|5)$, $C(1|1|4)$

A) $|\overline{AB}| = 4{,}58$ cm, $|\overline{AC}| = 6{,}16$ cm, $|\overline{BC}| = 4{,}58$ cm, $\alpha = 47{,}73°$, $\beta = 84{,}53°$, $\gamma = 47{,}73°$
B) $|\overline{AB}| = 6{,}16$ cm, $|\overline{AC}| = 5{,}66$ cm, $|\overline{BC}| = 3{,}74$ cm, $\alpha = 36{,}59°$, $\beta = 64{,}31°$, $\gamma = 79{,}11°$
C) $|\overline{AB}| = 5{,}48$ cm, $|\overline{AC}| = 8{,}31$ cm, $|\overline{BC}| = 9{,}95$ cm, $\alpha = 90°$, $\beta = 56{,}6°$, $\gamma = 33{,}4°$

5. Gegeben sind die Basisvektoren $\vec{i} = \begin{pmatrix} 1 \\ 0 \\ 0 \end{pmatrix}$, $\vec{j} = \begin{pmatrix} 0 \\ 1 \\ 0 \end{pmatrix}$ und $\vec{k} = \begin{pmatrix} 0 \\ 0 \\ 1 \end{pmatrix}$.

Bestimmen Sie alle zu $\vec{k}$ senkrechten Vektoren $\vec{x}$ vom Betrag 13, die mit dem Vektor $\vec{a} = 2\vec{i} - 3\vec{j} + \sqrt{3}\,\vec{k}$ den Winkel $120°$ bilden.

A) $\vec{x} = -13\vec{k}$ oder $\vec{x} = 12\vec{i} + 5\vec{k}$
B) $\vec{x} = -13\vec{j}$ oder $\vec{x} = 5\vec{j} + 12\vec{k}$
C) $\vec{x} = -13\vec{i}$ oder $\vec{x} = 5\vec{i} + 12\vec{j}$
D) $\vec{x} = 12\vec{i}$ oder $\vec{x} = -13\vec{i} + 5\vec{j}$
E) $\vec{x} = 5\vec{i}$ oder $\vec{x} = 12\vec{j} - 13\vec{k}$

6. Welche Fläche im $\mathbb{R}^3$ überstreicht der Ortsvektor vom Betrag 1, wenn sein Skalarprodukt mit dem Basisvektor $\vec{i}$ (s. Aufgabe 5) den Wert $\frac{1}{2}$ hat?

A) Kegelmantel mit Öffnungswinkel $120°$ und Seitenlänge $s = 1$
B) Kegelmantel mit Öffnungswinkel $60°$ und Seitenlänge $s = 1$
C) Kegelmantel mit Öffnungswinkel $120°$ und Seitenlänge $s = \pi$
D) Kegelmantel mit Öffnungswinkel $60°$ und Seitenlänge $s = \pi$

110   4 Skalarprodukt

7. **Wie groß ist $a \in \mathbb{R}_{\geq 0}$ zu wählen, damit die Ursprungsgerade**

$$g: \vec{x} = r \cdot \begin{pmatrix} 12 \\ a \\ 9 \end{pmatrix}$$

mit der y-Achse einen Winkel von 45° einschließt?

A) $a = 0$
B) $a = 3$
C) $a = 108$
D) $a = 15$
E) $a = 6$
•F) $a = 21$

8. **Welchen Schnittpunkt S haben die Mittelsenkrechten im Dreieck, das gegeben ist durch die Punkte $A(-1|-2)$, $B(7|5)$ und $C(3|7)$?**

A) $S(1,68|2,84)$
B) $S(3|3\frac{1}{3})$
C) $S(3,86|4,6)$
D) $S(3\frac{1}{3}|3)$
E) $S(2,84|1,68)$
F) $S(4,6|3,86)$

9. **Bestimmen Sie jeweils eine Normalengleichung für die Gerade g.**

a) $g: \vec{x} = \begin{pmatrix} 0 \\ 3 \end{pmatrix} + r \begin{pmatrix} -1 \\ 2 \end{pmatrix}$

b) g verläuft durch die Punkte $P(-3|2)$ und $Q(1|5)$.

c) g ist gegeben durch den Punkt $P(-3|1)$ und einen Normalenvektor $\vec{n} = \begin{pmatrix} -2 \\ 3 \end{pmatrix}$.

d) g ist verläuft durch den Punkt $P(4|3)$ und steht senkrecht auf $h: \vec{x} = \begin{pmatrix} 0 \\ 1 \end{pmatrix} + r \begin{pmatrix} -2 \\ 3 \end{pmatrix}$.

A) $\vec{x} \bullet \begin{pmatrix} -2 \\ 3 \end{pmatrix} = 9$

B) $\vec{x} \bullet \begin{pmatrix} -2 \\ 3 \end{pmatrix} = 1$

C) $\vec{x} \bullet \begin{pmatrix} 2 \\ 1 \end{pmatrix} = 3$

D) $\vec{x} \bullet \begin{pmatrix} -3 \\ 4 \end{pmatrix} = 17$

10. Gegeben sei das Dreieck PQR durch $P(-4|1)$, $Q(-2|-5)$ und $R(0|1)$. Welche Schnittpunkte mit den Koordinatenachsen (Spurpunkte) hat die Gerade, die senkrecht auf der Geraden durch P und Q steht und durch R verläuft?

A) $S_x(3|0)$; $S_y(0|-1)$
B) $S_x(-3|0)$; $S_y(0|1)$
C) $S_x(-3|0)$; $S_y(0|-1)$
D) $S_x(3|0)$; $S_y(0|1)$

11. Bestimmen Sie jeweils eine Normalengleichung für die Gerade E.

    a) E ist gegeben durch $A(1|3|2)$, $B(-2|0|1)$, $C(3|-4|2)$.

    b) E ist gegeben durch die Gleichung $\vec{x} = \begin{pmatrix} 0 \\ 1 \\ 1 \end{pmatrix} + r \begin{pmatrix} 2 \\ -3 \\ 1 \end{pmatrix} + s \begin{pmatrix} -1 \\ 0 \\ 3 \end{pmatrix}$.

    c) E ist gegeben durch $E: 5x - 13y + z = -14$.

    d) E ist gegeben durch $A(1|1|-1)$, $B(0|2|-2)$, $C(-1|1|0)$.

A) $\left[\vec{x} - \begin{pmatrix} 0 \\ 1 \\ -1 \end{pmatrix} \right] \cdot \begin{pmatrix} 5 \\ -13 \\ 1 \end{pmatrix} = 0$

B) $\left[\vec{x} - \begin{pmatrix} 1 \\ 1 \\ -1 \end{pmatrix} \right] \cdot \begin{pmatrix} 1 \\ 3 \\ 2 \end{pmatrix} = 0$

C) $\left[\vec{x} - \begin{pmatrix} 0 \\ 1 \\ 1 \end{pmatrix} \right] \cdot \begin{pmatrix} 9 \\ 7 \\ 3 \end{pmatrix} = 0$

D) $\left[\vec{x} - \begin{pmatrix} 1 \\ 3 \\ 2 \end{pmatrix} \right] \cdot \begin{pmatrix} -7 \\ -2 \\ 27 \end{pmatrix} = 0$

12. Welchen Abstand hat in $\mathbb{R}^2$ der Punkt $P(\sqrt{5}|3)$ von der Geraden $g: 2x - y = -3$?

A) $d(P, g) = 0$
B) $d(P, g) = \sqrt{5}$
C) $d(P, g) = 2\sqrt{5}$
D) $d(P, g) = 2$
E) $d(P, g) = 3$

4 Skalarprodukt

13. Bestimmen Sie die Abstände der Punkte $P(6|1|-2)$, $Q(1|1|1)$, $R(5|3|-4)$ und $S(-2|8|1)$ von der Ebene $E: 24x + 20y + 15z = 120$ und ordnen Sie die Punkte nach steigenden Abständen vom Nullpunkt des Koordinatensystems an.

A) $PQRS$
B) $SRQP$
C) $QRSP$
D) $RSPQ$
E) $SPRQ$
F) $PSQR$

14. Gegeben sind die Geraden $g: \vec{x} = \begin{pmatrix} 7 \\ 3 \\ -1 \end{pmatrix} + r \begin{pmatrix} -4 \\ -3 \\ 1 \end{pmatrix}$ und $h: \vec{x} = \begin{pmatrix} 1 \\ 5 \\ 7 \end{pmatrix} + r \begin{pmatrix} 1 \\ -2 \\ -1 \end{pmatrix}$.

Untersuchen Sie ihre gegenseitige Lage und bestimmen Sie gegebenenfalls ihren Abstand.

A) $g \parallel h$; $d(g, h) = 0$
B) $g \parallel h$; $d(g, h) \approx 4{,}2$
C) $g \cap h$; $d(g, h) = 0$
D) g und h sind windschief; $d(g, h) \approx 4{,}2$

15. Gegeben sind die Ebenen $E: 2x + y - 3z = 1$ und $F: 4x + 2y - 6z = -1$.

Untersuchen Sie ihre gegenseitige Lage und bestimmen Sie gegebenenfalls ihren Abstand.

A) $E \parallel F$; $d(E, F) = 0$
B) $E \parallel F$; $d(E, F) \approx 0{,}13$
C) $E \cap F = g$; $d(E, F) = 0$
D) $E \parallel F$; $d(E, F) \approx 0{,}5$
E) $E \parallel F$; $d(E, F) \approx 0{,}71$

16. Ermitteln Sie das Volumen der dreiseitigen Pyramide mit der Grundfläche *ABC* und der Spitze *S*.
Die Koordinaten der Punkte sind: $A(-4|1|3)$, $B(2|-1|5)$, $C(1|0|-2)$ und $S(4|-6|9)$.

A) $V \approx 6{,}7$
B) $V \approx 7{,}6$
C) $V \approx 27{,}6$
D) $V \approx 26{,}7$
E) $V \approx 2{,}7$

17. Bestimmen Sie den Abstand des Punktes $R(4|8|-4)$ von der Geraden *g* durch $P(3|-1|2)$ und $Q(1|2|-3)$.

A) $d(R, g) \approx 10{,}9$
B) $d(R, g) \approx 6{,}2$
C) $d(R, g) \approx 1{,}2$
D) $d(R, g) \approx 2{,}1$
E) $d(R, g) \approx 2{,}6$

18. Die Geraden $g\colon \vec{x} = \begin{pmatrix} 4 \\ 8 \\ -5 \end{pmatrix} + r \begin{pmatrix} 1 \\ 3 \\ -1 \end{pmatrix}$ und $h\colon \vec{x} = \begin{pmatrix} -10 \\ 2 \\ 15 \end{pmatrix} + s \begin{pmatrix} -2 \\ 0 \\ 3 \end{pmatrix}$ schneiden sich

im Punkt $S(2|2|-3)$. Bestimmen Sie den Schnittwinkel.

A) $\alpha \approx 65{,}24°$
B) $\alpha \approx 114{,}76°$
C) $\alpha \approx 5{,}24°$
D) $\alpha \approx 6{,}24°$
E) $\alpha \approx 56{,}24°$

19. Bestimmen Sie den Schnittwinkel zwischen der Geraden g durch $P(10|-5|3)$ und $Q(8|7|-6)$ und der Ebene E durch $A(1|6|-3)$, $B(2|4|7)$ und $C(-1|-3|2)$.

A) $\alpha \approx 1{,}55°$
B) $\alpha \approx 15{,}5°$
C) $\alpha \approx 51{,}5°$
D) $\alpha \approx 5{,}15°$
E) $\alpha \approx 164{,}5°$

20. Bestimmen Sie den Schnittwinkel zwischen den Ebenen E durch $P(3|2|-1)$, $Q(6|0|5)$ sowie $R(-2|7|2)$ und der Ebene F durch $K(4|1|9)$, $L(-6|2|-9)$ und $M(5|-1|-1)$.

A) $\alpha \approx 158{,}52°$
B) $\alpha \approx 121{,}48°$
C) $\alpha \approx 21{,}48°$
D) $\alpha \approx 2{,}15°$
E) $\alpha \approx 90{,}5°$

5 Vektorprodukt

5.1 Definition und Anwendung des Vektorprodukts

Das **Vektorprodukt**[1] zweier Vektoren $\vec{a} = \begin{pmatrix} a_1 \\ a_2 \\ a_3 \end{pmatrix}, \vec{b} = \begin{pmatrix} b_1 \\ b_2 \\ b_3 \end{pmatrix}$ aus $\mathbb{R}^3$ ist der Vektor $\vec{a} \times \vec{b}$, der wie folgt gebildet wird:

$$\vec{a} \times \vec{b} = \begin{pmatrix} a_2 b_3 - a_3 b_2 \\ a_3 b_1 - a_1 b_3 \\ a_1 b_2 - a_2 b_1 \end{pmatrix}$$

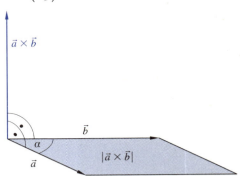

Für den Vektor $\vec{a} \times \vec{b}$ gilt:
1. $|\vec{a} \times \vec{b}| = |\vec{a}||\vec{b}| \sin \alpha$,
2. $\vec{a} \times \vec{b} \perp \vec{a}$ und $\vec{a} \times \vec{b} \perp \vec{b}$,
3. $\vec{a}, \vec{b}$ und $\vec{a} \times \vec{b}$ bilden in dieser Reihenfolge ein Rechtssystem.

Gegeben sind die Vektoren $\vec{a} = \begin{pmatrix} 3 \\ -1 \\ 1 \end{pmatrix}, \vec{b} = \begin{pmatrix} -1 \\ 2 \\ 4 \end{pmatrix}$ und $\vec{c} = \begin{pmatrix} -1 \\ 5 \\ 0 \end{pmatrix}$.

a) Berechnen Sie $\vec{a} \times \vec{b}, \vec{b} \times \vec{a}$ und $\vec{a} \times \vec{a}$.
b) Berechnen Sie $\vec{a} \times (\vec{b} \times \vec{c})$ und $(\vec{a} \times \vec{b}) \times \vec{c}$.
c) Zeigen Sie $\vec{a} \times \vec{b} \perp \vec{a}$.
d) Berechnen Sie den Winkel α, den die Vektoren $\vec{a}, \vec{b}$ bzw. $\vec{b}, \vec{c}$ einschließen.

a)

Es gilt:
$$\vec{a} \times \vec{b} = \begin{pmatrix} 3 \\ -1 \\ 1 \end{pmatrix} \times \begin{pmatrix} -1 \\ 2 \\ 4 \end{pmatrix}$$

$$= \begin{pmatrix} (-1) \cdot 4 - 1 \cdot 2 \\ 1 \cdot (-1) - 3 \cdot 4 \\ 3 \cdot 2 - (-1) \cdot (-1) \end{pmatrix} = \begin{pmatrix} -6 \\ -13 \\ 5 \end{pmatrix}$$

K

Zur Berechnung der Koordinaten des Vektorprodukts ist die Beachtung der zyklischen Vertauschung der Zahlen 1, 2, 3 bei den Indizes des Minuenden hilfreich (beim Subtrahenden treten sie dann in vertauschter Reihenfolge auf):
1. Koordinate: $a_2 b_3 - a_3 b_2$
2. Koordinate: $a_3 b_1 - a_1 b_3$
3. Koordinate: $a_1 b_2 - a_2 b_1$.

---

[1] Man spricht auch vom Kreuzprodukt.

5.1 Definition und Anwendung des Vektorprodukts   115

Es gilt:

$$\vec{b} \times \vec{a} = \begin{pmatrix} -1 \\ 2 \\ 4 \end{pmatrix} \times \begin{pmatrix} 3 \\ -1 \\ 1 \end{pmatrix}$$

$$= \begin{pmatrix} 2 \cdot 1 - 4 \cdot (-1) \\ 4 \cdot 3 - (-1) \cdot 1 \\ (-1) \cdot (-1) - 2 \cdot 3 \end{pmatrix} = \begin{pmatrix} 6 \\ 13 \\ -5 \end{pmatrix} = -\vec{a} \times \vec{b}$$

Allgemein gilt für alle $\vec{a}, \vec{b} \in \mathbb{R}^3$:

$$\vec{b} \times \vec{a} = -\vec{a} \times \vec{b}.$$

Es gilt:

$$\vec{a} \times \vec{a} = \begin{pmatrix} 3 \\ -1 \\ 1 \end{pmatrix} \times \begin{pmatrix} 3 \\ -1 \\ 1 \end{pmatrix}$$

$$= \begin{pmatrix} (-1) \cdot 1 - 1 \cdot (-1) \\ 1 \cdot 3 - 3 \cdot 1 \\ 3 \cdot (-1) - (-1) \cdot 3 \end{pmatrix} = \begin{pmatrix} 0 \\ 0 \\ 0 \end{pmatrix}$$

Allgemein gilt für alle $\vec{a} \in \mathbb{R}^3$:

$$\vec{a} \times \vec{a} = \vec{0}.$$

Gilt $\vec{a} \times \vec{b} = \vec{0}$, also $|\vec{a} \times \vec{b}| = 0$, so ist entweder $\vec{a} = \vec{0}$ oder $\vec{b} = \vec{0}$ oder $\vec{a} \| \vec{b}$.

b)   K

$$\vec{a} \times (\vec{b} \times \vec{c})$$

$$= \begin{pmatrix} 3 \\ -1 \\ 1 \end{pmatrix} \times \left[\begin{pmatrix} -1 \\ 2 \\ 4 \end{pmatrix} \times \begin{pmatrix} -1 \\ 5 \\ 0 \end{pmatrix} \right]$$

$$= \begin{pmatrix} 3 \\ -1 \\ 1 \end{pmatrix} \times \begin{pmatrix} -20 \\ -4 \\ -3 \end{pmatrix} = \begin{pmatrix} 7 \\ -11 \\ -32 \end{pmatrix}$$

$$(\vec{a} \times \vec{b}) \times \vec{c}$$

$$= \left[\begin{pmatrix} 3 \\ -1 \\ 1 \end{pmatrix} \times \begin{pmatrix} -1 \\ 2 \\ 4 \end{pmatrix} \right] \times \begin{pmatrix} -1 \\ 5 \\ 0 \end{pmatrix}$$

$$= \begin{pmatrix} -6 \\ -13 \\ 5 \end{pmatrix} \times \begin{pmatrix} -1 \\ 5 \\ 0 \end{pmatrix} = \begin{pmatrix} -25 \\ -5 \\ -43 \end{pmatrix}$$

Für das Vektorprodukt gilt also nicht das Assoziativgesetz!

c)

Wir bilden zunächst $\vec{a} \times \vec{b}$ und dann – zum Nachweis der Orthogonalität – das Skalarprodukt $(\vec{a} \times \vec{b}) \bullet \vec{a}$:

$$\vec{a} \times \vec{b} = \begin{pmatrix} 3 \\ -1 \\ 1 \end{pmatrix} \times \begin{pmatrix} -1 \\ 2 \\ 4 \end{pmatrix} = \begin{pmatrix} -6 \\ -13 \\ 5 \end{pmatrix}$$

$$(\vec{a} \times \vec{b}) \bullet \vec{a} = \begin{pmatrix} -6 \\ -13 \\ 5 \end{pmatrix} \bullet \begin{pmatrix} 3 \\ -1 \\ 1 \end{pmatrix}$$

$$= (-6) \cdot 3 + (-13) \cdot (-1) + 5 \cdot 1$$

$$= -18 + 13 + 5 = 0$$

Es gilt für alle $\vec{a}, \vec{b} \in \mathbb{R}^3$:

$$(\vec{a} \times \vec{b}) \bullet \vec{a} = 0$$

und auch

$$(\vec{a} \times \vec{b}) \bullet \vec{b} = 0.$$

d)

Für den Winkel zwischen den Vektoren $\vec{a}$ und $\vec{b}$ folgt:

$$|\vec{a} \times \vec{b}| = \left| \begin{pmatrix} -6 \\ -13 \\ 5 \end{pmatrix} \right| = \sqrt{36 + 169 + 25} = \sqrt{230}$$

sowie $|\vec{a}| = \sqrt{11}$ und $|\vec{b}| = \sqrt{21}$, also folgt

$$\sin \alpha = \frac{\sqrt{230}}{\sqrt{11} \cdot \sqrt{21}} \approx 0{,}9978.$$

Für den gesuchten Winkel folgt $\alpha \approx 86{,}23°$.

Für den Winkel zwischen den Vektoren $\vec{b}$ und $\vec{c}$ folgt:

$$|\vec{b} \times \vec{c}| = \left| \begin{pmatrix} -20 \\ -4 \\ -3 \end{pmatrix} \right| = \sqrt{400 + 16 + 9} = \sqrt{425}$$

sowie $|\vec{b}| = \sqrt{21}$ und $|\vec{c}| = \sqrt{26}$, also folgt:

$$\sin \beta = \frac{\sqrt{425}}{\sqrt{21} \cdot \sqrt{26}} \approx 0{,}8823$$

Für den gesuchten Winkel folgt $\beta \approx 61{,}92°$.

Aus

$$|\vec{a} \times \vec{b}| = |\vec{a}| \cdot |\vec{b}| \cdot \sin \alpha$$

folgt

$$\sin \alpha = \frac{|\vec{a} \times \vec{b}|}{|\vec{a}| \cdot |\vec{b}|}.$$

Vektorprodukt und Spatprodukt

Der Flächeninhalt A des von den Vektoren $\vec{a}$ und $\vec{b}$ aufgespannten Parallelogramms (siehe Abb.) ergibt sich zu:

$A = |\vec{a} \times \vec{b}| = |\vec{a}| \cdot |\vec{b}| \cdot \sin \alpha$.

Das Volumen V, das von den Vektoren $\vec{a}, \vec{b}$ und $\vec{c}$ aufgespannten Spats (siehe Abb.) ergibt sich zu:

$V = |(\vec{a} \times \vec{b}) \bullet \vec{c}|$.

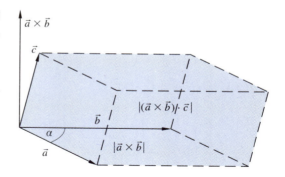

Der Term $(\vec{a} \times \vec{b}) \bullet \vec{c}$ wird deshalb als **Spatprodukt** bezeichnet, wobei $\vec{a}, \vec{b}, \vec{c} \in \mathbb{R}^3$ und als linear unabhängig vorausgesetzt werden. Bildet man zunächst die Koordinatendarstellung des Vektorprodukts $\vec{a} \times \vec{b}$ und anschließend das Skalarprodukt mit $\vec{c}$, so erhält man eine Koordinatendarstellung des Spatprodukts:

$$(\vec{a} \times \vec{b}) \bullet \vec{c} = \begin{pmatrix} a_2 b_3 - a_3 b_2 \\ a_3 b_1 - a_1 b_3 \\ a_1 b_2 - a_2 b_1 \end{pmatrix} \bullet \begin{pmatrix} c_1 \\ c_2 \\ c_3 \end{pmatrix}$$

$$= a_2 b_3 c_1 - a_3 b_2 c_1 + a_3 b_1 c_2 - a_1 b_3 c_2 + a_1 b_2 c_3 - a_2 b_1 c_3 = \det \begin{pmatrix} a_1 & b_1 & c_1 \\ a_2 & b_2 & c_2 \\ a_3 & b_3 & c_3 \end{pmatrix} = \begin{vmatrix} a_1 & b_1 & c_1 \\ a_2 & b_2 & c_2 \\ a_3 & b_3 & c_3 \end{vmatrix}.$$

Als Koordinatendarstellung des Spatprodukts ergibt sich also als abgekürzte Schreibweise die obige Determinante der Matrix aus den Spaltenvektoren $\vec{a}, \vec{b}$ und $\vec{c}$.

Gegeben sind die Vektoren $\vec{a} = \begin{pmatrix} 1 \\ 2 \\ 1 \end{pmatrix}$ und $\vec{b} = \begin{pmatrix} 2 \\ -1 \\ 3 \end{pmatrix}$.

Berechnen Sie den Flächeninhalt des von $\vec{a}$ und $\vec{b}$ aufgespannten Parallelogramms. Welchen (spitzen) Winkel schließen die Vektoren $\vec{a}$ und $\vec{b}$ ein?

Der Flächeninhalt des Parallelogramms ergibt sich aus dem Betrag des Vektorprodukts:

$\vec{a} \times \vec{b} = \begin{pmatrix} 1 \\ 2 \\ 1 \end{pmatrix} \times \begin{pmatrix} 2 \\ -1 \\ 3 \end{pmatrix} = \begin{pmatrix} 7 \\ -1 \\ -5 \end{pmatrix}$

$|\vec{a} \times \vec{b}| = \sqrt{49 + 1 + 25} = \sqrt{75} = 5 \cdot \sqrt{3} \approx 8{,}66$

Flächeninhalt: $A = 8{,}66$ FE

Das Vektorprodukt wird nach der Definition (vgl. Seite 114) berechnet.

5 · Vektorprodukt

Berechnung des Vektorprodukts mithilfe einer Determinante:

$$\vec{a} \times \vec{b} = \begin{vmatrix} \vec{i} & 1 & 2 \\ \vec{j} & 2 & -1 \\ \vec{k} & 1 & 3 \end{vmatrix} \quad \left(= \begin{vmatrix} \vec{i} & \vec{j} & \vec{k} \\ 1 & 2 & 1 \\ 2 & -1 & 3 \end{vmatrix} \right)$$

$$= 6\vec{i} - \vec{k} + 2\vec{j} - 4\vec{k} + \vec{i} - 3\vec{j}$$

$$= 7\vec{i} - \vec{j} - 5\vec{k} = \begin{pmatrix} 7 \\ -1 \\ -5 \end{pmatrix}$$

Für den Winkel zwischen $\vec{a}$ und $\vec{b}$ folgt:

$$\sin \alpha = \frac{|\vec{a} \times \vec{b}|}{|\vec{a}| \cdot |\vec{b}|} = \frac{5 \cdot \sqrt{3}}{\sqrt{6} \cdot \sqrt{14}} \approx 0{,}9449$$

Man erhält für den gesuchten Winkel $\alpha \approx 70{,}89°$.

Man kann das Vektorprodukt auch formal mithilfe einer Determinante berechnen, wenn man in die erste Spalte (oder Zeile) die Basisvektoren

$$\vec{i} = \begin{pmatrix} 1 \\ 0 \\ 0 \end{pmatrix}, \quad \vec{j} = \begin{pmatrix} 0 \\ 1 \\ 0 \end{pmatrix}, \quad \vec{k} = \begin{pmatrix} 0 \\ 0 \\ 1 \end{pmatrix}$$

einsetzt.

Untersuchen Sie mithilfe des Spatprodukts, ob die Vektoren

$$\vec{a} = \begin{pmatrix} -1 \\ 3 \\ -2 \end{pmatrix}, \quad \vec{b} = \begin{pmatrix} -2 \\ 1 \\ 1 \end{pmatrix}, \quad \vec{c} = \begin{pmatrix} 4 \\ 3 \\ -7 \end{pmatrix}$$

linear abhängig oder linear unabhängig sind.

K

Ansatz:

$$\left(\begin{pmatrix} -1 \\ 3 \\ -2 \end{pmatrix} \times \begin{pmatrix} -2 \\ 1 \\ 1 \end{pmatrix} \right) \bullet \begin{pmatrix} 4 \\ 3 \\ -7 \end{pmatrix}$$

$$= \begin{pmatrix} 5 \\ 5 \\ 5 \end{pmatrix} \bullet \begin{pmatrix} 4 \\ 3 \\ -7 \end{pmatrix} = 20 + 15 - 35 = 0$$

Die Vektoren $\vec{a}, \vec{b}, \vec{c}$ sind also linear abhängig; sie liegen folglich in einer Ebene, sind also komplanar.

Sind die Vektoren $\vec{a}, \vec{b}, \vec{c}$ linear abhängig (komplanar), so muss das Volumen des Spats null werden, es gilt dann

$$(\vec{a} \times \vec{b}) \bullet \vec{c} = 0$$

Es gilt z. B. $2\vec{a} - 3\vec{b} = \vec{c}$, d.h., ein Vektor lässt sich als Linearkombination der anderen darstellen.

Berechnen Sie das Volumen der durch die Punkte $A(1|2|3)$, $B(-2|3|5)$, $C(8|8|8)$, $D(2|-2|1)$ aufgespannten dreiseitigen Pyramide.

Das Volumen der von den Vektoren $\vec{AB}$, $\vec{AC}$ und $\vec{AD}$ aufgespannten dreiseitigen Pyramide beträgt $\frac{1}{6}$ des von denselben Vektoren aufgespannten Spats.

$$V = \frac{1}{6} |(\vec{AB} \times \vec{AC}) \bullet \vec{AD}|$$

$$= \frac{1}{6} \left| \left(\begin{pmatrix} -3 \\ 1 \\ 2 \end{pmatrix} \times \begin{pmatrix} 7 \\ 6 \\ 5 \end{pmatrix} \right) \bullet \begin{pmatrix} 1 \\ -4 \\ -2 \end{pmatrix} \right|$$

$$= \frac{1}{6} \left| \begin{pmatrix} -7 \\ 29 \\ -25 \end{pmatrix} \bullet \begin{pmatrix} 1 \\ -4 \\ -2 \end{pmatrix} \right|$$

$$= \frac{1}{6} |-7 - 116 + 50| = \frac{1}{6} \cdot 73 \approx 12{,}17.$$

Das Volumen der Pyramide beträgt 12,17 VE.

Der von den Vektoren $\vec{AB}$, $\vec{AC}$ und $\vec{AD}$ aufgespannte Spat kann durch ebene Schnitte in 6 volumengleiche dreiseitige Pyramiden zerlegt werden. Die folgende Abbildung zeigt die Zerlegung des bereits halbierten Spats durch zwei weitere Schnitte.

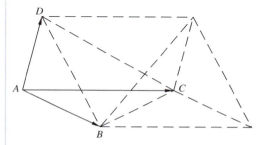

Die dreiseitige Pyramide, deren Volumen gesucht ist, wird ebenfalls von den Vektoren $\vec{AB}$, $\vec{AC}$ und $\vec{AD}$ aufgespannt, und ist eine der 6 volumengleichen Pyramiden.

Normalengleichung einer Ebene

Mithilfe des Vektorprodukts kann auf einfache Weise aus der Parametergleichung einer Ebene

$$E: \vec{x} = \vec{a} + r\vec{u} + s\vec{v} \qquad \text{(I)}$$

die Normalenform der Ebenengleichung erstellt werden.
Ein Normalenvektor der Ebene E ergibt sich als Kreuzprodukt der Richtungsvektoren:

$$\vec{n} = \vec{a} \times \vec{b}. \qquad \text{(II)}$$

Multipliziert man die Parametergleichung (I) auf beiden Seiten skalar mit $\vec{n}$, so folgt wegen $\vec{u} \bullet \vec{n} = 0$ und $\vec{v} \bullet \vec{n} = 0$ die Normalenform:

$$\vec{x} \bullet \vec{n} = \vec{a} \bullet \vec{n} \quad \text{bzw.} \quad (\vec{x} - \vec{a}) \bullet \vec{n} = 0. \qquad \text{(III)}$$

Bestimmen Sie eine Normalenform der Ebene $E: \vec{x} = \begin{pmatrix} 5 \\ -4 \\ 3 \end{pmatrix} + r \cdot \begin{pmatrix} 5 \\ 12 \\ -12 \end{pmatrix} + s \cdot \begin{pmatrix} 5 \\ -8 \\ 3 \end{pmatrix}$.

Bestimmung eines Normalenvektors:

$$\vec{u} \times \vec{v} = \begin{pmatrix} 5 \\ 12 \\ -12 \end{pmatrix} \times \begin{pmatrix} 5 \\ -8 \\ 3 \end{pmatrix}$$

$$= \begin{pmatrix} -60 \\ -75 \\ -100 \end{pmatrix} = (-5) \cdot \begin{pmatrix} 12 \\ 15 \\ 20 \end{pmatrix}$$

Man wählt als Normalenvektor: $\vec{n} = \begin{pmatrix} 12 \\ 15 \\ 20 \end{pmatrix}$.

Mit

$$\vec{a} \bullet \vec{n} = \begin{pmatrix} 5 \\ -4 \\ 3 \end{pmatrix} \bullet \begin{pmatrix} 12 \\ 15 \\ 20 \end{pmatrix} = 60 - 60 + 60 = 60$$

folgt als Ebenengleichung:

$$\vec{x} \bullet \begin{pmatrix} 12 \\ 15 \\ 20 \end{pmatrix} = 60 \quad \text{bzw.} \quad 12x + 15y + 20z = 60.$$

Da es nur auf die Richtung und nicht die Länge des Normalenvektors ankommt, kann man wählen:

$$\vec{n} = \begin{pmatrix} 12 \\ 15 \\ 20 \end{pmatrix}$$

Die Ebenengleichung kann auch in der Form

$$\left[\vec{x} - \begin{pmatrix} 5 \\ -4 \\ 3 \end{pmatrix} \right] \bullet \begin{pmatrix} 12 \\ 15 \\ 20 \end{pmatrix} = 0$$

notiert werden.

Abstand eines Punktes von einer Geraden im $\mathbb{R}^3$

Der Abstand d eines Punktes R von einer Geraden $g: \vec{x} = \vec{p} + t\vec{u}$ im $\mathbb{R}^3$ kann ermittelt werden, in dem man als Richtungsvektor der Geraden einen Einheitsvektor $\vec{e}_u = \dfrac{\vec{u}}{|\vec{u}|}$ wählt und geeignet das Vektorprodukt bildet (siehe Abbildung). Aus $d = |\vec{r} - \vec{p}| \cdot \sin \alpha$ folgt durch Hinzufügung von $|\vec{e}_u| = 1$ nach der Definition des Vektorprodukts

$d = |\vec{r} - \vec{p}| \cdot |\vec{e}_u| \sin \alpha$ bzw. $d = |(\vec{r} - \vec{p}) \times \vec{e}_u|$.

Soll der Abstand einer Geraden g vom Nullpunkt bestimmt werden, so folgt mit $\vec{r} = \vec{0}$ für den Abstand

$d = |\vec{p} \times \vec{e}_u|$.

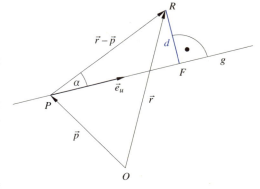

5.1 Definition und Anwendung des Vektorprodukts　　121

Gegeben sei der Punkt $R(-1|-3|17)$ und die Gerade g durch

$$g: \vec{x} = \begin{pmatrix} 2 \\ 3 \\ -1 \end{pmatrix} + t \cdot \begin{pmatrix} 2 \\ 2 \\ -1 \end{pmatrix}.$$

Berechnen Sie den Abstand des Punktes R von g.

Ansatz:

$(\vec{r} - \vec{p}) \times \vec{e}_u$

$$= \begin{pmatrix} -3 \\ -6 \\ 18 \end{pmatrix} \times \left(\frac{1}{3} \begin{pmatrix} 2 \\ 2 \\ -1 \end{pmatrix} \right) = \frac{1}{3} \begin{pmatrix} -30 \\ 33 \\ 6 \end{pmatrix}$$

$$= \begin{pmatrix} -10 \\ 11 \\ 2 \end{pmatrix}$$

Durch Betragsbildung erhält man

$$d = \sqrt{100 + 121 + 4} = \sqrt{225} = 15$$

und für den Abstand 15 LE.

Man bildet

$$\vec{r} - \vec{p} = \begin{pmatrix} -1 - 2 \\ -3 - 3 \\ 17 - (-1) \end{pmatrix} = \begin{pmatrix} -3 \\ -6 \\ 18 \end{pmatrix}.$$

Mit $\vec{u}$ als Richtungsvektor der Geraden g folgt $|\vec{u}| = \sqrt{9} = 3$ und damit

$$\vec{e}_u = \frac{1}{3} \begin{pmatrix} 2 \\ 2 \\ -1 \end{pmatrix}.$$

Lagebeziehung zweier Geraden

Sind zwei Geraden $g: \vec{x} = \vec{a} + r\vec{u}$ und $h: \vec{x} = \vec{b} + s\vec{v}$ gegeben und ist $\vec{u} \times \vec{v} \neq \vec{0}$, so sind g und h entweder windschief oder sie schneiden sich in genau einem Punkt. Die Geraden g und h liegen dann stets in den parallelen Ebenen E_1 und E_2 (die auch identisch sein können):

$E_1: \vec{x} = \vec{a} + r\vec{u} + s\vec{v}$　bzw.　$(\vec{x} - \vec{a}) \bullet (\vec{u} \times \vec{v}) = 0$
$E_2: \vec{x} = \vec{b} + r\vec{u} + s\vec{v}$　bzw.　$(\vec{x} - \vec{b}) \bullet (\vec{u} \times \vec{v}) = 0$,

für $E_1 \neq E_2$ ist deren Abstand:

$$d = \left| (\vec{b} - \vec{a}) \bullet \frac{\vec{u} \times \vec{v}}{|\vec{u} \times \vec{v}|} \right|.$$

Im Fall $d = 0$ schneiden sich die Geraden in einem Punkt.

Gegeben sind die Geraden g und h durch

$$g: \vec{x} = \begin{pmatrix} 4 \\ -6 \\ -1 \end{pmatrix} + r \cdot \begin{pmatrix} 1 \\ 1 \\ 2 \end{pmatrix} \quad \text{und} \quad h: \vec{x} = \begin{pmatrix} 1 \\ 0 \\ 3 \end{pmatrix} + s \cdot \begin{pmatrix} 4 \\ 6 \\ 2 \end{pmatrix}.$$

Untersuchen Sie die gegenseitige Lage der Geraden g und h.

K

Kreuzprodukt der Richtungsvektoren:

$$\vec{u} \times \vec{v} = \begin{pmatrix} 1 \\ 1 \\ 2 \end{pmatrix} \times \begin{pmatrix} 4 \\ 6 \\ 2 \end{pmatrix} = \begin{pmatrix} -10 \\ 6 \\ 2 \end{pmatrix} \neq 0$$

Die Geraden g und h verlaufen entweder windschief oder sie haben einen Schnittpunkt:

$$d = \left| \begin{pmatrix} -3 \\ 6 \\ 4 \end{pmatrix} \bullet \frac{1}{\sqrt{140}} \begin{pmatrix} -10 \\ 6 \\ 2 \end{pmatrix} \right|$$

$$= \left| \frac{1}{\sqrt{140}} (30 + 36 + 8) \right| = \frac{74}{\sqrt{140}} \approx 6{,}25.$$

Die Geraden verlaufen windschief zueinander; ihr Abstand beträgt 6,25 LE.

Man bildet

$$\vec{b} - \vec{a} = \begin{pmatrix} -3 \\ 6 \\ 4 \end{pmatrix}$$

sowie

$$\vec{u} \times \vec{v} = \begin{pmatrix} 1 \\ 1 \\ 2 \end{pmatrix} \times \begin{pmatrix} 4 \\ 6 \\ 2 \end{pmatrix} = \begin{pmatrix} -10 \\ 6 \\ 2 \end{pmatrix} \neq \vec{0}$$

und

$$|\vec{u} \times \vec{v}| = \sqrt{100 + 36 + 4} = \sqrt{140}.$$

Lagebeziehungen zwischen Ebene und Gerade

Gegeben sei eine Ebene E in Parameter- bzw. Normalenform durch:

$E: \vec{x} = \vec{a} + r\vec{u} + s\vec{v}$ bzw. $E: \vec{x} \bullet \vec{n} - \vec{a} \bullet \vec{n} = 0$

mit $\vec{n} = \vec{u} \times \vec{v}$ sowie eine Gerade g durch:

$E: \vec{x} = \vec{p} + t\vec{w}$.

Sind die Vektoren $\vec{u}, \vec{v}, \vec{w}$ komplanar, gilt also $(\vec{u} \times \vec{v}) \bullet \vec{w} = 0$, so folgt $g \parallel E$ mit $g \in E$ oder $g \notin E$, andernfalls schneiden sich g und E.

Gilt für den Abstand $d = \left| (\vec{p} - \vec{a}) \bullet \dfrac{\vec{u} \times \vec{v}}{|\vec{u} \times \vec{v}|} \right| = 0$, so folgt $g \in E$. Gilt $d \neq 0$, so folgt $g \notin E$.

5.1 Definition und Anwendung des Vektorprodukts   123

Gegeben sind die Ebene E und die Gerade g durch

$$E: \vec{x} = \begin{pmatrix} -3 \\ 1 \\ 1 \end{pmatrix} + r \cdot \begin{pmatrix} 1 \\ -2 \\ -1 \end{pmatrix} + s \cdot \begin{pmatrix} 0 \\ -1 \\ 2 \end{pmatrix} \quad \text{und} \quad g: \vec{x} = \begin{pmatrix} 2 \\ -3 \\ 2 \end{pmatrix} + t \cdot \begin{pmatrix} 1 \\ -1 \\ 3 \end{pmatrix}.$$

a) Zeigen Sie, dass die Gerade g die Ebene E schneidet.
b) Bestimmen Sie den Schnittpunkt S und den Schnittwinkel α.

a)   K

Spatprodukt der Richtungsvektoren:

$$(\vec{u} \times \vec{v}) \bullet \vec{w} = \left[\begin{pmatrix} 1 \\ -2 \\ -1 \end{pmatrix} \times \begin{pmatrix} 0 \\ -1 \\ 2 \end{pmatrix} \right] \bullet \begin{pmatrix} 1 \\ -1 \\ 3 \end{pmatrix}$$

$$= \begin{pmatrix} -5 \\ -2 \\ -1 \end{pmatrix} \bullet \begin{pmatrix} 1 \\ -1 \\ 3 \end{pmatrix} = -5 + 2 - 3 = -6 \neq 0$$

g schneidet E; es existiert ein Schnittpunkt S.

Sind die Vektoren $\vec{u}$, $\vec{v}$, $\vec{w}$ nicht komplanar, gilt also

$$(\vec{u} \times \vec{v}) \bullet \vec{w} \neq 0,$$

so schneiden sich Gerade g und Ebene E.

b)   K

Mit

$$\vec{n} = \begin{pmatrix} 1 \\ -2 \\ -1 \end{pmatrix} \times \begin{pmatrix} 0 \\ -1 \\ 2 \end{pmatrix} = \begin{pmatrix} -5 \\ -2 \\ -1 \end{pmatrix}$$

und

$$\vec{a} \bullet \vec{n} = \begin{pmatrix} -3 \\ 1 \\ 1 \end{pmatrix} \bullet \begin{pmatrix} -5 \\ -2 \\ -1 \end{pmatrix} = 15 - 2 - 1 = 12$$

folgt

$$-5x - 2y - z = 12.$$

Einsetzen der Geradengleichung in die Normalenform liefert mit

$$-5(2 + t) - 2(-3 - t) - (2 + 3t) = 12$$

den Parameter $t = -3$.

Man bestimmt z.B. eine Normalenform, setzt die Geradengleichung ein und bestimmt den Wert für t.

Setzt man diesen Wert in die Geradengleichung ein, so folgt:

$$\begin{pmatrix} 2 \\ -3 \\ 2 \end{pmatrix} + (-3) \cdot \begin{pmatrix} 1 \\ -1 \\ 3 \end{pmatrix} = \begin{pmatrix} -1 \\ 0 \\ -7 \end{pmatrix},$$

g und E schneiden sich im Punkt $S(-1|0|-7)$.

Der Schnittwinkel folgt aus:

$$\sin\alpha = \frac{|\vec{w} \bullet \vec{n}|}{|\vec{w}| \cdot |\vec{n}|}$$

Mit

$$\vec{w} \bullet \vec{n} = \begin{pmatrix} 1 \\ -1 \\ 3 \end{pmatrix} \bullet \begin{pmatrix} -5 \\ -2 \\ -1 \end{pmatrix} = -6$$

sowie

$$|\vec{w}| = \sqrt{11} \quad \text{und} \quad |\vec{n}| = \sqrt{30}$$

folgt

$$\sin\alpha = \frac{|-6|}{\sqrt{330}} \approx 0{,}3303$$

bzw.

$$\alpha \approx 19{,}29°.$$

Der Schnittwinkel zwischen g und E beträgt $\alpha \approx 19{,}29°$.

Die Koordinaten von S folgen durch Einsetzen von t in die Geradengleichung.

Unter dem Schnittwinkel zwischen einer Geraden g und einer Ebene E versteht man den Winkel α, den die Gerade mit ihrer senkrechten Projektion auf die Ebene einschließt. Der Winkel α folgt aus

$$\sin\alpha = \frac{|\vec{w} \bullet \vec{n}|}{|\vec{w}| \cdot |\vec{n}|}$$

wobei $\vec{w}$ der Richtungsvektor von g und $\vec{n}$ ein Normalenvektor von E ist.

Gegeben sind die Ebene E und die Gerade g durch

a) $E: \vec{x} = \begin{pmatrix} 0 \\ -4 \\ 0 \end{pmatrix} + r \cdot \begin{pmatrix} -8 \\ 3 \\ -4 \end{pmatrix} + s \cdot \begin{pmatrix} -4 \\ 3 \\ -8 \end{pmatrix}$ sowie $g: \vec{x} = \begin{pmatrix} 1 \\ 3 \\ 8 \end{pmatrix} + t \cdot \begin{pmatrix} 1 \\ 0 \\ -1 \end{pmatrix}$

b) $E: 3x + 3y - 5z = 15$ sowie $g: \vec{x} = \begin{pmatrix} 3 \\ 2 \\ 0 \end{pmatrix} + t \cdot \begin{pmatrix} 1 \\ 4 \\ 3 \end{pmatrix}$

Untersuchen Sie jeweils die gegenseitige Lage von g und E.

5.1 Definition und Anwendung des Vektorprodukts   125

a)

Spatprodukt der Richtungsvektoren:

$$(\vec{u} \times \vec{v}) \bullet \vec{w} = \left[\begin{pmatrix} -8 \\ 3 \\ -4 \end{pmatrix} \times \begin{pmatrix} -4 \\ 3 \\ -8 \end{pmatrix} \right] \bullet \begin{pmatrix} 1 \\ 0 \\ -1 \end{pmatrix}$$

$$= \begin{pmatrix} -12 \\ -48 \\ -12 \end{pmatrix} \bullet \begin{pmatrix} 1 \\ 0 \\ -1 \end{pmatrix} = 0$$

Wenn $g \in E$ ist, so muss der Aufpunkt von E ein Element von g sein:

$$\begin{pmatrix} 0 \\ -4 \\ 0 \end{pmatrix} = \begin{pmatrix} 1 \\ 3 \\ 8 \end{pmatrix} + t \cdot \begin{pmatrix} 1 \\ 0 \\ -1 \end{pmatrix}$$

Das zugeordnete LGS lautet:

$$0 = 1 + t$$
$$-4 = 3$$
$$0 = 8 - t$$

Man erkennt sofort einen Widerspruch, damit folgt $g \notin E$.

Sind die Vektoren $\vec{u}, \vec{v}, \vec{w}$ komplanar, gilt also

$$(\vec{u} \times \vec{v}) \bullet \vec{w} = 0,$$

so liegen Gerade g und Ebene E parallel zueinander.

Um zu prüfen, ob $g \in E$ bzw. $g \notin E$ ist, kann z. B. untersucht werden, ob der Aufpunkt von E ein Punkt der Gerade g ist.

b)

Aus der Normalenform von E liest man ab

$$\vec{n} = \begin{pmatrix} 3 \\ 3 \\ -5 \end{pmatrix}$$

Damit erhält man:

$$\vec{n} \bullet \vec{w} = \begin{pmatrix} 3 \\ 3 \\ -5 \end{pmatrix} \bullet \begin{pmatrix} 1 \\ 4 \\ 3 \end{pmatrix} = 0$$

Es folgt $g \parallel E$.

Setzt man den Aufpunkt von g in E ein, so folgt mit

$$3 \cdot 3 + 3 \cdot 2 - 5 \cdot 0 = 15 \quad \text{bzw.} \quad 15 = 15$$

eine wahre Aussage, damit erhält man $g \in E$.

Sind die Vektoren $\vec{u}, \vec{v}, \vec{w}$ komplanar, gilt also

$$(\vec{u} \times \vec{v}) \bullet \vec{w} = 0,$$

so liegen Gerade g und Ebene E parallel zueinander.

Um zu prüfen, ob $g \in E$ bzw. $g \notin E$ ist, kann z. B. untersucht werden, ob der Aufpunkt von g ein Punkt der Ebene E ist.

Lagebeziehung zweier Ebenen

Gegeben sind zwei Ebenen

$E_1: \vec{x} \bullet \vec{n}_1 - \vec{a} \bullet \vec{n}_1 = 0$ und $E_2: \vec{x} \bullet \vec{n}_2 - \vec{b} \bullet \vec{n}_2 = 0$

mit Normalenvektoren $\vec{n}_1, \vec{n}_2$ und Ortsvektoren $\vec{a}, \vec{b}$ zu Aufpunkten der Ebenen E_1 bzw. E_2.
Gilt $\vec{n}_1 \times \vec{n}_2 = \vec{0}$, so folgt $E_1 \parallel E_2$ mit $E_1 = E_2$ oder $E_1 \neq E_2$, anderenfalls schneiden sich E_1 und E_2 in einer Geraden.

Der Abstand der Ebenen wird ermittelt, indem ein Verbindungsvektor zwischen beliebigen Punkten der Ebenen in die gemeinsame Normalenrichtung der beiden Ebenen projiziert wird; es gilt dann für den Abstand:

$$d = |(\vec{b} - \vec{a}) \bullet \vec{e}_n| \quad \text{bzw.} \quad d = \left| (\vec{b} - \vec{a}) \bullet \frac{\vec{u} \times \vec{v}}{|\vec{u} \times \vec{v}|} \right|,$$

wobei $\vec{e}_n$ der Normaleneinheitsvektor ist.

Gegeben sind die beiden Ebenen E_1 und E_2 durch

$$E_1: \vec{x} \bullet \begin{pmatrix} 2 \\ -3 \\ 5 \end{pmatrix} + 2 = 0 \quad \text{und} \quad E_2: \vec{x} \bullet \begin{pmatrix} -4 \\ 6 \\ -10 \end{pmatrix} - 8 = 0$$

Bestimmen Sie die gegenseitige Lage von E_1 und E_2 und gegebenenfalls ihren Abstand.

K

Aus $\begin{pmatrix} 2 \\ -3 \\ 5 \end{pmatrix} \times \begin{pmatrix} -4 \\ 6 \\ -10 \end{pmatrix} = \vec{0}$ folgt: $E_1 \parallel E_2$.

Für den Abstand d von E_1 und E_2 erhält man mithilfe des Normaleneinheitsvektors

$$\vec{e}_{n_1} = \frac{1}{\sqrt{38}} \cdot \begin{pmatrix} 2 \\ -3 \\ 5 \end{pmatrix} \quad \text{und} \quad \text{zwei beliebigen}$$

Punkten der Ebenen E_1 und E_2, deren Ortsvektoren mit $\vec{a}$ und $\vec{b}$ bezeichnet werden:

$$d = |(\vec{b} - \vec{a}) \bullet \vec{e}_{n_1}|$$

$$= \left| \begin{pmatrix} -1 \\ 0 \\ 0 \end{pmatrix} \bullet \frac{1}{\sqrt{38}} \cdot \begin{pmatrix} 2 \\ -3 \\ 5 \end{pmatrix} \right| \approx 0{,}324.$$

Der Abstand zwischen den Ebenen E_1 und E_2 beträgt 0,324 LE.

Gilt für die Normalenvektoren $\vec{n}_1, \vec{n}_2$ zweier Ebenen E_1 und E_2 die Beziehung $\vec{n}_1 \times \vec{n}_2 = \vec{0}$, so folgt $E_1 \parallel E_2$.
Ist $d = 0$, so gilt $E_1 = E_2$, anderenfalls ist $E_1 \neq E_2$.
Es ist $\sqrt{\vec{n}_1} = \sqrt{38}$, also

$$\vec{e}_{n_1} = \frac{1}{\sqrt{38}} \cdot \begin{pmatrix} 2 \\ -3 \\ 5 \end{pmatrix}.$$

Man wählt als Punkt von E_1 z. B. $(-1|0|0)$ und als Punkt von E_2 z. B. $(-2|0|0)$. Damit folgt

$$\vec{b} - \vec{a} = \begin{pmatrix} -1 \\ 0 \\ 0 \end{pmatrix}.$$

5.1 Definition und Anwendung des Vektorprodukts

Gegeben sind die beiden Ebenen E_1 und E_2 durch

$$E_1: \left[\vec{x} - \begin{pmatrix} 5 \\ 2 \\ -2 \end{pmatrix} \right] \cdot \begin{pmatrix} -5 \\ 7 \\ 1 \end{pmatrix} = 0$$

und

a) $E_2: \vec{x} = \begin{pmatrix} 4 \\ 2 \\ 1 \end{pmatrix} + r \cdot \begin{pmatrix} -3 \\ -4 \\ 5 \end{pmatrix} + s \cdot \begin{pmatrix} 1 \\ 5 \\ -6 \end{pmatrix}$, $\quad$ b) $E_2: \vec{x} = \begin{pmatrix} 8 \\ 5 \\ 1 \end{pmatrix} + r \cdot \begin{pmatrix} -4 \\ -3 \\ 1 \end{pmatrix} + s \cdot \begin{pmatrix} 1 \\ 2 \\ -9 \end{pmatrix}$.

Untersuchen Sie die gegenseitige Lage von E_1 und E_2 und bestimmen Sie gegebenenfalls eine Gleichung der Schnittgeraden sowie den Schnittwinkel der Ebenen.

a)

Aus $\vec{n}_2 = \vec{u} \times \vec{v}$

$$= \begin{pmatrix} -3 \\ -4 \\ 5 \end{pmatrix} \times \begin{pmatrix} 1 \\ 5 \\ -6 \end{pmatrix} = \begin{pmatrix} -1 \\ -13 \\ -11 \end{pmatrix} \neq \begin{pmatrix} 0 \\ 0 \\ 0 \end{pmatrix}$$

folgt die Existenz von $g = E_1 \cap E_2$.
Aus der Parametergleichung von E_2 folgt:

$x = 4 - 3r + s$
$y = 2 - 4r + 5s$
$z = 1 + 5r - 6s$

Als Koordinatengleichung von E_1 folgt:

$-5x + 7y + z = -13$

und weiter durch Einsetzen der obigen Terme von E_2 für x, y, z:

$$-5(-4 - 3r + s) + 7(2 - 4r + 5s) + (1 + 5r - 6s) = -13,$$
$$-8r + 24s - 5 = -13,$$
$$r = 3s + 1$$

Damit ergibt sich aus der Gleichung von E_2 für die Schnittgerade g:

$$\vec{x} = \begin{pmatrix} 4 \\ 2 \\ 1 \end{pmatrix} + (3s + 1) \begin{pmatrix} -3 \\ -4 \\ 5 \end{pmatrix} + s \begin{pmatrix} 1 \\ 5 \\ -6 \end{pmatrix}$$

K

Der Normalenvektor von E_1 lautet

$$\vec{n}_1 = \begin{pmatrix} -5 \\ 7 \\ 1 \end{pmatrix}.$$

Der Normalenvektor von E_2 folgt aus

$$\vec{n}_2 = \vec{u} \times \vec{v}.$$

Die Parametergleichung von E_2 kann in die Koordinatengleichung von E_1 eingesetzt werden. Damit folgt eine Gleichung für r und s. Setzt man den entsprechenden Term in die Gleichung von E_2 ein, so ergibt sich eine Gleichung der Schnittgeraden.

128   5 Vektorprodukt

und weiter:

$$g: \vec{x} = \begin{pmatrix} 1 \\ -2 \\ 6 \end{pmatrix} + s \begin{pmatrix} -8 \\ -7 \\ 9 \end{pmatrix}.$$

Zur Berechnung des Schnittwinkels nach

$$\cos \alpha = \frac{|\vec{n}_1 \bullet \vec{n}_2|}{|\vec{n}_1| \cdot |\vec{n}_2|}$$

bildet man:

$$\vec{n}_1 \bullet \vec{n}_2 = \begin{pmatrix} -5 \\ 7 \\ 1 \end{pmatrix} \bullet \begin{pmatrix} -1 \\ -13 \\ -11 \end{pmatrix} = -97,$$

$$|\vec{n}_1| = \sqrt{75}, \quad |\vec{n}_2| = \sqrt{291}.$$

Damit folgt:

$$\cos \alpha = \frac{97}{\sqrt{75} \cdot \sqrt{291}} \approx 0{,}6566$$

bzw. $\alpha \approx 48{,}96°$.
Der Schnittwinkel der beiden Ebenen beträgt 48,96°.

Unter dem Schnittwinkel zweier Ebenen versteht man stets den kleinsten Winkel, den die Ebenen einschließen. Mithilfe des Skalarprodukts der beiden Normalenvektoren $\vec{n}_1, \vec{n}_2$ folgt seine Größe aus

$$\cos \alpha = \frac{|\vec{n}_1 \bullet \vec{n}_2|}{|\vec{n}_1| \cdot |\vec{n}_2|}$$

b)   K

Man bildet:

$$\vec{n}_2 = \vec{u} \times \vec{v} = \begin{pmatrix} -4 \\ -3 \\ 1 \end{pmatrix} \times \begin{pmatrix} 1 \\ 2 \\ -9 \end{pmatrix}$$

$$= \begin{pmatrix} 25 \\ -35 \\ -5 \end{pmatrix} = (-5) \begin{pmatrix} -5 \\ 7 \\ 1 \end{pmatrix}$$

und erhält wegen $\vec{n}_2 = (-5) \cdot \vec{n}_1$ für die Lagebeziehung der beiden Ebenen $E_1 \parallel E_2$.
Einsetzen des Aufpunkts von E_2 in die Koordinatengleichung von E_1 ergibt

$$-5 \cdot 8 + 7 \cdot 5 + 1 \cdot 1 = -13$$
$$-40 + 35 + 1 = -13$$
$$-4 = -13,$$

also einen Widerspruch; folglich gilt $E_1 \parallel E_2$ und $E_1 \neq E_2$, die Ebenen sind echt parallel.

Der Normalenvektor von E_1 lautet

$$\vec{n}_1 = \begin{pmatrix} -5 \\ 7 \\ 1 \end{pmatrix}.$$

Der Normalenvektor von E_2 folgt aus

$$\vec{n}_2 = \vec{u} \times \vec{v}.$$

Um die beiden Ebenen auf mögliche Identität zu untersuchen, setzt man beispielsweise den Aufpunkt von E_2 in die Koordinatengleichung von E_1 ein.

5.2 Multiple-Choice-Test

(Lösungen auf Seite 252)

1. Gegeben sind die Vektoren $\vec{a} = \begin{pmatrix} 1 \\ 2 \\ -3 \end{pmatrix}$, $\vec{b} = \begin{pmatrix} -2 \\ 3 \\ -1 \end{pmatrix}$, $\vec{c} = \begin{pmatrix} 4 \\ 3 \\ -1 \end{pmatrix}$.

   Berechnen Sie die folgenden Produkte:

   a) $\vec{a} \times \vec{b}$,　　b) $\vec{a} \times \vec{c}$,　　c) $(\vec{a} \times \vec{b}) \bullet (\vec{b} \times \vec{c})$,　　d) $(\vec{a} \times \vec{b}) \times \vec{c}$,　　e) $(\vec{a} \times \vec{b}) \times (\vec{b} \times \vec{c})$.

   A) -156　　B) $\begin{pmatrix} 7 \\ -11 \\ -5 \end{pmatrix}$　　C) $\begin{pmatrix} -48 \\ 198 \\ -66 \end{pmatrix}$　　D) $\begin{pmatrix} 11 \\ 5 \\ 7 \end{pmatrix}$　　E) $\begin{pmatrix} -28 \\ 35 \\ -7 \end{pmatrix}$

2. Gegeben sind die Vektoren $\vec{a} = \begin{pmatrix} 3 \\ -2 \\ 1 \end{pmatrix}$ und $\vec{b} = \begin{pmatrix} 4 \\ 7 \\ -3 \end{pmatrix}$.

   Berechnen Sie den Flächeninhalt A_P des von $\vec{a}$ und $\vec{b}$ aufgespannten Parallelogramms und ermitteln Sie die Größe des (spitzen) Winkels α zwischen den Vektoren $\vec{a}$ und $\vec{b}$.

   A) $A_P \approx 33$;　$\alpha \approx 28{,}1°$
   B) $A_P \approx 26{,}21$;　$\alpha \approx 72{,}1°$
   C) $A_P \approx 21{,}61$;　$\alpha \approx 82{,}1°$
   D) $A_P \approx 62{,}12$;　$\alpha \approx 27{,}1°$

3. Gegeben sind die Vektoren $\vec{a} = \begin{pmatrix} c \\ -1 \\ 2 \end{pmatrix}$, $\vec{b} = \begin{pmatrix} c+1 \\ 2 \\ -1 \end{pmatrix}$, $\vec{c} = \begin{pmatrix} c \\ 2 \\ 3c-2 \end{pmatrix}$.

   Für welche Werte von $c \in \mathbb{R}$ hat das Spatprodukt $(\vec{a} \times \vec{b}) \bullet \vec{c}$ den Wert 38?

   A) $c_1 = 4$;　$c_2 = -2$
   B) $c_1 = 2$;　$c_2 = -2$
   C) $c_1 = -4$;　$c_2 = 2$
   D) $c_1 = 4$;　$c_2 = -4$
   E) $c_1 = -2$;　$c_2 = -4$

4. Ein Spat sei gegeben durch die Punkte $A(-3|-3|2)$, $B(6|-1|4)$, $C(8|0|5)$ und $D(6|3|9)$.

   Weisen Sie zunächst nach, dass A, B, C und D nicht in einer Ebene liegen. Berechnen Sie dann das Volumen des Spats.

   A) $V = 1$
   B) $V = 2$
   C) $V = 5$
   D) $V = 10$
   E) $V = 0{,}25$

130   5 Vektorprodukt

5. Eine Pyramide sei gegeben durch Grundfläche ABC mit A(3|2|2), B(−2|2|1), C(3|5|0) und der Spitze bei S(1|2|3).

Berechnen Sie das Volumen der Pyramide.

A) $V = 1$
B) $V = 1{,}5$
C) $V = 2$
D) $V = 5{,}5$
E) $V = 10$

6. Bestimmen Sie den Abstand des Punktes P(−3|1|−2) von der Geraden

$$g: \vec{x} = \begin{pmatrix} 9 \\ -7 \\ 1 \end{pmatrix} + r \cdot \begin{pmatrix} -6 \\ 11 \\ -5 \end{pmatrix}.$$

A) $d(P, g) \approx 9{,}86$
B) $d(P, g) \approx 9{,}68$
C) $d(P, g) \approx 8{,}96$
D) $d(P, g) \approx 8{,}69$
E) $d(P, g) \approx 6{,}89$
F) $d(P, g) \approx 6{,}98$

7. Untersuchen Sie die gegenseitige Lage der Geraden g(AB) mit A(−2|1|3), B(3|−1|−4) und h(CD) mit C(−2|1|−2), D(3|1|−1) und bestimmen Sie gegebenenfalls ihren Abstand.

A) $g \| h$; $d(g, h) = 0$
B) $g \| h$; $d(g, h) \approx 1{,}21$
C) $g \cap h \neq \emptyset$; $d(g, h) = 0$
D) g und h sind windschief; $d(g, h) \approx 1{,}21$

8. Gegeben sei die Ebene E durch die Punkte A(5|−2|3), B(1|0|2), C(−1|−2|7) sowie die Gerade g(PQ) mit P(1|−5|2), Q(2|−3|1).

Weisen Sie nach, dass sich E und g schneiden.
Berechnen Sie den Schnittpunkt S und den Schnittwinkel α.

A) $S(3{,}75|0{,}5|0{,}75)$; $\alpha \approx 38{,}37°$
B) $S(0{,}75|3{,}5|-0{,}75)$; $\alpha \approx 37{,}38°$
C) $S(-3{,}75|0{,}5|0{,}75)$; $\alpha \approx 38{,}37°$
D) $S(0{,}75|0{,}5|-3{,}75)$; $\alpha \approx 37{,}38°$
E) $S(3{,}75|0{,}5|-0{,}75)$; $\alpha \approx 38{,}37°$

9. Gegeben sind die Ebene E durch die Punkte $P(-3|1|2)$, $Q(-2|0|1)$, $R(0|1|-1)$ und die Ebene F durch

$$F: \vec{x} = \begin{pmatrix} -1 \\ 2 \\ -1 \end{pmatrix} + r \cdot \begin{pmatrix} 1 \\ -1 \\ 2 \end{pmatrix} + s \cdot \begin{pmatrix} 1 \\ -2 \\ 1 \end{pmatrix}.$$

Weisen Sie nach, dass sich E und F in einer Schnittgeraden g schneiden und bestimmen Sie den Schnittwinkel α.

A) $g: \vec{x} = \begin{pmatrix} -1 \\ 3 \\ 0 \end{pmatrix} + r \cdot \begin{pmatrix} 1 \\ -4 \\ -1 \end{pmatrix}$, $\quad \alpha \approx 64{,}76°$

B) $g: \vec{x} = \begin{pmatrix} -1 \\ 3 \\ 0 \end{pmatrix} + r \cdot \begin{pmatrix} 1 \\ -4 \\ -1 \end{pmatrix}$, $\quad \alpha \approx 46{,}67°$

C) $g: \vec{x} = \begin{pmatrix} 0 \\ -3 \\ -1 \end{pmatrix} + r \cdot \begin{pmatrix} -1 \\ 4 \\ -1 \end{pmatrix}$, $\quad \alpha \approx 64{,}76°$

D) $g: \vec{x} = \begin{pmatrix} 1 \\ 3 \\ 0 \end{pmatrix} + r \cdot \begin{pmatrix} 1 \\ 4 \\ 1 \end{pmatrix}$, $\quad \alpha \approx 64{,}67°$

10. Gegeben sind die Ebene E durch die Punkte $P(-4|-4|5)$, $Q(-3|-3|2)$, $R(1|-3|4)$ und die Ebene F durch die Punkte $A(0|0|-13)$, $B(26|0|0)$, $C(6|-2|-3)$.

Weisen Sie nach, dass E und F zueinander parallel verlaufen und bestimmen Sie anschließend ihren Abstand.

A) $d(E, F) \approx 1{,}36$
B) $d(E, F) \approx 1{,}63$
C) $d(E, F) \approx 6{,}31$
D) $d(E, F) \approx 6{,}13$
E) $d(E, F) \approx 3{,}16$
F) $d(E, F) \approx 3{,}61$

6 Kreise und Kugeln

6.1 Definitionen und Gleichungen

Man definiert einen **Kreis** k als die Menge derjenigen Punkte einer Ebene E, die von einem gegebenen Punkt M dieser Ebene den gleichen Abstand r haben. M ist der **Mittelpunkt** des Kreises k und r sein **Radius**. Jeder Kreis k einer Ebene E ist durch seine Mittelpunktskoordinaten und seinen Radius r eindeutig gegeben; man schreibt deshalb kurz $k(M; r)$.

Eine **Kugel** K definiert man als die Menge aller Punkte im dreidimensionalen Vektorraum $\mathbb{R}^3$, die von einem Punkt M den gleichen Abstand r haben. Auch hier ist M der **Mittelpunkt** der Kugel K und r ihr **Radius**. Man schreibt kurz: $K(M; r)$.

Ausgehend vom jeweiligen Mittelpunkt M werden alle Punkte P, die auf der Kugel $K(M; r)$ bzw. auf dem Kreis $k(M; r)$ liegen, durch Vektoren $\overrightarrow{MP}$ beschrieben, für die gilt: $|\overrightarrow{MP}| = r$.

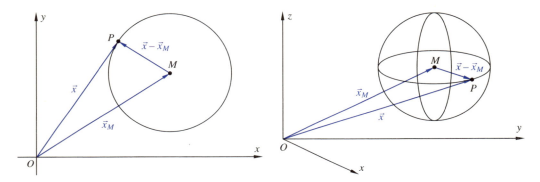

Die beiden Abbildungen zeigen, dass für jeden Punkt P auf einem Kreis oder einer Kugel sich der Vektor $\overrightarrow{MP}$ durch die Differenz der Ortsvektoren $\vec{x} = \overrightarrow{OP}$ und $\vec{x}_M = \overrightarrow{OM}$ darstellen lässt:

$\vec{x} - \vec{x}_M = \overrightarrow{MP}$ (mit $|\overrightarrow{MP}| = r$).

Damit gilt sowohl für den Kreis $k(M; r)$ als auch die Kugel $K(M; r)$ die Gleichung

$|\vec{x} - \vec{x}_M| = r$.

Durch Quadrieren dieser Gleichung erhält man

$|\vec{x} - \vec{x}_M|^2 = r^2$, also $(\vec{x} - \vec{x}_M) \bullet (\vec{x} - \vec{x}_M) = r^2$.

Diese **vektorielle Kreis- bzw. Kugelgleichung** beinhaltet also das Skalarprodukt des Vektors $\vec{x} - \vec{x}_M$ mit sich selbst; wir schreiben für dieses Skalarprodukt auch kurz $(\vec{x} - \vec{x}_M)^2$. Für die Kreis- bzw. Kugelgleichung ergibt sich damit kurz

$(\vec{x} - \vec{x}_M)^2 = r^2$.

Liegt der Mittelpunkt M im jeweiligen Koordinatenursprung $O(0|0)$ bzw. $O(0|0|0)$, so gilt für den Kreis bzw. die Kugel die Gleichung $\vec{x}^2 = r^2$.

6.1 Definitionen und Gleichungen   133

Oft benötigt man für den Kreis bzw. die Kugel die so genannte **Koordinatenform**. Sie lässt sich aus der vektoriellen Form herleiten. Für die Kugel $K(M; r)$ gilt:

$$(\vec{x} - \vec{x}_M)^2 = r^2 \Leftrightarrow \left[\begin{pmatrix} x \\ y \\ z \end{pmatrix} - \begin{pmatrix} m_1 \\ m_2 \\ m_3 \end{pmatrix} \right]^2 = r^2 \Leftrightarrow \begin{pmatrix} x - m_1 \\ y - m_2 \\ z - m_3 \end{pmatrix}^2 = r^2$$

$$\Leftrightarrow (x - m_1)^2 + (y - m_2)^2 + (z - m_3)^2 = r^2.$$

Die letzte Gleichung ist die Kugelgleichung in Koordinatenschreibweise. Für den Kreis $k(M; r)$ im $\mathbb{R}^2$ gilt entsprechend die Koordinatenschreibweise

$$(x - m_1)^2 + (y - m_2)^2 = r^2.$$

Gegeben ist der Kreis $k(M; r)$ mit dem Mittelpunkt $M(2|-4)$ und dem Radius $r = 3$.
a) Stellen Sie die vektorielle Kreisgleichung auf.
b) Ermitteln Sie eine Koordinatenform der Kreisgleichung.

a) Vektorielle Kreisgleichung

Die vektorielle Kreisgleichung lautet: $\left[\vec{x} - \begin{pmatrix} 2 \\ -4 \end{pmatrix} \right]^2 = 9$.

b) Koordinatenform der Kreisgleichung

Die Koordinatenschreibform lautet: $(x - 2)^2 + (y + 4)^2 = 9$.
Diese Gleichung lässt sich auch umformen zu
$x^2 - 4x + y^2 + 8y = 9 - 4 - 16 \quad$ bzw. $\quad x^2 + y^2 - 4x + 8y + 11 = 0$.

Gegeben ist die Kugel $K(M; r)$ mit dem Mittelpunkt $M(-3|2|-4)$ und dem Radius $r = \frac{5}{2}$.
a) Stellen Sie die vektorielle Kugelgleichung auf.
b) Ermitteln Sie eine Koordinatenform der Kugelgleichung.

a) Vektorielle Kugelgleichung

Die vektorielle Kreisgleichung lautet: $\left[\vec{x} - \begin{pmatrix} -3 \\ 2 \\ -4 \end{pmatrix} \right]^2 = \frac{25}{4}$.

b) Koordinatenform der Kugelgleichung

Die Koordinatenschreibform lautet: $(x + 3)^2 + (y - 2)^2 + (z + 4)^2 = \frac{25}{4}$.

6 Kreise und Kugeln

Bestimmen Sie Mittelpunkt und Radius des Kreises k.
a) $k: x^2 + y^2 - 14x + 6y + 33 = 0$
b) $k: x^2 + y^2 + x - 3y + 1 = 0$

a) **K**

$$(x-7)^2 - 49 + (y+3)^2 - 9 = -33$$
$$(x-7)^2 + (y+3)^2 = -33 + 49 + 9$$
$$(x-7)^2 + (y+3)^2 = 25 = 5^2$$

Man liest ab: $M(7|-3)$ und $r = 5$.

Man stellt die Koordinatenform
$(x-m_1)^2 + (y-m_2)^2 = r^2$
her. Dazu werden die Binome mithilfe der quadratischen Ergänzung gebildet.

b) **K**

$$x^2 + y^2 + x - 3y + 1 = 0$$
$$\left(x+\frac{1}{2}\right)^2 - \frac{1}{4} + \left(y-\frac{3}{2}\right)^2 - \frac{9}{4} = -1$$
$$\left(x+\frac{1}{2}\right)^2 + \left(y-\frac{3}{2}\right)^2 = -1 + \frac{1}{4} + \frac{9}{4}$$
$$\left(x+\frac{1}{2}\right)^2 + \left(y-\frac{3}{2}\right)^2 = \frac{3}{2}$$

Man liest ab: $M\left(-\frac{1}{2}\big|\frac{3}{2}\right)$; $r = \sqrt{\frac{3}{2}} = \frac{1}{2}\sqrt{6}$.

Man verfährt wie bei a).

Eine Kugel K hat ihren Mittelpunkt im Koordinatenursprung und verläuft durch den Punkt $P(-1|3|-4)$.
a) Ermitteln Sie eine Kugelgleichung.
b) Untersuchen Sie, ob der Punkt $A(5|6|-2)$ auf, innerhalb oder außerhalb der Kugel liegt.

a) **K**

$$\vec{x}^2 = r^2; \quad \vec{x}_P = \begin{pmatrix} -1 \\ 3 \\ -4 \end{pmatrix}; \quad 1+9+16 = r^2$$
$$\Rightarrow r = \sqrt{26}$$

Die Kugelgleichung lautet:
$\vec{x}^2 = 26$ bzw. $x^2 + y^2 + z^2 = 26$.

Man setzt den Ortsvektor des Punktes P in die vektorielle Kugelgleichung $\vec{x}^2 = r^2$ ein und ermittelt daraus den Radius der Kugel.

b) **K**

Die Koordinaten des Punktes A werden in die linke Seite der Kugelgleichung eingesetzt:
$5^2 + 6^2 + (-2)^2 = 25 + 36 + 4 = 65 > 26$.
Der Punkt A liegt außerhalb der Kugel.

Die linke Seite der Kugelgleichung liefert einen Wert, der größer ist als r^2; folglich liegt A außerhalb der Kugel K. Wäre der Wert kleiner als r^2, so läge A innerhalb von K; hätten wir genau r^2 erhalten, so läge A auf K.

Von einer Kugel K ist ein Durchmesser $\overline{P_1 P_2}$ mit $P_1(10|-4|11)$ und $P_2(-6|-6|3)$ gegeben. Ermitteln Sie Gleichungen der Kugel in Vektor- und Koordinatenschreibweise.

K

Bestimmung des Mittelpunktes M der Kugel:

$$M_{\overline{P_1 P_2}}\left(\frac{10-6}{2}\left|\frac{-4-6}{2}\right|\frac{11+3}{2}\right)$$

Es folgt: $M(2|-5|7)$.

Ermittlung des Radius r der Kugel:

$$r = \frac{1}{2}|\overrightarrow{P_1 P_2}| = \frac{1}{2}\left|\begin{pmatrix} -16 \\ -2 \\ -8 \end{pmatrix}\right| = \frac{1}{2}\sqrt{256+4+64}$$

$$= \frac{1}{2}\sqrt{324} = \frac{1}{2} \cdot 18 = 9$$

Vektorielle Kugelgleichung:

$$\left[\vec{x} - \begin{pmatrix} 2 \\ -5 \\ 7 \end{pmatrix}\right]^2 = 81$$

Koordinatenform:
$$(x-2)^2 + (y+5)^2 + (z-7)^2 = 81$$

Der Mittelpunkt der Kugel ist der Mittelpunkt der Strecke $\overline{P_1 P_2}$:

$$M_{\overline{P_1 P_2}}\left(\frac{x_1+x_2}{2}\left|\frac{y_1+y_2}{2}\right|\frac{z_1+z_2}{2}\right).$$

Der Radius r ist die Hälfte des Betrages des Durchmesservektors $\overrightarrow{P_1 P_2}$.

Zeigen Sie, dass der Punkt $Q(6|5)$ auf dem Kreis $k(M; r)$ mit $M(2|3)$ und $r = \sqrt{20}$ liegt.

Nachweis mit vektorieller Kreisgleichung **K**

$$(\vec{x} - \vec{x}_M)^2 = \left[\begin{pmatrix} 6 \\ 5 \end{pmatrix} - \begin{pmatrix} 2 \\ 3 \end{pmatrix}\right]^2 = \begin{pmatrix} 4 \\ 2 \end{pmatrix}^2$$

$$= 16 + 4 = 20 = r^2$$

Schlussfolgerung: Q liegt auf k.

Der Ortsvektor des Punktes Q wird in die linke Seite der Kreisgleichung eingesetzt. Ergibt sich danach der Wert r^2, dann liegt Q auf k.

Nachweis mit der Koordinatenform **K**

$$(x-m_1)^2 + (y-m_2)^2 = (6-2)^2 + (5-3)^2$$

$$= 4^2 + 2^2 = 20 = r^2$$

Schlussfolgerung: Q liegt auf k.

Die Koordinaten des Punktes Q werden in die Kreisgleichung eingesetzt. Ergibt sich danach der Wert r^2, dann liegt Q auf k.

136 6 Kreise und Kugeln

In einem kartesischen Koordinatensystem sind eine Kugel K mit dem Mittelpunkt $M(2|3|0)$ sowie der Punkt $P(3|6|0) \in K$ gegeben.
a) Geben Sie Kugelgleichungen in Koordinatenform und vektorieller Form an.
b) Liegt der Punkt $Q(3|0|0)$ auf der Kugel?
c) Ermitteln Sie alle Punkte $R_t(2|t|1)$ (mit $t \in \mathbb{R}$), die auf K liegen.

a) K

Berechnung des Radius:

$$r = |\overrightarrow{MP}| = \left| \begin{pmatrix} 3-2 \\ 6-3 \\ 0-0 \end{pmatrix} \right| = \sqrt{1^2 + 3^2 + 0^2}$$

$$= \sqrt{10}$$

Kugelgleichung in Koordinatenform:
$(x-2)^2 + (y-3)^2 + z^2 = 10$
Kugelgleichung in vektorieller Form:

$$\left[\vec{x} - \begin{pmatrix} 2 \\ 3 \\ 0 \end{pmatrix} \right]^2 = 10$$

Der Kugelradius ist gleich dem Betrag des Vektors $\overrightarrow{MP}$.

b) K

Es gilt sowohl $(3-2)^2 + (0-3)^2 + 0^2 = 10$

als auch $\left[\begin{pmatrix} 3 \\ 0 \\ 0 \end{pmatrix} - \begin{pmatrix} 2 \\ 3 \\ 0 \end{pmatrix} \right]^2 = 10$;

der Punkt Q liegt also auf der Kugel K.

Man setzt die Koordinaten von Q in die linke Seite der Koordinatenform oder den Ortsvektor von Q in die linke Seite der vektoriellen Gleichung ein und prüft, ob sich die linke Seite (also r^2) der jeweiligen Gleichung ergibt.

c) K

Der Punkt R_t liegt auf K, wenn seine Koordinaten die Koordinatenform der Kugelgleichung erfüllen:

$$(2-2)^2 + (t-3)^2 + (1-0)^2 = 10$$
$$(t-3)^2 = 9$$
$$t - 3 = 3 \text{ oder } t - 3 = -3$$
$$t = 6 \text{ oder } t = 0$$

Die Punkte $R_6(2|6|1)$ und $R_0(2|0|1)$ liegen auf dem Kreis K.

Man setzt die Koordinaten von R_t in die Koordinatengleichung (oder den entsprechenden Ortsvektor in die vektorielle Form) ein.
Man erhält eine quadratische Gleichung für den gesuchten Parameter t.

6.2 Schnittprobleme

Eine Gerade g schneidet einen Kreis k bzw. eine Kugel K entweder in zwei Punkten, in einem Punkt oder in keinem Punkt. Man spricht dann von einer **Sekante**, einer **Tangente** oder einer **Passante**. Die folgenden Abbildungen verdeutlichen diese Fälle:

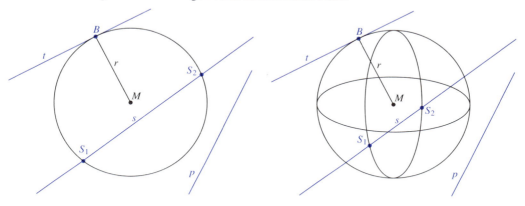

Ermitteln Sie die Schnittpunkte zwischen der Gerade g und dem Kreis k.

a) $g: \vec{x} = \begin{pmatrix} 5 \\ 2 \end{pmatrix} + t \begin{pmatrix} 4 \\ 3 \end{pmatrix}$ $t \in \mathbb{R}$; $k: \left[\vec{x} - \begin{pmatrix} -2 \\ 3 \end{pmatrix} \right]^2 = 25$

b) $g: \vec{x} = \begin{pmatrix} 1 \\ 0 \end{pmatrix} + t \begin{pmatrix} 2 \\ 1 \end{pmatrix}$ $t \in \mathbb{R}$; $k: (x-2)^2 + (y-3)^2 = 25$

a)

Gerade $g: \begin{cases} x = 5 + 4t \\ y = 2 + 3t \end{cases}$

$g \cap k: \begin{pmatrix} 5+4t+2 \\ 2+3t-3 \end{pmatrix}^2 = \begin{pmatrix} 4t+7 \\ 3t-1 \end{pmatrix}^2 = 25$

$(4t+7)^2 + (3t-1)^2 = 25$
$16t^2 + 56t + 49 + 9t^2 - 6t + 1 = 25$
$25t^2 + 50t + 25 = 0$
$t^2 + 2t + 1 = 0$
$(t+1)^2 = 0$
$t = -1$

Ortsvektor des Berührpunktes:

$\vec{x}_B = \begin{pmatrix} 5 \\ 2 \end{pmatrix} + (-1) \begin{pmatrix} 4 \\ 3 \end{pmatrix} = \begin{pmatrix} 1 \\ -1 \end{pmatrix}$

Koordinaten des Berührpunktes: $B(1|-1)$

Die Gerade g wird als Gleichungssystem geschrieben und in die vektorielle Kreisgleichung $(\vec{x} - \vec{x}_M)^2 = r^2$ eingesetzt. Das dabei auftretende Skalarprodukt wird in Koordinatendarstellung berechnet. Es entsteht eine quadratische Gleichung für den Parameter t.

Da die quadratischen Gleichung und damit das Gleichungssystem nur genau eine Lösung besitzt, berührt die Gerade g den Kreis k in Form einer **Tangente**. Es liegt **ein** Schnittpunkt in Form eines **Berührpunktes** vor.

6 Kreise und Kugeln

b)

Aus der Gleichung für $g\colon \vec{x} = \begin{pmatrix} 1 \\ 0 \end{pmatrix} + t\begin{pmatrix} 2 \\ 1 \end{pmatrix}$

folgt das Gleichungssystem $x = 1 + 2t$, $y = t$; also die Koordinatengleichung $x = 1 + 2y$ bzw. $y = \frac{1}{2}x - \frac{1}{2}$.

Koordinatengleichung des Kreises

$k\colon (x-2)^2 + (y-3)^2 = 25$

Ermittlung von Schnittpunkten

$$g \cap k\colon \quad (x-2)^2 + \left(\tfrac{1}{2}x - \tfrac{1}{2} - 3\right)^2 = 25$$

$$(x-2)^2 + \left(\tfrac{1}{2}x - \tfrac{7}{2}\right)^2 = 25$$

$$x^2 - 4x + 4 + \tfrac{1}{4}x^2 - \tfrac{7}{2}x + \tfrac{49}{4} - 25 = 0$$

$$\tfrac{5}{4}x^2 - \tfrac{15}{2}x - \tfrac{35}{4} = 0$$

$$x^2 - 6x - 7 = 0$$

$$x^2 - 2 \cdot 3x + 3^2 - 3^2 - 7 = 0$$

$$(x-3)^2 = 16$$

$$x - 3 = 4 \text{ oder } x - 3 = -4$$

$$x = 7 \text{ oder } x = -1$$

Koordinaten der beiden Schnittpunkte:

$S_1(7|3)$, $S_2(-1|-1)$

K

Bei Schnittproblemen zwischen Gerade und Kreis (zweidimensionaler Vektorraum) kann man die Untersuchung auch in der Koordinatenform führen. Man gibt dazu beide Gleichungen in Koordinatenform an.

Die Koordinatenform der Geradengleichung wird in den Kreis eingesetzt. Es ergibt sich eine quadratische Gleichung für die Variable x.

Die Lösung erfolgt mithilfe der quadratischen Ergänzung oder der Lösungsformel für quadratische Gleichungen oder mithilfe eines grafikfähigen Taschenrechner (GTR).

Es liegen **zwei** Schnittpunkte vor, also bildet die Gerade für den Kreis eine **Sekante**.

Die Gerade g geht durch die Punkte $P_1(3|-1|8)$ und $P_2(2|0|7)$. Die Kugel K hat die Koordinatengleichung $x^2 + y^2 + z^2 + 2y - 16z = -32$.
Bestimmen Sie die Schnittpunkte zwischen der Geraden g und der Kugel K.

b)

K

$$g\colon \vec{x} = \begin{pmatrix} 3 \\ -1 \\ 8 \end{pmatrix} + t\begin{pmatrix} -1 \\ 1 \\ -1 \end{pmatrix} \quad t \in \mathbb{R}$$

Gerade als Gleichungssystem:

(I) $x = 3 - t$
(II) $y = -1 + t$
(III) $z = 8 - t$

Zunächst wird die Geradengleichung in der Parameterform geschrieben und dann als Gleichungssystem formuliert.
Die Terme für x, y und z aus dem Gleichungssystem werden nun in die Kugelgleichung eingesetzt. Es entsteht eine quadratische Gleichung für den Parameter t:

$$g \cap k\colon (3-t)^2 + (t-1)^2 + (8-t)^2 + 2(-1+t) - 16(8-t) = -32$$

$$9 - 6t + t^2 + t^2 - 2t + 1 + 64 - 16t + t^2 - 2 + 2t - 128 + 16t = -32$$

$$3t^2 - 6t - 24 = 0$$

Mithilfe der üblichen Lösungsverfahren für quadratische Gleichungen oder auch mit einem GTR ergibt sich die Lösung: $t = 4$ oder $t = -2$.

6.2 Schnittprobleme   139

Die Gerade g und der Kreis k schneiden sich also in zwei Punkten. Man ermittelt deren Koordinaten, indem man jeweils einen Wert t der Lösung in die vektorielle Geradengleichung einsetzt.

Schnittpunkt für $t = 4$: $\vec{x}_{S_1} = \begin{pmatrix} 3 \\ -1 \\ 8 \end{pmatrix} + 4 \begin{pmatrix} -1 \\ 1 \\ -1 \end{pmatrix} = \begin{pmatrix} -1 \\ 3 \\ 4 \end{pmatrix}$, $S_1(-1|3|4)$

Schnittpunkt für $t = -2$: $\vec{x}_{S_2} = \begin{pmatrix} 3 \\ -1 \\ 8 \end{pmatrix} - 2 \begin{pmatrix} -1 \\ 1 \\ -1 \end{pmatrix} = \begin{pmatrix} 5 \\ -3 \\ 10 \end{pmatrix}$, $S_2(5|-3|10)$

Die quadratische Gleichung hat zwei Lösungen. Die Gerade g schneidet die Kugel K in **zwei** Punkten. Es liegt eine **Sekante** vor.

Ein Punkt $P(16|y)$ mit $y > 0$ liegt auf dem Kreis k: $\vec{x}^2 = 400$.

Legen Sie zur Geraden g: $\vec{x} \bullet \begin{pmatrix} 2 \\ 4 \end{pmatrix} = 14$ eine Sekante, die durch P geht und zu g parallel ist.

a)   K

Einsetzen des Ortsvektors von P in die Kreisgleichung ergibt:

$\begin{pmatrix} 16 \\ y \end{pmatrix}^2 = 256 + y^2 = 400$, also $y^2 = 144$.

Wegen $y > 0$ ist $y = 12$. Die Koordinaten des Punktes P lauten also: $P(16|12)$.

Gleichung der Geraden g: $\vec{x} \bullet \begin{pmatrix} 2 \\ 4 \end{pmatrix} = 14$

Gleichung der Sekante s: $\vec{x} \bullet \begin{pmatrix} 1 \\ 2 \end{pmatrix} = r$

Mit $P(16|12)$ gilt:

$\begin{pmatrix} 16 \\ 12 \end{pmatrix} \cdot \begin{pmatrix} 1 \\ 2 \end{pmatrix} = r \Leftrightarrow 16 + 24 = r \Leftrightarrow r = 40$

Die Gleichung der Sekante lautet
– in der Normalenform:

$\vec{x} \cdot \begin{pmatrix} 1 \\ 2 \end{pmatrix} = 40$,

– in der Koordinatenform:
$x + 2y = 40$.

Der Punkt erfüllt die Kreisgleichung $\vec{x}^2 = r^2$.

Da $y > 0$, entfällt die zweite Lösung der quadratischen Gleichung.

Die Gerade g wird durch eine Normalengleichung beschrieben. Die Sekante, die parallel zur Geraden g verlaufen soll, hat ebenfalls den Normalenvektor $\begin{pmatrix} 2 \\ 4 \end{pmatrix}$ bzw. $\begin{pmatrix} 1 \\ 2 \end{pmatrix}$.

Der Punkt P wird in die Normalengleichung eingesetzt, um r zu ermitteln. Mit $r = 40$ kann man die Sekantengleichung z. B. als Normalengleichung oder als Koordinatengleichung angeben.

6 Kreise und Kugeln

Eine Ebene E schneidet die Kugel $K(M; r)$ in einem Kreis, dem so genannten **Schnittkreis**, wenn der Abstand des Mittelpunktes M der Kugel von der Ebene E **kleiner** als der Radius r der Kugel ist.

Die Ebene E: $\vec{x} \cdot \begin{pmatrix} 2 \\ 1 \\ -2 \end{pmatrix} = 11$ und die Kugel K: $\left[\vec{x} - \begin{pmatrix} 2 \\ -1 \\ 5 \end{pmatrix}\right]^2 = 49$ schneiden sich in einem

Kreis. Bestimmen Sie dessen Mittelpunktskoordinaten.

K

Ebenengleichung in Koordinatenschreibweise: $2x + y - 2z = 11$
Ebenengleichung in **Hesse-Form**:

$$\frac{2x + y - 2z - 11}{\sqrt{2^2 + 1^2 + (-2)^2}} = 0, \quad \text{also}$$

$$\frac{2x + y - 2z - 11}{3} = 0$$

Der Abstand des Mittelpunktes $M(2|-1|5)$ der Kugel von der Ebene E ergibt sich aus

$$d(M, E) = \left|\frac{2 \cdot 2 + (-1) - 2 \cdot 5 - 11}{3}\right|$$

$$= \left|\frac{4 - 1 - 10 - 11}{3}\right| = \left|\frac{-18}{3}\right| = 6.$$

Gleichung der **Lotgeraden** l:

$$l: \vec{x} = \begin{pmatrix} 2 \\ -1 \\ 5 \end{pmatrix} + t \begin{pmatrix} 2 \\ 1 \\ -2 \end{pmatrix} \quad (t \in \mathbb{R})$$

$l \cap E$: $2(2 + 2t) + (-1 + t) - 2(5 - 2t) = 11$
$\Leftrightarrow t = 2$. Für $t = 2$ durchstößt die Lotgerade l die Ebene E.

Koordinaten des Durchstoßpunktes
(Mittelpunkt des Schnittkreises):

$$\vec{x}_D = \begin{pmatrix} 2 \\ -1 \\ 5 \end{pmatrix} + 2 \begin{pmatrix} 2 \\ 1 \\ -2 \end{pmatrix} = \begin{pmatrix} 6 \\ 1 \\ 1 \end{pmatrix}; \quad D(6|1|1)$$

Der Mittelpunkt des Schnittkreises hat die Koordinaten $M_S(6|1|1)$.

Der Abstand des Mittelpunktes M der Kugel K von der Ebene E wird mit Hilfe der Hesse'schen Normalenform bestimmt.
Hesse'sche Normalenform einer Ebene:

$$(\vec{x} - \vec{p}) \cdot \frac{\vec{n}}{|\vec{n}|} = 0 \quad \text{bzw.}$$

$$\frac{ax + by + cz - r}{\sqrt{a^2 + b^2 + c^2}} = 0$$

Der Abstand $d(M, E) = 6$ ist kleiner als der Radius $r = 7$ der Kugel. Somit schneidet die Ebene die Kugel in einem Schnittkreis.

Die Lotgerade l steht zur Ebene E senkrecht; damit ist ihr Richtungsvektor gleich einem Normalenvektor der Ebene und der Aufpunkt entspricht dem Mittelpunkt der Kugel.

Den Mittelpunkt M_S des Schnittkreises erhält man als Durchstoßpunkt der Lotgeraden l durch die Ebene E.
Der Mittelpunkt des Schnittkreises wird für $t = 2$ aus der Gleichung der Lotgeraden ermittelt.

6.3 Tangenten und Tangentialebenen   141

6.3 Tangenten und Tangentialebenen

Tangenten eines Kreises in der Ebene

Eine **Tangente** an einen Kreis bzw. an eine Kugel ist eine Gerade, die mit dem Kreis bzw. mit der Kugel **genau einen Punkt** gemeinsam hat. Der Kreis bzw. die Kugel wird in diesem Punkt berührt; man spricht deshalb vom **Berührpunkt** B.

Der Vektor $\overrightarrow{MB}$ wird auch als **Berührradius**[1] oder (besser) als **Berührhalbmesser** bezeichnet. Jede Tangente, die einen Kreis $k(M; r)$ oder eine Kugel $K(M; r)$ in B berührt, steht auf dem Vektor $\overrightarrow{MB}$ senkrecht.

Die Tangente an einen Kreis k mit der Gleichung $(\vec{x} - \vec{x}_M)^2 = r^2$ im Punkt B mit dem Ortsvektor $\vec{x}_B$ hat die Gleichung

$$(\vec{x} - \vec{x}_M) \bullet (\vec{x}_B - \vec{x}_M) = r^2$$

Liegt der Kreis k mit seinem Mittelpunkt M im Ursprung, gilt also $M(0|0)$, so lautet die Tangentengleichung $\vec{x} \bullet \vec{x}_B = r^2$.

Ermitteln Sie eine Tangentengleichung.

a) Der Kreis k ist gegeben durch die Gleichung $\vec{x}^2 = 20$, der Berührpunkt durch seinen Ortsvektor $\vec{x}_B = \begin{pmatrix} 4 \\ -2 \end{pmatrix}$.

b) Der Kreis k ist gegeben durch seinen Mittelpunkt $M(4|-1)$ und seinen Radius $= \sqrt{5}$, also $k\left(M(4|-1); \sqrt{5}\right)$. Der Berührpunkt B ist gegeben durch seine Koordinaten, also: $B(6|-2)$.

a)　　　　　　　　　　　　　　　　　　　**K**

Der Mittelpunkt des Kreises ist der Koordinatenursprung. Der gegebene Punkt mit den Koordinaten $x = 4$ und $y = -2$ liegt auf dem Kreis, da sein Abstand vom Koordinatenursprung $\sqrt{4^2 + (-2)^2} = \sqrt{20}$ beträgt.

Zunächst muss geprüft werden, ob der gegebene Punkt tatsächlich auf dem Kreis liegt.

Die Gleichung der Tangenten in $B(4|-2)$ an k lautet:

Die Gleichung der Tangente $\vec{x} \bullet \vec{x}_B = r^2$ kann unmittelbar angegeben werden.

$$\vec{x} \bullet \begin{pmatrix} 4 \\ -2 \end{pmatrix} = 20,$$

also in Koordinatenform:
$4x - 2y = 20$　bzw.　$y = 2x - 10$.

---

[1] Unter einem Radius versteht man eigentlich eine Länge, nämlich die Länge eines Halbmessers eines Kreises.

142   6 Kreise und Kugeln

b)   **K**

Kreisgleichung: $\left[\vec{x} - \begin{pmatrix} 4 \\ -1 \end{pmatrix}\right]^2 = 5$

Der Punkt $B(6|-2)$ erfüllt diese Gleichung:

$$\left[\begin{pmatrix} 6 \\ -2 \end{pmatrix} - \begin{pmatrix} 4 \\ -1 \end{pmatrix}\right]^2 = \begin{pmatrix} 2 \\ -1 \end{pmatrix}^2 = 5.$$

Der Punkt B liegt also auf dem Kreis k.

Zunächst muss geprüft werden, ob der gegebene Punkt tatsächlich auf dem Kreis liegt.

Wir ermitteln die Tangentengleichung:

$$\left[\vec{x} - \begin{pmatrix} 4 \\ -1 \end{pmatrix}\right] \bullet \left[\begin{pmatrix} 6 \\ -2 \end{pmatrix} - \begin{pmatrix} 4 \\ -1 \end{pmatrix}\right] = 5$$

$$\left[\vec{x} - \begin{pmatrix} 4 \\ -1 \end{pmatrix}\right] \bullet \begin{pmatrix} 2 \\ -1 \end{pmatrix} = 5$$

$$\vec{x} \bullet \begin{pmatrix} 2 \\ -1 \end{pmatrix} = 14$$

Koordinatenform der Tangentengleichung:
$2x - y = 14$ bzw. $y = 2x - 14$

Die Gleichung der Tangente

$$(\vec{x} - \vec{x}_M) \bullet (\vec{x}_B - \vec{x}_M) = r^2$$

kann durch Einsetzen der Mittelpunkt- und Berührpunktkoordinaten unmittelbar angegeben werden.
Nach einigen Zusammenfassungen ergibt sich schließlich eine Normalenform und daraus eine Koordinatenform der Tangentengleichung.

Untersuchen Sie die Lagebeziehung zwischen der Geraden mit der Gleichung $4x - 3y = 21$ und dem Kreis k: $\left[\vec{x} - \begin{pmatrix} 2 \\ 4 \end{pmatrix}\right]^2 = 25$.

K

Die Kreisgleichung schreibt man in der Form $(x-2)^2 + (y-4)^2 = 25$. Die Geradengleichung wird nach y aufgelöst, also $y = \frac{4}{3}x - 7$; dies wird in die Kreisgleichung eingesetzt:

$$g \cap k: \quad (x-2)^2 + \left(\tfrac{4}{3}x - 7 - 4\right)^2 = 25$$

$$(x-2)^2 + \left(\tfrac{4}{3}x - 11\right)^2 = 25$$

$$x^2 - 4x + 4 + \tfrac{16}{9}x^2 - \tfrac{88}{3}x + 121 - 25 = 0$$

$$\tfrac{25}{9}x^2 - \tfrac{100}{3}x + 100 = 0$$

$$x^2 - 12x + 36 = 0$$

$$(x-6)^2 = 0$$

$$x = 6$$

Nach dem Einsetzen ergibt sich eine quadratische Gleichung für die Variable x. Diese kann mit den üblichen Methoden oder ggf. mithilfe eines GTR gelöst werden. Steht ein Computer-Algebra-System (CAS) zur Verfügung, so kann man auf Umformungen verzichten und unmitelbar die Ausgangsgleichung mit dem CAS lösen.

Kreis und Gerade haben genau einen Punkt gemeinsam. Die Gerade ist **Tangente** an den Kreis k.

6.3 Tangenten und Tangentialebenen

In der xy-Ebene ist ein Kreis k gegeben durch die Gleichung $\left[\vec{x} - \begin{pmatrix} -2 \\ -2 \end{pmatrix}\right]^2 = 45$.

Eine Gerade g verläuft durch die Punkte $A(2|0)$ und $C(0|4)$.

Ermitteln Sie je eine Gleichung der zu der Geraden g parallelen Tangenten an den Kreis k!

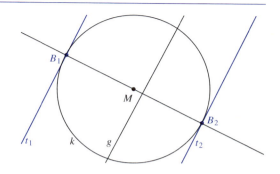

Die Gleichung der Geraden g lautet:

$g(AC)$: $\vec{x} = \begin{pmatrix} 2 \\ 0 \end{pmatrix} + t \begin{pmatrix} -2 \\ 4 \end{pmatrix}$ $(t \in \mathbb{R})$

Für die Ermittlung der Berührpunkte B_1 und B_2 benötigt man die zu g senkrecht verlaufende Gerade h, die durch den Kreismittelpunkt geht, denn: Tangente und Berührdurchmesser stehen senkrecht aufeinander.

Gleichung für h: $\vec{x} = \begin{pmatrix} -2 \\ -2 \end{pmatrix} + s \begin{pmatrix} 4 \\ 2 \end{pmatrix}$

$h \cap k$:
$$[(-2 + 4s) + 2]^2 + [(-2 + 2s) + 2]^2 = 45$$
$$(4s)^2 + (2s)^2 = 45$$
$$20s^2 = 45$$
$$s^2 = \tfrac{9}{4}$$
$$s = \tfrac{3}{2} \text{ oder } s_2 = -\tfrac{3}{2}$$

Durch Einsetzen in die Gleichung für h erhält man die Koordinaten der Berührpunkte: $B_1(4|1)$; $B_2(-8|-5)$.

Gleichung der Tangente t_1:

$\left[\vec{x} - \begin{pmatrix} -2 \\ -2 \end{pmatrix}\right] \bullet \left[\begin{pmatrix} 4 \\ 1 \end{pmatrix} - \begin{pmatrix} -2 \\ -2 \end{pmatrix}\right] = 45$

bzw. $2x + y = 9$

Gleichung der Tangente t_2:

$\left[\vec{x} - \begin{pmatrix} -2 \\ -2 \end{pmatrix}\right] \bullet \left[\begin{pmatrix} -8 \\ -5 \end{pmatrix} - \begin{pmatrix} -2 \\ -2 \end{pmatrix}\right] = 45$

bzw. $2x + y = -21$

Eine mögliche Variante ist die Angabe der Geradengleichung für $g(AC)$ in der vektoriellen Form.

Der Richtungsvektor $\begin{pmatrix} 4 \\ 2 \end{pmatrix}$ ist orthogonal zum Richtungsvektor $\begin{pmatrix} -2 \\ 4 \end{pmatrix}$ der Geraden g.

Die rechte Seite der Gleichung der Geraden h wird in die Kreisgleichung eingesetzt. Die entstehende quadratische Gleichung hat zwei Lösungen.

Damit ergeben sich zwei Berührpunkte B_1 und B_2, deren Koordinaten jeweils in die vektorielle Form

$(\vec{x} - \vec{x}_M) \bullet (\vec{x}_B - \vec{x}_M) = r^2$

der Tangentengleichung eingesetzt werden. Man erhält also zwei Tangentengleichungen.

6 Kreise und Kugeln

Tangentialebenen einer Kugel

Ist der Abstand einer Ebene E vom Kugelmittelpunkt M gleich dem Radius r der Kugel, dann spricht man von einer **Tangentialebene** der Kugel K. Eine Tangentialebene der Kugel K ist dadurch gekennzeichnet, dass sie mit der Kugel **genau einen Punkt gemeinsam** hat.

Die Tangentialebene an die Kugel $K: (\vec{x} - \vec{x}_M)^2 = r^2$ im **Berührpunkt** B hat die Gleichung

$$(\vec{x} - \vec{x}_M) \bullet (\vec{x}_B - \vec{x}_M) = r^2.$$

Hat die Ebene E mit der Kugel K nicht genau einen Punkt gemeinsam, so gibt es zwei Möglichkeiten:

1) Die Ebene E schneidet die Kugel K in einem Schnittkreis.
2) Die Ebene verläuft außerhalb der Kugel.

Zur Bestimmung der Lage der Ebene E bezüglich der Kugel K muss deshalb den Abstand der Ebene vom Kugelmittelpunkt bestimmt werden.

---

a) Weisen Sie nach, dass der Punkt $B(5|9|-1)$ auf der Kugel $K: \left[\vec{x} - \begin{pmatrix} 2 \\ 5 \\ -1 \end{pmatrix} \right]^2 = 25$ liegt.

b) Ermitteln Sie eine Koordinatengleichung der Tangentialebene an K in B.

---

a)　　　　　　　　　　　　　　　　　　**K**

Punktprobe für B:

$$\left[\begin{pmatrix} 5 \\ 9 \\ -1 \end{pmatrix} - \begin{pmatrix} 2 \\ 5 \\ -1 \end{pmatrix} \right]^2 = \begin{pmatrix} 3 \\ 4 \\ 0 \end{pmatrix}^2 = 25$$

Der Punkt B liegt auf der Kugel K.

Man setzt die Koordinaten von B also den Ortsvektors $\vec{x}_B$ in die linke Seite der Kugelgleichung ein.
Ergibt sich 25, also r^2, so liegt der Punkt B auf der Kugel.

---

b)　　　　　　　　　　　　　　　　　　**K**

Wir ermitteln einen Normalenvektor der Tangentialebene, und zwar den Vektor $\vec{x}_B - \vec{x}_M$:

$$\vec{n} = \vec{x}_B - \vec{x}_M = \begin{pmatrix} 5 \\ 9 \\ -1 \end{pmatrix} - \begin{pmatrix} 2 \\ 5 \\ -1 \end{pmatrix} = \begin{pmatrix} 3 \\ 4 \\ 0 \end{pmatrix}.$$

Damit hat die Tangentialebene die Gleichung

$$\left[\vec{x} - \begin{pmatrix} 2 \\ 5 \\ -1 \end{pmatrix} \right] \bullet \begin{pmatrix} 3 \\ 4 \\ 0 \end{pmatrix} = 25 \text{ bzw. } 3x + 4y = 51.$$

Die Tangentialebene an die Kugel $K: (\vec{x} - \vec{x}_M)^2 = r^2$ im Kugelpunkt B hat die Gleichung

$$(\vec{x} - \vec{x}_M) \bullet (\underbrace{\vec{x}_B - \vec{x}_M}) = r^2.$$

Normalenvektor der Tangentialebene

6.3 Tangenten und Tangentialebenen   145

Die Ebene $E\colon x+y-z=3$ ist eine Tangentialebene an die Kugel K. Der Mittelpunkt M der

Kugel ist der Punkt auf der Geraden $g\colon \vec{x} = \begin{pmatrix} 6 \\ -3 \\ 3 \end{pmatrix} + t \begin{pmatrix} 2 \\ -1 \\ -2 \end{pmatrix}$ $(t \in \mathbb{R})$, für den $t=-1$ gilt.

a) Ermitteln Sie die Koordinaten des Berührpunktes B der Kugel K und der Tangentialebene E.
b) Geben Sie eine Gleichung der Kugel K an.

a)   Ⓚ

Wir bestimmen zunächst den Ortsvektor des Kugelmittelpunktes:

$$\vec{x}_M = \begin{pmatrix} 6 \\ -3 \\ 3 \end{pmatrix} + (-1) \begin{pmatrix} 2 \\ -1 \\ -2 \end{pmatrix} = \begin{pmatrix} 4 \\ -2 \\ 5 \end{pmatrix}.$$

Ein Normalenvektor $\vec{n}$ der Ebene

$$E\colon x+y-z=3 \quad \text{ist} \quad \vec{n} = \begin{pmatrix} 1 \\ 1 \\ -1 \end{pmatrix}.$$

Um den Punkt B zu ermitteln, muss die Lotgerade l durch den Punkt M bestimmt werden; sie durchstößt die Ebene E im Punkt B.
Gleichung der Lotgeraden l:

$$\vec{x} = \begin{pmatrix} 4 \\ -2 \\ 5 \end{pmatrix} + r \begin{pmatrix} 1 \\ 1 \\ -1 \end{pmatrix}, \text{ also } \begin{cases} x = 4+r \\ y = -2+r \\ z = 5-r \end{cases}$$

$$l \cap E\colon 4+r-2+r-(5-r) = 3 \Leftrightarrow 3r = 6$$
$$\Leftrightarrow r = 2$$

Die Koordinaten des Punktes B lauten:
$B(6|0|3)$.

Der Mittelpunkt $M(4|-2|5)$ wird für $t=-1$ aus der Geraden g ermittelt.

Die nebenstehenden Terme für x, y und z werden in die Gleichung der Ebene E eingesetzt und damit der Parameter r bestimmt.

Anschließend setzt man den Wert 2 für r in die Gleichung der Lotgeraden l ein und erhält so die Koordinaten des Berührpunktes B.

b)   Ⓚ

$M(4|-2|5)$; $r = |\overrightarrow{MB}| = \sqrt{12} = 2\sqrt{3}$

Gleichungen der Kugel lauten:

$$(x-4)^2 + (y+2)^2 + (z-5)^2 = 12$$

bzw. $\left[\vec{x} - \begin{pmatrix} 4 \\ -2 \\ 5 \end{pmatrix}\right]^2 = 12.$

Der Mittelpunkt $M(4|-2|5)$ wurde oben für $t=-1$ aus der Geraden g ermittelt. Der Radius der Kugel ergibt sich als Betrag des Vektors $\overrightarrow{MB}$.

146   6 Kreise und Kugeln

Gegeben sind die Gerade $g\colon \vec{x} = \begin{pmatrix} 11 \\ 0 \\ 8 \end{pmatrix} + t \begin{pmatrix} 6 \\ 1 \\ 2 \end{pmatrix}$ $(t \in \mathbb{R})$ und die Kugel $K\colon \vec{x}^2 = 21$.

a) Zeigen Sie, dass die Gerade g Tangente an die Kugel K ist.

b) Ermitteln Sie die Gleichungen der Tangentialebene im Berührpunkt der Tangente g an die Kugel K in Normalen- und Koordinatenform.

a)   **K**

Wir schreiben die Gleichung zu g in der Form

$$g\colon \vec{x} = \begin{pmatrix} 11 + 6t \\ t \\ 8 + 2t \end{pmatrix}$$

und ermitteln die Schnittmenge $g \cap K$:

$$\begin{pmatrix} 11 + 6t \\ t \\ 8 + 2t \end{pmatrix}^2 = 21$$

$$(11 + 6t)^2 + t^2 + (8 + 2t)^2 = 21$$
$$121 + 132t + 36t^2 + t^2 + 64 + 32t + 4t^2 = 21$$
$$41t^2 + 164t + 164 = 0$$
$$t^2 + 4t + 4 = 0$$
$$(t + 2)^2 = 0$$
$$t = -2$$

Die quadratische Gleichung hat nur eine Lösung. Damit ist die Gerade g Tangente der Kugel K.

Zum Nachweis, dass die Gerade g Tangente der Kugel K ist, wird der Vektor der Geradengleichung in die Ebenengleichung eingesetzt.

Die entstehende quadratische Gleichung hat nur die Lösung -2. Es gibt also nur genau einen gemeinsamen Punkt von Kugel K und Gerade g; folglich ist g Tangente von K.

b)   **K**

Koordinaten des Berührpunktes:

$$\vec{x}_B = \begin{pmatrix} 11 - 12 \\ -2 \\ 8 - 4 \end{pmatrix} = \begin{pmatrix} -1 \\ -2 \\ 4 \end{pmatrix} \Rightarrow B(-1|-2|4)$$

Gleichungen der Tangentialebene:

$$\vec{x} \bullet \begin{pmatrix} -1 \\ -2 \\ 4 \end{pmatrix} = 21 \quad \text{bzw.} \quad -x - 2y + 4z = 21$$

6.4 Multiple-Choice-Test

(Lösungen auf Seite 252)

1. Bestimmen Sie Mittelpunkt und Radius des Kreises

$k : x^2 + y^2 - 8x + 6y - 24 = 0$.

A) $M(-4|-3), r = 7$
B) $M(4|-3), r = 7$
C) $M(-4|3), r = 7$
D) $M(4|3), r = 7$

2. Bestimmen Sie Mittelpunkt und Radius des Kreises

$k : x^2 + y^2 + 3x + 9y + 10{,}25 = 0$.

A) $M(1{,}5|4{,}5), r = 3{,}5$
B) $M(-1{,}5|4{,}5), r = 3{,}5$
C) $M(1{,}5|-4{,}5), r = 3{,}5$
D) $M(-1{,}5|-4{,}5), r = 3{,}5$

3. Bestimmen Sie Mittelpunkt und Radius der Kugel

$K : x^2 + y^2 + z^2 - 8x + 2y - 4z - 43 = 0$.

A) $M(-4|-1|-2), r = 8$
B) $M(4|-1|-2), r = 8$
C) $M(4|-1|2), r = 8$
D) $M(-4|-1|2), r = 8$
E) $M(4|-1|-2), r = 8$
F) $M(4|1|2), r = 8$

4. Bestimmen Sie Mittelpunkt und Radius der Kugel

$K : x^2 + y^2 + z^2 + 7x - y + 11z + 36{,}5 = 0$.

A) $M(3{,}5|0{,}5|5{,}5), r = 2{,}5$
B) $M(-3{,}5|0{,}5|5{,}5), r = 2{,}5$
C) $M(3{,}5|-0{,}5|-5{,}5), r = 2{,}5$
D) $M(3{,}5|-0{,}5|5{,}5), r = 2{,}5$
E) $M(-3{,}5|0{,}5|-5{,}5), r = 2{,}5$
F) $M(-3{,}5|-0{,}5|-5{,}5), r = 2{,}5$

5. Welche Lage hat der Punkt $P(-40|-12)$ hinsichtlich des Kreises durch die Punkte $A(4|-3), B(2|1)$ und $C(-5|8)$?

A) P liegt auf dem Kreis.
B) P liegt innerhalb des Kreises.
C) P liegt außerhalb des Kreises.

148   6 Kreise und Kugeln

6. Welche Lage haben die Punkte $A(10|2|-5)$, $B(2|2|11)$ und $C(-3|-4|8)$ hinsichtlich der
Kugel $K: x^2 + y^2 + z^2 - 4x - 4y - 113 = 0$?

A) A liegt auf der Kugel, B innerhalb und C außerhalb der Kugel.

B) A liegt innerhalb der Kugel, B auf und C außerhalb der Kugel.

C) A liegt innerhalb der Kugel, B außerhalb und C auf der Kugel.

D) A liegt außerhalb der Kugel, B auf und C innerhalb der Kugel.

E) A liegt auf der Kugel, B außerhalb und C innerhalb der Kugel.

7. Gegeben ist der Kreis k sowie die Gerade g durch

$k: M(-4|3), r = 8$ und $g: -2x + 3y = 1$.

Welche Lage haben Kreis und Gerade zueinander?

A) kein Schnittpunkt.

B) $S(4|3)$

C) $S(-7{,}077|-4{,}385)$

D) $S_1(-7{,}077|-4{,}385)$, $S_2(4|3)$

8. Gegeben ist der Kreis k sowie die Gerade g durch

$k: M(-4|1), r = 4$ und $g: -5x + 4y = 17$.

Welche Lage haben Kreis und Gerade zueinander?

A) kein Schnittpunkt.

B) $S(0|-1)$

C) $S(0{,}471|0{,}882)$

D) $S_1(0{,}471|0{,}882)$, $S_2(0|-1)$

9. Gegeben ist die Kugel K sowie die Gerade g durch

$$K: M(2|1|3), r = \sqrt{14} \quad \text{und} \quad g: \vec{x} = \begin{pmatrix} 0 \\ 1 \\ 2 \end{pmatrix} + t \begin{pmatrix} -1 \\ 1 \\ -1 \end{pmatrix} \quad (t \in \mathbb{R}).$$

Welche Lage haben Kugel und Gerade zueinander?

A) kein Schnittpunkt.

B) $S(3|-2|5)$

C) $S(-1|2|1)$

D) $S_1(3|-2|5)$, $S_2(-1|2|1)$

6.4 Multiple-Choice-Test   149

10. Gegeben ist die Kugel K sowie die Gerade g durch

$$K: M(2|-1|5), r = \sqrt{18} \text{ und } g: \vec{x} = \begin{pmatrix} 4 \\ -5 \\ 9 \end{pmatrix} + r \begin{pmatrix} -1 \\ -4 \\ 1 \end{pmatrix}.$$

Welche Lage haben Kugel und Gerade zueinander?

A) kein Schnittpunkt.
B) $S(5|-1|8)$
C) $S(3|2|-10)$
D) $S_1(5|-1|8), S_2(3|2|-10)$

11. Gegeben sind die Ebene $E: 4x + 3y = 4$
und der Mittelpunkt einer Kugel $K: M(-12|11|-16)$.
Die Ebene E und die Kugel K berühren sich im Punkt B.
Berechnen Sie den Radius r der Kugel sowie die Koordinaten des Berührpunkts B.

A) $r = 400; B(-4|1|-4)$
B) $r = 400; B(4|1|-4)$
C) $r = 20; B(4|1|-4)$
D) $r = 20; B(-4|1|-4)$

12. Bestimmen Sie die Gleichung der Tangentialebene E
an die Kugel $K: (x-1)^2 + (y-2)^2 + (z+1)^2 = 225$ im Punkt $B(11|-8|-6)$.

A) $E: 2x + 2y + z = 44$
B) $E: 2x - 2y + z = 44$
C) $E: -2x - 2y + z = 44$
D) $E: 2x - 2y - z = 44$
E) $E: -2x - 2y - z = 44$

13. Gegeben sind zwei Kugeln
$K_1: M_1(18|19|12), r_1 = 25$ und $K_2: M_2(-6|-5|0), r_2 = 29$.
Bestimmen Sie die Gleichungen von Schnittkreis und Schnittebene von K_1 und K_2.

A) $k: M(4|5|4), r = 20, E: -2x - 2y - z = 23$
B) $k: M(4|5|5), r = 20, E: 2x + 2y + z = 23$
C) $k: M(5|5|5), r = 20, E: -2x - 2y - z = 23$
D) $k: M(5|4|5), r = 20, E: -2x - 2y - z = 23$
E) $k: M(4|4|4), r = 23, E: -2x - 2y - z = 20$
F) $k: M(4|4|5), r = 20, E: -2x + 2y - z = 23$

150   6 Kreise und Kugeln

14. Wie lauten die Tangentengleichungen in den Berührpunkten $B(5|a)$ mit $a \in \mathbb{R}$ an den Kreis k: $\left[\vec{x} - \begin{pmatrix} 1 \\ 1 \end{pmatrix}\right]^2 = 25$?

A) t_1: $\vec{x} = \begin{pmatrix} 5 \\ 4 \end{pmatrix} + r \begin{pmatrix} -3 \\ 4 \end{pmatrix}$ und t_2: $\vec{x} = \begin{pmatrix} 5 \\ -2 \end{pmatrix} + s \begin{pmatrix} 3 \\ 4 \end{pmatrix}$

B) t_1: $\vec{x} = \begin{pmatrix} 5 \\ 2 \end{pmatrix} + r \begin{pmatrix} -3 \\ 4 \end{pmatrix}$ und t_2: $\vec{x} = \begin{pmatrix} 5 \\ -2 \end{pmatrix} + s \begin{pmatrix} 3 \\ 4 \end{pmatrix}$

C) t_1: $\vec{x} = \begin{pmatrix} 5 \\ -4 \end{pmatrix} + r \begin{pmatrix} -3 \\ 4 \end{pmatrix}$ und t_2: $\vec{x} = \begin{pmatrix} 2 \\ 5 \end{pmatrix} + s \begin{pmatrix} 3 \\ 4 \end{pmatrix}$

D) t_1: $\vec{x} = \begin{pmatrix} 5 \\ 4 \end{pmatrix} + r \begin{pmatrix} 3 \\ -4 \end{pmatrix}$ und t_2: $\vec{x} = \begin{pmatrix} 5 \\ -2 \end{pmatrix} + s \begin{pmatrix} 4 \\ 3 \end{pmatrix}$

15. Gegeben ist der Kreis k: $\vec{x}^2 = 169$ und die Geradenschar

$$g_a: \vec{x} = \begin{pmatrix} 17 \\ 7 \end{pmatrix} + t \begin{pmatrix} -19 + 17a \\ 22 + 7a \end{pmatrix} \quad (t \in \mathbb{R}).$$

Für welche Scharparameter $a \in \mathbb{R}$ erhält man Tangenten an den Kreis k? Bestimmen Sie die dazugehörigen Berührpunkte.

A) $a_1 = 1, a_2 = -2, B_1(5|12), B_2(12|-5)$
B) $a_1 = -1, a_2 = 2, B_1(-5|-12), B_2(12|5)$
C) $a_1 = 1, a_2 = 2, B_1(5|-12), B_2(12|-5)$
D) $a_1 = -1, a_2 = 2, B_1(5|12), B_2(12|-5)$

16. Gegeben ist die Kugel K: $\vec{x}^2 = 21$ und die Geradenschar

$$g_a: \vec{x} = \begin{pmatrix} 11 \\ 8 \\ 0 \end{pmatrix} + t \begin{pmatrix} a \\ 2 \\ 1 \end{pmatrix} \quad (t \in \mathbb{R}).$$

Für welchen Scharparameter $a \in \mathbb{N}$ erhält man eine Tangente an die Kugel K? Bestimmen Sie den dazugehörigen Berührpunkt.

A) $a = 4, B(1|-4|2)$
B) $a = 6, B(-1|4|-2)$
C) $a = 4, B(-1|4|-2)$
D) $a = 6, B(1|-4|2)$

7 Affine Abbildungen

7.1 Eigenschaften affiner Abbildungen und Abbildungspraxis

Eine umkehrbare geradentreue Abbildung der Ebene auf sich heißt **affine Abbildung**. Man bezeichnet eine solche Abbildung kurz mit kleinen griechischen Buchstaben: $\alpha, \beta, \ldots$

Für affine Abbildungen gilt: Geraden, Parallelität und Teilverhältnisse bleiben erhalten; Längen und Winkel im Allgemeinen nicht.

Werden bei einer affinen Abbildung die Punkte $O(0|0)$, $E_1(1|0)$ und $E_2(0|1)$ auf die Punkte O', E_1', und E_2' mit den Ortsvektoren $\overrightarrow{OO'} = \vec{v}$, $\overrightarrow{O'E_1'} = \vec{a}$ und $\overrightarrow{O'E_2'} = \vec{b}$ abgebildet, dann wird ein Punkt $X(x_1|x_2)$ auf den Punkt $X'(x_1'|x_2')$ abgebildet und es gibt folgende Möglichkeiten für die Darstellung der Abbildungsgleichungen.

– **Vektordarstellung:**

$$\vec{x}' = x_1 \vec{a} + x_2 \vec{b} + \vec{v} \quad \text{bzw.} \quad \begin{pmatrix} x_1' \\ x_2' \end{pmatrix} = x_1 \begin{pmatrix} a_1 \\ a_2 \end{pmatrix} + x_2 \begin{pmatrix} b_1 \\ b_2 \end{pmatrix} + \begin{pmatrix} v_1 \\ v_2 \end{pmatrix}$$

– **Koordinatenschreibweise:**

$x_1' = a_1 x_1 + b_1 x_2 + v_1$
$x_2' = a_2 x_1 + b_2 x_2 + v_2$

– **Matrizenschreibweise:**

$\vec{x}' = A\vec{x} + \vec{v}$

bzw.

$$\begin{pmatrix} x_1' \\ x_2' \end{pmatrix} = \begin{pmatrix} a_1 & b_1 \\ a_2 & b_2 \end{pmatrix} \begin{pmatrix} x_1 \\ x_2 \end{pmatrix} + \begin{pmatrix} v_1 \\ v_2 \end{pmatrix}$$

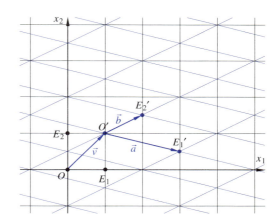

Man beachte:
(1) Die Vektoren $\vec{a}, \vec{b}$ müssen linear unabhängig sein, da sonst die Abbildung nicht umkehrbar wäre.
(2) Das Parallelogramm, auf welches das Einheitsquadrat abgebildet wird, hat den Flächeninhalt $|a_1 b_2 - a_2 b_1| = |D|$.

Die Zahl D ist die Determinante der Matrix A. $|D|$ wird als **affines Flächenverhältnis** der affinen Abbildung bezeichnet. Ist $|D| = 1$, so ist die affine Abbildung flächeninhaltstreu.

7 Affine Abbildungen

Bestimmung affiner Abbildungen

Eine affine Abbildung α bildet O, E_1, E_2 auf $O'(1|-2)$, $E_1'(0|1)$, $E_2'(3|-2)$ ab.
Geben Sie die Abbildungsgleichungen an.

K

Ansatz:

$0 = a_1 \cdot 1 + b_1 \cdot 0 + 1$
$1 = a_2 \cdot 1 + b_2 \cdot 0 - 2$

und

$3 = a_1 \cdot 0 + b_1 \cdot 1 + 1$
$-2 = a_2 \cdot 0 + b_2 \cdot 1 - 2$

Es folgt: $a_1 = -1$; $a_2 = 3$; $b_1 = 2$; $b_2 = 0$.

Die Abbildungsgleichungen lauten in
– Vektordarstellung:

$$\begin{pmatrix} x_1' \\ x_2' \end{pmatrix} = x_1 \begin{pmatrix} -1 \\ 3 \end{pmatrix} + x_2 \begin{pmatrix} 2 \\ 0 \end{pmatrix} + \begin{pmatrix} 1 \\ -2 \end{pmatrix},$$

– Koordinatenschreibweise:

$x_1' = -x_1 + 2x_2 + 1$
$x_2' = 3x_1 - 2,$

– Matrizenschreibweise:

$$\begin{pmatrix} x_1' \\ x_2' \end{pmatrix} = \begin{pmatrix} -1 & 2 \\ 3 & 0 \end{pmatrix} \begin{pmatrix} x_1 \\ x_2 \end{pmatrix} + \begin{pmatrix} 1 \\ -2 \end{pmatrix}.$$

Die Abbildungsgleichungen in Koordinatenschreibweise lauten:

$x_1' = a_1 x_1 + b_1 x_2 + 1$
$x_2' = a_2 x_1 + b_2 x_2 - 2$

wobei die Kenntnis des Bildes von O ausgenutzt wurde.
$E_1(1|0)$ wird auf $E_1'(0|1)$ und
$E_2(0|1)$ wird auf $E_2'(3|-2)$ abgebildet.

Die berechneten Werte werden in die allgemeinen Abbildungsgleichungen eingesetzt.

Wählt man den Vektoransatz

$$\vec{x}' = x_1 \vec{a} + x_2 \vec{b} + \vec{v},$$

so erhält man ein LGS für $\vec{a}, \vec{b}, \vec{v}$:

$$\begin{pmatrix} 1 \\ -2 \end{pmatrix} = 0 \cdot \vec{a} + 0 \cdot \vec{b} + \vec{v}$$

$$\begin{pmatrix} 0 \\ 1 \end{pmatrix} = 1 \cdot \vec{a} + 0 \cdot \vec{b} + \vec{v}$$

$$\begin{pmatrix} 3 \\ -2 \end{pmatrix} = 0 \cdot \vec{a} + 1 \cdot \vec{b} + \vec{v}$$

Als Lösung erhält man wieder die oben in der linken Spalte angegebene Vektordarstellung.

7.1 Eigenschaften affiner Abbildungen und Abbildungspraxis · 153

Eine affine Abbildung α_k bildet $P_0(0|1)$ auf $P_0'(-1|k+1)$, $P_1(-1|1)$ auf $P_1'(0|k-1)$ und $P_2(k|4)$ auf $P_2'(11k+2|-2)$ ab.

a) Bestimmen Sie die Abbildungsgleichungen von α_k in Matrizenschreibweise.

b) Für welches $k \in \mathbb{R}$ ist α_k keine affine Abbildung?

a)

$P_0(0|1)$ wird abgebildet auf $P_0'(-1|k+1)$:

$$-1 = a_1 \cdot 0 + b_1 \cdot 1 + v_1$$
$$k+1 = a_2 \cdot 0 + b_2 \cdot 1 + v_2$$

$P_1(-1|1)$ wird abgebildet auf $P_1'(0|k-1)$:

$$0 = a_1 \cdot (-1) + b_1 \cdot 1 + v_1$$
$$k-1 = a_2 \cdot (-1) + b_2 \cdot 1 + v_2$$

$P_2(k|4)$ wird abgebildet auf $P_2'(11k+2|-2)$:

$$11k+2 = a_1 \cdot k + b_1 \cdot 4 + v_1$$
$$-2 = a_2 \cdot k + b_2 \cdot 4 + v_2$$

Es folgt:

$$-1 = b_1 + v_1 \qquad\qquad\qquad \text{(I)}$$
$$0 = -a_1 + b_1 + v_1 \qquad\qquad \text{(II)}$$
$$11k+2 = ka_1 + 4b_1 + v_1 \qquad \text{(III)}$$

sowie

$$k+1 = b_2 + v_2 \qquad\qquad\qquad \text{(IV)}$$
$$k-1 = -a_2 + b_2 + v_2 \qquad\qquad \text{(V)}$$
$$-2 = ka_2 + 4b_2 + v_2 \qquad\qquad \text{(VI)}$$

Als Lösungen erhält man:

$a_1 = -1$; $a_2 = 2$; $b_1 = 4k+1$; $b_2 = -k-1$;
$v_1 = -4k-2$; $v_2 = 2k+2$.

Als Abbildungsgleichung folgt schließlich:

$$\begin{pmatrix} x_1' \\ x_2' \end{pmatrix} = \begin{pmatrix} -1 & 4k+1 \\ 2 & -k-1 \end{pmatrix} \begin{pmatrix} x_1 \\ x_2 \end{pmatrix} + \begin{pmatrix} -4k-2 \\ 2k+2 \end{pmatrix}$$

Um die affine Abbildung α_k zu bestimmen, wählt man als Ansatz die Koordinatenschreibweise:

$$x_1' = a_1 x_1 + b_1 x_2 + v_1$$
$$x_2' = a_2 x_1 + b_2 x_2 + v_2$$

Man erhält mit (I), (II), (III) sowie (IV), (V), (VI) je ein LGS, das nach den üblichen Methoden gelöst wird.

Aus (I) − (II) folgt $a_1 = -1$ und damit

$$-1 = b_1 + v_1,$$
$$12k+2 = 4b_1 + v_1.$$

Subtrahiert man beide Gleichungen, so erhält man:

$$b_1 = 4k+1 \quad \text{sowie} \quad v_1 = -4k-2.$$

Aus (V) − (IV) folgt $a_2 = 2$ und damit

$$k+1 = b_2 + v_2$$
$$-2k-2 = 4b_2 + v_2$$

Subtrahiert man beide Gleichungen, so erhält man:

$$b_2 = -k-1 \quad \text{sowie} \quad v_2 = 2k+2.$$

154   7 Affine Abbildungen

b)

Es ist zu prüfen, für welches k gilt:

$$\begin{vmatrix} -1 & 4k+1 \\ 2 & -k-1 \end{vmatrix} = 0$$

Es folgt:

$$(-1)(-k-1) - 2(4k+1) = 0$$
$$k + 1 - 8k - 2 = 0$$
$$-7k - 1 = 0$$
$$k = -\frac{1}{7}$$

Für $k = -\frac{1}{7}$ ist α_k keine affine Abbildung.

K

Die Vektoren $\vec{a}$ und $\vec{b}$ sind genau dann linear unabhängig, wenn gilt:

$$\begin{vmatrix} a_1 & b_1 \\ a_2 & b_2 \end{vmatrix} \neq 0.$$

Die Abbildung α_k ist demnach dann nicht umkehrbar, also nicht affin, wenn gilt:

$$\begin{vmatrix} -1 & 4k+1 \\ 2 & -k-1 \end{vmatrix} = 0.$$

Fixpunkte, Fixgeraden und Fixpunktgeraden

Für geometrische Abbildungen sind **Fixelemente**, also **Fixpunkte**, **Fixgeraden**, **Fixpunktgeraden**, von besonderer Bedeutung.
Für eine affine Abbildung α gilt:
- Ein Punkt P ist Fixpunkt von α, wenn $\alpha(P) = P$ ist.
- Eine Gerade g ist Fixgerade von α, wenn $\alpha(g) = g$ ist.
- Eine Gerade g ist Fixpunktgerade von α, wenn $\alpha(P) = P$ für jeden Punkt $P \in g$ ist.

Untersuchen Sie die gegebenen affinen Abbildungen auf Fixelemente.

a) $\alpha: \vec{x}' = \begin{pmatrix} 2 & -1 \\ 3 & 1 \end{pmatrix} \vec{x} + \begin{pmatrix} -1 \\ 3 \end{pmatrix}$

b) $\beta: \vec{x}' = \begin{pmatrix} \frac{1}{2} & 1 \\ -1 & 3 \end{pmatrix} \vec{x} + \begin{pmatrix} 5 \\ 1 \end{pmatrix}$

c) $\gamma: \vec{x}' = \begin{pmatrix} 2 & -2 \\ -2 & 5 \end{pmatrix} \vec{x} + \begin{pmatrix} -1 \\ 2 \end{pmatrix}$

7.1 Eigenschaften affiner Abbildungen und Abbildungspraxis

a)

Ansatz:

$$\begin{pmatrix} x_0 \\ y_0 \end{pmatrix} = \begin{pmatrix} 2 & -1 \\ 3 & 1 \end{pmatrix} \begin{pmatrix} x_0 \\ y_0 \end{pmatrix} + \begin{pmatrix} -1 \\ 3 \end{pmatrix}$$

Damit folgt das LGS:

$$x_0 - y_0 - 1 = 0$$
$$3x_0 + 3 = 0$$

mit der Lösung $x_0 = -1$ und $y_0 = -2$.
Damit ist $P(-1|-2)$ Fixpunkt der affinen Abbildung.

K Ist $P(x_0|y_0)$ ein Fixpunkt von α, so muss gelten:

$$\begin{pmatrix} x_0 \\ y_0 \end{pmatrix} = A \cdot \begin{pmatrix} x_0 \\ y_0 \end{pmatrix} + \vec{v}.$$

Die Lösung des LGS ist eindeutig, $P(-1|-2)$ ist der einzige Fixpunkt von α.

b)

Ansatz:

$$\begin{pmatrix} x_0 \\ y_0 \end{pmatrix} = \begin{pmatrix} \frac{1}{2} & 1 \\ -1 & 3 \end{pmatrix} \begin{pmatrix} x_0 \\ y_0 \end{pmatrix} + \begin{pmatrix} 5 \\ 1 \end{pmatrix}$$

Damit folgt das LGS:

$$-\tfrac{1}{2} x_0 + y_0 + 5 = 0$$
$$-x_0 + 2 y_0 + 1 = 0$$

welches keine Lösung hat. Die affine Abbildung β hat keinen Fixpunkt.

K Angenommen, es existiert ein Fixelement für β, so muss für einen Fixpunkt $P(x_0|y_0)$ von β gelten:

$$\begin{pmatrix} x_0 \\ y_0 \end{pmatrix} = A \cdot \begin{pmatrix} x_0 \\ y_0 \end{pmatrix} + \vec{v}.$$

c)

Ansatz:

$$\begin{pmatrix} x_0 \\ y_0 \end{pmatrix} = \begin{pmatrix} 2 & -2 \\ -2 & 5 \end{pmatrix} \begin{pmatrix} x_0 \\ y_0 \end{pmatrix} + \begin{pmatrix} -1 \\ 2 \end{pmatrix}$$

Damit folgt das LGS:

$$x_0 - 2 y_0 - 1 = 0$$
$$-2x_0 + 4 y_0 + 2 = 0$$

mit der Lösung $y_0 = \frac{1}{2} x_0 - \frac{1}{2}$.
Damit ist für jedes $x_0 \in \mathbb{R}$ der Punkt $P(x_0 | \frac{1}{2} x_0 - \frac{1}{2})$ ein Fixpunkt von γ.
Die Gerade g mit der Koordinatengleichung $x - 2y = 1$ ist Fixpunktgerade von γ.

K Angenommen, es existiert ein Fixelement für γ, so muss für einen Fixpunkt $P(x_0|y_0)$ von γ gelten:

$$\begin{pmatrix} x_0 \\ y_0 \end{pmatrix} = A \cdot \begin{pmatrix} x_0 \\ y_0 \end{pmatrix} + \vec{v}.$$

Die Gerade g kann auch durch die Vektorgleichung

$$\vec{x} = \begin{pmatrix} 1 \\ 0 \end{pmatrix} + r \cdot \begin{pmatrix} 2 \\ 1 \end{pmatrix}$$

beschrieben werden.

Eigenwerte und Eigenvektoren

Ist $\alpha^*\colon \vec{x}' = A\,\vec{x}$ mit $A = \begin{pmatrix} a_1 & b_1 \\ a_2 & b_2 \end{pmatrix}$ eine lineare Abbildung, so heißt

$$\begin{vmatrix} a_1 - \lambda & b_1 \\ a_2 & b_2 - \lambda \end{vmatrix} = 0 \quad \text{bzw.} \quad \lambda^2 - (a_1 + b_2)\,\lambda + (a_1 b_2 - a_2 b_1) = 0$$

die **charakteristische Gleichung** der linearen Abbildung α^*. Die Lösungen λ der Gleichung heißen Eigenwerte und ein Vektor $\vec{x}$ für den gilt $A\,\vec{x} = \lambda\,\vec{x}$ heißt Eigenvekor von α^* zum Eigenwert λ (man spricht auch von Eigenwerten und Eigenvektoren der Matrix A).

Beachte:
– Die affine Abbildung $\alpha\colon \vec{x}' = A\,\vec{x}$ ordnet dem Punkt X mit dem Ortsvektor $\vec{x}$ den Punkt X' mit dem Ortsvektor $\vec{x}'$ zu und besitzt den Fixpunkt O.
– Die lineare Abbildung $\alpha^*\colon \vec{x}' = A\,\vec{x}$ ordnet dem Vektor $\vec{x}$ den Vektor $\vec{x}'$ zu.
– Die Eigenvektoren einer Matrix zum Eigenwert λ bilden zusammen mit dem Nullvektor den so genannten Eigenraum von λ (ein Untervektorraum von $\mathbb{R}^2$).

Im allgemeinen werden die affinen Abbildungen $\alpha\colon \vec{x}' = A\,\vec{x}$ mit dem Fixpunkt O wie folgt einge-teilt:

Euler-Affinität	Streckscherung	Affindrehung
A besitzt zwei Eigenwerte λ_1, λ_2	A besitzt einen Eigenwert λ	A besitzt keinen Eigenwert
Parallelstreckung: $\lambda_1 = 1$ oder $\lambda_2 = 1$	Scherung: $\lambda = 1$; eindim. Eigenraum	Verkettung einer Drehung um O mit einer Euler-Affinität
Schrägspiegelung: $\{\lvert \lambda_1; \lambda_2 \rvert\} = \{1; -1\}$	Zentrische Streckung: zweidim. Eigenraum	oder einer Streckscherung

Beispiele für affine Abbildungen der Form $\alpha\colon \vec{x}' = A\,\vec{x}$ mit dem Fixpunkt O

Die Affinitäten werden unter folgenden Fragestellungen betrachtet:
• Abbildungsgleichung
• Eigenwerte
• Eigenvektoren
• Graph einer Abbildung und Abbildungstyp

Beispiel 1

- **Abbildungsgleichung:** $\alpha: \vec{x}' = \begin{pmatrix} 1 & 2 \\ 0 & 3 \end{pmatrix} \vec{x}$

- **Eigenwerte:**

Die Matrix $A = \begin{pmatrix} 1 & 2 \\ 0 & 3 \end{pmatrix}$ hat die charakteristische Gleichung $\lambda^2 - 4\lambda + 3 = 0$ und damit die Eigenwerte $\lambda_1 = 1$ und $\lambda_2 = 3$.

- **Eigenvektoren:**

Die Bedingung $A\vec{u} = \lambda\vec{u}$ führt

für $\lambda_1 = 1$ auf:

$\begin{matrix} u_1 + 2u_2 = u_1 \\ 0 \cdot u_1 + 3u_2 = u_2 \end{matrix}$ bzw. $\begin{matrix} 0 \cdot u_1 + 2u_2 = 0 \\ 0 \cdot u_1 + 2u_2 = 0 \end{matrix}$

Wählt man $u_1 = t$, so folgt $u_2 = 0$ und damit

$\vec{u}_1 = t \begin{pmatrix} 1 \\ 0 \end{pmatrix}$.

für $\lambda_2 = 3$ auf:

$\begin{matrix} u_1 + 2u_2 = 3u_1 \\ 0 \cdot u_1 + 3u_2 = 3u_2 \end{matrix}$ bzw. $\begin{matrix} -2u_1 + 2u_2 = 0 \\ 0 \cdot u_1 + 0 \cdot u_2 = 0 \end{matrix}$

Wählt man $u_1 = t$, so folgt $u_2 = t$ und damit

$\vec{u}_2 = t \begin{pmatrix} 1 \\ 1 \end{pmatrix}$.

Anmerkung: Die Matrix A besitzt zwei verschiedene Eigenwerte. Die Eigenräume bestehen jeweils aus dem Vielfachen eines Vektors, haben also die Dimension 1. Jede Gerade g mit einem Richtungsvektor $\begin{pmatrix} 1 \\ 0 \end{pmatrix}$ oder $\begin{pmatrix} 1 \\ 1 \end{pmatrix}$ wird auf eine zu g parallele Gerade abgebildet.

- **Graph einer Abbildung und Abbildungstyp:**

Das Quadrat $ABCD$ mit $A(0|0)$, $B(1|0)$, $C(1|1)$, $D(0|1)$ wird durch

$\alpha: \vec{x}' = \begin{pmatrix} 1 & 2 \\ 0 & 3 \end{pmatrix} \vec{x}$

auf das Parallelogramm $A'B'C'D'$ mit $A'(0|0)$, $B'(1|0)$, $C'(3|3)$, $D'(2|3)$ abgebildet.

Es handelt sich um eine **Parallelstreckung**.

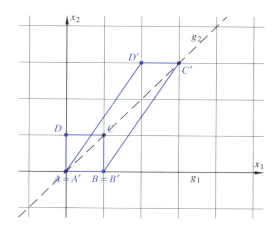

Beispiel 2

- **Abbildungsgleichung:** $\alpha\colon \vec{x}' = \begin{pmatrix} 1 & 2 \\ 0 & 1 \end{pmatrix} \vec{x}$

- **Eigenwerte:**

Die Matrix $A = \begin{pmatrix} 1 & 2 \\ 0 & 1 \end{pmatrix}$ hat die charakteristische Gleichung $\lambda^2 - 2\lambda + 1 = 0$ und damit den einzigen Eigenwert $\lambda = 1$.

- **Eigenvektoren:**

Die Bedingung $A\vec{u} = \lambda \vec{u}$ führt für $\lambda = 1$ auf:

$$\begin{array}{ll} u_1 + 2u_2 = u_1 & 0 \cdot u_1 + 2u_2 = 0 \\ 0 \cdot u_1 + u_2 = u_2 & \text{bzw.} \quad 0 \cdot u_1 + 0 \cdot u_2 = 0 \end{array}$$

Wählt man $u_1 = t$, so folgt $u_2 = 0$ und damit

$$\vec{u} = t \begin{pmatrix} 1 \\ 0 \end{pmatrix}.$$

Anmerkung: Die Matrix A besitzt genau einen Eigenwert. Der Eigenraum besteht aus dem Vielfachen eines Vektors, hat also die Dimension 1. Jede Gerade g mit einem Richtungsvektor $\begin{pmatrix} 1 \\ 0 \end{pmatrix}$ wird auf eine zu g parallele Gerade abgebildet.

- **Graph einer Abbildung und Abbildungstyp:**

Das Quadrat $ABCD$ mit $A(0|0)$, $B(1|0)$, $C(1|1)$, $D(0|1)$ wird durch

$$\alpha\colon \vec{x}' = \begin{pmatrix} 1 & 2 \\ 0 & 1 \end{pmatrix} \vec{x}$$

auf das Parallelogramm $A'B'C'D'$ mit $A'(0|0)$, $B'(1|0)$, $C'(3|1)$, $D'(2|1)$ abgebildet.

Es handelt sich um eine **Scherung**.

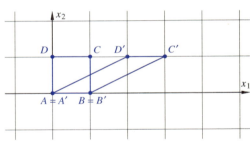

Beispiel 3

- **Abbildungsgleichung:** $\alpha\colon \vec{x}' = \begin{pmatrix} 2 & 0 \\ 0 & 2 \end{pmatrix} \vec{x}$

- **Eigenwerte:**

Die Matrix $A = \begin{pmatrix} 2 & 0 \\ 0 & 2 \end{pmatrix}$ hat die charakteristische Gleichung $\lambda^2 - 4\lambda + 4 = 0$ und damit den einzigen Eigenwert $\lambda = 2$.

7.1 Eigenschaften affiner Abbildungen und Abbildungspraxis

- **Eigenvektoren:**

Die Bedingung $A\vec{u} = \lambda\vec{u}$ führt für $\lambda = 2$ auf:

$\begin{array}{l} 2u_1 + 0 \cdot u_2 = 2u_1 \\ 0 \cdot u_1 + 2u_2 = 2u_2 \end{array}$ bzw. $\begin{array}{l} 0 \cdot u_1 + 0 \cdot u_2 = 0 \\ 0 \cdot u_1 + 0 \cdot u_2 = 0 \end{array}$

Anmerkung: Das LGS hat die Lösungsmenge R^2. Die Matrix A besitzt nur einen Eigenraum mit der Dimension 2. Für jeden Vektor $\vec{u}$ gilt $A\vec{u} = \lambda\vec{u}$. Jede Gerade g wird auf eine zu g parallele Gerade abgebildet.

- **Graph einer Abbildung und Abbildungstyp:**

Das Quadrat $ABCD$ mit $A(0|0)$, $B(1|0)$, $C(1|1)$, $D(0|1)$ wird durch

$\alpha: \vec{x}' = \begin{pmatrix} 2 & 0 \\ 0 & 2 \end{pmatrix} \vec{x}$

auf das Quadrat $A'B'C'D'$ mit $A'(0|0)$, $B'(2|0)$, $C'(2|2)$, $D'(0|2)$ abgebildet.

Es handelt sich um eine **zentrische Streckung**.

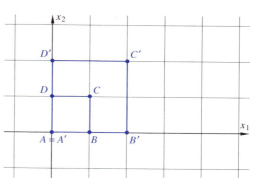

Beispiel 4

- **Abbildungsgleichung:** $\alpha: \vec{x}' = \begin{pmatrix} 1 & -3 \\ 1 & 1 \end{pmatrix} \vec{x}$

- **Eigenwerte:** Die Matrix $A = \begin{pmatrix} 1 & -3 \\ 1 & 1 \end{pmatrix}$ hat die charakteristische Gleichung $\lambda^2 - 2\lambda + 4 = 0$ und damit keine Eigenwerte.

- **Eigenvektoren:** Da A keinen Eigenwert besitzt, hat A auch keinen Eigenraum; es existiert also kein Eigenvektor.

- **Graph einer Abbildung und Abbildungstyp:**

Das Quadrat $ABCD$ mit $A(0|0)$, $B(1|0)$, $C(1|1)$, $D(0|1)$ wird durch

$\alpha: \vec{x}' = \begin{pmatrix} 1 & -3 \\ 1 & 1 \end{pmatrix} \vec{x}$

auf das Parallelogramm $A'B'C'D'$ mit $A'(0|0)$, $B'(1|1)$, $C'(-2|2)$, $D'(-3|1)$ abgebildet. Es handelt sich um eine **Affindrehung**, um eine Verkettung aus einer Drehung um O mit einer Streckscherung.

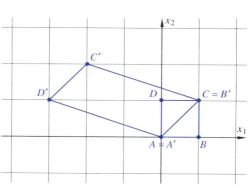

Beispiel 5

- **Abbildungsgleichung:** $\alpha\colon \vec{x}' = \begin{pmatrix} 1 & 1 \\ 2 & 0 \end{pmatrix} \vec{x}$

- **Eigenwerte:**

Die Matrix $A = \begin{pmatrix} 1 & 1 \\ 2 & 0 \end{pmatrix}$ hat die charakteristische Gleichung $\lambda^2 - \lambda - 2 = 0$ und damit die Eigenwerte $\lambda_1 = -1$ und $\lambda_2 = 2$.

- **Eigenvektoren:**

Die Bedingung $A\vec{u} = \lambda\vec{u}$ führt

für $\lambda_1 = -1$ auf:
$$\begin{matrix} u_1 + u_2 = -u_1 \\ 2u_1 + 0 \cdot u_2 = -u_2 \end{matrix} \quad \text{bzw.} \quad \begin{matrix} 2u_1 + u_2 = 0 \\ 2u_1 + u_2 = 0 \end{matrix}$$
Wählt man $u_1 = t$, so folgt $u_2 = -2t$ und
$$\vec{u}_1 = t\begin{pmatrix} 1 \\ -2 \end{pmatrix}.$$

für $\lambda_2 = 2$ auf:
$$\begin{matrix} u_1 + u_2 = 2u_1 \\ 2u_1 + 0 \cdot u_2 = 2u_2 \end{matrix} \quad \text{bzw.} \quad \begin{matrix} -u_1 + u_2 = 0 \\ 2u_1 - 2u_2 = 0 \end{matrix}$$
Wählt man $u_1 = t$, so folgt $u_2 = t$ und damit
$$\vec{u}_2 = t\begin{pmatrix} 1 \\ 1 \end{pmatrix}.$$

Anmerkung: Die Matrix A besitzt zwei verschiedene Eigenwerte. Die Eigenräume bestehen jeweils aus dem Vielfachen eines Vektors, haben also die Dimension 1. Jede Gerade g mit einem Richtungsvektor $\begin{pmatrix} 1 \\ -2 \end{pmatrix}$ oder $\begin{pmatrix} 1 \\ 1 \end{pmatrix}$ wird auf eine zu g parallele Gerade abgebildet.

- **Graph einer Abbildung und Abbildungstyp:**

Das Quadrat $ABCD$ mit $A(0|0)$, $B(1|0)$, $C(1|1)$, $D(0|1)$ wird durch

$$\alpha\colon \vec{x}' = \begin{pmatrix} 1 & 1 \\ 2 & 0 \end{pmatrix} \vec{x}$$

auf das Parallelogramm $A'B'C'D'$ mit $A'(0|0), B'(1|2), C'(2|2), D'(1|0)$ abgebildet.

Es handelt sich um eine **Euler-Affinität**.

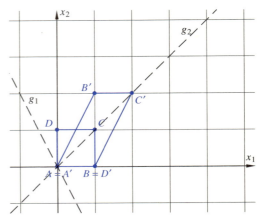

7.1 Eigenschaften affiner Abbildungen und Abbildungspraxis

Beispiele beliebiger affiner Abbildungen der Form $\alpha: \vec{x}' = A\vec{x} + \vec{v}$

Die Affinitäten werden unter folgenden Fragestellungen betrachtet:

- Abbildungsgleichung
- Fixpunkte
- Eigenwerte
- Eigenvektoren
- Fixgeraden
- Graph einer Abbildung und Abbildungstyp

Beispiel 1

- **Abbildungsgleichung:** $\alpha: \vec{x}' = \begin{pmatrix} 1 & 0 \\ 0 & 2 \end{pmatrix} \vec{x} + \begin{pmatrix} 2 \\ 1 \end{pmatrix}$

- **Fixpunkte:**

Die Bedingung $\begin{pmatrix} x_0 \\ y_0 \end{pmatrix} = \begin{pmatrix} 1 & 0 \\ 0 & 2 \end{pmatrix} \begin{pmatrix} x_0 \\ y_0 \end{pmatrix} + \begin{pmatrix} 2 \\ 1 \end{pmatrix}$

führt auf $\left\{ \begin{matrix} x_0 = x_0 + 2 \\ y_0 = 2y_0 + 1 \end{matrix} \right\}$ bzw. $\left\{ \begin{matrix} 0 = 2 \\ y_0 = -1 \end{matrix} \right\}$ und damit auf einen Widerspruch.

Die Abbildung α hat keinen Fixpunkt.

- **Eigenwerte:**

Die Matrix $A = \begin{pmatrix} 1 & 0 \\ 0 & 2 \end{pmatrix}$ hat die charakteristische Gleichung $\lambda^2 - 3\lambda + 2 = 0$ und damit die Eigenwerte $\lambda_1 = 1$ und $\lambda_2 = 2$.

- **Eigenvektoren:**

Die Bedingung $A\vec{u} = \lambda\vec{u}$ führt

für $\lambda_1 = 1$ auf:

$\begin{matrix} u_1 + 0 \cdot u_2 = u_1 \\ 0 \cdot u_1 + 2u_2 = u_2 \end{matrix}$ bzw. $\begin{matrix} 0 \cdot u_1 + 0 \cdot u_2 = 0 \\ 0 \cdot u_1 + u_2 = 0 \end{matrix}$

Wählt man $u_1 = t$, so folgt $u_2 = 0$ und damit

$\vec{u}_1 = t \begin{pmatrix} 1 \\ 0 \end{pmatrix}.$

für $\lambda_2 = 2$ auf :

$\begin{matrix} u_1 + 0 \cdot u_2 = 2u_1 \\ 0 \cdot u_1 + 2u_2 = 2u_2 \end{matrix}$ bzw. $\begin{matrix} -u_1 + 0 \cdot u_2 = 0 \\ 0 \cdot u_1 + 0 \cdot u_2 = 0 \end{matrix}$

Wählt man $u_2 = t$, so folgt $u_1 = 0$ und damit

$\vec{u}_2 = t \begin{pmatrix} 0 \\ 1 \end{pmatrix}.$

- **Fixgeraden:**

Die Gerade $\vec{x} = \vec{x_0} + t\vec{u}$ ist genau dann Fixgerade von $\alpha\colon \vec{x}' = A\vec{x} + \vec{v}$, wenn $\vec{u}$ ein Eigenvektor von A ist und wenn es eine Zahl μ gibt, für die gilt $A\vec{x_0} + \vec{v} - \vec{x_0} = \mu\vec{u}$. Die Eigenvektoren wurden zu $\vec{u_1} = \begin{pmatrix} 1 \\ 0 \end{pmatrix}$ und $\vec{u_2} = \begin{pmatrix} 0 \\ 1 \end{pmatrix}$ bestimmt. Es ist nun zu untersuchen, ob der Vektor $A\vec{x_0} + \vec{v} - \vec{x_0}$ ein Vielfaches von $\vec{u_1}$ oder von $\vec{u_2}$ sein kann.

Untersuchung zu $\vec{u_1}$:

$x_0 + 2 - x_0 = \mu$
$2y_0 + 1 - y_0 = 0$

Damit folgt $\mu = 2$, $y_0 = -1$ und x_0 beliebig aus $\mathbb{R}$.

Als Fixgerade folgt:

$g\colon \vec{x} = \begin{pmatrix} x_0 \\ 1 \end{pmatrix} + t \cdot \begin{pmatrix} 1 \\ 0 \end{pmatrix}$

Es lässt sich zeigen, dass es sich nur um eine einzelne Gerade handelt.

Untersuchung zu $\vec{u_2}$:

$x_0 + 2 - x_0 = 0$
$2y_0 + 1 - y_0 = 0$

Damit folgt $2 = 0$ und $y_0 + 1 = \mu$.

Das LGS führt auf einen Widerspruch, damit hat α keine weitere Fixgerade.

- **Graph einer Abbildung und Abbildungstyp:**

Das Quadrat $ABCD$ mit $A(0|0)$, $B(1|0)$, $C(1|1)$, $D(0|1)$ wird durch

$\alpha\colon \vec{x}' = \begin{pmatrix} 1 & 0 \\ 0 & 2 \end{pmatrix}\vec{x} + \begin{pmatrix} 2 \\ 1 \end{pmatrix}$

auf das Rechteck $A'B'C'D'$ mit $A'(2|1)$, $B'(3|1)$, $C'(3|3)$, $D'(2|3)$ abgebildet.

Es handelt sich um eine **Schubparallelstreckung**.

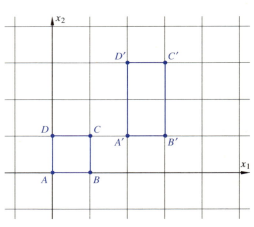

Beispiel 2

- **Abbildungsgleichung:** $\alpha: \vec{x}' = \begin{pmatrix} 2 & 1 \\ 4 & -1 \end{pmatrix} \vec{x} + \begin{pmatrix} 4 \\ -2 \end{pmatrix}$

- **Fixpunkte:**

Die Bedingung $\begin{pmatrix} x_0 \\ y_0 \end{pmatrix} = \begin{pmatrix} 2 & 1 \\ 4 & -1 \end{pmatrix} \begin{pmatrix} x_0 \\ y_0 \end{pmatrix} + \begin{pmatrix} 4 \\ -2 \end{pmatrix}$

führt auf $\left. \begin{matrix} x_0 = 2x_0 + y_0 + 4 \\ y_0 = 4x_0 - y_0 - 2 \end{matrix} \right\}$ bzw. $\left. \begin{matrix} x_0 + y_0 = -4 \\ -4x_0 + 2y_0 = -2 \end{matrix} \right\}$ und damit auf den einzigen

Fixpunkt der Abbildung α: $F(-1|-3)$.

- **Eigenwerte:**

Die Matrix $A = \begin{pmatrix} 2 & 1 \\ 4 & -1 \end{pmatrix}$ hat die charakteristische Gleichung $\lambda^2 - \lambda - 6 = 0$ und damit die

Eigenwerte $\lambda_1 = -2$ und $\lambda_2 = 3$.

- **Eigenvektoren:**

Die Bedingung $A\vec{u} = \lambda \vec{u}$ führt

für $\lambda_1 = -2$ auf:

$\begin{matrix} 2u_1 + u_2 = -2u_1 \\ 4u_1 - u_2 = -2u_2 \end{matrix}$ bzw. $\begin{matrix} 4u_1 + u_2 = 0 \\ 4u_1 + u_2 = 0 \end{matrix}$

Wählt man $u_1 = t$, so folgt $u_2 = -4$ und damit

$\vec{u}_1 = t \begin{pmatrix} 1 \\ -4 \end{pmatrix}$.

für $\lambda_2 = 3$ auf:

$\begin{matrix} 2u_1 + u_2 = 3u_1 \\ 4u_1 - u_2 = 3u_2 \end{matrix}$ bzw. $\begin{matrix} -u_1 + u_2 = 0 \\ 4u_1 - 4u_2 = 0 \end{matrix}$

Wählt man $u_1 = t$, so folgt $u_2 = t$ und damit

$\vec{u}_2 = t \begin{pmatrix} 1 \\ 1 \end{pmatrix}$.

- **Fixgeraden:**

Da $F(-1|-3)$ Fixpunkt ist, sind die Geraden

$g_1: \vec{x} = \begin{pmatrix} -1 \\ -3 \end{pmatrix} + r \cdot \begin{pmatrix} 1 \\ -4 \end{pmatrix}$

und

$g_2: \vec{x} = \begin{pmatrix} -1 \\ -3 \end{pmatrix} + s \cdot \begin{pmatrix} 1 \\ 1 \end{pmatrix}$

Fixgeraden. Es lässt sich zeigen, dass g_1 und g_2 die einzigen Fixgeraden sind.

- **Graph einer Abbildung und Abbildungstyp:**

Das Quadrat $ABCD$ mit $A(0|0)$, $B(1|0)$, $C(1|1)$, $D(0|1)$ wird durch die Abbildung α mit der Vorschrift

$$\vec{x}' = \begin{pmatrix} 1 & 0 \\ 0 & 2 \end{pmatrix} \vec{x} + \begin{pmatrix} 2 \\ 1 \end{pmatrix}$$

auf das Parallelogramm $A'B'C'D'$ mit $A'(4|-2)$, $B'(6|2)$, $C'(7|1)$, $D'(5|-3)$ abgebildet.

Es handelt sich um eine **Euler-Affinität**.

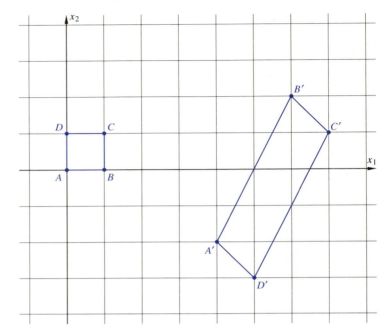

7.2 Multiple-Choice-Test

(Lösungen auf Seite 252)

1. Die affine Abbildung $\vec{x}' = A\vec{x} + \vec{v}$ sei gegeben durch

$$\alpha: \vec{x}' = \begin{pmatrix} 2 & 0 \\ 0 & -3 \end{pmatrix} \vec{x} + \begin{pmatrix} -1 \\ 2 \end{pmatrix}$$

und bildet die Punkte $P(1|1)$, $Q(1|0,5)$, $R(0|-1)$ ab.
Welcher Satz von Punkten wurde richtig abgebildet?

A) $P'(1|1)$, $Q'(1|0,5)$, $R'(1|6)$
B) $P'(-1|1)$, $Q'(-1|0,5)$, $R'(1|-6)$
C) $P'(1|-1)$, $Q'(1|0,5)$, $R'(-1|6)$
D) $P'(-1|-1)$, $Q'(1|-0,5)$, $R'(-1|6)$
E) $P'(1|-1)$, $Q'(-1|-0,5)$, $R'(1|-6)$
F) $P'(1|1)$, $Q'(1|0,5)$, $R'(-1|-6)$

2. Bestimmen Sie eine affine Abbildung $\vec{x}' = A\vec{x} + \vec{v}$ gegeben durch

$$\alpha: \vec{x}' = \begin{pmatrix} a_1 & b_1 \\ a_2 & b_2 \end{pmatrix} \vec{x} + \begin{pmatrix} v_1 \\ v_2 \end{pmatrix}$$

welche die Punkte $A(2|1)$, $B(1|0)$, $C(0|1)$ der Reihe nach auf die Punkte
$A'(-1|2)$, $B'(-1|-1)$, $C'(1|-2)$ abbildet.

A) $\alpha: \vec{x}' = \begin{pmatrix} -1 & 1 \\ 2 & 1 \end{pmatrix} \vec{x} + \begin{pmatrix} 0 \\ -3 \end{pmatrix}$

B) $\alpha: \vec{x}' = \begin{pmatrix} -1 & 3 \\ 2 & 4 \end{pmatrix} \vec{x} + \begin{pmatrix} 1 \\ -3 \end{pmatrix}$

C) $\alpha: \vec{x}' = \begin{pmatrix} 1 & 0 \\ 0 & 1 \end{pmatrix} \vec{x} + \begin{pmatrix} 1 \\ 1 \end{pmatrix}$

D) $\alpha: \vec{x}' = \begin{pmatrix} -1 & 1 \\ 2 & 1 \end{pmatrix} \vec{x} + \begin{pmatrix} 1 \\ 1 \end{pmatrix}$

E) $\alpha: \vec{x}' = \begin{pmatrix} 1 & 0 \\ 0 & 1 \end{pmatrix} \vec{x} + \begin{pmatrix} 0 \\ -3 \end{pmatrix}$

7 Affine Abbildungen

3. Bestimmen Sie eine affine Abbildung $\vec{x}' = A\vec{x} + \vec{v}$ gegeben durch

$$\alpha:\ \vec{x}' = \begin{pmatrix} a_1 & b_1 \\ a_2 & b_2 \end{pmatrix} \vec{x} + \begin{pmatrix} v_1 \\ v_2 \end{pmatrix}$$

für eine Drehung von $270°$ um den Punkt $S(1|1)$.

A) $\alpha:\ \vec{x}' = \begin{pmatrix} 1 & 1 \\ 1 & 1 \end{pmatrix} \vec{x} + \begin{pmatrix} 1 \\ 1 \end{pmatrix}$

B) $\alpha:\ \vec{x}' = \begin{pmatrix} 0 & 1 \\ -1 & 0 \end{pmatrix} \vec{x} + \begin{pmatrix} 1 \\ 1 \end{pmatrix}$

C) $\alpha:\ \vec{x}' = \begin{pmatrix} 0 & 1 \\ -1 & 0 \end{pmatrix} \vec{x} + \begin{pmatrix} 0 \\ 2 \end{pmatrix}$

D) $\alpha:\ \vec{x}' = \begin{pmatrix} 1 & 0 \\ 0 & 1 \end{pmatrix} \vec{x} + \begin{pmatrix} 0 \\ 2 \end{pmatrix}$

E) $\alpha:\ \vec{x}' = \begin{pmatrix} -1 & 0 \\ 0 & -1 \end{pmatrix} \vec{x} + \begin{pmatrix} 0 \\ -2 \end{pmatrix}$

4. Bestimmen Sie die zu einer Spiegelung an der Geraden g mit $y = mx$ ($m \in \mathbb{R}$) gehörenden Abbildungsmatrix A.

Hinweis: Ein Richtungsvektor der Geraden g ist z. B. $\vec{u} = \begin{pmatrix} 1 \\ m \end{pmatrix}$, ein auf g senkrecht stehender Vektor ist z. B. $\vec{v} = \begin{pmatrix} -m \\ 1 \end{pmatrix}$. Stellen Sie beispielsweise $\overrightarrow{OE_1} = \begin{pmatrix} 1 \\ 0 \end{pmatrix}$ als Linearkombination von $\vec{u}$ und $\vec{v}$ dar und beachten Sie $\alpha(\vec{u}) = \vec{u}$ sowie $\alpha(\vec{v}) = -\vec{v}$.

A) $A = \dfrac{1}{1 - m^2} \begin{pmatrix} 1 - m^2 & m \\ m & m^2 - 1 \end{pmatrix}$

B) $A = \dfrac{1}{1 - m^2} \begin{pmatrix} 1 - m^2 & 2m \\ 2m & m^2 - 1 \end{pmatrix}$

C) $A = \dfrac{1}{1 + m^2} \begin{pmatrix} 1 - m^2 & 2m \\ 2m & m^2 - 1 \end{pmatrix}$

D) $A = \dfrac{1}{1 + m^2} \begin{pmatrix} 1 - m^2 & m \\ m & m^2 - 1 \end{pmatrix}$

E) $A = \dfrac{1}{1 + m^2} \begin{pmatrix} 1 + m^2 & 2m \\ 2m & m^2 + 1 \end{pmatrix}$

7.2 Multiple-Choice-Test

5. Untersuchen Sie die gegebenen affinen Abbildungen auf Fixelemente:

a) $\alpha: \vec{x}' = \begin{pmatrix} 1 & -1 \\ 0 & 2 \end{pmatrix} \vec{x} + \begin{pmatrix} -1 \\ 1 \end{pmatrix}$

b) $\beta: \vec{x}' = \begin{pmatrix} 2 & -1 \\ 1 & 2 \end{pmatrix} \vec{x} + \begin{pmatrix} -1 \\ 3 \end{pmatrix}$

c) $\gamma: \vec{x}' = \begin{pmatrix} 1 & -1 \\ 0 & 2 \end{pmatrix} \vec{x} + \begin{pmatrix} 0 \\ -1 \end{pmatrix}$

Ordnen Sie ihre Ergebnisse der richtigen Lösung zu.

A) α hat den Fixpunkt $P(-1|-2)$.
β hat den Fixpunkt $P(-2|-1)$.
γ hat keine Fixelemente.

B) α hat keine Fixelemente.
β hat die Fixpunktgerade $x_2 = 1$.
γ hat den Fixpunkt $P(-1|-2)$.

C) α hat die Fixpunktgerade $x_2 = -1$.
β hat den Fixpunkt $P(-1|-2)$.
γ hat keine Fixelemente.

D) α hat die Fixpunktgerade $x_2 = -1$.
β hat den Fixpunkt $P(-2|-1)$.
γ hat den Fixpunkt $P(1|1)$.

E) α hat den Fixpunkt $P(0|0)$.
β hat keine Fixelemente.
γ hat die Fixpunktgerade $x_2 = 1$.

6. Bestimmen Sie die Eigenwerte der Matrix der Abbildung

$\alpha: \vec{x}' = \begin{pmatrix} 1 & 2 \\ -1 & 4 \end{pmatrix} \vec{x}.$

A) $\lambda_1 = 1; \lambda_2 = 3$
B) $\lambda_1 = 2; \lambda_2 = 3$
C) $\lambda_1 = 4; \lambda_2 = 2$
D) $\lambda_1 = -2; \lambda_2 = 3$
E) $\lambda = 2$
F) $\lambda_1 = 3; \lambda_2 = 9$

168   7 Affine Abbildungen

7. **Gegeben sind die folgenden Abbildungsgleichungen:**

a) $\vec{x}' = \begin{pmatrix} 1 & 0 \\ 0 & 1 \end{pmatrix} \vec{x} + \begin{pmatrix} 1 \\ 0 \end{pmatrix}$

b) $\vec{x}' = \begin{pmatrix} 1 & 0 \\ 0 & 1 \end{pmatrix} \vec{x} + \begin{pmatrix} 0 \\ 1 \end{pmatrix}$

c) $\vec{x}' = \begin{pmatrix} 1 & 0 \\ 0 & 1 \end{pmatrix} \vec{x} + \begin{pmatrix} 1 \\ 1 \end{pmatrix}$

d) $\vec{x}' = \begin{pmatrix} 1 & 0 \\ 0 & -1 \end{pmatrix} \vec{x}$

e) $\vec{x}' = \begin{pmatrix} -1 & 0 \\ 0 & 1 \end{pmatrix} \vec{x}$

f) $\vec{x}' = \begin{pmatrix} -1 & 0 \\ 0 & -1 \end{pmatrix} \vec{x}$

g) $\vec{x}' = \begin{pmatrix} 1 & 0 \\ 0 & 1 \end{pmatrix} \vec{x}$

Ordnen Sie ihre Ergebnisse den Lösungen zu.

A) Identische Abbildung
B) Verschiebung in y-Richtung
C) Verschiebung in x-Richtung
D) Spiegelung an der y-Achse
E) Spiegelung an der x-Achse
F) Verschiebung in xy-Richtung
G) Spiegelung am Koordinatenursprung

8. **Gegeben sind die folgenden Abbildungsgleichungen:**

a) $\vec{x}' = \begin{pmatrix} \cos\left(\frac{\pi}{2}\right) & -\sin\left(\frac{\pi}{2}\right) \\ \sin\left(\frac{\pi}{2}\right) & \cos\left(\frac{\pi}{2}\right) \end{pmatrix} \vec{x}$

b) $\vec{x}' = \begin{pmatrix} \cos\left(\frac{\pi}{4}\right) & -\sin\left(\frac{\pi}{4}\right) \\ \sin\left(\frac{\pi}{4}\right) & \cos\left(\frac{\pi}{4}\right) \end{pmatrix} \vec{x}$

c) $\vec{x}' = \begin{pmatrix} \cos\left(\frac{\pi}{4}\right) & \sin\left(\frac{\pi}{4}\right) \\ -\sin\left(\frac{\pi}{4}\right) & \cos\left(\frac{\pi}{4}\right) \end{pmatrix} \vec{x}$

d) $\vec{x}' = \begin{pmatrix} \cos\left(\frac{\pi}{2}\right) & \sin\left(\frac{\pi}{2}\right) \\ -\sin\left(\frac{\pi}{2}\right) & \cos\left(\frac{\pi}{2}\right) \end{pmatrix} \vec{x}$

Ordnen Sie ihre Ergebnisse den Lösungen zu.

A) Drehung um 315°
B) Drehung um 270°
C) Drehung um 90°
D) Drehung um 45°

9. Untersuchen Sie die folgende affine Abbildung der Form $\vec{x}' = A\,\vec{x} + \vec{v}$ gegeben durch

$$\alpha:\ \vec{x}' = \begin{pmatrix} 1 & 1 \\ -1 & 3 \end{pmatrix} \vec{x}$$

auf Eigenwerte sowie Eigenvektoren und geben Sie den Abbildungstyp an.

A) Eigenwerte: $\lambda_1 = -1$; $\lambda_2 = 2$

Eigenvektoren: $\vec{u}_1 = t\begin{pmatrix} 0 \\ 1 \end{pmatrix}$; $\vec{u}_2 = t\begin{pmatrix} 1 \\ 0 \end{pmatrix}$; $t \in \mathbb{R}$

Abbildungstyp: Euler-Affinität

B) Eigenwerte: $\lambda = 2$

Eigenvektoren: $\vec{u} = t\begin{pmatrix} 1 \\ 0 \end{pmatrix}$; $t \in \mathbb{R}$

Abbildungstyp: Affindrehung

C) Eigenwerte: $\lambda_1 = -2$; $\lambda_2 = -1$

Eigenvektoren: $\vec{u}_1 = t\begin{pmatrix} 0 \\ -1 \end{pmatrix}$; $\vec{u}_2 = t\begin{pmatrix} 1 \\ 1 \end{pmatrix}$; $t \in \mathbb{R}$

Abbildungstyp: Euler-Affinität

D) Eigenwerte: $\lambda = 2$

Eigenvektoren: $\vec{u} = t\begin{pmatrix} 1 \\ 1 \end{pmatrix}$; $t \in \mathbb{R}$

Abbildungstyp: Streckscherung

170   7 Affine Abbildungen

10. **Untersuchen Sie die folgende affine Abbildung der Form $\vec{x}' = A\vec{x} + \vec{v}$ gegeben durch**

$$\alpha: \vec{x}' = \begin{pmatrix} -3 & -2 \\ 5 & 4 \end{pmatrix} \vec{x} + \begin{pmatrix} 0 \\ 1 \end{pmatrix}$$

auf Fixpunkte, Eigenwerte, Eigenvektoren sowie Fixgeraden und geben Sie den Abbildungstyp an. Ordnen Sie ihre Ergebnisse der Lösung zu.

A) Fixpunkte: $P(-1|2)$
   Eigenwerte: $\lambda_1 = -1 \, ; \lambda_2 = 2$

   Eigenvektoren: $\vec{u}_1 = t\begin{pmatrix} 1 \\ -1 \end{pmatrix}; \quad \vec{u}_2 = t\begin{pmatrix} 2 \\ -5 \end{pmatrix}; t \in \mathbb{R}$

   Fixgeraden: $g_1: x_1 + x_2 = -1 \, ; g_2: 5x_1 + 2x_2 = 1$
   Abbildungstyp: Euler-Affinität

B) Fixpunkte: $P(1|-2)$
   Eigenwerte: $\lambda_1 = -2 \, ; \lambda_2 = 1$

   Eigenvektoren: $\vec{u}_1 = t\begin{pmatrix} 1 \\ -1 \end{pmatrix}; \quad \vec{u}_2 = t\begin{pmatrix} 2 \\ -5 \end{pmatrix}; t \in \mathbb{R}$

   Fixgeraden: $g_1: x_1 + x_2 = -1 \, ; g_2: 5x_1 + 2x_2 = 1$
   Abbildungstyp: Euler-Affinität

C) Fixpunkte: $P(1|-2)$
   Eigenwerte: $\lambda_1 = -1 \, ; \lambda_2 = 2$

   Eigenvektoren: $\vec{u}_1 = t\begin{pmatrix} 1 \\ -1 \end{pmatrix}; \quad \vec{u}_2 = t\begin{pmatrix} 2 \\ -5 \end{pmatrix}; t \in \mathbb{R}$

   Fixgeraden: $g_1: x_1 + x_2 = -1 \, ; g_2: 5x_1 + 2x_2 = 1$
   Abbildungstyp: Euler-Affinität

D) Fixpunkte: $P(1|-2)$
   Eigenwerte: $\lambda_1 = -1 \, ; \lambda_2 = 2$

   Eigenvektoren: $\vec{u}_1 = t\begin{pmatrix} 2 \\ 1 \end{pmatrix}; \quad \vec{u}_2 = t\begin{pmatrix} -5 \\ 1 \end{pmatrix}; t \in \mathbb{R}$

   Fixgeraden: $g_1: x_1 + x_2 = -1 \, ; g_2: 5x_1 + 2x_2 = 1$
   Abbildungstyp: Euler-Affinität

E) Fixpunkte: $P(1|-2)$
   Eigenwerte: $\lambda_1 = -1 \, ; \lambda_2 = 2$

   Eigenvektoren: $\vec{u}_1 = t\begin{pmatrix} 1 \\ -1 \end{pmatrix}; \quad \vec{u}_2 = t\begin{pmatrix} 2 \\ -5 \end{pmatrix}; t \in \mathbb{R}$

   Fixgeraden: $g_1; x_1 + x_2 = -1; g_2: 5x_1 + 2x_2 = 1$
   Abbildungstyp: Schubparallelstreckung

8 Komplexaufgaben mit Lösungen

Gegeben sind die Geraden

$$g\colon \vec{x} = \begin{pmatrix} 1 \\ 1 \\ 3 \end{pmatrix} + r \begin{pmatrix} 3 \\ 4 \\ -1 \end{pmatrix} \ (r \in \mathbb{R}) \quad \text{und} \quad h\colon \vec{x} = \begin{pmatrix} 4 \\ -4 \\ 2 \end{pmatrix} + s \begin{pmatrix} 1 \\ 4 \\ 1 \end{pmatrix} \ (s \in \mathbb{R}).$$

a) Untersuchen Sie die Lage der Geraden g und h zueinander.

b) Bestimmen Sie die kürzeste Entfernung der beiden Geraden sowie die Fußpunkte und die Gleichung ihres gemeinsamen Lots.

c) Bestimmen Sie die Gleichung der Geraden g und h nach der Projektion in die xy-Ebene. Überprüfen Sie die Lage der projizierten Geraden zueinander und berechnen Sie – wenn möglich – den Schnittwinkel der beiden Geraden.

a)

Prüfung von g und h auf Parallelität: Wie leicht zu sehen ist, gilt:

$$\begin{pmatrix} 3 \\ 4 \\ -1 \end{pmatrix} \neq k \begin{pmatrix} 1 \\ 4 \\ 1 \end{pmatrix} \quad \text{für alle} \quad k \in \mathbb{R}$$

g und h sind somit nicht parallel.

Vermutung: g und h schneiden sich in einem Punkt S.

Ansatz:

$$\begin{pmatrix} 1 \\ 1 \\ 3 \end{pmatrix} + r \cdot \begin{pmatrix} 3 \\ 4 \\ -1 \end{pmatrix} = \begin{pmatrix} 4 \\ -4 \\ 2 \end{pmatrix} + s \cdot \begin{pmatrix} 1 \\ 4 \\ 1 \end{pmatrix}$$

Das zugehörige Gleichungssystem lautet:

$1 + 3r = 4 + s$	(I)
$1 + 4r = -4 + 4s$	(II)
$3 - r = 2 + s$	(III)

Nach einer Umformung erhält man:

$3r - s = 3$	(I)
$4r - 4s = -5$	(II)
$r + s = 1$	(III)

Parallele Geraden sind durch kollineare Richtungsvektoren gekennzeichnet.

Aus der Annahme, dass sich g und h schneiden folgt, dass der Ortsvektor von S beide Geradengleichungen erfüllt.

172　8 Komplexaufgaben mit Lösungen

Aus (I) + (III) folgt $r = 1$, damit folgt z. B. aus (III) $s = 0$. Setzt man beide Werte in (II) ein, so erhält man mit $4 = -5$ einen Widerspruch. g und h sind windschief.

Das LGS ist nicht lösbar. Die Richtungsvektoren der Geraden g und h sind nicht kollinear und daher sind g und h windschief.

b)

K

Zur Abstandsbestimmung der als windschief erkannten Geraden g und h wird ein Normaleneinheitsvektor, der auf den Richtungsvektoren $\vec{u}$ und $\vec{v}$ von g und h senkrecht steht, bestimmt.

Sind

$g: \vec{x} = \vec{p} + r\vec{u} \quad (r \in \mathbb{R})$

und

$h: \vec{x} = \vec{q} + s\vec{v} \quad (s \in \mathbb{R})$

zwei windschiefe Geraden, sowie $\vec{n}_0$ ein zu beiden Richtungsvektoren $\vec{u}$ und $\vec{v}$ orthogonaler Einheitsvektor, so besitzen g und h den Abstand

$d = |(\vec{p} - \vec{q}) \bullet \vec{n}_0|.$

Der Ansatz:

$$\vec{n} \bullet \vec{u} = \begin{pmatrix} x \\ y \\ z \end{pmatrix} \bullet \begin{pmatrix} 3 \\ 4 \\ -1 \end{pmatrix} = 0$$

Ansatz zur Bestimmung eines zu den Vektoren $\vec{u}$ und $\vec{v}$ senkrechten Vektors $\vec{n}$:

$\vec{n} \bullet \vec{u} = 0 \quad$ und $\quad \vec{n} \bullet \vec{v} = 0.$

liefert:

$3x + 4y - z = 0 \qquad \qquad \text{(I)}$

sowie

$$\vec{n} \bullet \vec{v} = \begin{pmatrix} x \\ y \\ z \end{pmatrix} \bullet \begin{pmatrix} 1 \\ 4 \\ 1 \end{pmatrix} = 0$$

$x + 4y + z = 0. \qquad \qquad \text{(II)}$

Aus (I) und (II) folgt z. B.

$$\vec{n} = \begin{pmatrix} -2 \\ 1 \\ -2 \end{pmatrix} \text{ bzw. } \vec{n}_0 = \frac{1}{3} \begin{pmatrix} -2 \\ 1 \\ -2 \end{pmatrix}$$

Zur Bestimmung des Abstands werden $\vec{n}_0$ sowie die Ortsvektoren der Aufpunkte von g und h in die Abstandsformel

$d = |(\vec{p} - \vec{q}) \bullet \vec{n}_0|$

Um aus einem Normalenvektor $\vec{n}$ einen Normaleneinheitsvektor zu erhalten, wird dieser normiert. Dazu wird der Vektor $\vec{n}$ durch seinen Betrag $|\vec{n}|$ dividiert. Man erhält so den Normaleneinheitsvektor $\vec{n}_0$.

eingesetzt:

$$d = \left| \left(\begin{pmatrix} 1 \\ 1 \\ 3 \end{pmatrix} - \begin{pmatrix} 4 \\ -4 \\ 2 \end{pmatrix} \right) \cdot \frac{1}{3} \begin{pmatrix} -2 \\ 1 \\ -2 \end{pmatrix} \right|$$

$$= \left| \frac{1}{3} \begin{pmatrix} -3 \\ 5 \\ 1 \end{pmatrix} \cdot \begin{pmatrix} -2 \\ 1 \\ -2 \end{pmatrix} \right|$$

$$= \left| \frac{1}{3}(6 + 5 - 2) \right| = 3.$$

Der Abstand zwischen g und h beträgt 3 LE.

Zur Bestimmung der Fußpunkte auf g und h des gemeinsamen Lotes wird eine Hilfsebene gebildet, die als Richtungsvektoren den Richtungsvektor $\vec{v}$ der Geraden h sowie den oben berechneten Normalenvektor $\vec{n}$, der kollinear zu dem Verbindungsvektor $\overrightarrow{F_g F_h}$ der gesuchten Fußpunkte F_g und F_h verläuft, hat.

Eine Parameterdarstellung von E lautet:

$$E: \vec{x} = \begin{pmatrix} 4 \\ -4 \\ 2 \end{pmatrix} + r \begin{pmatrix} 1 \\ 4 \\ 1 \end{pmatrix} + s \begin{pmatrix} -2 \\ 1 \\ -2 \end{pmatrix}.$$

Die Hilfsebene E wird aus der Geraden h sowie dem oben berechneten Normalenvektor $\vec{n}$ gebildet:

$$E: \vec{x} = \vec{p} + r\vec{v} + s\vec{n} \quad (r, s \in \mathbb{R}).$$

Die Gerade g schneidet die Hilfsebene E im Fußpunkt F_g (s. Abb.).

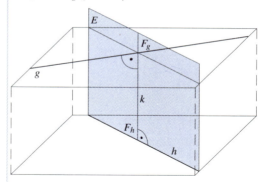

Eine Normalenform von E folgt aus dem Ansatz:

$$E: (\vec{x} - \vec{a}) \cdot \vec{n} = 0,$$

mit $\vec{a}$ als Ortsvektor eines Aufpunkts von E und $\vec{n}$ als Normalenvektor von E.

Zur Bestimmung einer Normalengleichung einer Ebene E aus deren Parameterdarstellung kann folgender Ansatz benutzt werden:

$$E: (\vec{x} - \vec{a}) \cdot \vec{n} = 0,$$

wobei $\vec{a}$ der Ortsvektor eines Aufpunkts von E und $\vec{n} = \begin{pmatrix} x \\ y \\ z \end{pmatrix}$ ein Normalenvektor von E ist.

174 8 Komplexaufgaben mit Lösungen

Man bestimmt einen Normalenvektor von E z. B. als Vektorprodukt der Richtungsvektoren:

$$\begin{pmatrix} 1 \\ 4 \\ 1 \end{pmatrix} \times \begin{pmatrix} -2 \\ 1 \\ -2 \end{pmatrix} = \begin{pmatrix} -9 \\ 0 \\ 9 \end{pmatrix}$$

Wir wählen als Normalenvektor $\vec{n} = \begin{pmatrix} -1 \\ 0 \\ 1 \end{pmatrix}$

und erhalten als Normalenform der Ebenengleichung:

$$E: \left[\vec{x} - \begin{pmatrix} 4 \\ -4 \\ 2 \end{pmatrix} \right] \cdot \begin{pmatrix} -1 \\ 0 \\ 1 \end{pmatrix} = 0$$

Ein Normalenvektor von E lässt sich z. B. als Vektorprodukt der Richtungsvektoren von E bestimmen:
$\vec{n} = \vec{u} \times \vec{v}$.

Aus der Gleichsetzung der Gleichungen von g und E folgt der Lotfußpunkt F_g:

$$\left[\begin{pmatrix} 1 \\ 1 \\ 3 \end{pmatrix} + r \begin{pmatrix} 3 \\ 4 \\ -1 \end{pmatrix} - \begin{pmatrix} 4 \\ -4 \\ 2 \end{pmatrix} \right] \cdot \begin{pmatrix} -1 \\ 0 \\ 1 \end{pmatrix} = 0$$

$$\left[\begin{pmatrix} -3 \\ 5 \\ 1 \end{pmatrix} + r \begin{pmatrix} 3 \\ 4 \\ -1 \end{pmatrix} \right] \cdot \begin{pmatrix} -1 \\ 0 \\ 1 \end{pmatrix} = 0$$

$3 + 1 - 3r - r = 0 \quad$ bzw. $\quad r = 1$

und damit folgt $F_g(4|5|2)$.

Die Gerade g schneidet die Ebene E im gesuchten Lotfußpunkt F_g.

Wählt man F_g als Aufpunkt der Lotgeraden k und den oben ermittelten Normalenvektor

$\vec{n} = \begin{pmatrix} -2 \\ 1 \\ -2 \end{pmatrix}$, der zu den Richtungsvektoren

von g und h senkrecht verläuft, als Richtungsvektor von k, so folgt für die Lotgerade k:

$$k: \vec{x} = \begin{pmatrix} 4 \\ 5 \\ 2 \end{pmatrix} + t \begin{pmatrix} -2 \\ 1 \\ -2 \end{pmatrix}.$$

Mithilfe des Lotfußpunkts F_g und eines Normalenvektors $\vec{n}$, der orthogonal zu den Richtungsvektoren von g und h verläuft, kann eine Gleichung der Lotgeraden ermittelt werden.

Setzt man die Geradengleichungen für h und k gleich, so erhält man die Koordinaten des Lotfußpunkts F_h:

$$\begin{pmatrix} 4 \\ -4 \\ 2 \end{pmatrix} + s \begin{pmatrix} 1 \\ 4 \\ 1 \end{pmatrix} = \begin{pmatrix} 4 \\ 5 \\ 2 \end{pmatrix} + t \begin{pmatrix} -2 \\ 1 \\ -2 \end{pmatrix}.$$

Es folgt:

$$s + 2t = 0 \qquad\qquad\qquad (\text{I})$$
$$4s - t = 9 \qquad\qquad\qquad (\text{II})$$
$$s + 2t = 0 \qquad\qquad\qquad (\text{III})$$

und weiter aus $s = -2t$ bzw. $-8t - t = 9$ und damit $t = -1$ sowie $s = 2$.

Mit diesen Werten erhält man als Fußpunkt $F_h(6|4|4)$.

Der gesuchte zweite Lotfußpunkt F_h folgt als Schnittpunkt der Geraden g und k.

c)

Der Ansatz zur Bestimmung der projizierten Geraden in die x-y-Ebene erfordert $z = 0$ während die x- und y-Koordinaten unverändert bleiben:

$$g': \vec{x} = \begin{pmatrix} 1 \\ 1 \\ 0 \end{pmatrix} + r \begin{pmatrix} 3 \\ 4 \\ 0 \end{pmatrix}$$

und

$$h': \vec{x} = \begin{pmatrix} 4 \\ -4 \\ 0 \end{pmatrix} + s \begin{pmatrix} 1 \\ 4 \\ 0 \end{pmatrix}.$$

Die Überprüfung auf Kollinearität der Richtungsvektoren ergibt mit

$$\begin{pmatrix} 3 \\ 4 \\ 0 \end{pmatrix} \neq k \begin{pmatrix} 1 \\ 4 \\ 0 \end{pmatrix},$$

dass g' und h' sich schneiden.

Wird die Gerade g parallel zur z-Achse in die x-y-Ebene projiziert, so muss die z-Koordinate bei allen Ortsvektoren von g' null sein. Die x- und y-Koordinate bleiben unverändert.

Der Schnittpunkt von g' und h' lautet $S(7,4|9,5|0)$.

Der Schnittwinkel γ der Geraden g' und h' folgt unter Beachtung der Richtungsvektoren aus

$$\cos \gamma = \frac{\left| \begin{pmatrix} 3 \\ 4 \\ 0 \end{pmatrix} \bullet \begin{pmatrix} 1 \\ 4 \\ 0 \end{pmatrix} \right|}{\sqrt{25} \cdot \sqrt{17}}$$

$$= \frac{3 + 16}{\sqrt{425}} \approx 0{,}9216$$

Der gesuchte Schnittwinkel zwischen den Geraden g' und h' beträgt $\gamma \approx 22{,}83°$.

Für den Schnittwinkel γ zweier Geraden g und h mit den Richtungsvektoren $\vec{u}$ und $\vec{v}$ gilt:

$$\cos \gamma = \frac{|\vec{u} \bullet \vec{v}|}{|\vec{u}| \cdot |\vec{v}|}.$$

Gegeben sind die Ebenen:

E: $2x + y = -4$

und

$$F: \vec{x} = \begin{pmatrix} -1 \\ -2 \\ 0 \end{pmatrix} + r \begin{pmatrix} -3 \\ 1 \\ 1 \end{pmatrix} + s \begin{pmatrix} 1 \\ 3 \\ 1 \end{pmatrix}$$

a) Bestimmen Sie die Schnittgerade zwischen E und F.

b) Bestimmen Sie den Schnittwinkel von E und F.

c) Zeigen Sie, dass alle Ebenen der Ebenenschar

$$E_c: \begin{pmatrix} c+1 \\ 1 \\ c-1 \end{pmatrix} \bullet \vec{x} + 3 + c = 0; \ c \in \mathbb{R}$$

die Schnittgerade aus a) enthalten.

Es sei nun $c_{1,2} \neq 0$. Welche Beziehung muss zwischen c_1 und c_2 bestehen, damit E_{c_1} und E_{c_2} orthogonal zueinander sind?

d) Weisen Sie nach, dass der Vektor $\vec{p}_c = \begin{pmatrix} 1-c \\ 1-c \\ 2+c \end{pmatrix}$ ein Richtungsvektor von E_c sein kann. Zeigen Sie, dass der Richtungsvektor der Schnittgeraden g (aus a)) und der Vektor $\vec{p}_c$ linear unabhängig sind.

e) Geben Sie eine Parametergleichung der Geraden h_c an, die durch den Punkt $R(-2|0|1)$ verläuft, die in E_c enthalten ist und die rechtwinklig zur Schnittgeraden g aus a) verläuft.

a)

Zur Bestimmung der Schnittgeraden zwischen E und F wird zunächst aus der Parametergleichung von F eine Normalengleichung erstellt.

Ein Normalenvektor von F lässt sich als Vektorprodukt der Richtungsvektoren ermitteln:

$$\begin{pmatrix} -3 \\ 1 \\ 1 \end{pmatrix} \times \begin{pmatrix} 1 \\ 3 \\ 1 \end{pmatrix} =$$

$$= \begin{pmatrix} 1 \cdot 1 - 1 \cdot 3 \\ 1 \cdot 1 - (-3) \cdot 1 \\ (-3) \cdot 3 - 1 \cdot 1 \end{pmatrix} = \begin{pmatrix} -2 \\ 4 \\ -10 \end{pmatrix}.$$

Wegen $\begin{pmatrix} -2 \\ 4 \\ -10 \end{pmatrix} = 2 \cdot \begin{pmatrix} -1 \\ 2 \\ -5 \end{pmatrix}$ wählt man als Normalenvektor

$$\vec{n} = \begin{pmatrix} -1 \\ 2 \\ -5 \end{pmatrix}$$

Unter Benutzung des Aufpunkts von F folgt als Normalengleichung:

$$F: \left[\vec{x} - \begin{pmatrix} -1 \\ -2 \\ 0 \end{pmatrix} \right] \bullet \begin{pmatrix} -1 \\ 2 \\ -5 \end{pmatrix} = 0$$

und schließlich eine Koordinatengleichung:

$$F: -x + 2y - 5z = -3.$$

Zur Berechnung der Schnittgeraden zwischen E und F untersucht man die Lösungen des LGS:

$$2x + y = -4 \qquad \text{(I)}$$
$$-x + 2y - 5z = -3 \qquad \text{(II)}$$

Wählt man z. B. $z = t$, so folgt nach $2 \cdot \text{(I)} - \text{(II)}$ für $x = -1 - t$.

K

Ein Normalenvektor einer Ebene E, die in Parameterform gegeben ist, folgt z. B. als Vektorprodukt der Richtungsvektoren.

Für zwei Vektoren

$$\vec{a} = \begin{pmatrix} a_1 \\ a_2 \\ a_3 \end{pmatrix} \text{ und } \vec{b} = \begin{pmatrix} b_1 \\ b_2 \\ b_3 \end{pmatrix} \text{ des Raums heißt}$$

$$\vec{a} \times \vec{b} = \begin{pmatrix} a_2\,b_3 - a_3\,b_2 \\ a_3\,b_1 - a_1\,b_3 \\ a_1\,b_2 - a_2\,b_1 \end{pmatrix},$$

das Vektorprodukt von $\vec{a}$ und $\vec{b}$.

Man rechnet

$$\begin{pmatrix} x \\ y \\ z \end{pmatrix} \bullet \begin{pmatrix} -1 \\ 2 \\ -5 \end{pmatrix} - \begin{pmatrix} -1 \\ -2 \\ 0 \end{pmatrix} \bullet \begin{pmatrix} -1 \\ 2 \\ -5 \end{pmatrix} = 0$$

und weiter

$$-x + 2y - 5z - (1 - 4) = 0$$
$$-x + 2y - 5z + 3 = 0$$
$$-x + 2y - 5z = -3.$$

178   8 Komplexaufgaben mit Lösungen

Setzt man z und x in (II) ein, so folgt

$y = -2 + 2t$.

Damit folgt als Schnittgerade

$$g\colon \vec{x} = \begin{pmatrix} -1 \\ -2 \\ 0 \end{pmatrix} + t \begin{pmatrix} -1 \\ 2 \\ 1 \end{pmatrix}; \quad t \in \mathbb{R}.$$

b)   **K**

Der Schnittwinkel zwischen den Ebenen E mit dem Normalenvektor

$$\vec{n}_E = \begin{pmatrix} 2 \\ 1 \\ 0 \end{pmatrix}$$

und F mit dem Normalenvektor

$$\vec{n}_F = \begin{pmatrix} -1 \\ 2 \\ -5 \end{pmatrix}$$

folgt aus

$$\cos\gamma = \frac{\left| \begin{pmatrix} 2 \\ 1 \\ 0 \end{pmatrix} \bullet \begin{pmatrix} -1 \\ 2 \\ -5 \end{pmatrix} \right|}{\sqrt{5} \cdot \sqrt{30}}$$

und damit ist

$\cos\gamma = 0$.

Der Schnittwinkel beträgt $\gamma = 90°$, die Ebenen stehen also senkrecht aufeinander.

Schneiden sich zwei Ebenen E und F mit den Normalenvektoren $\vec{n}_E$ und $\vec{n}_F$, so gilt für ihren Schnittwinkel:

$$\cos\gamma = \frac{|\vec{n}_E \bullet \vec{n}_F|}{|\vec{n}_E| \cdot |\vec{n}_F|}.$$

c)   **K**

Um zu zeigen, dass alle Ebenen der Ebenenschar

$$E_c\colon \begin{pmatrix} c+1 \\ 1 \\ c-1 \end{pmatrix} \bullet \vec{x} + 3 + c = 0; \quad c \in \mathbb{R}$$

die Gerade

Wenn eine Gerade

$g\colon \vec{x} = \vec{q} + r\vec{u}$

in der Ebene

$E\colon \vec{a} \bullet \vec{x} = d$

liegt, so muss folgende

$$g : \vec{x} = \begin{pmatrix} -1 \\ -2 \\ 0 \end{pmatrix} + t \begin{pmatrix} -1 \\ 2 \\ 1 \end{pmatrix}$$

enthalten, wird die Geradengleichung in die Ebenengleichung eingesetzt:

$$\begin{pmatrix} c+1 \\ 1 \\ c-1 \end{pmatrix} \bullet \left[\begin{pmatrix} -1 \\ -2 \\ 0 \end{pmatrix} + t \begin{pmatrix} -1 \\ 2 \\ 1 \end{pmatrix} \right] + 3 + c = 0$$

Multipliziert man aus, so folgt

$$-(c+1) - 2 - t(c+1)$$
$$+ 2t + t(c-1) + 3 + c = 0$$

und weiter mit $0 = 0$ eine wahre Aussage. Damit liegt g für jedes $c \in \mathbb{R}$ in der Ebenenschar E_c.

Wählt man zwei Ebenen E_{c_1} und E_{c_2} mit $c_{1,2} \neq 0$, so muss wegen der Bedingung ihrer Orthogonalität für die Normalenvektoren das Skalarprodukt null sein:

$$\begin{pmatrix} c_1+1 \\ 1 \\ c_1-1 \end{pmatrix} \bullet \begin{pmatrix} c_2+1 \\ 1 \\ c_2-1 \end{pmatrix} = 0.$$

Die Berechnung des Skalarprodukts ergibt:

$$(c_1+1)(c_2+1) + 1 + (c_1-1)(c_2-1) = 0.$$

Weiter folgt:

$$c_1 c_2 + c_1 + c_2 + 2 + c_1 c_2 - c_1 - c_2 + 1 = 0$$
$$2 c_1 c_2 + 3 = 0$$
$$c_1 c_2 = -\frac{3}{2}$$

Damit die Ebenen E_{c_1} und E_{c_2} orthogonal zueinander sind, muss gelten

$$c_1 c_2 = -\frac{3}{2}.$$

Gleichung erfüllt sein:

$$\vec{a} \bullet (\vec{q} + r \vec{u}) = d.$$

Stehen zwei Ebenen senkrecht aufeinander, so muss dies auch für ihre Normalenvektoren gelten.

d)

Damit $\vec{p}_c = \begin{pmatrix} 1-c \\ 1-c \\ 2+c \end{pmatrix}$ ein Richtungsvektor der Ebene E_c sein kann, muss für das Skalarprodukt gelten $\vec{p}_c \bullet \vec{n}_E = 0$, also

$$\begin{pmatrix} 1-c \\ 1-c \\ 2+c \end{pmatrix} \bullet \begin{pmatrix} c+1 \\ 1 \\ c-1 \end{pmatrix} = 0.$$

Die Berechnung des Skalarprodukts ergibt:

$$(1-c)(c+1) + (1-c) + (2+c)(c-1) = 0$$

Weiter folgt:

$$1 - c^2 + 1 - c + 2c - 2 + c^2 - c = 0$$
$$0 = 0,$$

mithin eine wahre Aussage.
$\vec{p}_c$ kann somit ein Richtungsvektor der Ebene E_c sein.

Man stellt den Nullvektor als Linearkombination der Vektoren $\vec{p}_c = \begin{pmatrix} 1-c \\ 1-c \\ 2+c \end{pmatrix}$ und $\begin{pmatrix} -1 \\ 2 \\ 1 \end{pmatrix}$ dar:

$$u \begin{pmatrix} -1 \\ 2 \\ 1 \end{pmatrix} + v \begin{pmatrix} 1-c \\ 1-c \\ 2+c \end{pmatrix} = \vec{0}.$$

Das zugehörige Gleichungssystem lautet:

$$-u + (1-c)\,v = 0 \qquad \text{(I)}$$
$$2u + (1-c)\,v = 0 \qquad \text{(II)}$$
$$u + (2+c)\,v = 0 \qquad \text{(III)}$$

Aus $\text{(I)} - \text{(II)}$ folgt $-3u = 0$ und damit $u = 0$.
Aus $\text{(I)} + \text{(II)}$ folgt $3v = 0$ und damit $v = 0$.
Die obige Vektorgleichung hat nur die triviale Lösung, die Vektoren sind also linear unabhängig.

K

Jeder Richtungsvektor einer Ebene steht auf dem Normalenvektor senkrecht; ihr Skalarprodukt muss null sein.

Zwei Vektoren $\vec{a}$ und $\vec{b}$ sind genau dann linear unabhängig, wenn die Gleichung

$$u \cdot \vec{a} + v \cdot \vec{b} = \vec{0}$$

nur die triviale Lösung $u = v = 0$ hat.

e)

Man wählt als Aufpunkt von h_c den Punkt $R(-2|0|1)$, der auch Punkt der Geraden g ist:

$$\begin{pmatrix} -2 \\ 0 \\ 1 \end{pmatrix} = \begin{pmatrix} -1 \\ -2 \\ 0 \end{pmatrix} + t \begin{pmatrix} -1 \\ 2 \\ 1 \end{pmatrix}.$$

Diese Vektorgleichung ist für $t = 1$ erfüllt.

Die Ebene E_c, in der die gesuchte Gerade h_c liegt, besitzt den Normalenvektor

$$\vec{n}_c = \begin{pmatrix} c+1 \\ 1 \\ c-1 \end{pmatrix}.$$

Als Richtungsvektor der Geraden h_c kann nun ein Vektor $\vec{n}_{c_1}$ gewählt werden, der Normalenvektor einer einer Ebene E_{c_1} ist, die zu E_c orthogonal ist:

$$\vec{n}_{c_1} = \begin{pmatrix} c_1+1 \\ 1 \\ c_1-1 \end{pmatrix}.$$

Berücksichtigt man die unter c) hergeleitete Orthogonalitätsbedingung $c \cdot c_1 = -\frac{3}{2}$, so erhält man einen Richtungsvektor von h_c, der in E_c liegt und orthogonal zu g verläuft:

$$\vec{n}_{c_1} = \begin{pmatrix} -\frac{3}{2c}+1 \\ 1 \\ -\frac{3}{2c}-1 \end{pmatrix} = \left(-\frac{1}{2c}\right) \cdot \begin{pmatrix} 3-2c \\ -2c \\ 3+2c \end{pmatrix}.$$

Mit dem vereinfachten Richtungsvektor

$$\vec{u}_c = (-2c) \cdot \vec{n}_{c_1}$$

folgt schließlich als gesuchte Parametergleichung für die Gerade

$$h_c : \vec{x} = \begin{pmatrix} -2 \\ 0 \\ 1 \end{pmatrix} + t \begin{pmatrix} 3-2c \\ -2c \\ 3+2c \end{pmatrix}.$$

Die gesuchte Gerade h_c hat folgende Bedingungen zu erfüllen:
1. $R(-2|0|1) \in h_c$,
2. $h_c \in E_c$,
3. $h_c \perp g$.

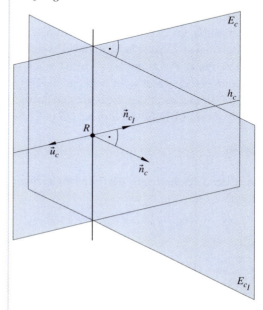

182 8 Komplexaufgaben mit Lösungen

Gegeben sind die Ebenen

$$E: \vec{x} = \vec{j} + r\,(\vec{i} + \vec{j}) + s(\vec{j} + \vec{k})$$

und

$$F: \vec{x} = \vec{i} + u\vec{j} + v(\vec{i} + \vec{k}).$$

a) Bestimmen Sie eine Parameterdarstellung ihrer Schnittgeraden g
(i) durch Gleichsetzen der gegebenen Ebenengleichungen und
(ii) mithilfe des Übergangs zur Koordinatengleichung.
b) Bestimmen Sie den Schnittwinkel zwischen E und F.
c) Der Punkt $P \in F$ mit $u = -1$ und $v = 1$ sei der Mittelpunkt einer Strecke $\overline{QR}$ in F, die zur Schnittgeraden g senkrecht steht und die Länge $2\sqrt{3}$ hat. Bestimmen Sie Q und R.
d) Ein Bündel paralleler Lichtstrahlen hat die Richtung $\vec{a} = -\vec{i} + 2\vec{j} + \vec{k}$. Welchen Schatten $\overline{Q'R'}$ ergibt dieses Licht für die Strecke $\overline{QR}$ in E? Bestimmen Sie die Länge des Schattens.

a) (i)　　　　　　　　　　　　　　　**K**

Aus der Gleichsetzung der Ebenengleichung folgt:

$$\vec{j} + r(\vec{i} + \vec{j}) + s(\vec{j} + \vec{k}) = \vec{i} + u\vec{j} + v(\vec{i} + \vec{k})$$

bzw.

$$r(\vec{i} + \vec{j}) + s(\vec{j} + \vec{k}) - u\vec{j} - v(\vec{i} + \vec{k}) = \vec{i} - \vec{j}$$

Der Übergang zu den Komponenten liefert das zugehörige LGS:

$$r\begin{pmatrix} 1 \\ 1 \\ 0 \end{pmatrix} + s\begin{pmatrix} 0 \\ 1 \\ 1 \end{pmatrix} - u\begin{pmatrix} 0 \\ 1 \\ 0 \end{pmatrix} - v\begin{pmatrix} 1 \\ 0 \\ 1 \end{pmatrix} = \begin{pmatrix} 1 \\ -1 \\ 0 \end{pmatrix}$$

bzw.

$$\begin{aligned} r - v &= 1 & \text{(I)} \\ r + s - u &= -1 & \text{(II)} \\ s - v &= 0 & \text{(III)} \end{aligned}$$

Aus (III) folgt $s = v$. Setzt man $v = t \in \mathbb{R}$, so erhält man $s = t$, $r = 1 + t$ sowie $u = 2 + 2t$.

Zwei Ebenen schneiden sich in einer Geraden, wenn die Vektorgleichung, die aus der Gleichsetzung der Ebenengleichungen folgt, unendlich viele Lösungen hat.

Beachte: $\vec{i} = \begin{pmatrix} 1 \\ 0 \\ 0 \end{pmatrix}$; $\vec{j} = \begin{pmatrix} 0 \\ 1 \\ 0 \end{pmatrix}$; $\vec{k} = \begin{pmatrix} 0 \\ 0 \\ 1 \end{pmatrix}$.

Setzt man nun $r = 1 + t$ und $s = t$ in die Ebenengleichung für E ein, so erhält man als Geradengleichung:

$$g: \vec{x} = \vec{j} + (1 + t)(\vec{i} + \vec{j}) + t(\vec{j} + \vec{k})$$

bzw.

$$g: \vec{x} = \vec{i} + 2\vec{j} + t(\vec{i} + 2\vec{j} + \vec{k})$$

oder

$$g: \vec{x} = \begin{pmatrix} 1 \\ 2 \\ 0 \end{pmatrix} + t \begin{pmatrix} 1 \\ 2 \\ 1 \end{pmatrix} \quad (t \in \mathbb{R}).$$

b) (ii)

Eine Parameterdarstellung der Ebenen E und F lautet:

$$E: \vec{x} = \begin{pmatrix} 0 \\ 1 \\ 0 \end{pmatrix} + r \begin{pmatrix} 1 \\ 1 \\ 0 \end{pmatrix} + s \begin{pmatrix} 0 \\ 1 \\ 1 \end{pmatrix}$$

bzw.

$$F: \vec{x} = \begin{pmatrix} 1 \\ 0 \\ 0 \end{pmatrix} + u \begin{pmatrix} 0 \\ 1 \\ 0 \end{pmatrix} + v \begin{pmatrix} 1 \\ 0 \\ 1 \end{pmatrix}.$$

Aus der Darstellung von E folgt:

$$\vec{n} = \begin{vmatrix} \vec{i} & \vec{j} & \vec{k} \\ 1 & 1 & 0 \\ 0 & 1 & 1 \end{vmatrix} = \vec{i} - \vec{j} + \vec{k}$$

bzw.

$$x - y + z = d.$$

Setzt man den Aufpunkt der Ebene E ein, so folgt $d = -1$.

Eine Koordinatengleichung von E lautet daher:

$$x - y + z = -1.$$

Die allgemeine Koordinatengleichung einer Ebene E lautet:

$$E: a x + b y + c z = d.$$

Dabei ist der aus den Koeffizienten der linken Seite gebildete Vektor

$$\vec{n} = a\vec{i} + b\vec{j} + c\vec{k}$$

ein Normalenvektor der Ebene.

Die Ebene E hat den Normalenvektor $\vec{n} = \vec{u} \times \vec{v}$, wobei $\vec{u}$ und $\vec{v}$ Richtungsvektoren von E sind.

Man erhält einen Normalenvektor z. B. aus

$$\vec{n} = \begin{vmatrix} \vec{i} & \vec{j} & \vec{k} \\ \vec{u}_x & \vec{u}_y & \vec{u}_z \\ \vec{v}_x & \vec{v}_y & \vec{v}_z \end{vmatrix}.$$

Für die Ebene F erhält man:

$$\vec{n} = \begin{vmatrix} \vec{i} & \vec{j} & \vec{k} \\ 0 & 1 & 0 \\ 1 & 0 & 1 \end{vmatrix} = \vec{i} - \vec{k}$$

bzw.

$x - z = d.$

Setzt man den Aufpunkt der Ebene F ein, so folgt $d = 1$.

Eine Koordinatengleichung von F lautet daher:

$x - z = 1.$

Das zugehörige LGS zum vorliegenden Problem lautet:

$$x - y + z = -1 \qquad \text{(I)}$$
$$x - z = 1 \qquad \text{(II)}$$

Die Ebenen E und F schneiden sich in der Geraden g, wenn das aus den Koordinatengleichungen gebildete LGS unendlich viele Lösungen hat.

Wählt man $z = t \in \mathbb{R}$, so folgt $x = 1 + t$ und $y = 2 + 2t$.

Unter Benutzung der Einheitsvektoren $\vec{i}, \vec{j}$ und $\vec{k}$ folgt als Parameterdarstellung der Schnittgeraden

$g\colon \vec{x} = (1 + t)\,\vec{i} + (2 + 2t)\,\vec{j} + t\,\vec{k}$

bzw.

$g\colon \vec{x} = \vec{i} + 2\vec{j} + t(\vec{i} + 2\vec{j} + \vec{k})$

Diese Gleichung stimmt mit der aus (i) überein.

b)

Aus dem Ansatz für den Schnittwinkel γ der Ebenen E und F mit den Normalenvektoren $\vec{n}_E = \vec{i} - \vec{j} + \vec{k}$ bzw. $\vec{n}_E = \vec{i} - \vec{k}$ folgt

$$\cos\gamma = \frac{|(\vec{i} - \vec{j} + \vec{k}) \bullet (\vec{i} - \vec{k})|}{|\vec{n}_E| \cdot |\vec{n}_F|}.$$

Schneiden sich zwei Ebenen E und F mit den Normalenvektoren $\vec{n}_E$ und $\vec{n}_F$, so gilt für ihren Schnittwinkel γ:

$$\cos\gamma = \frac{|\vec{n}_E \bullet \vec{n}_F|}{|\vec{n}_E| \cdot |\vec{n}_F|}.$$

$$\cos\gamma = \frac{|1-1|}{|\sqrt{3}|\cdot|\sqrt{2}|} = 0.$$

Es folgt: $\gamma = 90°$, die beiden Ebenen stehen senkrecht aufeinander.

Beachte:

$\vec{i}\bullet\vec{i}=1,\ \vec{j}\bullet\vec{j}=1,\ \vec{k}\bullet\vec{k}=1,$

$\vec{i}\bullet\vec{j}=\vec{j}\bullet\vec{i}=0,\ \vec{i}\bullet\vec{k}=\vec{k}\bullet\vec{i}=0,$

$\vec{j}\bullet\vec{k}=\vec{k}\bullet\vec{j}=0.$

c)

Mit $u=-1$ und $v=1$ folgt der Ortsvektor von P zu

$$\vec{p}=2\vec{i}-\vec{j}+\vec{k}=\begin{pmatrix}2\\-1\\1\end{pmatrix}.$$

Der Normalenvektor $\vec{n}_E$ von E liegt dann in F, wenn sein Anfangspunkt auf der Schnittgeraden g liegt. Aus den Bedingungen der Aufgabenstellung folgt: $\overrightarrow{QR} \parallel \vec{n}_E$.

Die Gerade h durch die Punkte P und Q hat den Vektor $\vec{n}_E$, insbesondere den Normaleneinheitsvektor $\frac{\vec{n}_E}{|\vec{n}_E|}$ als Richtungsvektor und verläuft durch den Punkt P.

Eine Parameterdarstellung von h ist daher:

$h: \vec{x}=2\vec{i}-\vec{j}+\vec{k}+t\dfrac{\vec{i}-\vec{j}+\vec{k}}{\sqrt{3}}$

Wegen $\overline{PQ}=\overline{PR}=\sqrt{3}$ erhält man für $t=\sqrt{3}$ bzw. $t=-\sqrt{3}$ für die gesuchten Punkte:

$$\vec{q}=3\vec{i}-2\vec{j}+2\vec{k}=\begin{pmatrix}3\\-2\\2\end{pmatrix}$$

bzw. $Q(3|-2|2)$ und

$$\vec{r}=\vec{i}=\begin{pmatrix}1\\0\\0\end{pmatrix}$$

bzw. $R(1|0|0)$.

Die Bedingungen der Aufgabenstellung lassen sich durch folgende Darstellung verdeutlichen:

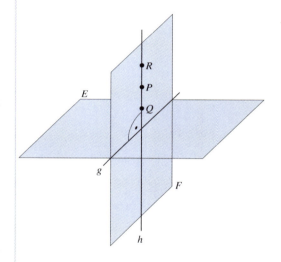

186 8 Komplexaufgaben mit Lösungen

d)

Mit den Ergebnissen von c) hat der Lichtstrahl durch Q in der Richtung von

$$\vec{a} = -\vec{i} + 2\vec{j} + \vec{k}$$

folgende Parameterdarstellung:

$$\vec{b} = 3\vec{i} - 2\vec{j} + 2\vec{k} + s(-\vec{i} + 2\vec{j} + \vec{k})$$

$$= (3 - s)\vec{i} + (-2 + 2s)\vec{j} + (2 + s)\vec{k}$$

Für $\vec{b}$ erhält man folgende Darstellung:

$$\vec{b} = \begin{pmatrix} 3 - s \\ -2 + 2s \\ 2 + s \end{pmatrix}.$$

Zur Bestimmung des Schattenpunktes Q' von Q auf E wird die Gleichung für $\vec{b}$ in die Ebenengleichung für E eingesetzt und s bestimmt:

$$(3 - s) - (-2 + 2s) + (2 + s) = -1$$

$$-2s = -8$$

$E: \ x - y + z = -1$

bzw. $s = 4 > 0$.

Damit folgt für den Schatten von Q:

$$\vec{q'} = -\vec{i} + 6\vec{j} + 6\vec{k} = \begin{pmatrix} -1 \\ 6 \\ 6 \end{pmatrix}$$

bzw. $Q'(-1|6|6)$.

Eine analoge Betrachtung für R liefert:

$$\vec{c} = \vec{i} + t(-\vec{i} + 2\vec{j} + \vec{k})$$

$$= (1 - t)\vec{i} + 2t\vec{j} + t\vec{k}.$$

Für $\vec{c}$ erhält man folgende Darstellung:

$$\vec{c} = \begin{pmatrix} 1 - t \\ 2t \\ t \end{pmatrix}.$$

Nach Einsetzen in die Ebenengleichung für E folgt:

$$(1 - t) - 2t + t = -1$$

$E: \ x - y + z = -1$

bzw. $t = 1 > 0$.

Damit folgt für den Schatten von R:

$$\vec{r'} = 2\vec{j} + \vec{k} = \begin{pmatrix} 0 \\ 2 \\ 1 \end{pmatrix}$$

bzw. $R'(0|2|1)$.

8 Komplexaufgaben mit Lösungen   187

Berechnung der Schattenlänge:

$d = \sqrt{1^2 + 4^2 + 5^2} = \sqrt{42} \approx 6{,}48$

Die Länge des Schattens beträgt ca. 6,48 LE.

Für die Entfernung zweier Punkte im $\mathbb{R}^3$ gilt:

$d = \sqrt{(x_2 - x_1)^2 + (y_2 - y_1)^2 + (z_2 - z_1)^2}$

Durch die Punkte $A(4|-4|4)$, $B(2|4|-2)$ und $C_a(2a-3|5a|6a+3)$; $a \in \mathbb{R}$, wird im kartesischen Koordinatensystem eine Schar von Ebenen E_a definiert, die die Punkte A, B und C_a enthalten.

a) Bestimmen Sie eine Parametergleichung und eine Koordinatengleichung der Ebenenschar E_a.

b) Bestimmen Sie im Dreieck ABC_0 die Innenwinkel.

c) Untersuchen Sie die relative Lage zwischen E_0 und der Geraden g, die entsteht, wenn C_a alle Werte von $a \in \mathbb{R}$ durchläuft.

d) Weisen Sie nach, dass alle Dreiecke ABC_a mit der Basis $\overline{AB}$ gleichschenklig sind.

e) Zeigen Sie, dass $h(C_0 S)$ mit S als Mittelpunkt der Strecke $\overline{AB}$ eine gemeinsame Lotgerade von g und $\overline{AB}$ darstellt.

f) Bestimmen Sie den Abstand d_a zwischen C_a und E_0 und geben Sie die Koordinaten des Spiegelpunkts von C_a bezüglich E_0 an.

a)   K

Eine Parametergleichung kann aus den gegebenen Punkten direkt abgelesen werden:

$E_a: \vec{x} = \begin{pmatrix} 4 \\ -4 \\ 4 \end{pmatrix} + r \begin{pmatrix} -2 \\ 8 \\ -6 \end{pmatrix} + s \begin{pmatrix} 2a-7 \\ 5a+4 \\ 6a-1 \end{pmatrix}$

Zur Bestimmung einer Koordinatengleichung wird aus den Richtungsvektoren ein Normalenvektor mithilfe des Vektorprodukts gebildet:

$\begin{pmatrix} -2 \\ 8 \\ -6 \end{pmatrix} \times \begin{pmatrix} 2a-7 \\ 5a+4 \\ 6a-1 \end{pmatrix} =$

$= \begin{pmatrix} 8(6a-1) - (-6)(5a+4) \\ (-6)(2a-7) - (-2)(6a-1) \\ (-2)(5a+4) - 8(2a-7) \end{pmatrix}$

$= \begin{pmatrix} 78a+16 \\ 40 \\ -26a+48 \end{pmatrix} = 2 \cdot \begin{pmatrix} 39a+8 \\ 20 \\ -13a+24 \end{pmatrix}$

Ein Normalenvektor einer Ebene E, die in Parameterform gegeben ist, folgt z. B. als Vektorprodukt der Richtungsvektoren.

Für zwei Vektoren

$\vec{a} = \begin{pmatrix} a_1 \\ a_2 \\ a_3 \end{pmatrix}$ und $\vec{b} = \begin{pmatrix} b_1 \\ b_2 \\ b_3 \end{pmatrix}$ des Raums heißt

$\vec{a} \times \vec{b} = \begin{pmatrix} a_2 b_3 - a_3 b_2 \\ a_3 b_1 - a_1 b_3 \\ a_1 b_2 - a_2 b_1 \end{pmatrix}$

das Vektorprodukt von $\vec{a}$ und $\vec{b}$.

Unter Benutzung des Aufpunkts von E folgt

$$E_a: \left[\vec{x} - \begin{pmatrix} 4 \\ -4 \\ 4 \end{pmatrix}\right] \bullet \begin{pmatrix} 39a+8 \\ 20 \\ -13a+24 \end{pmatrix} = 0$$

und weiter eine Koordinatengleichung:

$$(39a+8)x + 20y + (-13a+24)z = 104a - 48.$$

b)   **K**

Das Dreieck ABC_0 hat die Koordinaten $A(4|-4|4)$, $B(2|4|-2)$ und $C_0(-3|0|3)$.
Ansatz:

$$\cos\gamma = \frac{|\overrightarrow{C_0A} \bullet \overrightarrow{C_0B}|}{|\overrightarrow{C_0A}| \cdot |\overrightarrow{C_0B}|}$$

$$\cos\gamma = \frac{\left|\begin{pmatrix} 7 \\ -4 \\ 1 \end{pmatrix} \bullet \begin{pmatrix} 5 \\ 4 \\ -5 \end{pmatrix}\right|}{\sqrt{66} \cdot \sqrt{66}}$$

$$\cos\gamma = \frac{35 - 16 - 5}{66} = \frac{14}{66} \approx 0,2121.$$

Der Schnittwinkel der Geraden bei C_0 beträgt $\gamma \approx 77,75°$.

Ansatz:

$$\cos\gamma = \frac{|\overrightarrow{AC_0} \bullet \overrightarrow{AB}|}{|\overrightarrow{AC_0}| \cdot |\overrightarrow{AB}|}$$

$$\cos\gamma = \frac{\left|\begin{pmatrix} 7 \\ -4 \\ 1 \end{pmatrix} \bullet \begin{pmatrix} -2 \\ 8 \\ -6 \end{pmatrix}\right|}{\sqrt{66} \cdot \sqrt{104}}$$

$$\cos\gamma = \frac{|-14 - 32 - 6|}{\sqrt{6864}} \approx 0,6276.$$

Schneiden sich zwei Geraden g und h mit den Richtungsvektoren $\vec{u}$ und $\vec{v}$, so gilt für ihren Schnittwinkel γ:

$$\cos\gamma = \frac{|\vec{u} \bullet \vec{u}|}{|\vec{u}| \cdot |\vec{u}|}.$$

8 Komplexaufgaben mit Lösungen   189

Der Schnittwinkel der Geraden bei A beträgt $\gamma \approx 51{,}13°$.

Aus der Winkelsumme im Dreieck folgt für $\beta \approx 51{,}12°$.

Vernachlässigt man eventuelle Rundungsfehler, so liegt ein gleichschenkliges Dreieck ABC_0 vor.

c) **K**

Eine Ebenengleichung für E_0 lautet:

$E_0: 2x + 5y + 6z = 12$

mit dem Normalenvektor

$$\vec{n} = \begin{pmatrix} 2 \\ 5 \\ 6 \end{pmatrix}.$$

Die Gerade g wird gebildet, wenn im Ortsvektor von C_a der Wert a alle Werte aus $\mathbb{R}$ durchläuft:

$$g: \overrightarrow{0C_a} = \begin{pmatrix} 2a - 3 \\ 5a \\ 6a + 3 \end{pmatrix}$$

bzw.

$$g: \vec{x} = \begin{pmatrix} -3 \\ 0 \\ 3 \end{pmatrix} + a \begin{pmatrix} 2 \\ 5 \\ 6 \end{pmatrix} \quad (a \in \mathbb{R}).$$

Aus dem Vergleich des Normalenvektors mit dem Richtungsvektor folgt $g \perp E_0$.

Die Koeffizienten der linken Seite der Koordinatengleichung einer Ebene sind die Koordinaten eines Normalenvektors:

$E: ax + by + cz = d$.

Ein Normalenvektor lautet dann

$$\vec{n} = \begin{pmatrix} a \\ b \\ c \end{pmatrix}.$$

d) **K**

Ansatz:

Es muss gelten:

$|\overrightarrow{C_aA}| = |\overrightarrow{C_aB}|$,

$$\overrightarrow{C_aA} = \begin{pmatrix} 7 - 2a \\ -4 - 5a \\ 1 - 6a \end{pmatrix}.$$

Wenn alle Dreiecke ABC_a mit der Basis $\overline{AB}$ gleichschenklig sind, so muss gelten

$|\overrightarrow{C_aA}| = |\overrightarrow{C_aB}|$.

190 8 Komplexaufgaben mit Lösungen

$$|\overrightarrow{C_a A}| = \sqrt{(7-2a)^2+(-4-5a)^2+(1-6a)^2}$$
$$= \sqrt{66+65a^2}$$

Weiter gilt:

$$\overrightarrow{C_a B} = \begin{pmatrix} 5-2a \\ 4-5a \\ -5-6a \end{pmatrix}$$

$$|\overrightarrow{C_a B}| = \sqrt{(5-2a)^2+(4-5a)^2+(-5-6a)^2}$$
$$= \sqrt{66+65a^2}.$$

Damit ist gezeigt, dass alle Dreiecke ABC_a mit der Basis $\overline{AB}$ gleichschenklig sind.

e)　**K**

Aus den voranstehenden Ergebnissen folgt:
$|\overrightarrow{C_0 S}|$ ist Basishöhe im Dreieck ABC_0, damit ist $h(C_0 S)$ Lotgerade von $\overline{AB}$.
Gleichzeitig wurde gezeigt, dass gilt:
$C_0 \in g$ und $C_0 S \in E_0$.
Wegen $g \perp E_0$ ist somit $h(C_0 S)$ auch Lotgerade von g.

Neben der rein argumentativen Lösung kann diese Aufgabe auch vektoriell gelöst werden:

$$h: \vec{x} = \begin{pmatrix} -3 \\ 0 \\ 3 \end{pmatrix} + t \begin{pmatrix} -6 \\ 0 \\ 2 \end{pmatrix}$$

h steht senkrecht sowohl zu AB als auch zu g, wie leicht aus der Betrachtung des Skalarprodukts der entsprechenden Richtungsvektoren abzuleiten ist.

f)　**K**

Aufgrund der voranstehenden Ergebnisse wissen wir, dass der Abstand zwischen C_a und E_0 durch den Abstand $|\overrightarrow{C_a C_0}|$ gegeben ist.

Daher kann auf die Anwendung der Hesseschen Normalform verzichtet werden.

Ist

$$E: ax+by+cz=d$$

eine Koordinatengleichung der Ebene E, so gilt für den Abstand d eines Punktes $P(u|v|w)$ die folgende Formel:

Es folgt:

$$|\overrightarrow{C_0\,C_a}| = \left|\begin{pmatrix} 2a \\ 5a \\ 6a \end{pmatrix}\right|$$

$$= \sqrt{(2a)^2 + (5a)^2 + (6a)^2}$$

$$= \sqrt{65}\,|a|$$

Aus dieser Überlegung folgt für die Koordinaten des Spiegelpunkts C_{-a} von C_a bezüglich E_0:

$$C_a(-2a-3\,|-5a\,|-6a+3).$$

$$d = \left|\frac{a\,u + b\,v + c\,w - d}{\sqrt{a^2 + b^2 + c^2}}\right|$$

Da C_0 der Fußpunkt des Lots von C_a auf E_0 ist, folgt der Spiegelpunkt C_{-a} von C_a bezüglich E_0 durch Ersetzen von a durch $-a$.

Gegeben sind die Punkte $A(2\,|-3|2)$, $B(-1|3|6)$, $C(5\,|-5|0)$ sowie $D(9\,|-8|18)$ in einem kartesischen Koordinatensystem.

a) Zeigen Sie, dass das Viereck $ABCD$ nicht eben ist.

b) Bestimmen Sie die Schnittpunkte der durch ABC bestimmten Ebene mit den Koordinatenachsen.

c) Bestimmen Sie das Volumen der Pyramide mit der Grundfläche ABC und der Spitze D.

d) $\mathbb{B}$ sei die Menge der zu ABC gehörenden Ortsvektoren $\vec{a}$, $\vec{b}$ und $\vec{c}$ und V_3 der Vektorraum über $\mathbb{R}$.

Zeigen Sie, dass $\mathbb{B}$ eine Basis von V_3 ist. Bestimmen Sie die Koordinaten des zu $\mathbb{B}$ gehörenden Ortsvektors $\vec{d}$ bezüglich der Basis $\mathbb{B}$.

a)   **K**

Aufstellen einer Parametergleichung für die Ebene E durch die Punkte ABC:

$$E\colon \vec{x} = \begin{pmatrix} 2 \\ -3 \\ 2 \end{pmatrix} + r\begin{pmatrix} -3 \\ 6 \\ 4 \end{pmatrix} + s\begin{pmatrix} 3 \\ -2 \\ -2 \end{pmatrix}$$

Eine vektorielle Parametergleichung einer Ebene E

$$E\colon \vec{x} = \vec{a} + r\vec{u} + s\vec{v}; \ r,\ s \in \mathbb{R}$$

mit $\vec{x}$ als allgemeinen Ebenenvektor, $\vec{a}$ als Ortsvektor des Aufpunkts, $\vec{u}$, $\vec{v}$ als Richtungsvektoren sowie $r, s \in \mathbb{R}$ als Ebenenparameter folgt aus der Dreipunktegleichung der Ebene:

$$E\colon \vec{x} = \vec{a} + r(\vec{b} - \vec{a}) + s(\vec{c} - \vec{a}); \ \ r, s \in \mathbb{R}$$

Dabei sind ABC drei nicht auf einer Geraden liegenden Punkte mit den Ortsvektoren $\vec{a}$, $\vec{b}$ und $\vec{c}$.

Bestimmung einer Koordinatengleichung von E durch Ermittlung eines Normalenvektors von E mithilfe des Vektorprodukts der Richtungsvektoren:

$$\begin{pmatrix} -3 \\ 6 \\ 4 \end{pmatrix} \times \begin{pmatrix} 3 \\ -2 \\ -2 \end{pmatrix} =$$

$$= \begin{pmatrix} -12 - (-8) \\ 12 - 6 \\ 6 - 18 \end{pmatrix} = \begin{pmatrix} -4 \\ 6 \\ -12 \end{pmatrix}.$$

Wir wählen als Normalenvektor

$$\vec{n} = \begin{pmatrix} -2 \\ 3 \\ -6 \end{pmatrix}.$$

Mit dem Aufpunkt der Parametergleichung von E folgt zunächst als Normalengleichung:

$$E: \left[\vec{x} - \begin{pmatrix} 2 \\ -3 \\ 2 \end{pmatrix} \right] \bullet \begin{pmatrix} -2 \\ 3 \\ -6 \end{pmatrix} = 0.$$

Wegen

$$\begin{pmatrix} 2 \\ -3 \\ 2 \end{pmatrix} \bullet \begin{pmatrix} -2 \\ 3 \\ -6 \end{pmatrix} = -4 - 9 - 12 = -25$$

erhält man eine Koordinatengleichung zu

$$E: -2x + 3y - 6z = -25.$$

Punktprobe für $D(9|-8|18)$:

$$(-2) \cdot 9 + 3 \cdot (-8) - 6 \cdot 18 = -25$$
$$-18 - 24 - 108 = -25$$
$$-150 \neq -25$$

D liegt nicht in E, damit ist das Viereck $ABCD$ nicht eben.

Ein Normalenvektor einer Ebene E, die in Parameterform gegeben ist, folgt z. B. als Vektorprodukt der Richtungsvektoren.
Für zwei Vektoren

$$\vec{a} = \begin{pmatrix} a_1 \\ a_2 \\ a_3 \end{pmatrix} \text{ und } \vec{b} = \begin{pmatrix} b_1 \\ b_2 \\ b_3 \end{pmatrix} \text{ des Raums heißt}$$

$$\vec{a} \times \vec{b} = \begin{pmatrix} a_2 b_3 - a_3 b_2 \\ a_3 b_1 - a_1 b_3 \\ a_1 b_2 - a_2 b_1 \end{pmatrix}$$

das Vektorprodukt von $\vec{a}$ und $\vec{b}$.
Es gilt: $\vec{a} \times \vec{b}$ ist orthogonal zu $\vec{a}$ und $\vec{b}$.

Die allgemeine Form einer Normalengleichung einer Ebene E lautet:

$$E: (\vec{x} - \vec{a}) \bullet \vec{n} = 0$$

mit $\vec{a}$ als Ortsvektor eines Aufpunkts und $\vec{n}$ als ein Normalenvektor von E.
Die Koeffizienten der linken Seite der Koordinatengleichung einer Ebene sind die Koordinaten eines Normalenvektors. Es gilt:

$$E: ax + by + cz = d$$

bzw.

$$\vec{n} = \begin{pmatrix} a \\ b \\ c \end{pmatrix}.$$

Ein Punkt $P(p_1|p_2|p_3)$ ist dann Element der Ebene

$$E: ax + by + cz = d$$

wenn seine Koordinaten die Ebenengleichung erfüllen, d. h., es muss gelten

$$ap_1 + bp_2 + cp_3 = d$$

8 Komplexaufgaben mit Lösungen

b)

Aus der Koordinatengleichung wird nach Division durch $d = -25$ die Achsenabschnittsform:

$$\frac{x}{\frac{-25}{-2}} + \frac{y}{\frac{-25}{3}} + \frac{z}{\frac{-25}{-6}} = 1.$$

Als Schnittpunkte der Ebene E mit den Koordinatenachsen liest man ab $S_x(12{,}5|0|0)$, $S_y(0|-8{,}33|0)$ und $S_z(0|0|4{,}17)$.

K

Sind die Koeffizienten a, b, c, d in einer Koordinatengleichung einer Ebene

$$E: ax + by + cz = d$$

alle von null verschieden, so bezeichnet man die Darstellung

$$\frac{x}{\frac{d}{a}} + \frac{y}{\frac{d}{b}} + \frac{z}{\frac{d}{c}} = 1$$

als Achsenabschnittsform von E.
Die Ebene E schneidet in diesem Fall die Koordinatenachsen in den Punkten

$$S_x(\tfrac{d}{a}|0|0), \quad S_y(0|\tfrac{d}{b}|0), \quad S_z(0|0|\tfrac{d}{c}).$$

c)

Um das Volumen der Pyramide mit der Grundfläche ABC und der Spitze bei D zu berechnen, wird zunächst der Flächeninhalt des Dreiecks ABC ermittelt: Das Dreieck wird von den Vektoren $\vec{a} = \overrightarrow{AB} = \begin{pmatrix} -3 \\ 6 \\ 4 \end{pmatrix}$ und $\vec{b} = \overrightarrow{AC} = \begin{pmatrix} 3 \\ -2 \\ -2 \end{pmatrix}$ aufgespannt. Damit folgt

$$A_D = \frac{1}{2}\sqrt{61 \cdot 17 - 29^2} = 7.$$

Der Flächeninhalt des Dreiecks ABC beträgt 7 FE.

K

Spannen die Vektoren $\vec{a}, \vec{b}$ im $\mathbb{R}^3$ ein Parallelogramm auf, so gilt für dessen Flächeninhalt

$$A_P = \sqrt{\vec{a}^2 \cdot \vec{b}^2 - (\vec{a} \bullet \vec{b})^2}.$$

Für das durch $\vec{a}, \vec{b}$ aufgespannte Dreieck gilt daher

$$A_D = \frac{1}{2}\sqrt{\vec{a}^2 \cdot \vec{b}^2 - (\vec{a} \bullet \vec{b})^2}.$$

c)

Aufstellen einer Hesse'schen Normalenform (HNF) von

$$E: -2x + 3y - 6z = -25$$

ergibt

$$\frac{-2x + 3y - 6z + 25}{\sqrt{49}} = 0.$$

K

Ersetzt man in einer Hesse'schen Normalenform einer Ebenengleichung für die Ebene

$$E: (\vec{x} - \vec{a}) \bullet \vec{n}_0 = 0$$

den allgemeinen Ortsvektor $\vec{x}$ durch den Ortsvektor $\vec{p}$ eines Punktes P, so erhält man bis auf das Vorzeichen den Abstand des Punktes P von der Ebene E.

Setzt man die Koordinaten von $D(9|-8|18)$ ein, so folgt

$$d(D,E) = \left| \frac{(-2) \cdot 9 + 3 \cdot (-8) - 6 \cdot 18 + 25}{7} \right|$$

$$\approx 17{,}86.$$

Der Abstand zwischen D und der Ebene E durch ABC beträgt ca 17,86 LE.

Mit der Grundfläche $G = 7$ FE, der Höhe $h = 17{,}86$ LE folgt das Volumen der Pyramide zu

$$V = \tfrac{1}{3} \cdot 17{,}86 \cdot 7 \approx 41{,}67.$$

Die Pyramide hat also ein Volumen von ungefähr 41,67 VE.

Anders formuliert, ergibt sich der Abstand zu:

$$d(P,E) = \left| \frac{a \cdot p_1 + b \cdot p_2 + c \cdot p_3 - d}{a^2 + b^2 + c^2} \right|.$$

Das Volumen einer Pyramide folgt aus $V = \tfrac{1}{3} G \cdot h$.

Das Volumen der Pyramide kann auch über das Spatprodukt ermittelt werden:
Eine von den Vektoren $\vec{a}, \vec{b}$ und $\vec{c}$ aufgespannte dreiseitige Pyramide hat das Volumen

$$V = \frac{1}{6} \, |(\vec{a} \times \vec{b}) \bullet \vec{c}|$$

Mit $\vec{a} = \overrightarrow{AB} = \begin{pmatrix} -3 \\ 6 \\ 4 \end{pmatrix}$, $\vec{b} = \overrightarrow{AC} = \begin{pmatrix} 3 \\ -2 \\ -2 \end{pmatrix}$

und $\vec{c} = \overrightarrow{AD} = \begin{pmatrix} 7 \\ -5 \\ 16 \end{pmatrix}$ folgt unter Beachtung von

$$\vec{a} \times \vec{b} = \begin{pmatrix} -3 \\ 6 \\ 4 \end{pmatrix} \times \begin{pmatrix} 3 \\ -2 \\ -2 \end{pmatrix} = \begin{pmatrix} -4 \\ 6 \\ -12 \end{pmatrix}$$

sowie

$$\frac{1}{6} \left| \begin{pmatrix} -4 \\ 6 \\ -12 \end{pmatrix} \bullet \begin{pmatrix} 7 \\ -5 \\ 16 \end{pmatrix} \right| = \frac{1}{6} |-28 - 30 - 192|$$

$$\approx 41{,}67$$

das Volumen der Pyramide zu 41,67 VE.

d)

Es ist zu zeigen, dass

$$\left\{ \vec{a} = \begin{pmatrix} 2 \\ -3 \\ 2 \end{pmatrix}, \ \vec{b} = \begin{pmatrix} -1 \\ 3 \\ 6 \end{pmatrix}, \ \vec{c} = \begin{pmatrix} 5 \\ -5 \\ 0 \end{pmatrix} \right\}$$

eine Basis von V_3 ist.

Ansatz:

Die drei Vektoren $\vec{a}, \vec{b}, \vec{c}$ bilden ein Erzeugendensystem von V_3.

Jeder Vektor $\vec{x} \in V_3$ muss sich als Linearkombination der gegebenen Vektoren darstellen lassen. Zu diesem Zweck muss folgende Vektorgleichung untersucht werden:

$$\vec{x} = r \begin{pmatrix} 2 \\ -3 \\ 2 \end{pmatrix} + s \begin{pmatrix} -1 \\ 3 \\ 6 \end{pmatrix} + t \begin{pmatrix} 5 \\ -5 \\ 0 \end{pmatrix}.$$

Es folgt:

$$x = 2r - s + 5t \qquad \text{(I)}$$
$$y = -3r + 3s - 5t \qquad \text{(II)}$$
$$z = 2r + 6s \qquad \text{(III)}$$

Aus (I) + (II) folgt

$$x + y = -r + 2s$$

Multipliziert man diese Gleichung mit 2 und addiert sie zu (III), so folgt

$$2x + 2y + z = 10s$$

bzw.

$$s = \frac{1}{10}(2x + 2y + z).$$

Setzt man dies in (III) ein, so folgt

$$z = 2r + \frac{6}{10}(2x + 2y + z)$$

und weiter

$$\frac{10}{6}z = \frac{20}{6}r + 2x + 2y + z.$$

K

Allgemein gilt:

Lässt sich jeder Vektor $\vec{x}$ eines Vektorraums V als Linearkombination der Vektoren

$$\vec{a}_1, \vec{a}_2, \dots, \vec{a}_n \in V$$

darstellen, gilt also

$$\vec{x} = r_1 \vec{a}_1 + r_2 \vec{a}_2 + \dots + r_n \vec{a}_n; \ r_{1,2,\dots,n} \in \mathbb{R}$$

so heißt die Menge:

$$\{\vec{a}_1, \vec{a}_2, \dots, \vec{a}_n\}$$

ein Erzeugendensystem von V.

Sind die Vektoren des Erzeugendensystems überdies linear unabhängig, so bilden diese Vektoren eine Basis von V.

Damit folgt

$$r = \frac{1}{5}(-3x - 3y + z).$$

Setzt man r und s z. B. in (I) ein, so folgt

$$x = \frac{2}{5}(-3x - 3y + z) - \frac{1}{10}(2x + 2y + z) + 5t$$

und weiter

$$x = -\frac{6}{5}x - \frac{6}{5}y + \frac{2}{5}z - \frac{1}{5}x - \frac{1}{5}y - \frac{1}{10}z + 5t.$$

Damit folgt

$$t = \frac{1}{50}(24x + 14y - 3z).$$

Die oben angegebene Vektorgleichung ist also für

$$r = \frac{1}{5}(-3x - 3y + z)$$

$$s = \frac{1}{10}(2x + 2y + z)$$

$$t = \frac{1}{50}(24x + 14y - 3z)$$

erfüllt; die drei Vektoren $\vec{a}, \vec{b}, \vec{c}$ bilden somit ein Erzeugendensystem von V_3.

Nun muss noch die lineare Unabhängigkeit der drei Vektoren gezeigt werden.
Ansatz:

$$r\begin{pmatrix} 2 \\ -3 \\ 2 \end{pmatrix} + s\begin{pmatrix} -1 \\ 3 \\ 6 \end{pmatrix} + t\begin{pmatrix} 5 \\ -5 \\ 0 \end{pmatrix} = \begin{pmatrix} 0 \\ 0 \\ 0 \end{pmatrix}$$

Drei Vektoren $\vec{a}, \vec{b}, \vec{c}$ sind genau dann linear unabhängig, wenn die Gleichung

$$r\vec{a} + s\vec{b} + t\vec{c} = \vec{0}$$

nur die triviale Lösung $r = s = t = 0$ hat.

Das zugehörige LGS lautet:

$$\begin{aligned} 2r - s + 5t &= 0 & \text{(I)} \\ -3r + 3s - 5t &= 0 & \text{(II)} \\ 2r + 6s &= 0 & \text{(III)} \end{aligned}$$

Aus (I) + (II) folgt

$$-r + 2s = 0.$$

Addiert man das Zweifache dieser Gleichung zu (III), so folgt $10\,s = 0$ und damit $s = 0$. Setzt man diesen Wert in (III) ein, so folgt $r = 0$; beide Werte in z. B. (I) eingesetzt, ergeben $t = 0$.

Die gegebenen Vektoren bilden somit eine Basis von V_3.

Um den Ortsvektor von $D(9\,|-8\,|18)$ bezüglich der oben nachgewiesenen Basis darzustellen, wird folgender Ansatz gewählt:

$$\begin{pmatrix} 9 \\ -8 \\ 18 \end{pmatrix} = r \begin{pmatrix} 2 \\ -3 \\ 2 \end{pmatrix} + s \begin{pmatrix} -1 \\ 3 \\ 6 \end{pmatrix} + t \begin{pmatrix} 5 \\ -5 \\ 0 \end{pmatrix}.$$

Das zugehörige LGS lautet:

$$9 = 2r - s + 5t \tag{I}$$
$$-8 = -3r + 3s - 5t \tag{II}$$
$$18 = 2r + 6s \tag{III}$$

Aus (I) + (II) folgt

$$1 = -r + 2s.$$

Addiert man das Zweifache dieser Gleichung zu (III), so folgt $20 = 10\,s$ und damit $s = 2$. Setzt man $s = 2$ in (III) ein, so folgt

$$18 = 2r + 12$$

bzw. $r = 3$. Setzt man r und s in z. B. (I) ein, so erhält man

$$9 = 6 - 2 + 5t$$

bzw. $t = 1$.
Damit folgt:

$$\begin{pmatrix} 9 \\ -8 \\ 18 \end{pmatrix} = 3 \cdot \begin{pmatrix} 2 \\ -3 \\ 2 \end{pmatrix} + 2 \cdot \begin{pmatrix} -1 \\ 3 \\ 6 \end{pmatrix} + 1 \cdot \begin{pmatrix} 5 \\ -5 \\ 0 \end{pmatrix}$$

Die Koordinaten bezüglich der gegebenen Basis sind also $r = 3$, $s = 2$ und $t = 1$.

Ist $\{\vec{a}, \vec{b}, \vec{c}\}$ eine Basis des Vektorraums V, so ist die Darstellung eines beliebigen Vektors $\vec{d} \in V$ als Linearkombination der Basisvektoren eindeutig:

$$\vec{d} = r\,\vec{a} + s\,\vec{b} + t\,\vec{c}.$$

8 Komplexaufgaben mit Lösungen

In einem kartesischen Koordinatensystem wird durch die Gleichung $\vec{x} = \begin{pmatrix} 0 \\ 0 \\ 2 \end{pmatrix} + u \begin{pmatrix} 1 \\ 1 \\ t \end{pmatrix}$ mit $u \in \mathbb{R}$ für jedes $t \in \mathbb{R}$ eine Gerade g_t bestimmt.

a) Ermitteln Sie den Parameter t, für den die zugehörige Gerade g_t mit der Geraden

$$h: \vec{x} = \begin{pmatrix} 0 \\ 4 \\ 2 \end{pmatrix} + s \begin{pmatrix} -1 \\ 1 \\ 1 \end{pmatrix} \quad (s \in \mathbb{R})$$

genau einen Schnittpunkt S hat. Bestimmen Sie die Koordinaten von S und den Winkel zwischen der entsprechenden Geraden g_t und der Geraden h.

b) Berechnen Sie alle Werte von t, bei denen sich eine Gerade l_t mit dem Richtungsvektor

$$\vec{b} = \begin{pmatrix} -t+1 \\ 5 \\ -t \end{pmatrix} \text{ mit der Geraden } g_t \text{ im Punkt } P_t(1+t|-2|-1-3\,t) \text{ senkrecht schneidet.}$$

c) In der xy-Ebene befindet sich ein Kreis k mit $M(0|0)$ und dem Radius $r = \sqrt{5}$. D_t sei der Durchstoßpunkt der Geraden g_t mit der xy-Ebene. Ermitteln Sie alle Werte des Parameters t, für die D_t auf dem Kreis k liegt, und geben Sie die Koordinaten aller solcher Punkte D_t an.

d) Die Gerade i mit der Gleichung $y = mx + 5$ ($m \in \mathbb{R}$) liegt ebenfalls in der xy-Ebene. Berechnen Sie alle m, für die i Tangente an den Kreis k ist.

a)   K

(I)	$u = -s$
(II)	$u = 4 + s$
(III)	$2 + tu = 2 + s$

Aus (I) und (II) folgt $-s = 4 + s$; $s = -2$.
Aus (I) folgt: $u = 2$.
Aus (III) folgt: $2 + 2t = 2 - 2$; $t = -1$.
Koordinaten von S (aus h):

$$h: \vec{x}_S = \begin{pmatrix} 0 \\ 4 \\ 2 \end{pmatrix} + (-2) \begin{pmatrix} -1 \\ 1 \\ 1 \end{pmatrix} = \begin{pmatrix} 2 \\ 2 \\ 0 \end{pmatrix},$$

also $S(2|2|0)$.
Schnittwinkel zwischen der Geraden g_{-1} und der Geraden h:

$$\cos \sphericalangle(g_{-1}, h) = \frac{1}{|\sqrt{3} \cdot \sqrt{3}|} \left| \begin{pmatrix} 1 \\ 1 \\ -1 \end{pmatrix} \cdot \begin{pmatrix} -1 \\ 1 \\ 1 \end{pmatrix} \right|,$$

also $\sphericalangle(g_{-1}, h) \approx 70{,}53°$

Die Gerade g_t wird mit der Geraden h gleichgesetzt. Es entsteht ein System mit 3 Gleichungen, aus denen t ermittelt wird.

Das System ist für $u = 2$ und $s = -2$ erfüllt; der Schnittpunkt S wird mit diesen Parameterwerten und mit $t = -1$ aus der Geraden g_{-1} oder h (s. links) ermittelt.

Zur Winkelberechnung benutzt man die Gleichung
$$\cos \sphericalangle(g_{-1}; h) = \frac{|\vec{a} \cdot \vec{b}|}{|\vec{a}| \cdot |\vec{b}|}, \text{ wobei } \vec{a} \text{ und } \vec{b} \text{ die}$$
Richtungsvektoren der Geraden g_{-1} bzw. h sind.

b)

$$\begin{pmatrix} -t+1 \\ 5 \\ -t \end{pmatrix} \cdot \begin{pmatrix} 1 \\ 1 \\ t \end{pmatrix} = 0$$

$\Leftrightarrow \quad (-t+1) + 5 - t^2 = 0$

$\Leftrightarrow \quad t^2 + t - 6 = 0$

$\Leftrightarrow \quad t = t_1 = 2 \text{ oder } t = t_2 = -3$

Untersuchung für $t_1 = 2$:

Gilt $P(3|-2|-7) \in g_2$?

(I) $3 = u$

(II) $-2 = u$

(III) $-7 = 2 + 2u$

Die Gleichungen (I) und (II) widersprechen sich; der Punkt P_2 ist kein Element von g_2. Der Wert $t = t_1 = 2$ entfällt.

Untersuchung für $t_2 = -3$:

Gilt $P(-2|-2|8) \in g_{-3}$?

(I) $-2 = u$

(II) $-2 = u$

(III) $8 = 2 - 3u$

Das System ist für $u = -2$ erfüllt. Die Geraden g_t und l_t schneiden sich für $t = -3$ im Punkt P_t.

Orthogonalität zwischen zwei Geraden liegt dann vor, wenn das Skalarprodukt der Richtungsvektoren 0 ist. Die entstehende quadratische Gleichung kann auf übliche Weise oder mithilfe eines Taschenrechnerprogramms gelöst werden.

Es muss geprüft werden, ob für $t_1 = 2$ oder $t_2 = -3$ sich die betrachteten Geraden im Punkt P_t schneiden.

Die Geraden schneiden sich für $t = 2$ nicht im Punkt P_2.

Die Orthogonalität der Geraden g_t und l_t im Punkt P_t ist für $t = -3$ erfüllt.

c)

$x^2 + y^2 = 5$

Ermittlung der Koordinaten des Durchstoßpunktes D_t mit der xy-Ebene:

$z = 0$

$0 = 2 + ut$

$u = -\frac{2}{t}$

$D_t\left(-\frac{2}{t}\Big|-\frac{2}{t}\Big|0\right)$

$D_t \in k: \left(\frac{-2}{t}\right)^2 + \left(\frac{-2}{t}\right)^2 = 5$

$\frac{4}{t^2} + \frac{4}{t^2} = 5$

$\frac{8}{t^2} = 5; \quad t^2 = \frac{8}{5}$

$t_1 = \sqrt{\frac{8}{5}} = \frac{2}{5}\sqrt{10}; \quad t_2 = -\frac{2}{5}\sqrt{10}$

Koordinaten der Punkte D_t:

$D_{t_1} = \left(-\frac{1}{2}\sqrt{10}\Big|-\frac{1}{2}\sqrt{10}\Big|0\right)$

$D_{t_2} = \left(\frac{1}{2}\sqrt{10}\Big|\frac{1}{2}\sqrt{10}\Big|0\right)$

Unter Verwendung des Mittelpunktes $M(0|0)$ und des Radius $r = \sqrt{5}$ wird zunächst die Kreisgleichung aufgestellt.

Mit der Bedingung $z = 0$ ermittelt man durch Gleichsetzen der Terme der xy-Ebene und der Geraden g_t die Koordinaten von Durchstoßpunkten D_t.

Die Durchstoßpunkte D_t sollen auf dem Kreis k liegen, also müssen die Koordinaten von D_t die Kreisgleichung erfüllen.

Für $t_{1,2} = \pm\frac{2}{5}\sqrt{10}$ liegen die Durchstoßpunkte D_t auf dem Kreis k.

d) ⓚ

$k:\ x^2 + y^2 = 5$

$i:\ y = mx + 5\ (m \in \mathbb{R})$

$i \cap k:$

$x^2 + (mx + 5)^2 = 5$

$x^2 + m^2 x^2 + 10mx + 25 = 5$

$(1 + m^2)x^2 + 10mx + 25 = 5 \quad |:(1+m^2)$

$x^2 + \dfrac{10m}{(1+m^2)}x + \dfrac{20}{(1+m^2)} = 0$

$x_{1,2} = -\dfrac{5}{1+m^2} \pm \sqrt{\dfrac{25m^2}{(1+m^2)^2} - \dfrac{20(1+m^2)}{(1+m^2)^2}}$

$= -\dfrac{5}{1+m^2} \pm \sqrt{\underbrace{\dfrac{5m^2 - 20}{(1+m^2)^2}}}$

$$\text{Diskriminante } D$$

$D = 0$

$\dfrac{5m^2 - 20}{(1+m^2)^2} = 0 \quad |\cdot (1+m^2)^2$

$5m^2 - 20 = 0$

$5m^2 = 20$

$m_1 = 2$

$m_2 = -2$

Wenn die Gerade i Tangente an den Kreis k ist, dann muss zwischen Gerade und Kreis ein gemeinsamer Berührungspunkt existieren. Die Gerade i wird zunächst in den Kreis k eingesetzt.

Die entstandene Normalform der quadratischen Gleichung wird mithilfe der Lösungsformel gelöst.

Damit die Tangentenbedingung eingehalten wird, untersucht man die Diskriminante und setzt sie gleich 0. Dadurch ermittelt man alle Werte m, die gesucht sind.

Für $m_1 = 2$ bzw. $m_2 = -2$ ist i die Tangente an den Kreis k.

In einem räumlichen kartesischen Koordinatensystem sind die Punkte $P_1(10|-6|-3)$, $P_2(6|2|0)$

und $P_3(12|0|0)$ sowie die Ebene $E:\ \vec{x} \cdot \begin{pmatrix} 2 \\ 6 \\ 3 \end{pmatrix} = 24$ gegeben.

a) Vom Punkt P_1 wird das Lot auf die Ebene E gefällt. Bestimmen Sie den Abstand des Punktes P_1 von der Ebene E sowie die Koordinaten des Lotfußpunktes F.

b) Eine Gerade g verläuft durch die Punkte P_1 und P_2. Berechnen Sie den Schnittwinkel zwischen der Ebene E und der Geraden g.

c) Ermitteln Sie eine Kugelgleichung einer Kugel K, die P_1 als Mittelpunkt hat und die durch den Punkt P_2 geht.

d) Die Kugel K schneidet aus der Geraden h, die durch die Punkte P_2 und P_3 geht, eine Strecke aus. Bestimmen Sie die Länge dieser Strecke.

e) Die Kugel K besitzt im Punkt P_2 eine Tangentialebene. Geben Sie eine Gleichung dieser Ebene an.

a)

Wir ermitteln die Hesse'sche Normalenform der gegebenen Ebene E; aus der Koordinatenform $2x + 6y + 3z = 24$ folgt:

$$\frac{2x + 6y + 3z - 24}{\sqrt{2^2 + 6^2 + 3^2}} = 0$$

bzw. $\frac{1}{7}(2x + 6y + 3z - 24) = 0$.

Abstand d:

$$d = \left| \tfrac{1}{7}(2 \cdot 10 + 6(-6) + 3(-3) - 24) \right|$$
$$= \left| \tfrac{1}{7}(20 - 36 - 9 - 24) \right| = 7$$

$P_1(10|-6|-3)$; Normalenvektor $\vec{n} = \begin{pmatrix} 2 \\ 6 \\ 3 \end{pmatrix}$

Gleichung der Lotgeraden l:

$$l: \vec{x} = \begin{pmatrix} 10 \\ -6 \\ -3 \end{pmatrix} + u \begin{pmatrix} 2 \\ 6 \\ 3 \end{pmatrix} \quad \text{mit } u \in \mathbb{R}$$

$l \cap E$: $2(10 + 2u) + 6(-6 + 6u) + 3(-3 + 3u) = 24$
$\Leftrightarrow \quad u = 1$

Koordinaten des Lotfußpunktes: $\quad F(12|0|0)$

Zur Bestimmung des Abstandes d eines Punktes P von einer Ebene E benutzt man die Hesse'sche Normalenform

$$\frac{ax + by + cy - r}{\sqrt{a^2 + b^2 + c^2}} = 0$$

einer Ebene E.

Der Abstand des Punktes P_1 von der Ebene E beträgt 7 LE.

Um den Lotpunkt F zu ermitteln, muss man die Lotgerade l, die also senkrecht zur Ebene E und durch den Punkt P_1 verläuft, bestimmen. Für die Lotgerade l nutzt man demzufolge den Normalenvektor $\vec{n}$ der Ebene E.

Der Lotfußpunkt F ist der Schnittpunkt der Geraden l mit der Ebene E. Die Koordinaten des Lotfußpunktes F entsprechen den Koordinaten des Punktes P_3.

b)

Gleichung der Geraden g:
$g: \vec{x} = \overrightarrow{OP_1} + t \cdot \overrightarrow{P_1 P_2}$, also

$$\vec{x} = \begin{pmatrix} 10 \\ -6 \\ -3 \end{pmatrix} + t \begin{pmatrix} -4 \\ 8 \\ 3 \end{pmatrix} \quad \text{mit } t \in \mathbb{R}.$$

Berechnung des Schnittwinkels $\sphericalangle(g, E)$:

$$\sin \sphericalangle(g, E) = \frac{|\vec{a} \cdot \vec{n}|}{|\vec{a}||\vec{n}|}$$

$$= \frac{\left| \begin{pmatrix} -4 \\ 8 \\ 3 \end{pmatrix} \cdot \begin{pmatrix} 2 \\ 6 \\ 3 \end{pmatrix} \right|}{|\sqrt{89} \cdot \sqrt{49}|}$$

$$\approx 0{,}742$$

$\Rightarrow \quad \sphericalangle(g, E) \approx 47{,}9°$

Der Schnittwinkel zwischen einer Ebene E und einer Geraden g wird mithilfe des Richtungsvektors der Geraden g und des Normalenvektors $\vec{n}$ der Ebene E ermittelt.

202   8 Komplexaufgaben mit Lösungen

c)

K

P_1 soll Mittelpunkt von K sein, also $M(10|-6|-3)$. Der Radius ergibt sich zu

$r = \overline{AB} = \sqrt{89}$.

Gleichung der Kugel K:

$$\left[\vec{x} - \begin{pmatrix} 10 \\ -6 \\ -3 \end{pmatrix} \right]^2 = 89 \quad \text{bzw.}$$

$$(x-10)^2 + (y+6)^2 + (z+3)^2 = 89$$

Die Kugel K wird charakterisiert durch den Mittelpunkt M und den Radius r.

Die vektorielle Kugelgleichung lautet

$$(\vec{x} - \vec{x}_M)^2 = r^2;$$

ihre Koordinatengleichung

$$(x-m_1)^2 + (y-m_2)^2 + (z-m_3)^2 = r^2.$$

d)

K

Gleichung der Geraden h:

$$h: \vec{x} = \begin{pmatrix} 6 \\ 2 \\ 0 \end{pmatrix} + v \begin{pmatrix} 6 \\ -2 \\ 0 \end{pmatrix} = \begin{pmatrix} 6+6v \\ 2-2v \\ 0 \end{pmatrix}$$

Schnittpunktermittlung:

$$\left[\begin{pmatrix} 6+6v \\ 2-2v \\ 0 \end{pmatrix} - \begin{pmatrix} 10 \\ -6 \\ -3 \end{pmatrix} \right]^2 = 89$$

$$\left[\begin{pmatrix} -4+6v \\ 8-2v \\ 3 \end{pmatrix} \right]^2 = 89$$

$$(-4+6v)^2 + (8-2v)^2 + 9 = 89$$
$$40v^2 - 80v = 0$$
$$v_1 = 0$$
$$v_2 = 2$$
$$S_1(6|2|0) \text{ (für } v_1 = 0)$$
$$S_2(18|-2|0) \text{ (für } v_2 = 2)$$

Berechnung der Länge der Strecke $\overline{S_1 S_2}$:

$$|\overline{S_1 S_2}| = |\overrightarrow{S_1 S_2}| = \left| \begin{pmatrix} 12 \\ -4 \\ 0 \end{pmatrix} \right| = \sqrt{160} = 4\sqrt{10}$$

Die Gleichung für h ermittelt man unter Nutzung der Koordinaten der Punkte P_2 und P_3.

Die Parametergleichung der Geraden h wird in die Gleichung der Kugel K eingesetzt; es werden die Parameter v ermittelt, um die Koordinaten der Schnittpunkte zwischen h und K zu erhalten.

Die Parameter $v_1 = 0$ und $v_2 = 0$ werden in die Geradengleichung für h eingesetzt und so die Schnittpunkte S_1 und S_2 ermittelt.

e)

Gleichung der Tangentialebene in $P_2(6|2|0)$

an die Kugel K: $\left[\vec{x} - \begin{pmatrix} 10 \\ -6 \\ -3 \end{pmatrix}\right]^2 = 89$:

$$\left[\vec{x} - \begin{pmatrix} 10 \\ -6 \\ -3 \end{pmatrix}\right] \cdot \left[\begin{pmatrix} 6 \\ 2 \\ 0 \end{pmatrix} - \begin{pmatrix} 10 \\ -6 \\ -3 \end{pmatrix}\right] = 89$$

bzw. $\left[\vec{x} - \begin{pmatrix} 10 \\ -6 \\ -3 \end{pmatrix}\right] \cdot \begin{pmatrix} -4 \\ 8 \\ 3 \end{pmatrix} = 89$

Koordinatengleichung der Tangentialebene:

$-4x + 8y + 3z = -8$

K

Eine Tangentialebene im Punkt P an eine Kugel

$$K\colon (\vec{x} - \vec{x}_M)^2 = r^2$$

hat die Gleichung:

$$(\vec{x} - \vec{x}_M) \cdot (\vec{x}_P - \vec{x}_M) = r^2.$$

Dabei entspricht der Vektor $\vec{x}_P - \vec{x}_M$ einem Normalenvektor der Tangentialebene.

Gegeben sind eine Ebene $E\colon \vec{x} = \begin{pmatrix} 1 \\ 0 \\ 4 \end{pmatrix} + r\begin{pmatrix} 1 \\ -8 \\ 2 \end{pmatrix} + s\begin{pmatrix} 2 \\ -7 \\ 1 \end{pmatrix}$, eine Gerade $g\colon \vec{x} = \begin{pmatrix} 2 \\ -1 \\ 13 \end{pmatrix} + t\begin{pmatrix} 2 \\ 1 \\ 3 \end{pmatrix}$

und eine Geradenschar $g(a)$ mit $\vec{x} = \begin{pmatrix} -2 \\ 6 \\ 4 \end{pmatrix} + v\begin{pmatrix} 0 \\ -9 \\ a \end{pmatrix}$ mit $a \in \mathbb{R}$.

a) Bestimmen Sie eine Normalengleichung der Ebene E.
b) Untersuchen Sie die gegenseitige Lage zwischen der Ebenen E und der Geraden g. Ermitteln Sie den Abstand zwischen g und E oder den Schnittpunkt S und die Größe des Schnittwinkels α.
c) Berechnen Sie den Wert für a so, dass die betreffende Gerade der Schar parallel zu E ist. Welche Lage hat die Gerade dann?
d) Eine Kugel K mit dem Ursprung des Koordinatensystems als Mittelpunkt hat die Ebene E als Tangentialebene. Bestimmen Sie den Berührpunkt und den Radius der Kugel.

a)

K

Ermittlung des Normalenvektors:

$$\vec{n} = \begin{pmatrix} 1 \\ -8 \\ 2 \end{pmatrix} \times \begin{pmatrix} 2 \\ -7 \\ 1 \end{pmatrix} = \det\begin{pmatrix} \vec{e}_1 & \vec{e}_2 & \vec{e}_3 \\ 1 & -8 & 2 \\ 2 & -7 & 1 \end{pmatrix}$$

$$= \begin{pmatrix} 6 \\ 3 \\ 9 \end{pmatrix} = 3 \cdot \begin{pmatrix} 2 \\ 1 \\ 3 \end{pmatrix}$$

Der Normalenvektor $\vec{n}$ wird mithilfe des Kreuzproduktes zweier Vektoren $\vec{a}$ und $\vec{b}$ ermittelt. Die Berechnung des Kreuzproduktes geschieht mit entsprechendem Taschenrechnerprogramm oder mithilfe der Determinantenberechnung.

204   8 Komplexaufgaben mit Lösungen

Normalengleichung der Ebene E:

$$\left[\vec{x} - \begin{pmatrix} 1 \\ 0 \\ 4 \end{pmatrix}\right] \bullet \begin{pmatrix} 2 \\ 1 \\ 3 \end{pmatrix} = 0, \text{ also: } \vec{x} \bullet \begin{pmatrix} 2 \\ 1 \\ 3 \end{pmatrix} = 14.$$

Die Normalengleichung der Ebene lautet:

$$[\vec{x} - \vec{p}] \bullet \vec{n} = 0.$$

---

b)   **K**

Untersuchung der Lage von g und E:

$$\vec{n} \bullet \vec{a} = \begin{pmatrix} 2 \\ 1 \\ 3 \end{pmatrix} \bullet \begin{pmatrix} 2 \\ 1 \\ 3 \end{pmatrix} = 4 + 1 + 9 = 14 \neq 0$$

Schlussfolgerung:

g und h haben einen gemeinsamen Schnittpunkt in Form eines Durchstoßpunktes.

E: $2x + y + 3z = 14$

$g \cap E$:

$$2(2 + 2t) + (-1 + t) + 3(13 + 3t) = 14$$
$$4 + 4t - 1 + t + 39 + 9t = 14$$
$$14t = -28$$
$$t = -2$$

Schnittpunkt für $t = -2$: $S(-2|-3|7)$

Schnittwinkel:

$\vec{n}$ und $\vec{a}$ sind kollinear, da $\vec{n} = r\vec{a}$ gilt.

Der Schnittwinkel beträgt $\alpha = 90°$.

Die gegenseitige Lage einer Geraden g und einer Ebene E untersucht man mithilfe des Richtungsvektors $\vec{a}$ der Geraden und des Normalenvektors $\vec{n}$ der Ebene. Man bildet das Skalarprodukt $\vec{n} \bullet \vec{a}$.

Ist $\vec{n} \bullet \vec{a} \neq 0$, dann liegt ein Schnittpunkt S (also ein Durchstoßpunkt) von g und E vor; ist $\vec{n} \bullet \vec{a} = 0$, dann verläuft g parallel zu E.

Der Parameter $t = -2$ wird in die Gleichung von g eingesetzt. Die Koordinaten des Schnittpunktes S werden ermittelt.

Da ein Schnittpunkt S vorhanden ist, existiert auch ein Schnittwinkel α.

---

c)   **K**

Ermittlung des Parameters a:

$$\vec{n} \bullet \vec{a} = 0$$

$$\begin{pmatrix} 2 \\ 1 \\ 3 \end{pmatrix} \bullet \begin{pmatrix} 0 \\ -9 \\ a \end{pmatrix} = 0$$

$$-9 + 3a = 0$$
$$a = 3$$

Die Gerade $g(3)$ (bzw. g_3) verläuft parallel zur Ebene E.

Für die Parallelität der entsprechenden Geraden der Schar $g(a)$ zur Ebenen E muss die Bedingung $\vec{n} \bullet \vec{a} = 0$ gelten. Durch Lösen dieser Gleichung wird a ermittelt.

Man untersucht nun $g(3) \cap E$:

$$2(-2) + (6 - 9v) + 3(4 + 3v) = 14$$
$$-4 + 6 - 9v + 12 + 9v = 14$$
$$0 = 14 - 14$$
$$0 = 0$$

Die Gerade $g(3)$ liegt in der Ebene E.

Der Vektor der Geradengleichung von $g(3)$ wird in die Ebenengleichung von E eingesetzt.

Es ergibt sich die Identität $0 = 0$; damit liegt $g(3)$ in E.

d)

Gleichung der Kugel K mit dem Mittelpunkt $M(0|0|0)$: $\quad \vec{x}^2 = r^2$

Die Tangentialebene berührt die Kugel K im Berührpunkt B.

Hesseform der Ebene:

$$\left[\vec{x} - \begin{pmatrix} 1 \\ 0 \\ 4 \end{pmatrix} \right] \cdot \frac{1}{\sqrt{14}} \begin{pmatrix} 2 \\ 1 \\ 3 \end{pmatrix} = 0$$

Da die Kugel den Ursprung des Koordinatensystems als Mittelpunkt M besitzt, ist der Radius der Kugel gleich dem Abstand des Ursprungs von der Tangentialebene. Man nutzt deshalb die Hesseform der Ebene.

Berechnung des Radius:

$$d(O, E) = \left| \left[\begin{pmatrix} 0 \\ 0 \\ 0 \end{pmatrix} - \begin{pmatrix} 1 \\ 0 \\ 4 \end{pmatrix} \right] \cdot \frac{1}{\sqrt{14}} \begin{pmatrix} 2 \\ 1 \\ 3 \end{pmatrix} \right|$$

$$= \left| \begin{pmatrix} -1 \\ 0 \\ -4 \end{pmatrix} \cdot \frac{1}{\sqrt{14}} \begin{pmatrix} 2 \\ 1 \\ 3 \end{pmatrix} \right|$$

$$= \left| \frac{-14}{\sqrt{14}} \right| = \frac{14}{\sqrt{14}} = \sqrt{14} = r$$

Der Radius beträgt $r = \sqrt{14}$.

Ermittlung des Berührpunktes:

Der Berührpunkt B ergibt sich aus der Beziehung

$$\overrightarrow{OB} = r \cdot \frac{\vec{n}}{|\vec{n}|} = \sqrt{14} \cdot \frac{1}{\sqrt{14}} \begin{pmatrix} 2 \\ 1 \\ 3 \end{pmatrix} = \begin{pmatrix} 2 \\ 1 \\ 3 \end{pmatrix},$$

$$\overrightarrow{OB} = r \cdot \frac{\vec{n}}{|\vec{n}|}.$$

also $B(2|1|3)$.

In einem kartesischen Koordinatensystem sind die Punkte $P_1(2|5|-3)$, $P_2(-4|8|3)$, $P_3(-3|2|3)$ und $P_4(-1|1|1)$ gegeben.

a) Weisen Sie nach, dass das Viereck $P_1 P_2 P_3 P_4$ ein Trapez, aber kein Parallelogramm ist. Berechnen Sie die Größe des Winkels $\sphericalangle P_2 P_1 P_4$ und den Flächeninhalt des Trapezes $P_1 P_2 P_3 P_4$.

b) Ermitteln Sie die Koordinaten eines Punktes P_5, sodass das Viereck $P_1 P_2 P_3 P_5$ ein Parallelogramm ist.

c) Die Gerade g enthält die Punkte P_1 und P_2 und schneidet die xy-Ebene im Punkt M. Der Punkt M ist Mittelpunkt eines in der xy-Ebene liegenden Kreises k, der durch den Koordinatenursprung verläuft. Stellen Sie eine Gleichung für k auf.

d) Die Gerade h enthält die Punkte P_1 und P_4 und schneidet die xy-Ebene im Punkt S. Weisen Sie nach, dass es keine Tangente an den Kreis k gibt, die den Punkt S enthält.

a)

Skizze:

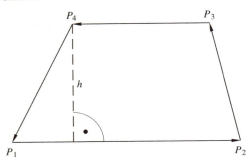

$\overrightarrow{P_1P_2} = \begin{pmatrix} -6 \\ 3 \\ 6 \end{pmatrix}$, $\overrightarrow{P_2P_3} = \begin{pmatrix} 1 \\ -6 \\ 0 \end{pmatrix}$,

$\overrightarrow{P_3P_4} = \begin{pmatrix} 2 \\ -1 \\ -2 \end{pmatrix}$, $\overrightarrow{P_4P_1} = \begin{pmatrix} 3 \\ 4 \\ -4 \end{pmatrix}$

Es gilt: $\overrightarrow{P_1P_2} = (-3) \cdot \overrightarrow{P_3P_4}$.

Schlussfolgerung: $\overrightarrow{P_1P_2} \| \overrightarrow{P_3P_4}$.

An den z-Koordinate von $\overrightarrow{P_2P_3}$ und $\overrightarrow{P_4P_1}$ erkennt man unmittelbar, dass $\overrightarrow{P_1P_2}$ und $\overrightarrow{P_3P_4}$ nicht kollinear sein können.

Das Viereck $P_1P_2P_3P_4$ ist also ein Trapez, aber kein Parallelogramm.

Berechnung des Winkels $\angle P_2P_1P_4$:

$\cos \angle P_2P_1P_4 = \dfrac{\overrightarrow{P_1P_2} \bullet \overrightarrow{P_1P_4}}{|\overrightarrow{P_1P_2}| \cdot |\overrightarrow{P_1P_4}|}$

$= \dfrac{\begin{pmatrix} -6 \\ 3 \\ 6 \end{pmatrix} \bullet \begin{pmatrix} -3 \\ -4 \\ 4 \end{pmatrix}}{\sqrt{81} \cdot \sqrt{41}}$

$\approx 0{,}5206$

$\Rightarrow \angle P_2P_1P_4 \approx 58{,}6°$

Die gesuchte Winkelgröße beträgt rund $58{,}6°$.

Ein Viereck ist ein Trapez, wenn es mindestens ein Paar paralleler Gegenseiten hat.
In der Skizze sind als Parallelenpaar die Seiten $\overline{P_1P_2}$ und $\overline{P_3P_4}$ dargestellt. Natürlich kann die Aufgabenstellung auch ergeben, dass die anderen beiden Seiten parallel sind.

Für die Viereckseiten werden auf der Grundlage der gegebenen Punktkoordinaten Vektoren definiert, um Beziehungen linearer Abhängigkeit zu finden, die auf Kollinearität schließen lassen.

Zwischen den Vektoren $\overrightarrow{P_2P_3}$ und $\overrightarrow{P_4P_1}$ besteht Kollinearität.

Dagegen besteht zwischen den Vektoren $\overrightarrow{P_1P_2}$ und $\overrightarrow{P_3P_4}$ offensichtlich keine Kollinearität. Das Viereck $P_1P_2P_3P_4$ ist demzufolge kein Parallelogramm.

Der Winkel $\angle P_2P_1P_4$ wird mittels Skalarprodukt berechnet:
$\overrightarrow{P_1P_2} \bullet \overrightarrow{P_1P_4} = |\overrightarrow{P_1P_2}| \cdot |\overrightarrow{P_1P_4}| \cos \angle P_2P_1P_4$.

Flächenberechnung des Trapezes $P_1P_2P_3P_4$:
$$A_T = \frac{a+c}{2} \cdot h$$
Dabei:
$a = |\overrightarrow{P_1P_2}| = \sqrt{81} = 9$
$c = |\overrightarrow{P_3P_4}| = \sqrt{9} = 3$
$h = |\overrightarrow{P_4P_1}| \cdot \sin \sphericalangle P_2P_1P_4 \approx \sqrt{41} \cdot \sin 58{,}6°$
$h \approx 5{,}47$
$$A_T \approx \frac{9+3}{2} \cdot 5{,}47 = 32{,}82$$

Das Trapez hat einen Flächeninhalt von ungefähr 32,82 FE.

Zur Flächenberechnung des Trapezes nutzt man die Formel
$$A_T = \frac{a+c}{2} \cdot h.$$
Die Höhe h des Trapezes ergibt sich anhand der Trapezskizze aus der Beziehung
$$\sin \sphericalangle P_2P_1P_4 = \frac{h}{|\overrightarrow{P_4P_1}|}.$$

b)

Skizze:

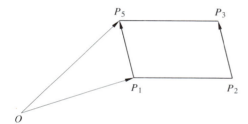

Aufgrund der Eigenschaften des Parallelogramms gilt:
$$\overrightarrow{P_1P_5} = \overrightarrow{P_2P_3}.$$

Vektorgleichung:
$$\overrightarrow{OP_5} = \overrightarrow{OP_1} + \overrightarrow{P_1P_5} = \overrightarrow{OP_1} + \overrightarrow{P_2P_3}$$
$$= \begin{pmatrix} 2 \\ 5 \\ -3 \end{pmatrix} + \begin{pmatrix} 1 \\ -6 \\ 0 \end{pmatrix} = \begin{pmatrix} 3 \\ -1 \\ -3 \end{pmatrix}$$

Koordinaten von P_5: $P_5(3|-1|-3)$

c)

Geradengleichung für g:
$$\vec{x} = \overrightarrow{OP_1} + t\overrightarrow{P_1P_2}$$
$$= \begin{pmatrix} 2 \\ 5 \\ -3 \end{pmatrix} + t\begin{pmatrix} -6 \\ 3 \\ 6 \end{pmatrix} \quad (t \in \mathbb{R})$$

Durch den gegebenen Punkt P_1 (Aufpunkt) und den Vektor $\overrightarrow{P_1P_2}$ als Richtungsvektor ist die Gerade g festgelegt.

Die Gerade g schneidet die xy-Ebene im Punkt M:

$z = 0$; es folgt: $0 = -3 + 6t$, also $t = \frac{1}{2}$.

Es folgt für M: $M(-1|6,5|0)$.

Der Punkt M wird als Durchstoßpunkt der Geraden g durch die xy-Ebene, für die $z = 0$ gilt, ermittelt.

Der Punkt M ist Mittelpunkt des Kreises k. Die Koordinatenform der Kreisgleichung des Kreises in der xy-Ebene mit dem Mittelpunkt $M(x_M|y_M|0)$ und dem Radius r lautet:

Ansatz für den Kreis k in der xy-Ebene:

$k\colon (x+1)^2 + (y-6,5)^2 = r^2$

$(x - x_M)^2 + (y - y_M)^2 = r^2.$

Es gilt:
$r = |\overrightarrow{OM}| = \sqrt{(-1)^2 + 6,5^2} = \sqrt{43,25}$, also:
$k\colon (x+1)^2 + (y-6,5)^2 = 43,25.$

Nach Aufgabenstellung ist der Radius r der Abstand des Punktes M vom Ursprung O des Koordinatensystems.

d)   Ⓚ

Geradengleichung für h:

$\vec{x} = \overrightarrow{OP_1} + t\,\overrightarrow{P_1P_4}$

$= \begin{pmatrix} 2 \\ 5 \\ -3 \end{pmatrix} + t \begin{pmatrix} -3 \\ -4 \\ 4 \end{pmatrix} \quad (t \in \mathbb{R})$

Durch den gegebenen Punkt P_1 (Aufpunkt) und den Vektor $\overrightarrow{P_1P_4}$ als Richtungsvektor ist die Gerade h festgelegt.

Die Gerade h schneidet die xy-Ebene im Punkt S:

$z = 0$; es folgt: $0 = -3 + 4t$, also $t = \frac{3}{4}$.

Es folgt für S: $S(-0,25|2|0)$.

Der Punkt S wird als Durchstoßpunkt der Geraden h durch die xy-Ebene, für die $z = 0$ gilt, ermittelt.

Nachweis, dass es keine Tangente an den Kreis k gibt, welche den Punkt S enthält:

$\overrightarrow{MS} = \begin{pmatrix} -0,25 - (-1) \\ 2 - 6,5 \\ 0 - 0 \end{pmatrix} = \begin{pmatrix} 0,75 \\ -4,5 \\ 0 \end{pmatrix}$

$\Rightarrow |\overrightarrow{MS}|^2 = 0,75^2 + (-4,5)^2 + 0 = 20,8125$

also $|\overrightarrow{MS}|^2 < r^2 = 43,25.$

Eine Tangente an den Kreis k, welche den Punkt S enthält, existiert nur dann, wenn die generelle Bedingung $|\overrightarrow{MS}|^2 \geq r^2$ (oder, was dasselbe bedeutet: $|\overrightarrow{MS}| \geq \sqrt{r}$) erfüllt ist.
Eine Punktprüfung für S bezüglich der Tangente ist in jedem Fall zusätzlich erforderlich. Hier gilt $|\overrightarrow{MS}|^2 < r^2$, also $|\overrightarrow{MS}| < r$; der Punkt S kann also auf keiner Tangente des Kreises k liegen.

Schlussfolgerung:

S liegt im Innern des Kreises k.
Eine Tangente an den Kreis k, die den Punkt S enthält, existiert nicht.

8 Komplexaufgaben mit Lösungen 209

In einem kartesischen Koordinatensystem sind die Punkte $P(3|-2|1)$, $Q(3|3|1)$, $R(6|3|5)$ sowie die Menge von Punkten $S_a(3a|3+5a|\frac{19}{2}+4a)$ mit $a \in \mathbb{R}$ gegeben.

a) Zeigen Sie, dass die Punkte P, Q und R genau eine Ebene E bestimmen. Ermitteln Sie eine Parametergleichung sowie eine Koordinatengleichung von E.

b) Existiert ein Punkt T, sodass das Viereck $PQRT$ ein Quadrat ist? Ermitteln Sie gegebenenfalls diesen Punkt.

c) Weisen Sie nach, dass die Punkte S_a auf einer Geraden g liegen. Zeigen Sie, dass g parallel zur Ebene E verläuft, aber nicht in E liegt.

d) Es existiert auf der Geraden g ein Punkt U so, dass U Spitze einer geraden vierseitigen Pyramide mit der Grundfläche $PQRT$ ist. Bestimmen Sie die Koordinaten des Punktes U sowie die Maßzahl des Volumens der Pyramide $PQRTU$.

e) Der Punkt U soll an der Ebene E gespiegelt werden. Berechnen Sie die Koordinaten des Spiegelpunktes U'.

a)

Gerade durch die Punkte P und Q:

$$h(PQ): \vec{x} = \begin{pmatrix} 3 \\ -2 \\ 1 \end{pmatrix} + t \begin{pmatrix} 3-3 \\ 3-(-2) \\ 1-1 \end{pmatrix}$$

$$= \begin{pmatrix} 3 \\ -2 \\ 1 \end{pmatrix} + t \begin{pmatrix} 0 \\ 5 \\ 0 \end{pmatrix} \quad (t \in \mathbb{R})$$

Drei Punkte bestimmen genau eine Ebene, wenn sie nicht auf einer Geraden liegen.

Prüfen, ob $R \in h(PQ)$:

$$\begin{pmatrix} 6 \\ 3 \\ 5 \end{pmatrix} = \begin{pmatrix} 3 \\ -2 \\ 1 \end{pmatrix} + t \begin{pmatrix} 0 \\ 5 \\ 0 \end{pmatrix}$$

Der Ansatz führt auf das folgende LGS:

(I) $6 = 3$ falsche Aussage
(II) $3 = -2 + 5t$ $\Leftrightarrow$ $t = 1$
(III) $5 = 1$ falsche Aussage

Das LGS beinhaltet Widersprüche; es gibt also keine Zahl t, die das LGS zu einer wahren Aussage macht.

Ergebnis: Der Punkt R liegt nicht auf der Geraden durch P und Q, d. h., die drei Punkte P, Q und R bestimmen genau eine Ebene E.

Aufstellen einer Parametergleichung für E:

$$E: \vec{x} = \overrightarrow{OP} + r \cdot \overrightarrow{PQ} + s \cdot \overrightarrow{PR} \quad (r, s \in \mathbb{R})$$

Man wählt beispielsweise P als Aufpunkt, $\overrightarrow{OP}$ also als Stützvektor, und damit $\overrightarrow{PQ}$ und $\overrightarrow{PR}$ als Richtungsvektoren.

Die Ebene E durch die Punkte P, Q und R wird also durch folgende Parametergleichung bestimmt:

$$E: \vec{x} = \begin{pmatrix} 3 \\ -2 \\ 1 \end{pmatrix} + r \begin{pmatrix} 3-3 \\ 3+2 \\ 1-1 \end{pmatrix} + s \begin{pmatrix} 6-3 \\ 3+2 \\ 5-1 \end{pmatrix}$$

$$= \begin{pmatrix} 3 \\ -2 \\ 1 \end{pmatrix} + r \begin{pmatrix} 0 \\ 5 \\ 0 \end{pmatrix} + s \begin{pmatrix} 3 \\ 5 \\ 4 \end{pmatrix} \quad (r,s \in \mathbb{R})$$

Diese Vektorgleichung wird als LGS für die beiden Parameter r und s geschrieben:

(I) $x = 3 \qquad\quad +3s \quad |\cdot 4$
(II) $y = -2 + 5r + 5s$
(III) $z = 1 \qquad\quad +4s \quad |\cdot (-3)$

(I) $4x = 12 \qquad\quad +12s$
(II) $y = -2 + 5r + 5s$
(III) $-3z = -3 \qquad\quad +-12s$

Die Gleichung (II) wird nicht benötigt. Addiert man die Gleichungen (I) und (III) so ergibt sich die Ebenengleichung für E in der folgenden Koordinatenform:

$E: 4x - 3z = 9$.

Jede Ebene des $\mathbb{R}^3$ lässt sich mithilfe einer Ebenengleichung in Koordinatenform

$ax + by + cz = d$

beschreiben. Man erhält eine solche Koordinatenform aus einer Parametergleichung, indem man diese als LGS schreibt und die zwei Parameter r und s aus den drei Gleichungen eliminiert[1].

Die Ebene E verläuft parallel zur y-Achse, weil der Koeffizient von y gleich 0 ist:

$E: 4\cdot x + 0\cdot y - 3\cdot z = 9$.

b)

Es gilt: $|\overrightarrow{PQ}| = |\overrightarrow{QR}| = 5$ und

$$\overrightarrow{PQ} \bullet \overrightarrow{QR} = \begin{pmatrix} 0 \\ 5 \\ 0 \end{pmatrix} \bullet \begin{pmatrix} 3 \\ 0 \\ 4 \end{pmatrix} = 0;$$

Ermittlung von T:

$\overrightarrow{OT} = \overrightarrow{OP} + \overrightarrow{PT} = \overrightarrow{OP} + \overrightarrow{QR}$

$$= \begin{pmatrix} 3 \\ -2 \\ 1 \end{pmatrix} + \begin{pmatrix} 3 \\ 0 \\ 4 \end{pmatrix} = \begin{pmatrix} 6 \\ -2 \\ 5 \end{pmatrix} \Rightarrow T(6|-2|5)$$

Die Vektoren $\overrightarrow{PQ}$ und $\overrightarrow{QR}$ sind orthogonal und haben denselben Betrag. Die Punkte P, Q und R bilden also ein rechtwinklig gleichschenkliges Dreieck, dass durch einen weiteren Punkt T zu einem Quadrat ergänzt werden kann (s. Skizze).

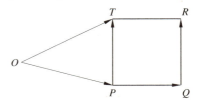

---

[1] Bei Anwendung eines GTR kann die Koordinatengleichung einer Ebene nach Eingabe der Punktkoordinaten von drei Punkten, die nicht auf einer Geraden liegen, direkt abgerufen werden.

c)

Zum Nachweis, dass die Punkte

$S_a(3a \mid 3+5a \mid \frac{19}{2}+4a)$ mit $a \in \mathbb{R}$

auf einer Geraden liegen, untersucht man den Ortsvektor $\overrightarrow{OS_a}$; es gilt:

$$\overrightarrow{OS_a} = \begin{pmatrix} 3a \\ 3+5a \\ 9,5+4a \end{pmatrix} = \begin{pmatrix} 0 \\ 3 \\ 9,5 \end{pmatrix} + a \begin{pmatrix} 3 \\ 5 \\ 4 \end{pmatrix}.$$

Damit gilt: Alle Punkte S_a, $a \in \mathbb{R}$, liegen auf der Geraden

$$g: \vec{x} = \begin{pmatrix} 0 \\ 3 \\ 9,5 \end{pmatrix} + a \begin{pmatrix} 3 \\ 5 \\ 4 \end{pmatrix} \quad (a \in \mathbb{R}).$$

Zum Nachweis, dass die Gerade g echt parallel zur Ebene E verläuft, setzt man ihre Koordinaten $x = 0 + 3a$, $y = 3 + 5a$ und $z = 9,5 + 4a$ in die Koordinatengleichung $4x - 3z = 9$ der Ebene E ein:

$$g \cap E: \quad 4(0+3a) - 3(9,5+4a) = 9$$
$$12a - 28,5 - 12a = 9$$
$$-28,5 = 9$$

Man erhält also eine Widerspruch; g und E haben damit keine gemeinsamen Punkte, sind also echt parallel.

Wir erhalten eine Vektorgleichung in Form einer Geradengleichung. Die zugehörige Gerade verläuft durch den Punkt $S_0(0 \mid 3 \mid 9,5)$ und hat den Richtungsvektor $\begin{pmatrix} 3 \\ 5 \\ 4 \end{pmatrix}$.

Eine Gerade ist echt parallel zu einer Ebene, wenn die zugehörigen Gleichungen zu einem Widerspruch, also zu einer falschen Aussage führen.

d)

Mittelpunkt M der quadratischen Grundfläche $PQRT$ der zu bestimmenden Pyramide:

$$\overrightarrow{OM} = \overrightarrow{OP} + \frac{1}{2}\overrightarrow{PR}$$

$$= \begin{pmatrix} 3 \\ -2 \\ 1 \end{pmatrix} + \frac{1}{2}\begin{pmatrix} 6-3 \\ 3+2 \\ 5-1 \end{pmatrix} = \begin{pmatrix} 4,5 \\ 0,5 \\ 3 \end{pmatrix}$$

Der Mittelpunkt des Quadrats $PQRT$ ist also $M(4,5 \mid 0,5 \mid 3)$.

Die Koordinaten der Spitze U der geraden quadratischen Pyramide werden ermittelt als Koordinaten des Schnittpunktes der Geraden g und der Geraden i, die als Lotgerade durch den Mittelpunkt M der quadratischen Grundfläche $PQRT$ der Pyramide verläuft.

8 Komplexaufgaben mit Lösungen

Die Spitze U der geraden Pyramide liegt auf der Geraden i, die senkrecht zur Ebene E durch den Mittelpunkt $M(4,5|0,5|3)$ des Quadrats $PQRT \in E$ verläuft:

$$i: \vec{x} = \begin{pmatrix} 4,5 \\ 0,5 \\ 3 \end{pmatrix} + k \begin{pmatrix} 4 \\ 0 \\ -3 \end{pmatrix}$$

Berechnung des Schnittpunktes von g und i:

$$\begin{pmatrix} 0 \\ 3 \\ 9,5 \end{pmatrix} + a \begin{pmatrix} 3 \\ 5 \\ 4 \end{pmatrix} = \begin{pmatrix} 4,5 \\ 0,5 \\ 3 \end{pmatrix} + k \begin{pmatrix} 4 \\ 0 \\ -3 \end{pmatrix}$$

(I) $\qquad 3a = 4,5 + 4k$

(II) $\qquad 3 + 5a = 0,5$

(III) $\quad 9,5 + 4a = 3 - 3k$

Aus (II) folgt $a = -0,5$. Für die Gleichungen (I) und (III) ergibt sich damit:

(I) $\qquad -1,5 = 4,5 + 4k \ \Leftrightarrow \ k = -1,5$

(III) $\quad 9,5 - 2 = 3 - 3k \quad \Leftrightarrow \ k = -1,5$

Setzt man $a = -0,5$ oder $k = -1,5$ in die entsprechende Geradengleichung ein, so erhält man die Koordinaten der Pyramidenspitze U:

$U(-1,5|0,5|7,5)$.

Zur Volumenberechnung der Pyramide bestimmen wir zunächst mithilfe der Hesse-Form der Ebene E

$$\frac{4x - 3z - 9}{\sqrt{4^2 + (-3)^2}} = 0 \quad \text{bzw.}$$

$$\frac{1}{5}(4x - 3z - 9) = 0$$

den Abstand $d(U, E)$ des Punktes U von der Ebene E, also die Höhe h der Pyramide:

$$h = d(U, E) = \left| \frac{1}{5}(4 \cdot (-1,5) - 3 \cdot 7,5 - 9) \right|$$

$$= |-7,5| = 7,5.$$

Für das Pyramidenvolumen ergibt sich:

$$V = \frac{1}{3} \cdot 5^2 \cdot 7,5 = 62,5.$$

Der Richtungsvektor der Geraden i ist der Normalenvektor

$$\vec{n} = \begin{pmatrix} 4 \\ 0 \\ -3 \end{pmatrix}$$

der Ebene E: $4x - 3z = 9$.

Die rechten Seiten der Gleichungen der Geraden g und i werden gleichgesetzt. Aus dem entstehenden LGS werden die Parameter a bzw. k, die den gemeinsamen Punkt bestimmen, ermittelt.

Für das Volumen einer quadratischen Pyramide gilt die Formel

$$V = \frac{1}{3} \cdot A_G \cdot h$$

$$= \frac{1}{3} \cdot |\overrightarrow{PQ}|^2 \cdot d(U, E).$$

Zur Ermittlung der Pyramidenhöhe $h = d(U, E)$ wird die Hesse-Form der Ebenengleichung von E verwendet.

Das Volumen der geraden quadratischen Pyramide $PQRTU$ beträgt 62,5 VE.

e)

Skizze:

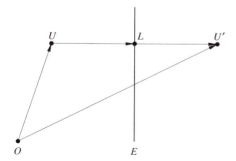

Es gilt die Vektorgleichung

$\overrightarrow{OU'} = \overrightarrow{OU} + 2\overrightarrow{UL}$.

Die Lotgerade zur Ebene E durch die Punkte U, L und U' hat die Parametergleichung

$l: \vec{x} = \begin{pmatrix} -1{,}5 \\ 0{,}5 \\ 7{,}5 \end{pmatrix} + m \begin{pmatrix} 4 \\ 0 \\ -3 \end{pmatrix}$

Ermittlung des Durchstoßpunktes L:

$l \cap E$: $\quad 4(-1{,}5 + 4m) - 3(7{,}5 - 3m) = 9$
$\quad\quad\quad\quad\quad -6 + 16m - 22{,}5 + 9m = 9$
$\quad\quad\quad\quad\quad\quad\quad\quad\quad\quad 25m = 37{,}5$
$\quad\quad\quad\quad\quad\quad\quad\quad\quad\quad\quad m = 1{,}5$

Damit ergibt sich aus der Gleichung von l der Punkt $L(4{,}5|0{,}5|3)$.

Damit ergibt sich

$\overrightarrow{OU'} = \overrightarrow{OU} + 2\overrightarrow{UL}$

$= \begin{pmatrix} -1{,}5 \\ 0{,}5 \\ 7{,}5 \end{pmatrix} + 2 \begin{pmatrix} 4{,}5 + 1{,}5 \\ 0{,}5 - 0{,}5 \\ 3 - 7{,}5 \end{pmatrix}$

$= \begin{pmatrix} 10{,}5 \\ 0{,}5 \\ -1{,}5 \end{pmatrix}$,

also $U'(10{,}5|0{,}5|-1{,}5)$.

K

Der Punkt U soll an der Ebene $E: 4x - 3z = 9$ gespiegelt werden. Die Lotgerade l von E geht durch U und hat als Richtungsvektor den Normalenvektor

$\vec{n} = \begin{pmatrix} 4 \\ 0 \\ -3 \end{pmatrix}$

der Ebene E.

Der Punkt L ist der Durchstoßpunkt der Lotgeraden l durch die Ebene E. Zur Bestimmung der Koordinaten von L setzt man in der Koordinatengleichung $4x - 3z = 9$ der Ebene die Werte $x = -1{,}5 + 4m$ und $z = 7{,}5 - 3m$ aus der Geradengleichung ein und ermittelt damit den Parameterwert m für den Durchstoßpunkt L in der Gleichung von l.

Die Koordinaten des Spiegelpunktes U' werden schließlich aus der Vektorgleichung

$\overrightarrow{OU'} = \overrightarrow{OU} + 2\overrightarrow{UL}$

berechnet.

214   8 Komplexaufgaben mit Lösungen

Gegeben sei eine affine Abbildung α der Ebene auf sich, die die Punkte 0, E_1 und E_2 abbildet auf $0'(3|1), E_1'(3|3)$ und $E_2'(4|2)$.

a) Stellen Sie die Abbildungsgleichung (Koordinatendarstellung und Matrizenschreibweise) auf.

Bestimmen Sie die Bildpunkte von $A(1|1)$.

b) Untersuchen Sie Abbildung auf Fixpunkte.

c) Geben Sie die charakteristische Gleichung der affinen Abbildung $\alpha^*: \vec{x}' = A\vec{x}$ an und bestimmen Sie deren Eigenwerte und Eigenvektoren, wobei A die Matrix von α ist.

Untersuchen Sie die Abbildung α auf Fixgeraden.

d) Konstruieren Sie das Bild des Quadrats $0, E_1, E_2, A$ (wählen Sie 1 LE = 1 cm).

Zeichnen Sie in das Koordinatensystem Fixpunkte und Fixgeraden ein.

a)   **K**

Ansatz für $E_1'(3|3)$:

$3 = a_1 \cdot 1 + b_1 \cdot 0 + 3$

$3 = a_2 \cdot 1 + b_2 \cdot 0 + 1$

Es folgt sofort $a_1 = 0$ und $a_2 = 2$.

Ansatz für $E_2'(4|2)$:

$4 = a_1 \cdot 0 + b_1 \cdot 1 + 3$

$2 = a_2 \cdot 0 + b_2 \cdot 1 + 1$

Man erhält $b_1 = 1$ und $b_2 = 1$.

Damit lautet die Abbildungsgleichung in Koordinatenschreibweise:

$x_1' = 0 \cdot x_1 + x_2 + 3$

$x_2' = 2 \cdot x_1 + x_2 + 1$

und in Matrizenschreibweise

$$\begin{pmatrix} x_1' \\ x_2' \end{pmatrix} = \begin{pmatrix} 0 & 1 \\ 2 & 1 \end{pmatrix} \begin{pmatrix} x_1 \\ x_2 \end{pmatrix} + \begin{pmatrix} 3 \\ 1 \end{pmatrix}.$$

Setzt man die Koordinaten des Punkts $A(1|1)$ in die Abbildungsgleichung in Koordinatenschreibweise ein, so folgt

$x_1' = 0 \cdot 1 + 1 \cdot 1 + 3 = 4$

$x_2' = 2 \cdot 1 + 1 \cdot 1 + 1 = 4$

Der Bildpunkt von A hat die Koordinaten $A'(4|4)$.

Die Abbildungsgleichungen in Koordinatenschreibweise lauten:

$x_1' = a_1 x_1 + b_1 x_2 + 3$

$x_2' = a_2 x_1 + b_2 x_2 + 1$

wobei die Kenntnis des Bildes von 0 ausgenutzt wurde.

Die allgemeine Darstellung der Abbildung in Matrizenform lautet

$\vec{x}' = A\vec{x} + \vec{v}.$

b)

Ansatz zur Bestimmung von Fixpunkten:

$$\begin{pmatrix} x_0 \\ y_0 \end{pmatrix} = \begin{pmatrix} 0 & 1 \\ 2 & 1 \end{pmatrix} \begin{pmatrix} x_0 \\ y_0 \end{pmatrix} + \begin{pmatrix} 3 \\ 1 \end{pmatrix}$$

Damit folgt das LGS

$$x_0 = y_0 + 3 \qquad\qquad\qquad \text{(I)}$$
$$y_0 = 2x_0 + y_0 + 1 \qquad\qquad \text{(II)}$$

Setzt man (I) in (II) ein, so folgt

$$y_0 = 2(y_0 + 3) + y_0 + 1 = 3y_0 + 7$$

bzw. $y_0 = -3{,}5$ und weiter folgt $x_0 = -0{,}5$. Die Abbildung α besitzt somit genau einen Fixpunkt $F(-0{,}5\,|-3{,}5)$.

Ist $P(x_0|y_0)$ ein Fixpunkt von α, so muss gelten

$$\begin{pmatrix} x_0 \\ y_0 \end{pmatrix} = A \begin{pmatrix} x_0 \\ y_0 \end{pmatrix} + \vec{v}.$$

c)

Mit $A = \begin{pmatrix} 0 & 1 \\ 2 & 1 \end{pmatrix}$ folgt aus

$$\begin{vmatrix} -\lambda & 1 \\ 2 & 1-\lambda \end{vmatrix} = 0$$

die charakteristische Gleichung

$$\lambda^2 - \lambda - 2 = 0.$$

Die Lösungen dieser Gleichung liefert die Eigenwerte:

$$\lambda_1 = -1 \quad \text{und} \quad \lambda_2 = 2.$$

Ansatz zur Bestimmung der Eigenvektoren für $\lambda_1 = -1$:

$$\begin{pmatrix} 0 & 1 \\ 2 & 1 \end{pmatrix} \begin{pmatrix} u_1 \\ u_2 \end{pmatrix} = (-1) \cdot \begin{pmatrix} u_1 \\ u_2 \end{pmatrix}$$

bzw. $\quad 0 \cdot u_1 + u_2 = -u_1$
$\qquad\quad 2 \cdot u_1 + u_2 = -u_2.$

Wählt man $u_1 = t$, so folgt $u_2 = -t$ und damit erhält man $\vec{u}_1 = t \begin{pmatrix} 1 \\ -1 \end{pmatrix}$ bzw. $\vec{u}_1' = \begin{pmatrix} 1 \\ -1 \end{pmatrix}$ als Eigenvektor;

Ist $\alpha^*: \vec{x}' = A\vec{x}$ mit $\begin{pmatrix} a_1 & b_1 \\ a_2 & b_2 \end{pmatrix}$ eine lineare Abbildung, so heißt die Darstellung

$$\begin{vmatrix} a_1 - \lambda & b_1 \\ a_2 & b_2 - \lambda \end{vmatrix} = 0$$

$$\lambda^2 - (a_1 + b_2)\lambda + (a_1 b_2 - a_2 b_1) = 0$$

die charakteristische Gleichung der linearen Abbildung α^*. Die Lösungen der charakteristischen Gleichung heißen Eigenwerte.

Der Vektor $\vec{u}$ ist genau dann Eigenvektor von α, wenn gilt $A\vec{u} = \lambda\vec{u}$.

für $\lambda_2 = 2$:

$$\begin{pmatrix} 0 & 1 \\ 2 & 1 \end{pmatrix} \begin{pmatrix} u_1 \\ u_2 \end{pmatrix} = 2 \cdot \begin{pmatrix} u_1 \\ u_2 \end{pmatrix}$$

bzw. $\quad 0 \cdot u_1 + u_2 = 2u_1$
$\quad\quad 2 \cdot u_1 + u_2 = 2u_2$

Wählt man $u_1 = t$, so folgt $u_2 = 2t$ und damit erhält man $\vec{u}_2 = t\begin{pmatrix} 1 \\ 2 \end{pmatrix}$ bzw. $\vec{u}'_2 = \begin{pmatrix} 1 \\ 2 \end{pmatrix}$ als Eigenvektor.

Da $F(-0{,}5 | -3{,}5)$ als einziger Fixpunkt bestimmt wurde, ergeben sich die Fixgeraden sofort in vektorieller Form zu

$g_1: \vec{x} = \begin{pmatrix} -0{,}5 \\ -3{,}5 \end{pmatrix} + t \begin{pmatrix} 1 \\ -1 \end{pmatrix}$

bzw.

$g_2: \vec{x} = \begin{pmatrix} -0{,}5 \\ -3{,}5 \end{pmatrix} + t \begin{pmatrix} 1 \\ 2 \end{pmatrix}.$

Beachte:
Neben $\vec{u}'_1 = \begin{pmatrix} 1 \\ -1 \end{pmatrix}$ bzw. $\vec{u}'_2 = \begin{pmatrix} 1 \\ 2 \end{pmatrix}$ sind alle Vektoren $\vec{u}_1 = t\begin{pmatrix} 1 \\ -1 \end{pmatrix}$ bzw. $\vec{u}_2 = t\begin{pmatrix} 1 \\ 2 \end{pmatrix}$ ungleich $\vec{0}$ ebenfalls Eigenvektoren.

Ist F ein Fixpunkt und $\vec{u}$ eine Eigenvektor einer linearen Abbildung α, so ist die Gerade

$g: \vec{x} = \vec{f} + t\vec{u}$

eine Fixgerade von α.

d)

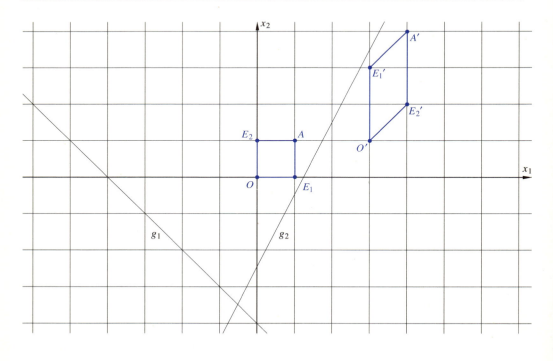

8 Komplexaufgaben mit Lösungen · 217

Gegeben sei eine affine Abbildung α durch

$$\alpha : \vec{x}' = \begin{pmatrix} 0 & 1 \\ 2 & -1 \end{pmatrix} \vec{x} + \begin{pmatrix} 0 \\ 2 \end{pmatrix}.$$

a) Untersuchen Sie die Abbildung α auf Fixpunkte.

b) Geben Sie die charakteristische Gleichung der affinen Abbildung α an und bestimmen Sie deren Eigenwerte und Eigenvektoren, wobei A die Matrix von α ist.
Untersuchen Sie die Abbildung α auf Fixgeraden.

c) Eine lineare Abbildung besitze die Eigenwerte $\lambda_1 = 1$ und $\lambda_2 = 4$ sowie die Eigenvektoren

$$\vec{u}_1 = \begin{pmatrix} 1 \\ -2 \end{pmatrix} \quad \text{und} \quad \vec{u}_2 = \begin{pmatrix} 1 \\ 1 \end{pmatrix}$$

Bestimmen Sie die Abbildungsgleichung $\vec{x}' = A\vec{x}$.

a) K

Ansatz zur Bestimmung von Fixpunkten:

$$\begin{pmatrix} x_0 \\ y_0 \end{pmatrix} = \begin{pmatrix} 0 & 1 \\ 2 & -1 \end{pmatrix} \begin{pmatrix} x_0 \\ y_0 \end{pmatrix} + \begin{pmatrix} 0 \\ 2 \end{pmatrix}$$

Damit folgt das LGS

$$x_0 = y_0 \qquad \text{(I)}$$
$$y_0 = 2x_0 - y_0 + 2 \qquad \text{(II)}$$

Setzt man (I) in (II) ein, so folgt mit

$$y_0 = 2y_0 - y_0 + 2$$

$$0 = 2$$

ein Widerspruch. Die vorliegende Abbildung besitzt keinen Fixpunkt.

Ist $P(x_0|y_0)$ ein Fixpunkt von α, so muss gelten

$$\begin{pmatrix} x_0 \\ y_0 \end{pmatrix} = A \begin{pmatrix} x_0 \\ y_0 \end{pmatrix} + \vec{v}.$$

b) K

Mit $A = \begin{pmatrix} 0 & 1 \\ 2 & -1 \end{pmatrix}$ folgt aus

$$\begin{vmatrix} \lambda & 1 \\ 2 & -1-\lambda \end{vmatrix} = 0$$

die charakteristische Gleichung

$$\lambda^2 + \lambda - 2 = 0$$

Die Lösungen dieser Gleichung liefert die Eigenwerte:

$$\lambda_1 = -2 \quad \text{und} \quad \lambda_2 = 1.$$

Ist $\alpha^* : \vec{x}' = A\vec{x}$ mit $\begin{pmatrix} a_1 & b_1 \\ a_2 & b_2 \end{pmatrix}$ eine lineare Abbildung, so heißt die Darstellung

$$\begin{vmatrix} a_1-\lambda & b_1 \\ a_2 & b_2-\lambda \end{vmatrix} = 0$$

bzw. $\lambda^2 - (a_1 + b_2)\lambda + (a_1 b_2 - a_2 b_1) = 0$ die charakteristische Gleichung der linearen Abbildung α^*. Die Lösungen der charakteristischen Gleichung heißen Eigenwerte.

Ansatz zur Bestimmung der Eigenvektoren für $\lambda_1 = -2$:

$$\begin{pmatrix} 0 & 1 \\ 2 & -1 \end{pmatrix} \begin{pmatrix} u_1 \\ u_2 \end{pmatrix} = (-2) \begin{pmatrix} u_1 \\ u_2 \end{pmatrix}$$

bzw.

$0 \cdot u_1 + u_2 = -2 u_1$

$2 \cdot u_1 - u_2 = -2 u_2$

Wählt man $u_1 = t$, so folgt $u_2 = -2t$ und damit erhält man $\vec{u}_1 = t \begin{pmatrix} 1 \\ -2 \end{pmatrix}$

bzw.

$\vec{u}_1' = \begin{pmatrix} 1 \\ -2 \end{pmatrix}$ als Eigenvektor;

für $\lambda_2 = 1$:

$$\begin{pmatrix} 0 & 1 \\ 2 & -1 \end{pmatrix} \begin{pmatrix} u_1 \\ u_2 \end{pmatrix} = (1) \begin{pmatrix} u_1 \\ u_2 \end{pmatrix}$$

bzw.

$0 \cdot u_1 + u_2 = u_1$

$2 \cdot u_1 - u_2 = u_2$

Wählt man $u_1 = t$, so folgt $u_2 = t$ und damit erhält man $\vec{u}_2 = t \begin{pmatrix} 1 \\ 1 \end{pmatrix}$ bzw. $\vec{u}_2' = \begin{pmatrix} 1 \\ 1 \end{pmatrix}$ als Eigenvektor.

Da bei dieser linearen Abbildung kein Fixpunkt existiert, muss ein anderer Ansatz zur Bestimmung von Fixgeraden gewählt werden.

Untersuchung für $\lambda_1 = -2$ und $\vec{u}_1 = \begin{pmatrix} 1 \\ -2 \end{pmatrix}$:

Für jeden Punkt aus $\mathbb{R}^2$, der auf einer Fixgeraden

$g: \vec{x} = \vec{p} + t \vec{u}^*$

liegt, muss es ein $r \in \mathbb{R}$ geben, so dass gilt

$$\vec{x} - \vec{x}' = r \begin{pmatrix} 1 \\ -2 \end{pmatrix},$$

Der Vektor $\vec{u}$ ist genau dann Eigenvektor von α, wenn gilt $A\vec{u} = \lambda \vec{u}$.

Beachte:

Neben $\vec{u}_1' = \begin{pmatrix} 1 \\ -2 \end{pmatrix}$ bzw. $\vec{u}_2' = \begin{pmatrix} 1 \\ 1 \end{pmatrix}$ sind alle Vektoren $\vec{u}_1 = t \begin{pmatrix} 1 \\ -2 \end{pmatrix}$ bzw. $\vec{u}_2 = t \begin{pmatrix} 1 \\ 1 \end{pmatrix}$ ungleich $\vec{0}$ ebenfalls Eigenvektoren.

Eine Gerade

$g: \vec{x} = \vec{p} + t \vec{u}$

ist genau dann Fixgerade einer Abbildung α

$\alpha: \vec{x}' = A\vec{x} + \vec{x}$, wenn es einen Eigenvektor $\vec{u}^*$ von α gibt, so dass gilt $\vec{u}, \vec{p}^* - \vec{p}$ und $\vec{u}^*$ kollinear sind.

also

$$\vec{x} - \begin{pmatrix} 0 & 1 \\ 2 & -1 \end{pmatrix} \vec{x} - \begin{pmatrix} 0 \\ 2 \end{pmatrix} = r \begin{pmatrix} 1 \\ -2 \end{pmatrix}$$

bzw.

$$\begin{pmatrix} 1 & -1 \\ -2 & 2 \end{pmatrix} \begin{pmatrix} x_1 \\ x_2 \end{pmatrix} - \begin{pmatrix} 0 \\ 2 \end{pmatrix} = r \begin{pmatrix} 1 \\ -2 \end{pmatrix}.$$

Daraus folgt

$$x_1 - x_2 = r$$
$$-2x_1 + 2x_2 - 2 = -2r$$

Dieses LGS hat keine Lösung.

Damit erhält man für $\lambda_1 = -2$ und $\vec{u}_1 = \begin{pmatrix} 1 \\ -2 \end{pmatrix}$ keine Fixgerade.

Untersuchung für $\lambda_2 = 1$ und $\vec{u}_2 = \begin{pmatrix} 1 \\ 1 \end{pmatrix}$:
Es muss gelten

$$\vec{x} - \vec{x}' = r \begin{pmatrix} 1 \\ 1 \end{pmatrix}.$$

Es folgt

$$\vec{x} - \begin{pmatrix} 0 & 1 \\ 2 & -1 \end{pmatrix} \vec{x} - \begin{pmatrix} 0 \\ 2 \end{pmatrix} = r \begin{pmatrix} 1 \\ 1 \end{pmatrix}$$

bzw.

$$\begin{pmatrix} 1 & -1 \\ -2 & 2 \end{pmatrix} \begin{pmatrix} x_1 \\ x_2 \end{pmatrix} - \begin{pmatrix} 0 \\ 2 \end{pmatrix} = r \begin{pmatrix} 1 \\ 1 \end{pmatrix}.$$

Daraus folgt:

$$x_1 - x_2 = r$$
$$-2x_1 + 2x_2 - 2 = r$$

Aus diesen Gleichungen folgt $r = -\frac{3}{2}$, damit folgt als einzige Fixgerade

$$x_1 - x_2 = -\frac{3}{2} \quad \text{bzw.} \quad \begin{pmatrix} 1 \\ -1 \end{pmatrix} \vec{x} + \frac{3}{2} = 0.$$

c)

Aus dem Ansatz $A\vec{u} - \lambda\vec{u} = \vec{0}$ lässt sich die Abbildungsgleichung rekonstruieren:

$(A - \lambda)\vec{u} = \vec{0}$ bzw.

$$\left[\begin{pmatrix} a_1 & b_1 \\ a_2 & b_2 \end{pmatrix} + \begin{pmatrix} -\lambda & 0 \\ 0 & -\lambda \end{pmatrix}\right]\vec{u} = \vec{0}$$

und weiter

$$\begin{pmatrix} a_1 - \lambda & b_1 \\ a_2 & b_2 - \lambda \end{pmatrix}\begin{pmatrix} u_1 \\ u_2 \end{pmatrix} = \begin{pmatrix} 0 \\ 0 \end{pmatrix}.$$

Damit folgt für $\lambda_1 = 1$ und $\vec{u} = \begin{pmatrix} 1 \\ -2 \end{pmatrix}$:

$$\begin{pmatrix} a_1 - 1 & b_1 \\ a_2 & b_2 - 1 \end{pmatrix}\begin{pmatrix} 1 \\ -2 \end{pmatrix} = \begin{pmatrix} 0 \\ 0 \end{pmatrix}.$$

Man erhält:

$$a_1 - 2b_1 = 1 \qquad\qquad\qquad \text{(I)}$$
$$a_2 - 2b_2 = -2 \qquad\qquad\qquad \text{(II)}$$

Für $\lambda_2 = 4$ und $\vec{u} = \begin{pmatrix} 1 \\ 1 \end{pmatrix}$ folgt:

$$a_1 + b_1 = 4 \qquad\qquad\qquad \text{(III)}$$
$$a_2 + b_2 = 4 \qquad\qquad\qquad \text{(IV)}$$

Aus (I) und (III) erhält man $a_1 = 3$ und $b_1 = 1$, aus (II) und (IV) erhält man $a_2 = 2$ und $b_2 = 2$.

Die gesuchte Abbildungsgleichung der linearen Abbildung lautet also

$$\vec{x}' = \begin{pmatrix} 3 & 1 \\ 2 & 2 \end{pmatrix}\vec{x}.$$

K

Ein Vektor $\vec{u}$ ist genau dann Eigenvektor der linearen Abbildung α, wenn gilt $A\vec{u} = \lambda\vec{u}$.

Anhang

Abstand

Ebene – Ebene

Sind E und F zwei parallele Ebenen, so kann der Abstand $d(E, F)$ errechnet werden, indem der Abstand irgendeines Punktes von F zu E bzw. irgendeines Punktes von E zu F berechnet wird (s. Abstand Punkt – Ebene).

Gerade – Ebene

Ist g eine zur Ebene E parallele Gerade, so kann der Abstand $d(g, E)$ errechnet werden, indem der Abstand irgendeines Punktes von g zu E berechnet wird (s. Abstand Punkt – Ebene).

Gerade – Gerade

– Abstandsberechnung für windschiefe Geraden:

Sind $g\colon \vec{x} = \vec{p} + r \cdot \vec{u}$ und $h\colon \vec{x} = \vec{q} + s \cdot \vec{v}$ zwei windschiefe Geraden und $\vec{n}_0$ ein zu beiden Richtungsvektoren $\vec{u}$ bzw. $\vec{v}$ der Geraden g bzw. h orthogonaler Einheitsvektor, dann besitzen g und h den Abstand

$$d(g, h) = |(\vec{p} - \vec{q}) \bullet \vec{n}_0|.$$

– Abstandsberechnung für parallele Geraden:

Sind $g\colon \vec{x} = \vec{p} + r \cdot \vec{u}$ und $h\colon \vec{x} = \vec{q} + s \cdot \vec{v}$ parallele Geraden, so kann der Abstand $d(g, h)$ errechnet werden, indem der Abstand irgendeines Punktes von g zu h bzw. irgendeines Punktes von h zu g berechnet wird (s. Abstand Punkt – Gerade).

Punkt – Ebene

Der Abstand $d(P, E)$ eines Punktes P von einer Ebene E ist die Länge der kürzesten Strecke von allen Strecken $\overline{PQ}$, wobei Q alle Punkte der Ebene E durchläuft. Diese Strecke ist das Lot von P auf E.

– Ist die Ebene E durch eine Gleichung in der **Hesse'schen Normalenform** gegeben, also

$$E\colon (\vec{x} - \vec{a}) \bullet \vec{n}_0$$

mit $\vec{a}$ als Ortsvektor eines Ebenenpunktes, so errechnet man den Abstand $d(P, E)$ mithilfe der Formel

$$d(g, h) = |(\vec{p} - \vec{q}) \bullet \vec{n}_0|.$$

– Ist die Ebene E in der **Koordinatenform** gegeben, also

$$E\colon a_x 1x + a_y y + a_z z = b,$$

so gilt für den Abstand $d(P(p_x|p_y|p_z), E)$ die Formel

$$d = \left| \frac{a_x p_x + a_y p_y + a_z p_z - b}{\sqrt{a_x^2 + a_y^2 + a_z^2}} \right|.$$

Punkt – Gerade

Abstand Punkt – Gerade im $\mathbb{R}^2$:

Im $\mathbb{R}^2$ besitzt jede Gerade eine Normalengleichung (analog zur Ebene im Raum). Aus dieser Normalengleichung wird ihre Hesse'sche Normalenform (s. dort) gebildet. Man setzt nun den Ortsvektor des Punktes in die Hesse'sche Normalenform analog zum dreidimensionalen Fall ein und bestimmt auf diese Weise den gesuchten Abstand als Betrag des sich ergebenden Wertes.

Abstand Punkt – Gerade im $\mathbb{R}^3$:

Zur Berechnung des Abstands eines Punktes P von einer Geraden im Raum gibt es verschiedene Verfahren:

(1) Aufstellen der zur Geraden g orthogonalen Ebene E durch P. Berechnung des Schnittpunkts F von E und g. Ermittlung des Betrags des Vektors $\overrightarrow{PF}$.

(2) Mit Q als Aufpunkt von g sowie F als Schnittpunkt einer zur Geraden g orthogonalen Ebene E durch P gilt $|\overrightarrow{QF}| = |(\vec{p} - \vec{q}) \bullet \vec{u}_0| = |\vec{p} - \vec{q}| \cdot \cos\alpha$ mit $\vec{u}_0$ als Richtungsvektor von g. Mit dem Satz des Pythagoras gilt dann für den Abstand

$$d(P, g) = \sqrt{(\vec{p} - \vec{q})^2 - ((\vec{p} - \vec{q}) \bullet \vec{u}_0)^2}.$$

Abstandsprobleme

Lotfußpunktverfahren:

Abstand Punkt – Ebene

1. Bestimmung einer Geraden g mit $P \in g$ und $g \perp E$
2. Bestimmung des Lotfußpunks F als Schnittpunkt: $g \cap E = F$
3. Berechnung des Abstandes $d(P, E) = |\overrightarrow{PF}|$

Abstand Punkt – Gerade im $\mathbb{R}^3$

1. Bestimmung einer Ebene E mit $E \perp g$ und $P \in E$
2. Bestimmung des Lotfußpunkts F als Schnittpunkt $g \cap E = F$
3. Berechnung des Abstandes $d(P, g) = |\overrightarrow{PF}|$

Abstand windschiefer Geraden

1. Bestimmung einer Ebene E mit $g \in E$ und $E \perp h$
2. Bestimmung des Schnittpunkts $h \cap E = F_H$
3. Bestimmung einer Geraden k mit $k \perp g$, $k \perp h$, und $F_H \in k$
4. Bestimmung des Schnittpunkts $k \cap g = F_G$
5. Berechnung des Abstandes $d(g, h) = |\overrightarrow{F_H F_G}|$

Projektionsverfahren:

Gegeben sei ein Punkt P durch seinen Ortsvektor $\vec{p}$ und eine Gerade g bzw. eine Ebene E durch die Hesse'sche Normalenform $(\vec{x} - \vec{a}) \bullet \vec{n}_0 = 0$.

Hinweis: Die Voraussetzung für die Gültigkeit der Hesse'schen Normalenform ist das Vorliegen einer eindeutig bestimmten Normalenrichtung.

Für den Abstand d eines beliebigen Punktes P von einer Geraden g (im $\mathbb{R}^2$) bzw. einer Ebene E (im $\mathbb{R}^3$) gilt dann die Formel

$d = |(\vec{p} - \vec{a}) \bullet \vec{n}_0|.$

Diese Formel erfasst folgende Abstandsprobleme:

1. Punkt P, Gerade g im $\mathbb{R}^2$
$\vec{p}$: Ortsvektor von $P \notin g$
$\vec{a}$: Ortsvektor von $A \in g$
$\vec{n}_0$: Normaleneinheitsvektor von g

2. Zwei Geraden g, h im $\mathbb{R}^2$ mit $g \parallel h$
$\vec{p}$: Ortsvektor von $P \in g$ oder $P \in h$
$\vec{a}$: Ortsvektor von $A \in h$ oder $A \in g$
$\vec{n}_0$: Normaleneinheitsvektor von g oder h

3. Punkt P, Ebene E im $\mathbb{R}^3$
$\vec{p}$: Ortsvektor von $P \notin E$
$\vec{a}$: Ortsvektor von $A \in E$
$\vec{n}_0$: Normaleneinheitsvektor von E

4. Zwei Ebenen E, H im $\mathbb{R}^3$ mit $E \parallel H$
$\vec{p}$: Ortsvektor von $P \in E$ oder $P \in H$
$\vec{a}$: Ortsvektor von $A \in H$ oder $A \in E$
$\vec{n}_0$: Normaleneinheitsvektor von E oder H

5. Gerade g, Ebene E im $\mathbb{R}^3$ mit $g \parallel E$
$\vec{p}$: Ortsvektor von $P \in g$
$\vec{a}$: Ortsvektor von $A \in E$
$\vec{n}_0$: Normaleneinheitsvektor von E

6. Zwei windschiefe Geraden g, h im $\mathbb{R}^3$
$\vec{p}$: Ortsvektor des Aufpunktes von g oder h
$\vec{a}$: Ortsvektor des Aufpunktes von h oder g
$\vec{n}_0$: Normaleneinheitsvektor, der zu den Richtungsvektoren von g und h senkrecht steht.

Achsenabschnitt/Achsenabschnittsform

Die Geradengleichung der Form
$$\frac{x}{d} + \frac{y}{e} = 1$$

heißt **Achsenabschnittsform der Geraden** g. Aus dieser Form erhält man die Achsenschnittspunkte $S_x(d|0)$ und $S_y(0|e)$ von g mit der x- und y-Achse.
Die Ebenengleichung der Form
$$\frac{x}{e} + \frac{y}{f} + \frac{z}{g} = 1$$

heißt **Achsenabschnittsform der Ebene** E. Aus dieser Form erhält man die Achsenschnittpunkte $S_x(e|0|0), S_y(0|f|0)$ und $S_z(0|0|g)$ von E mit der x-, y- und z-Achse.

Additionsverfahren

Ein System mit m **linearen Gleichungen und** n **Variablen** hat folgende Form:

$$
\begin{aligned}
a_{11}x_1 + a_{12}x_2 + \ldots + a_{1n}x_n &= b_1 \\
a_{21}x_1 + a_{22}x_2 + \ldots + a_{2n}x_n &= b_2 \\
&\vdots \\
a_{m1}x_1 + a_{m2}x_2 + \ldots + a_{mn}x_n &= b_m
\end{aligned}
$$

Dabei sind a_{ij} und b_i reelle Zahlen (mit $i = 1, \ldots, m$ und $j = 1, \ldots, n$). Die Zahlen a_{ij} heißen Koeffizienten des Gleichungssystems, die Zahlen b_i bilden die rechte Seite des **linearen Gleichungssystems (LGS)**.

Bei der Lösung eines linearen Gleichungssystems wird die Menge L (Lösungsmenge) aller geordneten n-Tupel von reellen Zahlen gesucht, die alle Gleichungen des linearen Gleichungssystems zu wahren Aussagen machen, wenn diese n-Tupel für $x_1, x_2, x_3, \ldots, x_n$ eingesetzt werden. Es gibt verschiedene Verfahren zur Lösung eines LGS; eines dieser Verfahren ist das **Additionsverfahren**: Durch Multiplikation von je zwei Gleichungen eines LGS mit einer passenden Zahl (man nennt sie gelegentlich Erweiterungsfaktor) kann erreicht werden, dass die absoluten Beträge der Koeffizienten einer Variablen in beiden Gleichungen gleich groß sind. Subtrahiert bzw. addiert man beide Gleichungen je nachdem, ob gleiche oder verschiedene Vorzeichen vorliegen, so wird die entsprechende Variable eliminiert.

Affine Abbildung

Unter einer **affinen Abbildung** mit der Abbildungsgleichung $\vec{x}' = A\vec{x} + \vec{v}$ versteht man jede eineindeutige Abbildung einer Punktmenge der Ebene auf sich, bei der die Parallelität von Geraden und das Teilverhältnis dreier kollinearer Punkte erhalten bleibt.

Man nennt affine Abbildungen
– gleichsinnig, wenn die Orientierung aller Figuren erhalten bleibt;
– inhaltstreu, wenn der Flächeninhalt aller Figuren dem Betrag nach erhalten bleibt;
– ähnlich bzw. winkeltreu, wenn eine Strecke stets auf eine gleich große Strecke abgebildet wird.

Aufpunkt

Eine Geradengleichung der Form $g\colon \vec{x} = \vec{p} + r \cdot \vec{u}$ heißt **Punktrichtungsgleichung**. Der Vektor $\vec{u}$ stellt einen **Richtungsvektor** von g dar, damit wird der Geraden eine Richtung bzw. Orientierung aufgeprägt. Der Vektor $\vec{p}$ stellt den Ortsvektor eines Punktes $P \in g$ dar.

P wird als **Aufpunkt** bezeichnet, weil man bei ihm beginnend die Gerade durchläuft. Oft bezeichnet man den Vektor $\vec{p}$ auch als **Stützvektor**.

Basis/Basisvektoren

Lässt sich jeder Vektor $\vec{x}$ eines Vektorraums V als **Linearkombination der Vektoren**

$\vec{a}_1, \vec{a}_2, \ldots, \vec{a}_n \in V$

darstellen, gilt also

$$\vec{x} = r_1, \vec{a}_1 + r_2, \vec{a}_2 + \cdots + r_n, \vec{a}_n \quad (r_1, r_2, \ldots, r_n \in \mathbb{R})$$

so heißt die Menge

$$\{\vec{a}_1, \vec{a}_2, \ldots, \vec{a}_n\}$$

ein Erzeugendensystem von V.

Sind die Vektoren des **Erzeugendensystems** überdies linear unabhängig, so bilden diese Vektoren eine **Basis** von V, man nennt sie auch **Basisvektoren**.

Berührpunkt

Besitzen eine Gerade g und ein Kreis K: $(\vec{x} - \vec{m}) = r^2$ im $\mathbb{R}^2$ nur genau einen gemeinsamen Punkt B, so wird die Gerade g als **Tangente** von K im Punkt B bezeichnet. Der Punkt B heißt dann **Berührpunkt** von g und K.

Die Tangente g, die den Kreis K um den Mittelpunkt M (Ortsvektor $\vec{m}$) im Punkt B (Ortsvektor $\vec{b}$) berührt, hat die Gleichung

$$g\colon (\vec{x} - \vec{m})(\vec{b} - \vec{m}) = r^2.$$

Besitzen eine Ebene E und eine Kugel K: $(\vec{x} - \vec{m}) = r^2$ nur genau einen gemeinsamen Punkt B, so wird die Ebene E als **Tangentialebene** von K im Punkt B bezeichnet. Der Punkt B heißt dann Berührpunkt von E und K.

Die Tangentialebene E, die die Kugel K um den Mittelpunkt M (Ortsvektor $\vec{m}$) im Punkt B (Ortsvektor $\vec{b}$) berührt, hat die Gleichung

$$E\colon (\vec{x} - \vec{m})(\vec{b} - \vec{m}) = r^2.$$

Betrag eines Vektors

Die Länge eines Vektors $\vec{a}$ bezeichnet man als **Betrag** des Vektors und schreibt $|\vec{a}|$.
Für einen Vektor

$$\vec{a} = \begin{pmatrix} a_x \\ a_y \end{pmatrix} \in \mathbb{R}^2 \quad \text{oder} \quad \vec{a} = \begin{pmatrix} a_x \\ a_y \\ a_z \end{pmatrix} \in \mathbb{R}^3$$

gilt

$$|\vec{a}| = \sqrt{a_x^2 + a_y^2} \quad \text{bzw.} \quad |\vec{a}| = \sqrt{a_x^2 + a_y^2 + a_z^2}.$$

Ist $\vec{a} = \overrightarrow{OA}$, dann ist $|\vec{a}|$ **die Länge der Strecke** $\overline{OA}$: $|\vec{a}| = |\overline{OA}|$.

Hat der Vektor den Betrag 1, so nennt man ihn **Einheitsvektor**. Zu jedem von Null verschiedenen Vektor $|\vec{a}|$ existiert genau ein Einheitsvektor, den man erhält, indem man $|\vec{a}|$ durch den Wert seines Betrags dividiert: $|\vec{a}_0| = \dfrac{\vec{a}}{|\vec{a}|}$.

Charakteristische Gleichung

Ist $\alpha^*: \vec{x}' = A\vec{x}$ mit $\begin{pmatrix} a_1 & b_1 \\ a_2 & b_2 \end{pmatrix}$ eine **affine Abbildung**, so heißt

$$\begin{vmatrix} a_1 - \lambda & b_1 \\ a_2 & b_2 - \lambda \end{vmatrix} = 0 \quad \text{bzw.} \quad \lambda^2 - (a_1 + b_2)\lambda + (a_1 b_2 - a_2 b_1) = 0$$

die **charakteristische Gleichung** der affinen Abbildung α^*. Die Lösungen λ dieser Gleichung heißen **Eigenwerte** und ein Vektor $\vec{x}$ für den gilt $A\vec{x} = \lambda\vec{x}$ heißt **Eigenvektor** von α^* zum Eigenwert λ. Man spricht auch von Eigenwerten und Eigenvektoren der Matrix A.

Cramer'sche Regel

Cramer'sche Regel für ein lineares Gleichungssystem mit zwei Gleichungen und zwei Variablen x_1 und x_2:

(I) $a_1 x_1 + b_1 x_2 = c_1$

(II) $a_2 x_1 + b_2 x_2 = c_2$

Das System ist genau dann eindeutig lösbar, wenn $\det A = \det\begin{pmatrix} a_1 & b_1 \\ a_2 & b_2 \end{pmatrix} \neq 0$ ist.
Das geordnete Paar $(x_1 | x_2)$ ist Lösung mit

$$x_1 = \frac{\det\begin{pmatrix} c_1 & b_1 \\ c_2 & b_2 \end{pmatrix}}{\det A}; \qquad x_2 = \frac{\det\begin{pmatrix} a_1 & c_1 \\ a_2 & c_2 \end{pmatrix}}{\det A}.$$

Analog ergibt sich die Cramer'sche Regel für ein lineares Gleichungssystem mit drei Gleichungen und drei Variablen x_1, x_2 und x_3:

(I) $a_1 x_1 + b_1 x_2 + c_1 x_3 = d_1$

(II) $a_2 x_1 + b_2 x_2 + c_2 x_3 = d_2$

(III) $a_3 x_1 + b_3 x_2 + c_3 x_3 = d_3$

Es muss gelten: $\det A = \det\begin{pmatrix} a_1 & b_1 & c_1 \\ a_2 & b_2 & c_2 \\ a_3 & b_3 & c_3 \end{pmatrix} \neq 0$.

Das geordnete Zahlentripel $(x_1 | x_2 | x_3)$ ist dann Lösung mit

$$x_1 = \frac{\det\begin{pmatrix} d_1 & b_1 & c_1 \\ d_2 & b_2 & c_2 \\ d_3 & b_3 & c_3 \end{pmatrix}}{\det A} \qquad x_2 = \frac{\det\begin{pmatrix} a_1 & d_1 & c_1 \\ a_2 & d_2 & c_2 \\ a_3 & d_3 & c_3 \end{pmatrix}}{\det A} \qquad x_3 = \frac{\det\begin{pmatrix} a_1 & b_1 & d_1 \\ a_2 & b_2 & d_2 \\ a_3 & b_3 & d_3 \end{pmatrix}}{\det A}.$$

Determinante

Unter einer **Determinante** versteht man eine Funktion, die jeder n-reihigen **quadratischen Matrix** $A = (a_{ij})$ mit reellen (bzw. komplexen) Elementen a_{ik} eindeutig eine reelle (bzw. komplexe) Zahl $D = \det A$ zuordnet. Die Zahl $\det A$ mit

$$\det A = \det \begin{pmatrix} a_{11} & a_{12} \ldots a_{1n} \\ a_{21} & a_{22} \ldots a_{2n} \\ \vdots & \vdots \quad \vdots \\ a_{m1} & a_{m2} \ldots a_{mn} \end{pmatrix} = \begin{vmatrix} a_{11} & a_{12} \ldots a_{1n} \\ a_{21} & a_{22} \ldots a_{2n} \\ \vdots & \vdots \quad \vdots \\ a_{m1} & a_{m2} \ldots a_{mn} \end{vmatrix}$$

heißt Determinante der Matrix A.

Dimension

Die Anzahl der Vektoren einer Basis eines Vektorraums V heißt **Dimension** von V.

Dreiecksform

Der **Gauß'sche Algorithmus** ist ein Lösungsverfahren für **lineare Gleichungssysteme**. Es baut auf dem Additions- bzw. Subtraktionsverfahren auf und ist so angelegt, dass das entsprechende Gleichungssystem so umgeformt wird, dass man die Lösungen sofort ablesen kann oder durch weitere einfache Umformungsschritte bestimmen kann. Man bringt dazu das lineare Gleichungssystem in eine **Dreiecksform**. Von einer **Dreiecksform** spricht man, wenn unterhalb der „Diagonalen" alle Koeffizienten Null sind.

Zur Herstellung der Dreiecksform sind äquivalente Umformungsschritte notwendig. Man sichert dabei ab, dass sich die Lösungsmenge des LGS (Lineares Gleichungssystem) nicht ändert. Folgende Umformungsregeln sind dabei zu beachten:

a) Man vertauscht zwei Gleichungen, um das LGS neu zu ordnen.

b) Man kann eine Gleichung mit einer von Null verschiedenen Zahl multiplizieren.

c) Man darf eine Gleichung zu einer anderen Gleichung addieren. Dabei ersetzt man eine Gleichung durch die Summe aus dieser und einer anderen Gleichung.

Dreipunktegleichung

Sind A, B, C drei nicht auf einer Geraden liegende Punkte mit den Ortsvektoren $\vec{a}, \vec{b}, \vec{c}$, dann wird die die Punkte A, B, C enthaltende Ebene durch die **Dreipunktegleichung** beschrieben:
$E: \vec{x} = \vec{a} + r \cdot (\vec{b} - \vec{a}) + s \cdot (\vec{c} - \vec{a})$.

Durchstoßpunkt

Schneiden sich die Gerade g und die Ebene E in einem Punkt D, so nennt man D den **Durchstoßpunkt** der Geraden g durch die Ebene E. Die Durchstoßpunkte einer Geraden g durch die Ebenen des Koordinatensystems nennt man **Spurpunkte** von g. Die Spurpunkte von g in der xy-Ebene werden mit D_{xy}, in der yz-Ebene werden mit D_{yz} und in der xz-Ebene mit D_{xz} bezeichnet.

Ebenengleichungen

Dreipunktegleichung

Sind A, B, C drei nicht auf einer Geraden liegende Punkte mit den **Ortsvektoren** $\vec{a}$, $\vec{b}$, $\vec{c}$, dann wird die A, B, C enthaltende Ebene durch die Dreipunktegleichung beschrieben:

$$E: \; \vec{x} = \vec{a} + r \cdot (\vec{b} - \vec{a}) + s \cdot (\vec{c} - \vec{a}) \quad (r, s \in \mathbb{R}).$$

Parametergleichung

Ist A ein **Aufpunkt der Ebene** E sowie $\vec{u}, \vec{v}$ zwei in E verlaufende linear unabhängige Vektoren (**Richtungsvektoren**), so wird die Ebene E durch die Parmetergleichung (auch als Punktrichtungsgleichung) beschrieben:

$$E: \; \vec{x} = \vec{a} + s \cdot \vec{u} + t \cdot \vec{v} \quad (s, t \in \mathbb{R}).$$

Koordinatengleichung

Eine lineare Gleichung der Form

$$a x + b y + c z = d$$

beschreibt dann eine Ebene, wenn die Koeffizienten a, b, c nicht alle gleich null sind. Man bezeichnet diese Form der Ebenengleichung als Koordinatengleichung.

Normalengleichung

Ist A ein **Aufpunkt** mit $\vec{a}$ als Ortsvektor von A und $\vec{n}$ ein **Normalenvektor** einer Ebene E, so bezeichnet man die Darstellung

$$E: \; (\vec{x} - \vec{a}) \bullet \vec{n} = 0$$

als **Normalenform der Ebenengleichung**.
Eine Ebenengleichung der Form

$$E: \; (\vec{x} - \vec{a}) \bullet \vec{n}_0 = 0$$

bzw.

$$E: \; \frac{a_x x + b_y y + c_z z - d}{\sqrt{a_x^2 + a_y^2 + a_z^2}}$$

mit $\vec{n}_0$ als **Normaleneinheitsvektor** von E wird als **Hesse'sche Normalenform** bezeichnet.

Ebenenschar

Kommt in einer Ebenengleichung außer den Ebenenparametern noch mindestens eine weitere Variable vor, so liegt eine **Ebenenschar** vor. Besitzt die Ebenenschar eine gemeinsame Schnittgerade (**Trägergerade**), so spricht man von einem **Ebenenbüschel**.

Eigenvektor/Eigenwert

Ist $\alpha^*: \vec{x}' = A\,\vec{x}$ mit $\begin{pmatrix} a_1 & b_1 \\ a_2 & b_2 \end{pmatrix}$ eine **affine Abbildung**, so heißt

$$\begin{vmatrix} a_1 - \lambda & b_1 \\ a_2 & b_2 - \lambda \end{vmatrix} = 0 \quad \text{bzw.} \quad \lambda^2 - (a_1 + b_2)\,\lambda + (a_1\,b_2 - a_2\,b_1) = 0$$

die **charakteristische Gleichung** der affinen Abbildung α^*.

Die Lösungen λ der charakteristischen Gleichung heißen **Eigenwerte**. Ein Vektor $\vec{x}$, für den gilt $A\,\vec{x} = \lambda\,\vec{x}$, heißt **Eigenvektor** von α^* zum Eigenwert λ.

Man spricht auch von Eigenwerten und Eigenvektoren der Matrix A.

Erzeugendensystem

Lässt sich jeder Vektor $\vec{x}$ eines Vektorraums V als **Linearkombination** der Vektoren

$$\vec{a}_1, \vec{a}_2, \ldots, \vec{a}_n \in V$$

darstellen, gilt also

$$\vec{x} = r_1\,\vec{a}_1 + r_2\,\vec{a}_2 + \ldots + r_n\,\vec{a}_n \quad (r_1, r_2, \ldots, r_n \in \mathbb{R})$$

so heißt die Menge $\{\vec{a}_1, \vec{a}_2, \ldots, \vec{a}_n\}$ ein **Erzeugendensystem** von V.

Sind die Vektoren des Erzeugendensystems überdies linear unabhängig, so bilden diese Vektoren eine **Basis** von V.

Fixelemente

Für geometrische Abbildungen sind **Fixelemente (Fixpunkte, Fixgeraden, Fixpunktgeraden)** von besonderer Bedeutung.

Für eine **affine Abbildung** α gilt:

– Ein Punkt P ist Fixpunkt von α, wenn $\alpha(P) = P$ ist.

– Eine Gerade g ist Fixgerade von α, wenn $\alpha(g) = g$ ist.

– Eine Gerade g ist Fixpunktgerade von α, wenn $\alpha(P) = P$ für jeden Punkt $P \in g$ ist.

Benutzt man zur Erklärung der Fixelemente den Eigenvektor, so lässt sich formulieren: Eine Gerade durch einen Punkt P ist genau dann Fixgerade. wenn sie dieselbe Richtung wie ein Eigenvektor $\vec{v}$ hat und für $\gamma \in \mathbb{R}$ sowie P' als Bild von P gilt: $\overrightarrow{PP'} = \gamma\,\vec{v}$.

Ist P selbst Fixpunkt, so lässt sich formulieren: Eine Gerade durch einen Fixpunkt in Richtung eines Eigenvektors $\vec{v}$ ist Fixgerade.

Weiter gilt: Eine Gerade durch einen Fixpunkt in Richtung eines Eigenvektors $\vec{v}$ zum Eigenwert $\lambda = 1$ ist Fixpunktgerade.

Flächeninhalt

Der Flächeninhalt A eines von den Vektoren $\vec{a}$ und $\vec{b}$ aufgespannten **Parallelogramms** ergibt sich zum einen durch:

$$A = \sqrt{\vec{a}^2 \cdot \vec{b}^2 - (\vec{a} \bullet \vec{b})^2}$$

und zum anderen durch

$$A = |\vec{a} \times \vec{b}| = |\vec{a}| \cdot |\vec{b}| \cdot \sin\alpha.$$

Gauß-Verfahren

Ein System mit m **linearen Gleichungen und** n **Variablen** hat folgende Form:

$$
\begin{aligned}
a_{11}x_1 + a_{12}x_2 + \ldots + a_{1n}x_n &= b_1 \\
a_{21}x_1 + a_{22}x_2 + \ldots + a_{2n}x_n &= b_2 \\
\vdots \qquad\qquad \vdots \\
a_{m1}x_1 + a_{m2}x_2 + \ldots + a_{mn}x_n &= b_m
\end{aligned}
$$

Dabei sind a_{ij} und b_i reelle Zahlen (mit $i = 1, \ldots, m$ und $j = 1, \ldots, n$). Die Zahlen a_{ij} heißen Koeffizienten des Gleichungssystems, die Zahlen b_i bilden die rechte Seite des **linearen Gleichungssystems (LGS)**.

Bei der Lösung eines linearen Gleichungssystems wird die Menge L (Lösungsmenge) aller geordneten n-Tupel von reellen Zahlen gesucht, die alle Gleichungen des linearen Gleichungssystems zu wahren Aussagen machen, wenn diese n-Tupel für $x_1, x_2, x_3, \ldots, x_n$ eingesetzt werden.

Es gibt verschiedene Verfahren zur Lösung eines LGS. Beim **Gauß-Verfahren**, das auf dem **Additions- bzw. Subtraktionsverfahren** aufbaut, wird das LGS so umgeformt, dass man die Lösung sofort ablesen oder durch weitere einfache Umformungsschritte bestimmen kann. Man bringt das LGS in eine **Dreiecks-** bzw. **Trapezform**.

Von einer Dreiecksform spricht man, wenn unterhalb der Diagonalen alle Koeffizienten null sind. Zur Herstellung der Dreiecksform sind äquivalente Umformungsschritte notwendig. Man sichert dabei ab, dass sich die Lösungsmenge des LGS nicht ändert. Folgende **Umformungsregeln** sind dabei zu beachten:

a) Man vertauscht zwei Gleichungen, um das LGS neu zu ordnen.

b) Man kann eine Gleichung mit einer von Null verschiedenen Zahl multiplizieren.

c) Man darf eine Gleichung zu einer anderen Gleichung addieren. Dabei ersetzt man eine Gleichung durch die Summe aus dieser und einer anderen Gleichung.

Führen diese Umformungsregeln (gelegentlich spricht man von einem Algorithmus) zur Dreiecksform, so ist das lineare Gleichungssystem eindeutig lösbar, führen die Umformungen zur Trapezform, so besitzt das LGS unendlich viele Lösungen. Führt das Verfahren zu einem Widerspruch, so besitzt das LGS keine Lösung.

Geradengleichungen

Zweipunktegleichung

Sind A, B zwei Punkte mit den **Ortsvektoren** $\vec{a}$, $\vec{b}$, dann wird die A, B enthaltende Gerade durch die Zweipunktegleichung beschrieben:

$$g\colon \vec{x} = \vec{a} + r \cdot (\vec{b} - \vec{a}) \quad (r \in \mathbb{R}).$$

Parametergleichung/Punktrichtungsgleichung

Ist A ein Aufpunkt der Geraden g sowie $\vec{a}$ der **Ortsvektor des Aufpunkts** und $\vec{u} \neq \vec{0}$ ein **Richtungsvektor**, so wird die Gerade g durch die Parmetergleichung (auch als Punktrichtungsgleichung bezeichnet) beschrieben:

$$g\colon \vec{x} = \vec{a} + r \cdot \vec{u} \quad (r \in \mathbb{R}).$$

Normalengleichung

Ist A ein **Aufpunkt** mit $\vec{a}$ als Ortsvektor von A und $\vec{n}$ ein **Normalenvektor** einer Geraden g im $\mathbb{R}^2$, so bezeichnet man die Darstellung

$$g\colon (\vec{x} - \vec{a}) \bullet \vec{n} = 0$$

als **Normalenform der Geradengleichung**.
Man beachte: Im $\mathbb{R}^3$ gibt es keine Normalenform einer Geradengleichung!
Eine Geradengleichung im $\mathbb{R}^2$ der Form

$$g\colon (\vec{x} - \vec{a}) \bullet \vec{n}_0 = 0$$

bzw.

$$g\colon \frac{a_x x + b_y y + -d}{\sqrt{a_x^2 + a_y^2}}$$

mit $\vec{n}_0$ als **Normaleneinheitsvektor** von g wird als **Hesse'sche Normalenform** bezeichnet.

Koordinatengleichung

Eine lineare Gleichung der Form

$$a x + b y = d$$

beschreibt im $\mathbb{R}^2$ dann eine Gerade, wenn die Koeffizienten a, b nicht alle gleich null sind. Man bezeichnet diese Form der Geradengleichung als Koordinatengleichung.

Plückerform

Ist eine Gerade g durch einen **Ortsvektor** $\vec{a}$ und einen **Richtungsvektor** $\vec{u}$ gegeben, so bezeichnet man die Darstellung

$$g\colon (\vec{x} - \vec{a}) \times \vec{u} = \vec{0}$$

als Geradengleichung in Plückerform.

Geradenschar

Kommt in einer Geradengleichung außer den Geradenparametern noch mindestens eine weitere Variable vor, so liegt eine **Geradenschar** vor.

Sind zwei nichtparallele Geraden g und h gegeben die sich in einem Punkt B schneiden, so wird die Menge aller Geraden die durch B verläuft als **Geradenbüschel** mit den **Trägergeraden** g und h bezeichnet.

Geschlossener Vektorzug

Ein **geschlossener Vektorzug** ist eine Folge von Vektoren, deren Summe den **Nullvektor** $\vec{0}$ ergibt.

Oft wird ein geschlossener Vektorzug gebildet, um **Teilverhältnisse** in ebenen bzw. räumlichen Figuren zu ermitteln. Im Verlaufe dieses Verfahrens werden die Vektoren des geschlossenen Vektorzuges als Linearkombinationen von geeignet gewählten linear unabhängigen Vektoren dargestellt. Nutzt man nun die Eigenschaft der Linearkombination der linear unabhängigen Vektoren aus, lassen sich z. B. gesuchte Teilverhältnisse bestimmen.

Gleichungssysteme

Ein System mit m **linearen Gleichungen und** mn **Variablen** hat folgende Form:

$$a_{11}x_1 + a_{12}x_2 + \ldots + a_{1n}x_n = b_1$$
$$a_{21}x_1 + a_{22}x_2 + \ldots + a_{2n}x_n = b_2$$
$$\vdots \qquad\qquad\qquad \vdots$$
$$a_{m1}x_1 + a_{m2}x_2 + \ldots + a_{mn}x_n = b_m$$

Dabei sind a_{ij} und b_i reelle Zahlen (mit $i = 1, \ldots, m$ und $j = 1, \ldots, n$). Die Zahlen a_{ij} heißen Koeffizienten des Gleichungssystems, die Zahlen b_i bilden die rechte Seite des **linearen Gleichungssystems (LGS)**.

Bei der Lösung eines linearen Gleichungssystems wird die Menge L (**Lösungsmenge**) aller geordneten n-Tupel von reellen Zahlen gesucht, die alle Gleichungen des linearen Gleichungssystems zu wahren Aussagen machen, wenn diese n-Tupel für $x_1, x_2, x_3, \ldots, x_n$ eingesetzt werden. Man unterscheidet

– **homogene Gleichungssysteme** (alle alle b_i sind gleich null: $b_1 = b_2 = \ldots = b_m = 0$).

– **inhomogene Gleichungssysteme** (nicht alle b_i sind gleich null). Inhomogene lineare Gleichungssysteme besitzen entweder

a) genau eine Lösung oder

b) unendlich viele Lösungen oder

c) keine Lösung.

Homogene lineare Gleichungssysteme besitzen stets die **triviale Lösung** $(0|0|\ldots|0)$. Darüber hinaus können unendlich viele weitere Lösungen existieren.

Anhang 233

Hesse'sche Normalenform (Hesse-Form)

Ist A ein **Aufpunkt** mit $\vec{a}$ als Ortsvektor von A und $\vec{n}$ ein **Normalenvektor** einer Geraden g im $\mathbb{R}^2$, so bezeichnet man die Darstellung

$$g\colon (\vec{x} - \vec{a}) \bullet \vec{n} = 0$$

als **Normalenform der Geradengleichung**.

Man beachte: Im $\mathbb{R}^3$ gibt es keine Normalenform einer Geradengleichung!

Eine Geradengleichung im $\mathbb{R}^2$ der Form

$$g\colon (\vec{x} - \vec{a}) \bullet \vec{n}_0 = 0$$

bzw.

$$g\colon \frac{a_x x + b_y y + -d}{\sqrt{a_x^2 + a_y^2}} = 0$$

mit $\vec{n}_0$ als **Normaleneinheitsvektor** von g wird als **Hesse'sche Normalenform** bezeichnet.

Ist A ein **Aufpunkt** mit $\vec{a}$ als Ortsvektor von A und $\vec{n}$ ein **Normalenvektor einer Ebene** E, so bezeichnet man die Darstellung

$$E\colon (\vec{x} - \vec{a}) \bullet \vec{n} = 0$$

als **Normalenform der Ebenengleichung**.

Eine Ebenengleichung der Form

$$E\colon (\vec{x} - \vec{a}) \bullet \vec{n}_0 = 0$$

bzw.

$$E\colon \frac{a_x x + b_y y + c_z z - d}{\sqrt{a_x^2 + a_y^2 + a_z^2}} = 0$$

mit $\vec{n}_0$ als **Normaleneinheitsvektor** von E wird als **Hesse'sche Normalenform** bezeichnet.

Höhen im Dreieck

Besondere Linien des Dreiecks sind die Seitenhalbierenden (Schnittpunkt S), Winkelhalbierenden (Schnittpunkt W), Mittelsenkrechten (Schnittpunkt M) und Höhen (Schnittpunkt H). Dabei bedeuten: S der Schwerpunkt eines Dreiecks, W der Mittelpunkt des Inkreises und M der Mittelpunkt des Umkreises eines Dreiecks. Die Punkte H, S, M eines Dreiecks (mit Ausnahme eines gleichseitigen Dreiecks) liegen stets auf einer Geraden (Eulersche Gerade). Der Höhenschnittpunkt S teilt die Strecke $|\overline{HM}|$ im Verhältnis $|\overline{HS}| : |\overline{SM}| = 2 : 1$.

Inkreis eines Dreiecks

Besondere Linien des Dreiecks sind die Seitenhalbierenden (Schnittpunkt S), Winkelhalbierenden (Schnittpunkt W), Mittelsenkrechten (Schnittpunkt M) und Höhen (Schnittpunkt H). Dabei bedeuten: S der Schwerpunkt eines Dreiecks, W der Mittelpunkt des Inkreises und M der Mittelpunkt des Umkreises eines Dreiecks. Die Punkte H, S, M eines Dreiecks (mit Ausnahme eines gleichseitigen Dreiecks) liegen stets auf einer Geraden (Eulersche Gerade). Der Höhenschnittpunkt S teilt die Strecke $\overline{HM}$ im Verhältnis $|\overline{HS}| : |\overline{SM}| = 2 : 1$.

Kartesisches Koordinatensystem

Im Raum (in der Ebene) besteht ein kartesisches Koordinatensystem aus drei (zwei) Zahlengeraden, die paarweise aufeinander senkrecht stehen und auf denen mit der gleichen Einheit gemessen wird. Punkte und geometrische Gebilde werden oft im kartesischen Koordinatensystem dargestellt. Die **Achsen** werden in der Regel als x-, y- und z-Achse bezeichnet. Neben dieser Darstellung ist auch die Bezeichnung x_1-, x_2- und x_3-Achse gebräuchlich. Oft wird ein solches System als Schrägbild gezeichnet. Bei dieser Darstellung werden die y- und z-Achse rechtwinklig zueinander dargestellt, während die x-Achse in einem Winkel von $135°$ zu beiden Achsen gezeichnet wird. Aus Gründen der Einfachheit der Darstellung wählt man auf der x-Achse eine Verkürzung der Einheit um den Faktor $\frac{1}{2}$ oder $\frac{1}{2}\sqrt{2}$.

Repräsentiert man das kartesische Koordinatensystem durch **orthogonale Einheitsvektoren**, so bilden diese eine **orthogonale und normierte Basis**; man bezeichnet das kartesische Koordinatensystem auch als **orthonormiertes Koordinatensystem**. Die Darstellung der Einheitsvektoren wird in diesem Werk wie folgt gewählt:

$$\vec{i} = \begin{pmatrix} 1 \\ 0 \\ 0 \end{pmatrix}, \ \vec{j} = \begin{pmatrix} 0 \\ 1 \\ 0 \end{pmatrix}, \ \vec{k} = \begin{pmatrix} 0 \\ 0 \\ 1 \end{pmatrix}.$$

Kollinearität

Vektoren, deren Pfeile parallel verlaufen, heißen **kollinear**. Sie stimmen in ihrer Richtung überein, können jedoch unterschiedliche Längen aufweisen. Ein Vektor $\vec{u}$ lässt sich in diesem Fall als das **Vielfache** eines anderen Vektors $\vec{v}$ darstellen: Es gibt eine Zahl $r \in \mathbb{R}$ mit $r \neq 0$, so dass gilt:

$$\vec{v} = r \cdot \vec{u} \quad \text{bzw.} \quad r \cdot \vec{u} - \vec{v} = \vec{0}.$$

Nach Multiplikation der letzten Beziehung mit einer von null verschiedenen reellen Zahl erhält man folgende Beziehung zwischen den Vektoren:

$$r_1 \cdot \vec{u} + r_2 \cdot \vec{v} = \vec{0}$$

mit $r_1, r_2 \neq 0$. Mit anderen Worten: der Nullvektor lässt sich darstellen als Linearkombination $r_1 \cdot \vec{u} + r_2 \cdot \vec{v}$ der Vektoren $\vec{u}, \vec{v}$, wobei r_1, r_2 nicht beide zugleich null sind. Die Vektoren $\vec{u}, \vec{v}$ nennt man in diesem Fall **linear abhängig**.

Komplanarität

Drei Vektoren $\vec{a}, \vec{b}, \vec{c}$ werden als **komplanar** bezeichnet, wenn sich einer der drei Vektoren als **Linearkombination** der beiden anderen darstellen lässt, wenn also z. B. gilt:

$$\vec{a} = r \cdot \vec{b} + s \cdot \vec{c}; \quad r, s \in \mathbb{R}$$

Vektoren sind komplanar, wenn ihre Repräsentanten in derselben Ebene liegen. Wenn drei räumliche Vektoren **linear abhängig** sind, dann sind sie komplanar.

Koeffizientenmatrix

Ein System mit m **linearen Gleichungen und** n **Variablen** hat folgende Form:

$$a_{11} x_1 + a_{12} x_2 + \ldots + a_{1n} x_n = b_1$$
$$a_{21} x_1 + a_{22} x_2 + \ldots + a_{2n} x_n = b_2$$
$$\vdots \qquad\qquad\qquad\qquad \vdots$$
$$a_{m1} x_1 + a_{m2} x_2 + \ldots + a_{mn} x_n = b_m$$

Dabei sind a_{ij} und b_i reelle Zahlen (mit $i = 1, \ldots, m$ und $j = 1, \ldots, n$). Die Zahlen a_{ij} heißen Koeffizienten des Gleichungssystems, die Zahlen b_i bilden die rechte Seite des **linearen Gleichungssystems (LGS)**.
Werden die Koeffizienten des gegebenen LGS zu einer **Matrix** von m **Zeilen** und n **Spalten** zusammengefasst, so wird diese als **Koeffizientenmatrix** bezeichnet. Man schreibt sie in der Form $A = (a_{ik})$ bzw.

$$A = (a_{ik}) = \begin{pmatrix} a_{11} & a_{12} \ldots a_{1n} \\ a_{21} & a_{22} \ldots a_{2n} \\ \vdots & \vdots \qquad \vdots \\ a_{m1} & a_{m2} \ldots a_{mn} \end{pmatrix}$$

Koordinaten

Im Raum (in der Ebene) besteht ein **kartesisches Koordinatensystem** aus drei (zwei) Zahlengeraden, die paarweise aufeinander senkrecht stehen und auf denen mit der gleichen Einheit gemessen wird. Punkte und geometrische Gebilde werden oft im kartesischen Koordinatensystem dargestellt. Die Achsen werden in der Regel als x-, y- und z-Achse bezeichnet. Neben dieser Darstellung ist auch die Bezeichnung x_1-, x_2- und x_3-Achse gebräuchlich. Oft wird ein solches System als Schrägbild gezeichnet. Bei dieser Darstellung werden die y- und z-Achse rechtwinklig zueinander dargestellt, während die x-Achse in einem Winkel von $135°$ zu beiden Achsen gezeichnet wird. Aus Gründen der Einfachheit der Darstellung wählt man auf der x-Achse eine Verkürzung der Einheit um den Faktor $\frac{1}{2}$ oder $\frac{1}{2} \sqrt{2}$.
Die Lage von Punkten im Koordinatensystem wird durch seine **Koordinaten** angegeben. Ist ein Punkt $P(-1|3|0)$ gegeben, so hat die x-Koordinate den Wert -1, die y-Koordinate den Wert 3 und die z-Koordinate den Wert 0.

Koordinatenebenen

Im Raum (in der Ebene) besteht ein **kartesisches Koordinatensystem** aus drei (zwei) Zahlenge-raden, die paarweise aufeinander senkrecht stehen und auf denen mit der gleichen Einheit gemes-sen wird. Punkte und geometrische Gebilde werden oft im kartesischen Koordinatensystem dar-gestellt. Die Achsen werden in der Regel als x-, y- und z-Achse bezeichnet. Neben dieser Darstel-lung ist auch die Bezeichnung x_1-, x_2- und x_3-Achse gebräuchlich. Oft wird ein solches System als Schrägbild gezeichnet. Bei dieser Darstellung werden die y- und z-Achse rechtwinklig zu-einander dargestellt, während die x-Achse in einem Winkel von $135°$ zu beiden Achsen gezeich-net wird. Aus Gründen der Einfachheit der Darstellung wählt man auf der x-Achse eine Verkür-zung der Einheit um den Faktor $\frac{1}{2}$ oder $\frac{1}{2}\sqrt{2}$.
Die Punkte $P(x|y|z)$ mit $x = 0$ bilden die yz-Ebene, die mit $y = 0$ die xz- und die mit $z = 0$ die xy-Ebene.

Koordinatengleichung

Eine lineare Gleichung der Form $ax + by + cz = d$ beschreibt dann eine Ebene, wenn die Koef-fizienten a, b, c nicht alle gleich null sind. Man bezeichnet diese Form der Ebenengleichung als Koordinatengleichung.
Eine lineare Gleichung der Form $ax + by = d$ beschreibt im $\mathbb{R}^2$ dann eine Gerade, wenn die Ko-effizienten a, b nicht alle gleich null sind. Man bezeichnet diese Form der Geradengleichung als Koordinatengleichung.

Kreis

Gegeben sei ein Kreis mit dem Mittelpunkt $M(m_1|m_2)$ und dem Radius r. Ein Punkt $P(x|y)$ liegt genau dann auf dem Kreis, wenn eine der folgenden Gleichungen erfüllt ist:
– **Kreisgleichung in Vektorform**: $|\vec{x} - \vec{m}| = r$ bzw. $(\vec{x} - \vec{m})^2 = r^2$,
– **Kreisgleichung in Koordinatenform**: $(x - m_1)^2 + (y - m_2)^2 = r^2$.

Kreuzprodukt

Für zwei Vektoren $\vec{a} = \begin{pmatrix} a_1 \\ a_2 \\ a_3 \end{pmatrix}$ und $\vec{b} = \begin{pmatrix} b_1 \\ b_2 \\ b_3 \end{pmatrix}$ des Raums heißt $\vec{a} \times \vec{b} = \begin{pmatrix} a_2 b_3 - a_3 b_2 \\ a_3 b_1 - a_1 b_3 \\ a_1 b_2 - a_2 b_1 \end{pmatrix}$ das
Kreuzprodukt bzw. **Vektorprodukt** von $\vec{a}$ und $\vec{b}$.

Kugel

Gegeben sei eine Kugel mit dem Mittelpunkt $M(m_1|m_2|m_3)$ und dem Radius r. Ein Punkt $P(x|y|z)$ liegt genau dann auf der Kugel, wenn eine der folgenden Gleichungen erfüllt ist:
– **Kugelgleichung in Vektorform**: $|\vec{x} - \vec{m}| = r$ bzw. $(\vec{x} - \vec{m})^2 = r^2$,
– **Kugelgleichung in Koordinatenform**: $(x - m_1)^2 + (y - m_2)^2 + (z - m_3)^2 = r^2$.

Lage- bzw. Schnittprobleme

Untersuchung der Lagebeziehung „Gerade – Gerade" im $\mathbb{R}^2$

$g: \vec{x} = \vec{a} + r \cdot \vec{u};\quad h: \vec{x} = \vec{b} + s \cdot \vec{v};\quad r, s \in \mathbb{R}$

(I)   Ansatz: $\vec{a} + r \cdot \vec{u} = \vec{b} + s \cdot \vec{v}$

(II) Zugehöriges Gleichungssystem aufstellen

(III) Bestimmung der Anzahl der Lösungen

(IV) Auswertung: Das Gleichungssystem hat

genau eine Lösung $\Rightarrow$ g und h schneiden sich

keine Lösung $\Rightarrow$ $g \| h$ und $g \neq h$

unendlich viele Lösungen $\Rightarrow$ $g = h$

Untersuchung der Lagebeziehung „Gerade – Gerade" im $\mathbb{R}^3$

$g: \vec{x} = \vec{a} + r \cdot \vec{u};\quad h: \vec{x} = \vec{b} + s \cdot \vec{v};\quad r, s \in \mathbb{R}$

(I)   Ansatz: $\vec{a} + r \cdot \vec{u} = \vec{b} + s \cdot \vec{v}$

(II) Zugehöriges Gleichungssystem aufstellen

(III) Bestimmung der Anzahl der Lösungen

(IV) Auswertung: Das Gleichungssystem hat

genau eine Lösung $\Rightarrow$ g und h schneiden sich

keine Lösung $\Rightarrow$ $g \| h$ und $g \neq h$ **oder**

 g und h sind windschief

unendlich viele Lösungen $\Rightarrow$ $g = h$

Untersuchung der Lagebeziehung „Gerade – Ebene"

$g: \vec{x} = \vec{a} + r \cdot \vec{u};\quad E: \vec{x} = \vec{b} + s \cdot \vec{v} + t \cdot \vec{w};\quad r, s, t \in \mathbb{R}$

(I)   Ansatz: $\vec{a} + r \cdot \vec{u} = \vec{b} + s \cdot \vec{v} + t \cdot \vec{w}$

(II) Zugehöriges Gleichungssystem aufstellen

(III) Bestimmung der Anzahl der Lösungen

(IV) Auswertung: Das Gleichungssystem hat

genau eine Lösung $\Rightarrow$ g schneidet E

keine Lösung $\Rightarrow$ $g \| E$ und g liegt nicht in E

unendlich viele Lösungen $\Rightarrow$ g liegt in E

Lineare Abhängigkeit und lineare Unabhängigkeit

In dem Fall, dass eine **Linearkombination** von Vektoren den **Nullvektor** ergibt, obwohl nicht alle Koeffizienten r_i null sind, heißen die Vektoren **linear abhängig**. Jeder Vektor einer solchen Linearkombination, der tatsächlich ins Gewicht fällt, weil sein Koeffizient $r_i \neq 0$ ist, kann stets als Linearkombination der anderen Vektoren dargestellt werden. Damit ist er aber auch entbehrlich, gerade weil er ersetzt werden kann.

Liegt nun ein Vektorsystem $\vec{a}_1, \vec{a}_2, \ldots, \vec{a}_n$ vor, bei dem

$$\text{aus} \quad r_1 \vec{a}_1 + r_2 \vec{a}_2 + \ldots + r_n \vec{a}_n = \vec{0} \quad \text{folgt} \quad r_1 = r_2 = \ldots = r_n = 0,$$

dann kann kein Vektor dieses Systems durch eine Linearkombination der anderen ersetzt werden. In solch einem Fall sagt man, dass die Vektoren $\vec{a}_1, \vec{a}_2, \ldots, \vec{a}_n$ **linear unabhängig** sind.

Lineare Abbildung

Wird ein Vektorraum V in einen Vektorraum W vermöge einer Abbildungsvorschrift f abgebildet, so heißt diese Abbildung **linear**, wenn für alle Vektoren $\vec{a}, \vec{b} \in V$ und für alle $r \in \mathbb{R}$ gilt: $f(\vec{a} + \vec{b}) = f(\vec{a}) + f(\vec{b})$ und $f(r \cdot \vec{a}) = r \cdot f(\vec{a})$.

Lineare Gleichungssysteme

Ein System mit m **linearen Gleichungen und** mn **Variablen** hat folgende Form:

$$a_{11} x_1 + a_{12} x_2 + \ldots + a_{1n} x_n = b_1$$
$$a_{21} x_1 + a_{22} x_2 + \ldots + a_{2n} x_n = b_2$$
$$\vdots \qquad\qquad\qquad\qquad \vdots$$
$$a_{m1} x_1 + a_{m2} x_2 + \ldots + a_{mn} x_n = b_m$$

Dabei sind a_{ij} und b_i reelle Zahlen (mit $i = 1, \ldots, m$ und $j = 1, \ldots, n$). Die Zahlen a_{ij} heißen Koeffizienten des Gleichungssystems, die Zahlen b_i bilden die rechte Seite des **linearen Gleichungssystems (LGS)**.

Bei der Lösung eines linearen Gleichungssystems wird die Menge L (**Lösungsmenge**) aller geordneten n-Tupel von reellen Zahlen gesucht, die alle Gleichungen des linearen Gleichungssystems zu wahren Aussagen machen, wenn diese n-Tupel für $x_1, x_2, x_3, \ldots, x_n$ eingesetzt werden.

Man unterscheidet

– **homogene Gleichungssysteme** (alle alle b_i sind gleich null: $b_1 = b_2 = \ldots = b_m = 0$).

– **inhomogene Gleichungssysteme** (nicht alle b_i sind gleich null). Inhomogene lineare Gleichungssysteme besitzen entweder

a) genau eine Lösung oder

b) unendlich viele Lösungen oder

c) keine Lösung.

Homogene lineare Gleichungssysteme besitzen stets die **triviale Lösung** $(0|0|\ldots|0)$. Darüber hinaus können unendlich viele weitere Lösungen existieren.

Anhang 239

Linearkombination von Vektoren

Eine Summe der Form

$$r_1 \vec{a}_1 + r_2 \vec{a}_2 + \ldots + r_n \vec{a}_n$$

mit $r_i \in \mathbb{R}$ heißt Linearkombination der Vektoren $\vec{a}_1, \vec{a}_2, \ldots, \vec{a}_n$. Offenbar ist die **Linearkombination** von Vektoren wieder ein Vektor. Häufig ergibt sich die Problemstellung, einen gegebenen Vektor $\vec{b}$ als Linearkombination anderer gegebener Vektoren darzustellen:

$$\vec{b} = r_1 \vec{a}_1 + r_2 \vec{a}_2 + \ldots + r_n \vec{a}_n.$$

Lot

Eine Gerade g, deren Richtungsvektor ein Normalenvektor einer Ebene E ist und die durch einen Punkt P verläuft, der nicht in E liegt, wird als Lotgerade oder kurz als Lot vom Punkt P auf die Ebene E bezeichnet. Der Schnittpunkt F der Lotgeraden g mit der Ebene E wird als Lotfußpunkt bezeichnet.

Lotfußpunktverfahren

Abstand Punkt – Ebene
1. Bestimmung einer Geraden g mit $P \in g$ und $g \perp E$
2. Bestimmung des Lotfußpunkts F als Schnittpunkt: $g \cap E = F$
3. Berechnung des Abstandes $d(P, E) = |\overrightarrow{PF}|$

Abstand Punkt – Gerade im $\mathbb{R}^3$
1. Bestimmung einer Ebene E mit $E \perp g$ und $P \in E$
2. Bestimmung des Lotfußpunkts F als Schnittpunkt $g \cap E = F$
3. Berechnung des Abstandes $d(P, g) = |\overrightarrow{PF}|$

Abstand windschiefer Geraden
1. Bestimmung einer Ebene E mit $g \in E$ und $E \perp h$
2. Bestimmung des Schnittpunkts $h \cap E = F_H$
3. Bestimmung einer Geraden k mit $k \perp g$, $k \perp h$, und $F_H \in k$
4. Bestimmung des Schnittpunkts $k \cap g = F_G$
5. Berechnung des Abstandes $d(g, h) = |\overrightarrow{F_H F_G}|$

Matrix

Man versteht unter einer **Matrix** ein System von $m \cdot n$ Größen, die in einem rechteckigen Schema von m (waagerechten) **Zeilen** und n (senkrechten) **Spalten** angeordnet sind. Die $m \cdot n$ Größen nennt man die **Elemente** der Matrix, es sind in der Regel reelle oder komplexe Zahlen, zuweilen aber auch andere mathematische Objekte wie zum Beispiel Vektoren, Polynome oder Differentiale. Die Stellung eines Elements a_{ik} im Schema wird durch den Doppelindex ik ausgedrückt. Dabei gibt der erste Index i die Zeile, der zweite Index k die Spalte an, in der das Element steht. Das Element a_{ik} befindet sich demnach im Kreuzungspunkt der i-ten Zeile und der k-ten Spalte. Die Elemente, für die $i = k$ gilt, bilden die **Hauptdiagonale** der Matrix. $\triangleright$

Eine Matrix von m Zeilen und n Spalten nennt man eine Matrix vom Typ (m, n) oder kurz eine (m, n)-Matrix und schreibt sie in der Form $A = (a_{ik})$

$$A = (a_{ik}) = \begin{pmatrix} a_{11} & a_{12} \ldots a_{1n} \\ a_{21} & a_{22} \ldots a_{2n} \\ \vdots & \vdots \quad \vdots \\ a_{m1} & a_{m2} \ldots a_{mn} \end{pmatrix}.$$

Eine Matrix vom Typ (n, n) heißt n-reihige quadratische Matrix oder bold**quadratische Matrix der Ordnung n**.

Matrizenmultiplikation

Es seien die beiden Matrizen $A = \begin{pmatrix} a_{11} & a_{12} \ldots a_{1n} \\ a_{21} & a_{22} \ldots a_{2n} \\ \vdots & \vdots \quad \vdots \\ a_{m1} & a_{m2} \ldots a_{mn} \end{pmatrix}$ und $B = \begin{pmatrix} b_{11} & b_{12} \ldots b_{1p} \\ b_{21} & b_{22} \ldots b_{2n} \\ \vdots & \vdots \quad \vdots \\ b_{n1} & b_{m2} \ldots b_{np} \end{pmatrix}$ gegeben.

Die Anzahl der Spalten der Matrix A ist gleich der Anzahl der Zeilen der Matrix B. Als Produkt AB der Matrizen A und B (in der angegebenen Reihenfolge der Faktoren) wird die Matrix

$$C = \begin{pmatrix} c_{11} & c_{12} \ldots c_{1p} \\ c_{21} & c_{22} \ldots c_{2n} \\ \vdots & \vdots \quad \vdots \\ c_{n1} & c_{m2} \ldots c_{np} \end{pmatrix}$$ deren Elemente sich wie folgt berechnen lassen:

$$c_{ij} = a_{i1} b_{1j} + a_{i2} b_{2j} + \ldots + a_{in} b_{nj} = \sum_{s=1}^{n} a_{is} b_{sj} \text{ mit } i = 1, 2, \ldots, m \text{ und } j = 1, 2, \ldots, p.$$

Für die Matrizenmultiplikation gilt das Assoziativgesetz, aber nicht das Kommutativgesetz!

Mittelsenkrechte

Besondere Linien des Dreiecks sind die Seitenhalbierenden (Schnittpunkt S), Winkelhalbierenden (Schnittpunkt W), Mittelsenkrechten (Schnittpunkt M) und Höhen (Schnittpunkt H). Dabei bedeuten: S der Schwerpunkt eines Dreicks, W der Mittelpunkt des Inkreises und M der Mittelpunkt des Umkreises eines Dreiecks. Die Punkte H, S, M eines Dreiecks (mit Ausnahme eines gleichseitigen Dreiecks) liegen stets auf einer Geraden (Eulersche Gerade). Der Höhenschnittpunkt S teilt die Strecke $\overline{HM}$ im Verhältnis $|\overline{HS}| : |\overline{SM}| = 2 : 1$.

Normaleneinheitsvektor

Ist $\vec{n}$ ein Normalenvektor einer Ebene E bzw. einer Geraden g im $\mathbb{R}^2$, dann heißt der Vektor

$$\vec{n}_0 = \frac{\vec{n}}{|\vec{n}|}$$

Normaleneinheitsvektor der Ebene E bzw. der Geraden g im $\mathbb{R}^2$.

Normalenform/Normalengleichung

Ist A **ein Aufpunkt** mit $\vec{a}$ als Ortsvektor von A und $\vec{n}$ ein **Normalenvektor** einer Geraden g im $\mathbb{R}^2$, so bezeichnet man die Darstellung

$$g\colon (\vec{x} - \vec{a}) \bullet \vec{n} = 0$$

als **Normalenform der Geradengleichung**.

Man beachte: Im $\mathbb{R}^3$ gibt es keine Normalenform einer Geradengleichung!

Eine Geradengleichung im $\mathbb{R}^2$ der Form

$$g\colon (\vec{x} - \vec{a}) \bullet \vec{n}_0 = 0$$

bzw.

$$g\colon \frac{a_x x + b_y y + -d}{\sqrt{a_x^2 + a_y^2}} = 0$$

mit $\vec{n}_0$ als **Normaleneinheitsvektor** von g wird als **Hesse'sche Normalenform** (kurz: **Hesse-Form**) bezeichnet.

Ist A ein **Aufpunkt** mit $\vec{a}$ als Ortsvektor von A und $\vec{n}$ ein **Normalenvektor** einer Ebene E, so bezeichnet man die Darstellung

$$E\colon (\vec{x} - \vec{a}) \bullet \vec{n} = 0$$

als **Normalenform der Ebenengleichung**.

Eine Ebenengleichung der Form

$$E\colon (\vec{x} - \vec{a}) \bullet \vec{n}_0 = 0$$

bzw.

$$E\colon \frac{a_x x + b_y y + c_z z - d}{\sqrt{a_x^2 + a_y^2 + a_z^2}} = 0$$

mit $\vec{n}_0$ als **Normaleneinheitsvektor** von E wird als **Hesse'sche Normalenform** (kurz: **Hesse-Form**) bezeichnet.

Orthogonalität

Zwei Vektoren $\vec{a}$ und $\vec{b}$ mit $\vec{a}, \vec{b} \neq \vec{0}$ sind genau dann orthogonal bzw. stehen senkrecht zueinander, wenn ihr Skalarprodukt null ist:

$$\vec{a} \perp \vec{b} \quad \Leftrightarrow \quad \vec{a} \bullet \vec{b} = 0$$

242   Anhang

Ortsvektor

Die Lage eines beliebigen Punktes in einem ebenen oder räumlichen Koordinatensystem wird eindeutig durch denjenigen Vektor $\overrightarrow{0P}$ beschrieben, der im Ursprung des Koordinatensystems beginnt und im Punkt P endet. Der Vektor $\overrightarrow{0P}$ heißt **Ortsvektor**. Der Punkt $P(x|y|z) \in \mathbb{R}^3$ hat

den Ortsvektor $\vec{p} = \overrightarrow{0P} = \begin{pmatrix} x \\ y \\ z \end{pmatrix}$, der Punkt $A(x|y) \in \mathbb{R}^2$ den Ortsvektor $\vec{a} = \overrightarrow{0A} = \begin{pmatrix} x \\ y \end{pmatrix}$.

Parameter

Eine Vektorgleichung der Form $\vec{x} = \vec{a} + r \cdot \vec{u}$ $(r \in \mathbb{R})$, die in diesem Fall eine Gerade g beschreibt, wird als **Parametergleichung** der Gerade g bezeichnet. In dieser Gleichung ist $\vec{a}$ der **Ortsvektor eines Aufpunkts** A und $\vec{u}$ der **Richtungsvektor** der Geraden. Die Variable r, die die Menge der reellen Zahlen durchläuft, nennt man **Parameter** der Geradengleichung.

Parametergleichung

Ist A ein **Aufpunkt** der Geraden g sowie $\vec{a}$ der **Ortsvektor des Aufpunkts** und $\vec{u} \neq \vec{0}$ ein **Richtungsvektor**, so wird die Gerade g durch die **Parametergleichung** (auch als **Punktrichtungsgleichung** bezeichnet) beschrieben:

$g\colon \vec{x} = \vec{a} + r \cdot \vec{u}$ $(r \in \mathbb{R})$.

Ist A ein **Aufpunkt** der Ebene E sowie $\vec{u}, \vec{v}$ zwei in E verlaufende linear unabhängige Vektoren (**Richtungsvektoren**), so wird die Ebene E durch die **Parametergleichung** (auch als **Punktrichtungsgleichung**) beschrieben:

$E\colon \vec{x} = \vec{a} + s \cdot \vec{u} + t \cdot \vec{v}$ $(s, t \in \mathbb{R})$.

Passante

Sind ein **Kreis** bzw. eine **Kugel** gegeben durch

$(\vec{x} - \vec{m}) = r^2$

und eine Gerade g durch

$g\colon \vec{x} = \vec{p} + r \cdot \vec{u}$

so kann die Gerade sowohl mit dem Kreis als auch mit der Kugel keinen Punkt, einen Punkt oder zwei Punkte gemeinsam haben. Man spricht in diesen Fällen von einer **Passante**, einer **Tangente** oder von einer **Sekante**. Die Koordinaten der Schnittpunkte müssen beide Gleichungen erfüllen. Die Behandlung dieses Problems führt auf eine quadratische Gleichung für den Parameter r. Je nach Anzahl der Lösungen erhält man die drei möglichen Fälle, dass die Gerade Passante, Tangente oder Sekante ist.

Projektionsverfahren

Gegeben sei ein Punkt P durch seinen Ortsvektor $\vec{p}$ und eine Gerade g bzw. eine Ebene E durch die Hesse'sche Normalenform $(\vec{x} - \vec{a}) \bullet \vec{n}_0 = 0$.

Hinweis: Die Voraussetzung für die Gültigkeit der Hesse'schen Normalenform ist das Vorliegen einer eindeutig bestimmten Normalenrichtung.

Für den Abstand d eines beliebigen Punktes P von einer Geraden g (im $\mathbb{R}^2$) bzw. einer Ebene E (im $\mathbb{R}^3$) gilt dann die Formel

$$d = |(\vec{p} - \vec{a}) \bullet \vec{n}_0|.$$

Diese Formel erfasst folgende Abstandsprobleme:

1. Punkt P, Gerade g im $\mathbb{R}^2$

$\vec{p}$: Ortsvektor von $P \notin g$
$\vec{a}$: Ortsvektor von $A \in g$
$\vec{n}_0$: Normaleneinheitsvektor von g

2. Zwei Geraden g, h im $\mathbb{R}^2$ mit $g \parallel h$

$\vec{p}$: Ortsvektor von $P \in g$ oder $P \in h$
$\vec{a}$: Ortsvektor von $A \in h$ oder $A \in g$
$\vec{n}_0$: Normaleneinheitsvektor von g oder h

3. Punkt P, Ebene E im $\mathbb{R}^3$

$\vec{p}$: Ortsvektor von $P \notin E$
$\vec{a}$: Ortsvektor von $A \in E$
$\vec{n}_0$: Normaleneinheitsvektor von E

4. Zwei Ebenen E, H im $\mathbb{R}^3$ mit $E \parallel H$

$\vec{p}$: Ortsvektor von $P \in E$ oder $P \in H$
$\vec{a}$: Ortsvektor von $A \in H$ oder $A \in E$
$\vec{n}_0$: Normaleneinheitsvektor von E oder H

5. Gerade g, Ebene E im $\mathbb{R}^3$ mit $g \parallel E$

$\vec{p}$: Ortsvektor von $P \in g$
$\vec{a}$: Ortsvektor von $A \in E$
$\vec{n}_0$: Normaleneinheitsvektor von E

6. Zwei windschiefe Geraden g, h im $\mathbb{R}^3$

$\vec{p}$: Ortsvektor des Aufpunktes von g oder h
$\vec{a}$: Ortsvektor des Aufpunktes von h oder g
$\vec{n}_C$: Normaleneinheitsvektor, der zu den Richtungsvektoren von g und h senkrecht steht.

Punktprobe

Ein Punkt $P(p_x|p_y|p_z)$ ist dann **Element der Ebene**

$$E: ax+by+cz=d \quad \text{bzw.} \quad E: \vec{x} = \begin{pmatrix} a_x \\ a_y \\ a_z \end{pmatrix} + r \begin{pmatrix} u_x \\ u_y \\ u_z \end{pmatrix} + s \begin{pmatrix} v_x \\ v_y \\ v_z \end{pmatrix},$$

wenn seine Koordinaten die jeweilige Ebenengleichung erfüllen, d. h. es muss gelten

$$ap_x+bp_y+cp_z=d \quad \text{bzw.} \quad \begin{pmatrix} p_x \\ p_y \\ p_z \end{pmatrix} = \begin{pmatrix} a_x \\ a_y \\ a_z \end{pmatrix} + r \begin{pmatrix} u_x \\ u_y \\ u_z \end{pmatrix} + s \begin{pmatrix} v_x \\ v_y \\ v_z \end{pmatrix}.$$

Eine analoge Betrachtung gilt für den Fall, dass der Punkt ein **Element einer Geraden** ist.

Punktrichtungsgleichung

Eine Geradengleichung der Form $g: \vec{x} = \vec{p} + r \cdot \vec{u}$ heißt **Punktrichtungsgleichung**. Der Vektor $\vec{u}$ stellt einen **Richtungsvektor** von g dar, damit wird der Geraden eine Richtung bzw. Orientierung aufgeprägt. Der Vektor $\vec{p}$ stellt den Ortsvektor eines Punktes $P \in g$ dar. P wird als **Aufpunkt** bezeichnet, weil man bei ihm beginnend die Gerade durchläuft. Oft bezeichnet man den Vektor $\vec{p}$ auch als **Stützvektor**.

Rang

Ein System mit m **linearen Gleichungen und** n **Variablen (LGS)** hat folgende Form:

$$a_{11}x_1 + a_{12}x_2 + \ldots + a_{1n}x_n = b_1$$
$$a_{21}x_1 + a_{22}x_2 + \ldots + a_{2n}x_n = b_2$$
$$\vdots \qquad\qquad\qquad \vdots$$
$$a_{m1}x_1 + a_{m2}x_2 + \ldots + a_{mn}x_n = b_m$$

Dies wird auch als Normaldarstellung eines LGS bezeichnet. Das LGS lässt sich vektoriell darstellen, wenn man seine Koeffizienten zu Spaltenvektoren zusammenfasst:

$$x_1 \cdot \begin{pmatrix} a_{11} \\ a_{21} \\ \vdots \\ a_{m1} \end{pmatrix} + x_2 \cdot \begin{pmatrix} a_{12} \\ a_{22} \\ \vdots \\ a_{m2} \end{pmatrix} + \ldots + x_n \cdot \begin{pmatrix} a_{1n} \\ a_{2n} \\ \vdots \\ a_{mn} \end{pmatrix} = \begin{pmatrix} b_1 \\ b_2 \\ \vdots \\ b_{mb} \end{pmatrix}.$$

In Kurzform lässt sich diese Darstellung schreiben als:

$$x_1 \cdot \vec{a}_1 + x_2 \cdot \vec{a}_2 + \ldots + x_n \cdot \vec{a}_n = \vec{b}.$$

Unter dem Rang dieses LGS – hier in Vektordarstellung – versteht man die Dimension des Untervektorraums, der von der Menge der Spaltenvektoren $\{\vec{a}_1, \vec{a}_2, \ldots, \vec{a}_n\}$ erzeugt wird.

Anhang   245

Richtungsvektor

Eine Geradengleichung der Form $g\colon \vec{x} = \vec{p} + r \cdot \vec{u}$ heißt **Punktrichtungsgleichung**. Der Vektor $\vec{u}$ stellt einen **Richtungsvektor** von g dar, damit wird der Geraden eine Richtung bzw. Orientierung aufgeprägt. Der Vektor $\vec{p}$ stellt den Ortsvektor eines Punktes $P \in g$ dar. P wird als **Aufpunkt** bezeichnet, weil man bei ihm beginnend die Gerade durchläuft. Oft bezeichnet man den Vektor $\vec{p}$ auch als **Stützvektor**.

Schar

Kommt in einer Geradengleichung außer den Geradenparametern noch mindestens eine weitere Variable vor, so liegt eine **Geradenschar** vor. Sind zwei nichtparallele Geraden g und h gegeben die sich in einem Punkt B schneiden, so wird die Menge aller Geraden die durch B verläuft als **Geradenbüschel** mit den **Trägergeraden** g und h bezeichnet.

Kommt in einer Ebenengleichung außer den Ebenenparametern noch mindestens eine weitere Variable vor, so liegt eine **Ebenenschar** vor. Besitzt die Ebenenschar eine gemeinsame Schnittgerade (**Trägergerade**), so spricht man von einem **Ebenenbüschel**.

Schnittkreis

Gegeben sei eine **Kugel** K mit dem Radius r und eine **Ebene** E. Der Abstand des Kugelmittelpunktes M von der Ebene E werde durch d charakterisiert.

Ist $d < r$, so schneiden sie die Ebene E und die Kugel K im sogenannten **Schnittkreis**.

Ist $d = r$, so berührt die Ebene E die Kugel im **Berührpunkt** B. Man nennt E in diesem Fall auch **Tangentialebene** von K.

Ist $d > r$, so schneiden sich die Ebene E und die Kugel K nicht.

Schnittwinkel

Winkel zwischen Vektoren
Sind $\vec{a}$ und $\vec{b}$ zwei vom Nullvektor verschiedene Vektoren und γ (mit $0° \leq \gamma \leq 180°$) der Winkel zwischen ihnen, dann gilt für diesen Schnittwinkel γ:

$$\cos\gamma = \frac{\vec{a} \bullet \vec{b}}{|\vec{a}| \cdot |\vec{b}|}.$$

Schnittwinkel zwischen zwei Geraden
Schneiden sich zwei Geraden $g\colon \vec{x} = \vec{p} + r\,\vec{u}$ und $h\colon \vec{x} = \vec{q} + s\,\vec{v}$, dann gilt für ihren Schnittwinkel γ:

$$\cos\gamma = \frac{\vec{u} \bullet \vec{v}}{|\vec{u}| \cdot |\vec{v}|}.$$ ▷

Schnittwinkel zwischen einer Geraden und einer Ebene

Schneiden sich die Gerade $g\colon \vec{x} = \vec{p} + r\,\vec{u}$ und die Ebene $E\colon (\vec{x} - \vec{a})\bullet \vec{n} = 0$, dann gilt für ihren Schnittwinkel γ:

$$\sin\gamma = \frac{\vec{u}\bullet\vec{n}}{|\vec{u}|\cdot|\vec{n}|}.$$

Schnittwinkel zwischen zwei Ebenen

Schneiden sich die Ebenen $E_1\colon (\vec{x}-\vec{a})\bullet\vec{n}_1 = 0$ und $E_2\colon (\vec{x}-\vec{b})\bullet\vec{n}_2 = 0$ dann gilt für ihren Schnittwinkel γ:

$$\cos\gamma = \frac{\vec{n}_1\bullet\vec{n}_2}{|\vec{n}_1|\cdot|\vec{n}_2|}.$$

Schwerpunkt

Besondere Linien des Dreiecks sind die Seitenhalbierenden (Schnittpunkt S), Winkelhalbierenden (Schnittpunkt W), Mittelsenkrechten (Schnittpunkt M) und Höhen (Schnittpunkt H). Dabei bedeuten: S der Schwerpunkt eines Dreiecks, W der Mittelpunkt des Inkreises und M der Mittelpunkt des Umkreises eines Dreiecks. Die Punkte H, S, M eines Dreiecks (mit Ausnahme eines gleichseitigen Dreiecks) liegen stets auf einer Geraden (Eulersche Gerade). Der Höhenschnittpunkt S teilt die Strecke $\overline{HM}$ im Verhältnis $|\overline{HS}| : |\overline{SM}| = 2 : 1$.

Sekante

Sind ein **Kreis** bzw. eine **Kugel** gegeben durch

$$(\vec{x} - \vec{m})^2 = r^2$$

und eine Gerade g durch

$$g\colon \vec{x} = \vec{p} + r\cdot\vec{u}$$

so kann die Gerade sowohl mit dem Kreis als auch mit der Kugel keinen Punkt, einen Punkt oder zwei Punkte gemeinsam haben. Man spricht in diesen Fällen von einer **Passante**, einer **Tangente** oder von einer **Sekante**. Die Koordinaten der Schnittpunkte müssen beide Gleichungen erfüllen. Die Behandlung dieses Problems führt auf eine quadratische Gleichung für den Parameter r. Je nach Anzahl der Lösungen erhält man die drei möglichen Fälle, dass die Gerade Passante, Tangente oder Sekante ist.

Skalar

Man unterscheidet in der Mathematik (und auch in anderen Fachgebieten wie z. B. in der Physik) zwischen Größen, die durch Betrag und Richtung (Vektoren) und die sich nur durch eine reelle Zahl charakterisieren lassen. Letztere bezeichnet man als **skalare Größen** oder kurz als **Skalare**.

Skalarprodukt

Sind $\vec{a}, \vec{b}$ zwei beliebige Vektoren und γ der Winkel zwischen diesen Vektoren mit $0° \leq \gamma \leq 180°$, dann heißt die reelle Zahl

$$\vec{a} \bullet \vec{b} = |\vec{a}||\vec{b}| \cos \gamma$$

das **Skalarprodukt der Vektoren** $\vec{a}, \vec{b}$.

Sind die Vektoren $\vec{a} = \begin{pmatrix} a_1 \\ a_2 \\ a_3 \end{pmatrix}, \vec{b} = \begin{pmatrix} b_1 \\ b_2 \\ b_3 \end{pmatrix}, \vec{c} = \begin{pmatrix} c_1 \\ c_2 \end{pmatrix}, \vec{d} = \begin{pmatrix} d_1 \\ d_2 \end{pmatrix}$ in Koordinatenform gegeben, so gilt: $\vec{a} \bullet \vec{b} = a_1 b_1 + a_2 b_2 + a_3 b_3$ und $\vec{c} \bullet \vec{d} = c_1 d_1 + c_2 d_2$.

Spannvektoren

Ist A ein **Aufpunkt** der Ebene E sowie $\vec{u}, \vec{v}$ zwei in E verlaufende linear unabhängige Vektoren (**Richtungsvektoren**), so wird die Ebene E durch die **Parametergleichung** (auch: **Punktrichtungsgleichung**) beschrieben:

$$E\colon \vec{x} = \vec{a} + r \cdot \vec{u} + s \cdot \vec{v} \quad (r, s \in \mathbb{R}).$$

Die beiden Richtungsvektoren $\vec{u}, \vec{v}$ der Ebene E werden gelegentlich als **Spannvektoren** bezeichnet, da beide Vektoren die Ebene E im Raum aufspannen.

Spatprodukt

Das Volumen V, das von den Vektoren $\vec{a}, \vec{b}$ und $\vec{c}$ aufgespannten Spats ergibt sich zu:

$$V = |(\vec{a} \times \vec{b}) \bullet \vec{c}|.$$

Der Term $(\vec{a} \times \vec{b}) \bullet \vec{c}$ wird auch als **Spatprodukt** bezeichnet, wobei $\vec{a}, \vec{b}, \vec{c} \in \mathbb{R}^3$ und als linear unabhängig vorausgesetzt werden.

Die Koordinatendarstellung des Spatprodukts in abgekürzter Schreibweise hat die Form:

$$(\vec{a} \times \vec{b}) \bullet \vec{c} = \begin{vmatrix} a_1 & b_1 & c_1 \\ a_2 & b_2 & c_2 \\ a_3 & b_3 & c_3 \end{vmatrix}.$$

Man benutzt das Spatprodukt auch, um das Volumen einer dreiseitigen, von den Vektoren $\vec{a}, \vec{b}, \vec{c}$ aufgespannten Pyramide zu berechnen:

$$V = \frac{1}{6} |(\vec{a} \times \vec{b}) \bullet \vec{c}|.$$

Spurgerade

Schneidet eine Ebene im $\mathbb{R}^3$ eine der Koordinatenebenen, so bezeichnet man die Schnittgerade als **Spurgerade** von E.

Um z. B. eine Spurgerade g_{xy} als Schnittgerade zwischen einer Ebene E und der xy-Ebene zu finden, setzt man in der Ebenengleichung die z-Komponente gleich null. Dies führt schließlich auf eine Gleichung zwischen den Ebenenparametern. Wird dieser Zusammenhang in die Ebenengleichung eingesetzt, kann eine der Ebenenparameter eliminiert werden. Man erhält so als einparametrige Gleichung diejenige, die die Spurgerade g_{xy} beschreibt. Die anderen Spurgeraden findet man nach analoger Rechnung.

Spurpunkt

Schneidet eine Gerade im $\mathbb{R}^3$ eine der Koordinatenebenen, so bezeichnet man die Schnittpunkte als **Spurpunkte** von g.

Um den Spurpunkt auf z. B. der xy-Ebene zu finden, muss aus allen Vektoren der Geraden, die zu einem Punkt der Geraden führen, derjenige bestimmt werden, dessen z-Koordinate den Wert null annimmt. Die anderen Spurpunkte findet nach analoger Rechnung.

Stützvektor

Eine Gerade der Form $g\colon \vec{x} = \vec{p} + r \cdot \vec{u}$ heißt **Punktrichtungsgleichung**. Der Vektor $\vec{u}$ stellt einen **Richtungsvektor** von g dar, damit wird der Geraden eine Richtung bzw. Orientierung aufgeprägt. Der Vektor $\vec{p}$ stellt den Ortsvektor eines Punktes $P \in g$ dar. P wird als **Aufpunkt** bezeichnet, weil man bei ihm beginnend die Gerade durchläuft. Oft bezeichnet man den Vektor $\vec{p}$ auch als **Stützvektor**.

Tangente

Sind ein **Kreis** bzw. eine **Kugel** gegeben durch

$$(\vec{x} - \vec{m})^2 = r^2$$

und eine Gerade g durch

$$g\colon \vec{x} = \vec{p} + r \cdot \vec{u}$$

so kann die Gerade sowohl mit dem Kreis als auch mit der Kugel keinen Punkt, einen Punkt oder zwei Punkte gemeinsam haben. Man spricht in diesen Fällen von einer **Passante**, einer **Tangente** oder von einer **Sekante**. Die Koordinaten der Schnittpunkte müssen beide Gleichungen erfüllen. Die Behandlung dieses Problems führt auf eine quadratische Gleichung für den Parameter r. Je nach Anzahl der Lösungen erhält man die drei möglichen Fälle, dass die Gerade Passante, Tangente oder Sekante ist.

Tangentialebene

Gegeben sei eine **Kugel** K mit dem Radius r und eine **Ebene** E. Der Abstand des Kugelmittelpunktes M von der Ebene E werde durch d charakterisiert.

Ist $d < r$, so schneiden sie die Ebene E und die Kugel K im so genannten **Schnittkreis**.

Ist $d = r$, so berührt die Ebene E die Kugel im **Berührpunkt** B. Man nennt E in diesem Fall auch **Tangentialebene** von K.

Ist $d > r$, so schneiden sich die Ebene E und die Kugel K nicht.

Teilverhältnis/Teilpunkt

Ist C ein Punkt der Geraden (AB) mit $\overline{AC} = \lambda_C \cdot \overline{CB}$, dann heißt λ_C das **Teilverhältnis** des Punktetripels $(A; C; B)$. Man schreibt: $\lambda_C = TV(ACB)$.

Der Teilpunkt C soll nicht mit den Punkten A und B zusammenfallen.

Liegt C zwischen A und B, so spricht man von **innerer Teilung** der Strecke AB. Es gilt dann: $TV(ACB) > 0$ C ist dann ein innerer Teilpunkt der Strecke AB.

Umgekehrt folgt aus $\lambda_C > 0$, dass C zwischen A und B liegt. Liegt C auf (AB), aber außerhalb der Strecke AB, so spricht man von **äußerer Teilung** der Strecke AB. Es gilt: $TV(ACB) < 0$. C ist dann ein äußerer Teilpunkt der Strecke AB.

Man definiert zusätzlich $\lambda_C = 0$, wenn $C = A$ ist und $\lambda_C = \infty$, wenn C mit B zusammenfällt.

Durch die Angabe des Teilverhältnisses ist λ_C eines Punktes C in Bezug auf zwei Geradenpunkte A und B ist die Lage von C eindeutig bestimmt.

Tetraeder

Ein Tetraeder ist eine regelmäßige dreiseitige **Pyramide**, deren Seitenflächen gleichseitige Dreiecke sind.

n-Tupel

Eine Lösung eines **LGS** mit n Variablen besteht aus n Zahlen, die jede Gleichung des LGS erfüllen. Man schreibt $(x_1 | x_2 | x_3 | \ldots | x_n)$ und bezeichnet dies als **geordnetes *n*-Tupel** von Zahlen.

Umkreis eines Dreiecks

Besondere Linien des Dreiecks sind die Seitenhalbierenden (Schnittpunkt S), Winkelhalbierenden (Schnittpunkt W), Mittelsenkrechten (Schnittpunkt M) und Höhen (Schnittpunkt H). Dabei bedeuten: S der Schwerpunkt eines Dreiecks, W der Mittelpunkt des Inkreises und M der Mittelpunkt des Umkreises eines Dreiecks. Die Punkte H, S, M eines Dreiecks (mit Ausnahme eines gleichseitigen Dreiecks) liegen stets auf einer Geraden (Eulersche Gerade). Der Höhenschnittpunkt S teilt die Strecke $\overline{HM}$ im Verhältnis $|\overline{HS}| : |\overline{SM}| = 2 : 1$.

Untervektorraum

Ist V ein Vektorraum und U eine nicht leere Teilmenge von V, dann heißt U **Untervektorraum** von V, wenn U die Abgeschlossenheitseigenschaft besitzt:
a) Für alle $\vec{a}, \vec{b} \in U$ ist auch $\vec{a} + \vec{b} \in U$.
b) Für alle $k \in \mathbb{R}$ und alle $\vec{a} \in U$ ist auch $k\vec{a} \in U$.

Vektor

Unter einem **Vektor** versteht man ein **Element eines Vektorraumes**.
Im dreidimensionalen euklidischen Raum kann ein Vektor geometrisch als eine **Verschiebung** oder **Translation** des Raumes aufgefasst werden. Zu jedem Raumpunkt P gehört dann als Repräsentant des Vektors eine mit Durchlaufsinn versehene gerichtete Strecke $\overrightarrow{PQ}$; P heißt der Anfangspunkt Q der Endpunkt des Repräsentanten.

Vektorraum

Ein **Vektorraum** ist eine nichtleere Menge V, für deren Elemente $\vec{a}, \vec{b} \in V$ eine Addition (Zeichen $+$) und eine Multiplikation (Zeichen $\cdot$) mit reellen Zahlen so erklärt wird, dass folgende **Axiome** erfüllt sind:
1) Für alle $\vec{a}, \vec{b} \in V$ gilt: $\vec{a} + \vec{b} = \vec{b} + \vec{a}$ (Kommutativgesetz)
2) Für alle $\vec{a}, \vec{b}, \vec{c} \in V$ gilt: $(\vec{a} + \vec{b}) + \vec{c} = \vec{a} + (\vec{b} + \vec{c})$ (Assoziativgesetz)
3) Es existiert ein Element $\vec{0} \in V$, so dass für alle $\vec{a} \in V$ gilt: $\vec{a} + \vec{0} = \vec{a}$ ($\vec{0}$ **neutrales** Element bezüglich der Addition)
4) Zu jedem Element $\vec{a} \in V$ gibt es ein Element $-\vec{a} \in V$, so dass $\vec{a} + (-\vec{a}) = \vec{0}$ gilt. ($-\vec{a}$ **inverses** Element der Addition)
5) Für alle $r, s \in \mathbb{R}$ und für alle $\vec{a} \in V$ gilt: $(r \cdot s) \cdot \vec{a} = r \cdot (s \cdot \vec{a})$
6) Für alle $r \in \mathbb{R}$ und für alle $\vec{a}, \vec{b} \in V$ gilt: $r \cdot (\vec{a} + \vec{b}) = r \cdot \vec{a} + r \cdot \vec{b}$ (1. Distributivgesetz)
7) Für alle $r, s \in \mathbb{R}$ und für alle $\vec{a} \in V$ gilt: $(r + s) \cdot \vec{a} = r \cdot \vec{a} + s \cdot \vec{a}$ (2. Distributivgesetz)
8) Für alle $a \in V$ gilt: $1 \cdot \vec{a} = \vec{a}$
Die Elemente von V heißen **Vektoren**.

Vektorprodukt

Für zwei Vektoren $\vec{a} = \begin{pmatrix} a_1 \\ a_2 \\ a_3 \end{pmatrix}$ und $\vec{b} = \begin{pmatrix} b_1 \\ b_2 \\ b_3 \end{pmatrix}$ des Raums heißt $\vec{a} \times \vec{b} = \begin{pmatrix} a_2 b_3 - a_3 b_2 \\ a_3 b_1 - a_1 b_3 \\ a_1 b_2 - a_2 b_1 \end{pmatrix}$

das **Vektorprodukt** bzw. **Kreuzprodukt** von $\vec{a}$ und $\vec{b}$.

Volumen

Der **Flächeninhalt** A des von den Vektoren $\vec{a}$ und $\vec{b}$ aufgespannten Parallelogramms ergibt sich zu:

$$A = |\vec{a} \times \vec{b}| = |\vec{a}| \cdot |\vec{b}| \cdot \sin \alpha.$$

Das **Volumen** V, das von den Vektoren $\vec{a}, \vec{b}$ und $\vec{c}$ aufgespannten **Spats** ergibt sich zu

$$V = |(\vec{a} \times \vec{b}) \bullet \vec{c}|.$$

Der Term $(\vec{a} \times \vec{b}) \bullet \vec{c}$ wird auch als **Spatprodukt** bezeichnet, wobei $\vec{a}, \vec{b}, \vec{c} \in \mathbb{R}^3$ und als linear unabhängig vorausgesetzt werden. Die Koordinatendarstellung des Spatprodukts in abgekürzter Schreibweise hat die Form:

$$(\vec{a} \times \vec{b}) \bullet \vec{c} = \begin{vmatrix} a_1 & b_1 & c_1 \\ a_2 & b_2 & c_2 \\ a_3 & b_3 & c_3 \end{vmatrix}$$

Man benutzt das Spatprodukt auch, um das Volumen einer dreiseitigen, von den Vektoren $\vec{a}, \vec{b}, \vec{c}$ aufgespannten **Pyramide** zu berechnen:

$$V = \frac{1}{6} |(\vec{a} \times \vec{b}) \bullet \vec{c}|.$$

Windschiefe Geraden

Sind zwei Geraden

$$g\colon \vec{x} = \vec{a} + r \cdot \vec{u}; \quad r \in \mathbb{R}$$

und

$$h\colon \vec{x} = \vec{b} + s \cdot \vec{v}; \quad s \in \mathbb{R}$$

gegeben und im $\mathbb{R}^3$ nicht parallel, so schneiden sie sich oder laufen aneinander vorbei (**windschiefe Geraden**). Schneiden sie sich, so muss es einen Vektor geben, der zum Schnittpunkt beider Geraden führt und der beide Geradengleichungen erfüllt. Gibt es keinen Vektor, der nach Gleichsetzen der obigen Geradengleichungen die entstehende Vektorgleichung erfüllt, so verlaufen die Geraden windschief zueinander.

Winkelhalbierende

Besondere Linien des Dreiecks sind die Seitenhalbierenden (Schnittpunkt S), Winkelhalbierenden (Schnittpunkt W), Mittelsenkrechten (Schnittpunkt M) und Höhen (Schnittpunkt H). Dabei bedeuten: S der Schwerpunkt eines Dreiecks, W der Mittelpunkt des Inkreises und M der Mittelpunkt des Umkreises eines Dreiecks. Die Punkte H, S, M eines Dreiecks (mit Ausnahme eines gleichseitigen Dreiecks) liegen stets auf einer Geraden (Eulersche Gerade). Der Höhenschnittpunkt S teilt die Strecke $\overline{HM}$ im Verhältnis $|\overline{HS}| : |\overline{SM}| = 2 : 1$.

Zeilenvektor

Eine **Matrix**, die nur aus einer Spalte besteht, wird als **Spaltenvektor** bezeichnet, analog dazu bezeichnet man eine Matrix, die nur aus einer Zeile besteht, als Zeilenvektor.
In der Regel werden die Vektoren des Anschauungsraums als Spaltenvektoren dargestellt. In dieser Darstellung ist ein Koordinatensystem zugrunde gelegt, wobei die Elemente des Spaltenvektors als Koordinaten des Vektor bezeichnet werden.

Zweipunktegleichung

Sind A, B zwei Punkte mit den **Ortsvektoren** $\vec{a}, \vec{b}$, dann wird die A, B enthaltende Gerade durch die **Zweipunktegleichung** beschrieben:

$g: \vec{x} = \vec{a} + r \cdot (\vec{b} - \vec{a}); \quad r \in \mathbb{R}$

Lösungen zu den Multiple-Choice-Tests

1. Lineare Gleichungssysteme

1 B, 2 B, 3 A, 4 C, 5 D, 6 C, 7 A, 8 B, 9 C, 10 B

2. Vektoren

1 E, 2 B, 3 A, 4 A, 5 A, 6 B, 7 B, 8 A, 9 B, 10 C, 11 D, 12 A, 13 A, 14 D

3. Geraden und Ebenen

1 C, 2 B, 3 A, 4 D, 5 D, 6 A, 7 B, 8 D, 9 D, 10 B, 11 B, 12 A

4. Skalarprodukt

1 a B, 1 b C, 1 c D, 1 d E, 1 e A, 2 a C, 2 b A, 2 c B, 3 a D, 3 b C, 3 c B, 3 d A, 4 a C, 4 b A, 4 c B, 5 C, 6 A, 7 D, 8 E, 9 a C, 9 b D, 9 c A, 9 d B, 10 B, 11 a D, 11 b C, 11 c A, 11 d B, 12 D, 13 C, 14 D, 15 B, 16 D, 17 B, 18 A, 19 B, 20 C

5. Vektorprodukt

1 a D, 1 b B, 1 c A, 1 d E, 1 e C, 2 C, 3 B, 4 C, 5 B, 6 F, 7 D, 8 E, 9 A, 10 B

6. Kreise und Kugeln

1 B, 2 D, 3 C, 4 E, 5 C, 6 B, 7 D, 8 A, 9 D, 10 B, 11 C, 12 D, 13 B, 14 A, 15 B, 16 B

7. Affine Abbildungen

1 C, 2 A, 3 C, 4 C, 5 C, 6 B, 7 a C, 7 b B, 7 c F, 7 d E, 7 e D, 7 f G, 7 g A, 8 a C, 8 b D, 8 c A, 8 d B, 9 D, 10 C

Stichwortverzeichnis

Abbildung 151
Abbildungsgleichungen 151
Abstand 87, 89 ff., 221 f.
– vom Nullpunkt 87
Abstandsberechnungen 120
Abstandsprobleme 89 ff., 222 f.
Achsenabschnitt 80, 223
Achsenabschnittsform 80, 223
Additionsverfahren 7, 10, 224
Affindrehung 156, 159
affine Abbildungen 151, 214 ff., 224
affines Flächenverhältnis 151
Algorithmus 8
Anwendung des Skalarproduktes
   in der Geometrie 75 ff.
Assoziativgesetz 34
Aufpunkt 43, 50, 224
äußere Teilung 32
Axiome 34

Basis 27, 35 ff., 224
Basisvektoren 27, 35 ff., 68, 224
Berührhalbmesser 141
Berührpunkt 141, 144, 225
Berührradius 141
Betrag eines Vektors 24, 225
Beweisaufgabe 33, 76

charakteristische Gleichung 156, 226
Cramer'sche Regel 14, 19, 226

Determinante 12 ff., 227
Differenz von Vektoren 34
Dimension 35, 227
Distributivgesetze 34
dreidimensionaler euklidischer Raum 24
Dreiecksberechnung 70
Dreiecksform 7, 227
Drei-Punkte-Gleichung 50, 227
Durchschnitt 9
Durchstoßpunkt 58, 227

Ebenen 43, 50 ff.
Ebenengleichungen 50 ff., 228
Ebenenschar 228
Eigenschaften
– des Skalarprodukts 68
– von Determinanten 13
Eigenvektoren 156 ff., 229
Eigenwerte 156 ff., 229
eindeutig lösbar 9
Einheitsvektoren 68
Einsetzungsverfahren 7, 10
entgegengesetzte Vektoren 25
Erzeugendensystem 35, 229
Euler-Affinität 156, 160, 164

Fixebene 154 ff.
Fixelemente 154 ff., 229
Fixgerade 154 ff.
Fixpunkt 154 ff.
Flächeninhalt 230
– eines Parallellogramms 75, 117

ganzrationale Funktion 20
Gauß-Verfahren 7 f., 10 f., 230
Gegenvektor 34
Geraden 43 ff.
Geradengleichungen 43 ff., 231
Geradenschar 96, 232
geradentreue Abbildung 151
geschlossener Vektorzug 33, 232
Gleichsetzungsverfahren 7, 10
Gleichungssystem 7 ff., 232
   homogenes – 8, 11, 27 ff.
   inhomogenes – 8 ff.

Hauptdiagonale 12
Hesse'sche Normalenform 80, 233
Höhen im Dreieck 77, 233
Höhensatz 76
Höhenschnittpunkt 77
homogenes Gleichungssystem 8, 11, 27 ff.

identische Verschiebung 25
inhomogenes Gleichungssystem 8 ff.
Inkreis eines Dreiecks 234
Innenwinkelberechnung 71
innere Teilung 32
Interpolationsaufgabe 19 f.
inverses Element 34

kartesisches Koordinatensystem 24, 234
Kathetensatz 76
Koeffizienten 7
Koeffizientenmatrix 12, 235
kollinear 26, 234
Kommutativgesetz 34
komplanar 26, 235
komplexe Aufgaben 171 ff.
Koordinaten 24, 235
Koordinatendarstellung
– des Skalarproduktes 69
– des Spatprodukts 117
– des Vektorprodukts 114
Koordinatenebenen 236
Koordinatenform
– der Kreisgleichung 134 ff.
– der Kugelgleichung 134 ff.
Koordinatengleichung 43, 50, 79 ff., 236
Koordinatensystem, kartesisches 24
Koordinatentripel 24
Kreise 132 ff., 236
Kreuzprodukt 114, 236
Kugeln 132 ff., 236

Lagebeziehungen 53 ff., 121 ff.
Lageprobleme 237
lineare Abbildung 237
lineare Abhängigkeit 26 ff., 238
lineare Gleichungssysteme (LGS) 7 ff., 238
lineare Unabhängigkeit 26 ff., 238
Linearkombination 18, 26 ff., 239
Lösbarkeit linearer Gleichungssysteme 9 ff.
Lösung 8
Lösungsmenge 8
Lot 239

Lotfußpunkt 91
Lotfußpunktverfahren 90 f., 99 ff., 222

Matrix 12 ff., 239 f.
Matrizenmultiplikation 240
Mittelsenkrechte 240

neutrales Element 25
Normaleneinheitsvektor 80, 240
Normalenform 241
Normalengleichung 79 ff., 241
– einer Ebene 79, 119
– einer Geraden im R2 79
Normalenvektor 43, 50, 79
n-Tupel 8, 249
Nullvektor 25, 34

orthogonal 43, 50, 241
Orthogonalität von Vektoren 72
orthonormale Basis 74
Ortsvektor 24, 43, 50, 242

Parallelität
– von Ebenen 95
– von Geraden 92
Parallelstreckung 156 f.
Parameter 242
Parameterform, Parameter-
 gleichung 43, 50, 242
Passante 137, 242
Pfeil 24
Plückerform 231
Probe 8, 15
Projektionsvektor 68
Projektionsverfahren 90, 222 f.
Punktprobe 244
Punkt-Richtungs-Gleichung 43, 50, 244
Pythagoras, Satz des – 76

quadratische Matrix 12

Rang 244
Rechenoperationen für Vektoren 25
rechte Seite 7
Rechtssystem 114
Regel von Sarrus 12
Rekonstruktion von Funktionen 19 f.
Repräsentant 24
Richtung 24
Richtungssinn 24
Richtungsvektor 43, 50, 245

Sarrus'sche Regel 12
Satzgruppe des Pythagoras 76
Schar 245
Scherung 156, 158
Schnittkreis 149, 245
Schnittprobleme 53 ff., 137 ff., 237
Schnittwinkel 104 ff., 245
Schrägspiegelung 156
Schubparallelstreckung 162
Schwerpunkt 33, 246
Sekante 137, 246
Skalar 246
Skalarprodukt 68 ff., 247
Spalten 12
Spaltenvektor 24
Spannvektoren 247
Spat 117
Spatprodukt 117, 247
Spurpunkt 248
Steckbriefaufgabe 19 f.
Steigung 45
Streckscherung 156
Stützvektor 248
Subtraktionsverfahren 10
Summe von Vektoren 34

Tangente 137, 141 ff., 248
Tangentengleichung 141
Tangentialebene 141, 144 ff., 249
Teilpunkt 32, 249
Teilung 32
Teilverhältnis 32 ff., 249

Tetraeder 249
Translation 24
Trapezform 7
triviale Lösung 11, 28 ff.

Übersicht zu den Abstandsproblemen 90 f.
Umformungsregeln 7
umkehrbare Abbildung 151
Umkreis eines Dreiecks 249
Untervektorraum 250

Vektoraddition 25
Vektoren 24 ff., 250
Vektorgleichung 27
vektorielle Kreisgleichung 133 ff.
vektorielle Kugelgleichung 133 ff.
Vektorprodukt 114, 250
Vektorraum 34, 250
Verschiebung 24
Volumen 251
– einer dreiseitigen Pyramide 93, 119

windschiefe Geraden 91, 97, 251
Winkel zwischen Vektoren 104
Winkelhalbierende 251

Zeilen 12
Zeilenvektor 252
zentrische Streckung 156, 159
zweidimensionale euklidische Ebene 25
Zwei-Punkte-Gleichung 43 252

Probleme		Seitenzahlen
Schnitt- bzw. Lageprobleme		
Gerade – Gerade im $\mathbb{R}^2$	Schema	53
	Aufgabe(n)	54–55
Gerade – Gerade im $\mathbb{R}^3$	Schema	55–56, 97
	Aufgabe(n)	56–57, 122
Gerade – Ebene	Schema	58
	Aufgabe(n)	58–61, 124–125
Ebene – Ebene	Schema	61
	Aufgabe(n)	62–64, 126–128
Gerade – Kreis im $\mathbb{R}^2$	Aufgabe(n)	37–138, 139, 142, 143
Gerade – Kugel im $\mathbb{R}^3$	Aufgabe(n)	140, 144, 145, 146
Abstandsprobleme		
Projektionsverfahren	Übersicht	90
Punkt – Gerade im $\mathbb{R}^2$	Aufgabe(n)	87, 88, 89, 92
Punkt – Gerade im $\mathbb{R}^3$	Aufgabe(n)	121
Gerade – Gerade im $\mathbb{R}^2$	Aufgabe(n)	92–93
Punkt – Ebene	Aufgabe(n)	87, 88, 89, 93–94
Ebene – Ebene	Aufgabe(n)	95, 126
Gerade – Ebene	Aufgabe(n)	96
Gerade – Gerade im $\mathbb{R}^2$	Aufgabe(n)	92
Gerade – Gerade im $\mathbb{R}^3$	Aufgabe(n)	97–98, 122
Lotfußpunktverfahren	Übersicht	91
Punkt – Ebene	Aufgabe(n)	99
Punkt – Gerade im $\mathbb{R}^3$	Aufgabe(n)	100
Gerade – Gerade im $\mathbb{R}^3$	Aufgabe(n)	101–103
Schnittwinkel		
Vektor – Vektor	Formel	104
	Aufgabe(n)	71, 104, 116, 118
Gerade – Gerade	Formel	105
	Aufgabe(n)	71, 104, 105, 116, 118
Gerade – Ebene	Formel	106
	Aufgabe(n)	106, 123–124
Ebene – Ebene	Formel	107
	Aufgabe(n)	107, 127–128